江苏省高校"青蓝工程"优秀教学团队项目成果
江苏省品牌专业建设工程一期项目成果

思之初芒

——南京大学哲学系本科生优秀论文集

张　亮　孙　寅／主编

南京大学出版社

图书在版编目(CIP)数据

思之初芒:南京大学哲学系本科生优秀论文集/张
亮,孙寅主编.—南京:南京大学出版社,2019.4
ISBN 978 - 7 - 305 - 21904 - 7

Ⅰ.①思… Ⅱ.①张…②孙… Ⅲ.①哲学—文集
Ⅳ.①B - 53

中国版本图书馆 CIP 数据核字(2019)第 064167 号

出版发行　南京大学出版社
社　　址　南京市汉口路 22 号　　　　邮　编 210093
出 版 人　金鑫荣

书　　名　思之初芒——南京大学哲学系本科生优秀论文集
主　　编　张　亮　孙　寅
责任编辑　王　宁　沈　洁

照　　排　南京紫藤制版印务中心
印　　刷　常州市武进第三印刷有限公司
开　　本　787×960　1/16　印张 21.75　字数 322 千
版　　次　2019 年 4 月第 1 版　2019 年 4 月第 1 次印刷
ISBN 978 - 7 - 305 - 21904 - 7
定　　价　88.00 元

网　　址　http://www.njupco.com
官方微博　http://weibo.com/njupco
官方微信　njupress
销售咨询　(025)83594756

序　言

南京大学哲学系一直是国内哲学研究的重镇,前身是创立于1920年的国立中央大学哲学系,其办学历史可以追溯到金陵大学哲学系。在百年的办学历程中,南京大学哲学系在本科拔尖人才培养方面始终走在国内前列,培养出了以方东美、唐君毅、苗力田等为优秀代表的一大批知名学者,为中国近代哲学教育的发展做出了突出贡献。

南京大学哲学系一直秉承以"立德树人"为宗旨、以培养拔尖创新人才为己任的教学理念,注重培养学生的综合素质和科研创新能力。近20年来,南京大学哲学系采取了一系列积极举措,切实提高培养本科拔尖人才的水平。这些措施包括:支持本科生自主创办学术刊物《林间路》,为同学们的科研成果提供展示平台;建立"爱智慧优秀新人基金"和"拔尖人才培养计划基金",为优秀本科生提供科研经费,推动有潜力的学生尽快进入科研状态;实施"导师制"培养方案,以研究生培养模式提升本科生的科研能力;制定《优秀学士学位论文评选条例》,采取大学科综合评价方式,邀请校外专家和校内专家共同组成论文评审和答辩委员会,为哲学系拔尖人才培养提供了一个可靠的检验机制;开展本科生国外短期访学项目,为本科生创造国际学术交流的机会。这些培养举措取得了积极成效,近年来,本科生在国内重要学术期刊上发文量有明显增加,其中有多篇论文发表在国内CSSCI来源期刊上,并被中国人民大学"复印报刊资料"全文转载。有的学生出版了学术著作,也有多位学生参加国际、国内的学术会议,并做会议发言,其所撰写论文也被相应会议论文集收录。哲学系的本科培养水平得到了各级教育主管部门和社会各界的一致认可。南京大学哲学系曾先后入选"教育部高等学校本科一类特色专业建设点""江苏省高等教育人才培养模式创新实验基地"和"江苏省高校品牌专业建设工程"。

为了给同学们的学术成果提供一个集中展示的平台,我们从近些年来南京大学本科生在各类学术刊物公开发表的论文、国家级大学生创新创业训练计划结项论文、江苏省普通高校本专科优秀毕业设计(论文)评选获奖论文、南京大学基础学科论坛获奖论文中,集中挑选了 14 篇优秀论文,结集出版。该文集是对南京大学哲学系近 20 年本科拔尖人才培养的一次展示,同时,希望该文集的出版也能够激励哲学系当前和未来的学生在学术的道路上坚定前行。

编　者

2018 年 10 月 10 日

目　录

六朝玄音远遥解士人魂

——浅论玄学的儒学旨趣及其政治文化影响[*]

范　赟

摘　要：玄风之起，儒道齐一。其后吸纳佛学，文化勃兴。唐朝繁荣文化除却经济动力外，学术渊源则可追溯到玄学。本文着力阐释玄学产生、发展的各阶段均与政治相关，且玄学不断扩大儒学对社会人生关注的视野，更开发了中国人的思辨能力，使儒佛融合具备必要条件。玄学为重振儒风躬身亲行，对中国文化的贡献不可忽视。今天，中国文化亟待类似玄学的新鲜气息。

关键词：儒学；经学；玄学；无；自然；名教；政治；佛学；士族

"江山代有才人出，各领风骚数百年。"魏晋时代，社会阶层的特色是门阀士族崛起，经济政治势力不断壮大，这一特色使魏晋文人在青史上留下了奇绝的音色。然而天不遂人愿，动荡岁月中统治阶级沉浸在无休止的禅代游戏中，上演着一幕幕冠以名教却违背伦常的剧目，原本由国情和先代造就的儒家文化传统将其深厚性掩藏于被蹂躏的残缺面目中。阶级出身和文化底蕴促使士人们担起重构儒学正统的重任，而黑白倒置的现实政治又使其只能以思辨注入道统，或浮华或独化或隐于竹林，显现为不同于正统儒学的别样情怀。

一、玄谈之起：禅代迷乱中儒学的新生

中国学术历来是在政治骨架中寻找其生命点的，经学经世致用的精义在

---

*　本文获南京大学第六届"基础学科论坛"一等奖。——编者注

于"通过对现实政治的参与,以道统的价值原则制约政统的运作活动,使 state 与 society 的关系得到谐调"①。汉代封建统一帝国崩溃,经学思潮失去了所依附的主体。公羊学派博士董仲舒为构筑人间正统而确立的经学模式,经过两汉的谶纬实践,也终于在"党锢之祸"中宣告失效。党人儒士被逐出政治舞台,道统与政统脆弱的连接被割断,即意味着这种学术的僵死。经学蜕变为纯粹的"术"之后,虽有郑玄"隐修经业",但不再贯彻儒家一向秉持的"知其不可而为之"的入世气概,不仅被政治遗弃,亦为儒士所不耻,随汉宫秋月的坠落而被尘埃掩迹。

与此同时,学术附着的丧失亦使政治成为统治者随心驾驭的龙舟,漫无边际地飘摇。名教破产,吏治腐败,世风日下,没有学术确立道统,政治为士人所忧愤。事实上,学术历程并不"像一切事物都难逃生、成、异、灭"②那样简单,这种循环式的必然并不能展现学术与政治双方的契合力,亦无益于揭示学术因囿于社会背景而注入新血液之需。这种新鲜可以来自学术内部,亦可来自外部,后者更能说明学术主体生命力的旺盛。

对此,中国士人却有清醒认识。应当看到,贯彻了儒学与政治、社会结合精义的是"经学思潮",而非经学方法,而前者神学体系的瓦解又预示"我注六经"的古董之术生命力的消解。经学思潮只是儒家深入封建化历史进程之中,变成全民族共同方式、价值标准和心理状态的助手,却并非儒学生存发展的土壤,它的消亡亦不等于儒学地位的丧失。事实上,如果说先秦儒家只是百家争鸣中的一响,那四百年后,"独尊儒术"的政治强化已使道、法、墨各家不得不承认其纲常名教即为封建秩序所在,儒家乐声亦回荡在民族心底了。在这种情况下,早年为儒学地位确立鞠躬尽瘁的经学思潮,正是由于社会存在的变化和儒家巩固地位的欲望而不得不"退而让贤"。

三国两晋时期,虽然理论形态重构的缺乏使儒学面临"礼崩乐坏"的局

---

① 陈明:《儒学的历史文化功能——士族:特殊形态的知识分子研究》,学林出版社,1997 年,第 273 页。

② 王晓毅:《王弼评传》(附何晏评传),南京大学出版社,1996 年,第 2 页。

面,政治集团亦拾起各家学说,但儒学精神仍是社会基本旨归。乱世中,任何一种政治势力得势之初都必须首先打出"尊儒"的旗号;任一政权中处理重大社会问题和研讨治国方略时,君臣议论亦皆依儒家观念原则。因此,所谓儒学的衰败,只是相对汉代官学而言的经学方法的衰落,礼法精神则已深入人心并日益成为民族精神及信仰部分支撑。但政治的禅代必然催生学术的重构,儒学只有获得新法建构,才能激活学术与政治的契合。

政治人伦之理是玄学的本质,尽管以形而上的样态行迹,但"并不纯是存在论意义上的形而上,本质是主体性境界形态意义的形而上"①,即所谓无、道、自然之类的主体性范畴本质是相对于主体心境而言。魏晋思想面临尴尬境地,一方面,中国封建社会宗法等级制度自秦汉以来发展为一种成熟定型无法随意改变的模式,儒家则是这种模式的核心要素;另一方面,儒家神性色彩的"天"之外,名教缺乏新的支撑,尤其是世、名、士并重的门阀世族渐据统治阶级主导后,渊源深厚的学术传统与创基立业的政治欲望使家国礼法的关系更加突出。士族身在动乱之中,这种学术与政治新的结合必然与之前经学时期有所不同。对王权神圣性和必然性的怀疑及其对行政系统的排斥,使他们对自己利益的要求和能力有明确认识,而对经学弊病及腐朽的感同身受更迫使其必须重寻一片"青天"。

汤用彤等高度重视汉末清议,那确是士人地位和价值在政治斗争和社会生活中的凸显。"党锢之祸"却宣判了学术与政治的结合不能由热情左右,鲜血终于使汹涌洪流中的人懂得,只要学术不陷入僵死,无论政治滞后延续到何时终会被扭转。玄学一直拥着这样的信念,其中的变奏曲只是开放心态面对迷乱政治的焦灼。"从曹魏正始年开始,何晏、王弼等士大夫就开始了对新的国家组织系统及其施政方略的设计和探索。"②玄学通过重构学术重构政治的意图是明显的。至于为何抬出道家,唐长孺先生认为原因有二:"一是重新

---

① 高晨阳:《儒学会通与正始玄学》,齐鲁书社,2000 年,第 2 页。
② 陈明:《儒学的历史文化功能——士族:特殊形态的知识分子研究》,学林出版社,1997 年,第137 页。

发挥老子无为而治的主张……实质上是要削弱君权……;其二是一些不得意的士人以愤世嫉俗的心情提出'自然'来反对当局所倡名教。"①笔者认为这只是不同社会背景下重构政治的不同表现,士族难逃建立符合时代的儒学正统之责,吸纳道家且以思辨甚至更激进的方式来表达,可能是时代政治和学术特色导向的结果,并不存在外界刺激的必然性。

汉末儒学独尊地位打破后,百家新生使僵死的儒学有足够的选择空间。需指出,四百年各家血脉早被割裂得支离破碎,在儒家正统范围的延续使其不自觉地被儒家统摄,轴心时代的文化圈已变成儒家聚合的引力场,核心吸纳力不断得到政治人伦的加强,故学术的综合只能是以儒家为主选用其能。王弼在《老子指略》中分析当时法、名、墨、杂各家得失,不排除玄学是汉魏际新生的诸子之学与儒家全面相和的可能。有观点将这场融合"没有顺理成章地形成新的经学思潮,却产生不伦不类的玄学"归于"历史偶然"②;又有人认为玄学是"汉魏之际诸子之学的理论总结和思想演变的必然归宿"③。两种观点均失之偏颇。事实上,诸子学说中只有政治人伦的相关问题才引起重视,玄学士族的政治目的又决定新的学术形态既无意于颠覆儒学体系,又不可能重蹈经学之覆辙。

之所以聚焦道家,首先,是"天"的重构需要。神学体系之"天"游离出宇宙,但天人合一的中国习惯思维中"天"仍然是理论着眼点。汉魏诸子皆包容礼法,故即使自然之"天"亦不意味礼法被抛弃的必然。而选择道家之天,一来可由自然原则推导名教"自然"重构,二来可要求政治重返自然,实现权力转移,"无"的广阔正可以用于重新粉饰"天"道。其次,是阴法阳儒的汉代政治格局造就的。法家作为严刑代名词不敢轻浮世间,常与法相联系的道家却备受关注。而吸收的特色是抬高道家抽象、概念层次而淡化政治人伦色彩,这充分暴露了士族身披高玄飘远的外衣革建儒家礼法体系的目的。

---

① 唐长孺:《魏晋南北朝史论丛》,三联书店,1954年,第323页。
② 任继愈主编、孔繁等撰:《中国哲学发展史》(魏晋南北朝部分),人民出版社,1998年,第57页。
③ 任继愈主编、孔繁等撰:《中国哲学发展史》(魏晋南北朝部分),人民出版社,1998年,第23页。

《老》《庄》《易》《论语》的注经充分体现儒道会通。显然,老庄符合对自然社会存在与发展探讨高层次哲学化的需要,可以之为理论起始;但素以"半部治天下"闻名的《论语》及占卜用书《周易》则体现其理论骨架以政治人伦为血肉。先贤似并不执着于为道家争位,只为协调儒道以应时之需。亦因两者分歧难免,以思辨齐一儒道无疑注入儒学动脉中亟待的新气息。

二、无中生有:遥听正始谋略音

浮华落定玄音起,十年绝响帝王侧。何晏、王弼虽以无为本,终难逃政治劫数。遥听正始玄音,在"无"的恢宏中却激荡起政治谋略的铿锵。

作为正始玄学的代表人物,何晏、王弼均为典型的士族子弟,儒学家世是他们共同的思想渊源。生长在曹操身边,何晏无疑受到儒家伦理和政治理想的直接灌输式的教育和潜移默化的影响。启蒙必读儒经,"治平尚德行,有事赏功能"[1]的魏武反复强调儒家治国才是社会政治常态,这使何晏从小便深受儒学熏陶。其儒学方面的造诣不可小觑,被唐官方视为标准注本的《论语集解》由他主编,《通典》中则收有其关于儒家礼仪的研究。王弼出身山阳王氏,深厚的文化渊源、荆州学术薪火相传构成其丰厚的家学。从注《易》及同时的钟会所受启蒙看,王弼也应受到时风正胜的儒学的严格训练。

总体上来看,正始名士人生态度虽呈现道家自然之貌,但在政治态度上却难觅老庄之风,他们往往追求自由,却又无法摆脱礼教束缚。而从"无中生有"的哲学命题出发,我们或能窥听玄音之外的政治谋略和儒学旨归。

(一)两大命题中的"圣人"

理想人格是儒道学说的载体,儒者心系天下、义薄云天,道者飘逸高举、潇洒恬然。王弼提出两大命题,勾勒出兼具儒道的双重人格特征,并以此作

---

① 《三国志·魏书》(卷一《武帝纪》),转引自王晓毅:《王弼评传》(附何晏评传),南京大学出版社,1996年,第67页。

为会通儒道的载体。

首先，是"圣人体无"。"以无为本"是正始玄学之主音，"无"作为万物之本理应成为圣人人格之内涵，玄学思想界普遍接受这一前提，但却无法从儒家"圣人"言谈中找到相关论述。于是，正始名士致力于调适"无"与孔圣人之间的关系，这也反映了玄学初期在会通儒道时"以谁为先"的矛盾和困惑。裴徽有关"圣人为何未曾言无"的提问，表现了当时名士普遍的茫然。玄学家显然不愿直接承认老子的优越性，但又不得不革新已趋僵死的儒学，实际上反映了裴徽等人仍限于"我注六经"的囹圄，而并未取得方法上的突破。然而，时年十八的王弼却巧立"圣人体无"①的命题，指出儒家圣人从不谈"无"方是真正体"无"，而老庄大肆谈"无"却其实尚未摆脱"有"的狭隘之见。这实际上是有意识地隔离了"圣人"的真实心理与外在表现，但由此确认了"老不及圣"的地位差异，不仅维护了正统儒学观念的价值取向，而且为会通儒道消除了心理障碍。可见，王弼的"无"尚停留于"不存在"之解，他在符合传统和情感认同基础上将儒道融为一体，既维护了圣人地位，又抬高道家经典，为玄学理论大厦奠基。具有标志性的是，王弼在这里刻意规避老子"姑且名之为道"的无奈，展示出"六经注我"的气魄，而这也是玄学立论的特色之一。

其次，是"圣人有情"。既然本无为圣人内旨，正始领袖何晏便论述圣人无喜怒哀乐情感、本性空无似是自然。但王弼敏锐觉察到，如此无情无欲的圣人不仅可能抬高老子，更将割断通圣之桥，使玄学脱离政治人伦的轨道。故而他提出"圣人有情"，指出圣人与常人之别在于"体冲和以通无""应物而无累于物"，并非没有喜怒之情与外界相应。这与天台宗"佛具恶性"异曲同工，由印度原始教义不具恶性来看，王弼"圣人有情"体现出的超越思路倒很可能影响天台。而抛开佛教，关乎玄学圣人之血肉，王弼的思辨便不足为奇。这既是对"圣人体无"的充实，也是以体用观去融合被视为对立的礼义和情

---

① "圣人体无"这一命题在王弼现存的著作中并未明确提出，但有关文献记录王弼言谈中提到他的"圣人体无"的则有两处：一处见《何劭王弼传》；另一处见《世说新语》卷二"文学篇"。参见［魏］王弼著、楼宇烈校释：《王弼集校释》附录，中华书局，1980年，第639、645页。

欲。由此可见,玄学思想特质是以体用观融合对立,虽以本无为根基,但其指向却无不深入政治人伦等儒家社会之所用。何劭《王弼传》短短篇幅中"圣人有情"浓墨重彩,足见其蕴含的体用合一思路对道学注入儒学之重要性。

可见,王弼两大圣人命题描绘的玄学理想人格,是一个披着"无"的外衣却俯瞰世间、拥着超脱之心仍体味众生的"圣人"。这一儒道会通的圣人形象,也显示出玄学逐渐突破传统经典之束缚,从而得以释放出"六经注我"的活力。

(二)两大思辨中的政治幻想

王弼的哲学思想极具思辨性,他开创的本末之辨、言意之辨在中国哲学史上闪烁着稀有的思辨光辉,但其思辨的深潭中却仍然幻现着政治人伦的影迹。

其一,在凸显本体意识的基础上,王弼提出"守母以存其子,崇本以举其末"①的命题,明确肯定本体与现象之间的内在联系。长期以来,学界倾向于将王弼哲学视为道家哲学路径的发扬。但实际上,王弼之"无"并非空洞无物,反以"万有"为其本质。他深谙内涵与外延之间的辩证关系,为涵盖最大外延而抽去本体的一切属性。但可惜王弼的谋略思想过盛,他急于在生成层次上完成有无之间的联系,致使生成论结构中的"无"上升为万有之上的本体。同理,玄学也绝非只满足于破坏,而是试图重构宇宙秩序与社会秩序。这一重构的使命担当,使王弼清醒地认识到不能将"无"肆意抬升,因此具有本体论色彩的"体用"思辨被激发出来。作为连接有和无、本体与现象的有效途径,"崇本举末"旨在为包括政治人伦在内的天地万物寻找形而上依据,并由此落实于存在合理性的论证,而非肯定"虚无"的客观性。王弼对"无"的追求,旨在推进现行社会的土崩瓦解,而非构建老庄的理想社会;他反对伦理道德成为片面化的治术,却又不排斥其捍卫社会有序之功,这就是"崇本举末"的意义所在。

---

① [魏]王弼著、楼宇烈校释:《王弼集校释》,中华书局,1980年,第95页。

可见,本末之辨的实质,是玄学要为天地万物(包括政治人伦)的存在寻找一形而上根据,其落脚点是其存在及其合理性而非"无"的存在性。所谓汉学滞重魏晋空灵,盖因思路上前者作茧自缚而后者游刃有余。应该说,"本末体用"强调的对立统一,使儒家礼教在后世实践中具有更广泛的适应性。总之,王弼以"无为"顺应自然万物,具有强烈的政治哲学倾向。其中的本体无为指向君主治术,物性自然指向人性生存。其抽象的宇宙哲学语言还原到社会人事,意即人性自然既要由君主无为做保证,又不能脱离名教而肆意妄为。

其二,王弼提出"得象而忘言""得意而忘象"①的哲学方法论,强调"意"的第一性。自西汉起,历代思想家均试图在注经中完成符合时代的理论新创,但六经"文化之源、价值之源、智慧之源"的权威地位,使注家沉溺于传统方法而难有建树。因此,有必要将言(象)与意适当分离开来,使注者有足够空间"开窗放入大江来",从而与时俱进地解读儒学。可以说,"言意之辨"直接导致了注经方法变革,使由经学方法衰败导致儒学不振的情况真正得到改观,并为援道入儒创造了条件,即在"意"的层面统一不同学术之"言"。应该看到,老庄智慧本是中国思想重要组成部分,它进入儒学体系并非要取代原有体系的精华,而是最大限度地促进儒学学术体系的成熟,为应对外来佛教的理论挑战奠定基础。

"王弼的言意理论主要见于《周易略例·明象篇》,成功熔铸'言不尽意'和道家'得意忘言'与一炉。"②言能表象、象能表意,不可执于言、象而忽略得意,但又不能丢弃言、象而得意,这是"崇本举末"在认识论上的运用。而若将其推及社会政治领域,则说明"无为而治"(意)同样不可抛弃礼乐规范(言、象)。可见,王弼"六经注我"不仅赋新意于儒经,更要纠正人们对老庄的偏执,在"意"的层面统一两者。"意"绝非实体虚无,而指向有形世间,指出六经不可能诠释圣人的完整,若仅执于六经礼法则成了对圣人的背叛。从言意之辨看,玄学选择倡"无"之道家,无非为便于思想关注到"无"的博大中,从而得

① [魏]王弼著、楼宇烈校释:《王弼集校释》,中华书局,1980年,第609页。
② 王晓毅:《王弼评传》(附何晏评传),南京大学出版社,1996年,第216页。

以把经学注法中僵死的圣人释放出来。

(三) 拨云见日：王弼的政治谋略思想

两汉阴法阳儒体系中，法儒谋略思想均重有为，只不过各自侧重不同。法家强调政治干预的力量，儒家强调伦理道德的引导教化，两者的对立是必须平衡调节的。中国天人合一的思路总试图在"天"上获证，神学目的论已将"天"涂抹上奇妆异彩，故而只能另寻"无"的空间。

首先，王弼的谋略思想是站在哲学本体论高度，旨在以"无为"实现大治。其本质在于将整个社会政治系统视作自然的和谐，确定尊卑贵贱的名分，理顺不同等级间关系，依赖人们相互作用创造均衡。"无为"是外部强制干预的取消，并不排斥内部机制的固有调节能力。王弼"无为而治"的特征，是将不断外化的社会控制和调适力重新拉回世间，证明其并非意欲强加"无"的制约于社会之上，"无为"之天与王氏不断扩大的社会相一，与两汉的"天"居于同一层次。"有为"之所以引起冲突，是因为这种谋略将人为的社会内部建构外化为外部强制力。王弼不反对名分有制，只要求将权力约束在社会内部。"过分强调权力，把权力之间的对抗和争夺看作社会政治生活核心，行术用明以察奸伪，严刑峻法镇压异己，其结果必然激发整个社会的冲突意识。"[①]因此，"以无为本"并非要将"无"催化为至高的外在约束，而是更加强调面向社会。

其次，王弼的"无为"体系和老子一样，从未放弃对治术的探索，但两者侧重却有所不同。理论上，老子明确否定儒墨名法，王弼却着意会通各家、充实儒学；社会理想上，王弼无意于"小国寡民"，而致力于"大一统"的构筑。一种试图反映时代精神的哲学思维方式，若停留于抽象原理，至多只是少数知识分子的概念游戏。王弼的"无为"，却始终以承认社会政治系统的自然和谐为前提。但遗憾的是，王弼尚未能很好地发挥"崇本举末"的思路，而使"贵无

---

① 任继愈主编、孔繁等撰：《中国哲学发展史》（魏晋南北朝部分），人民出版社，1998年，第104页。

论"被误解为老子"以无为本"的复制。

再次，王弼"贵无论"体系的内部矛盾，体现了现实与理想之间的矛盾暂时不可调和。玄学家有志于追求自然和谐，却每每因政治迷乱，不得不强调"无"的终极制约性；为维系社会和谐，又不得不要求人们遵守伦理规范。而实际上，有、无应共处世间、互相依存，否弃任何一方都无益于冲突的解决。

不可否认，王弼尚未达到"即体即用"的水平，但他已觉察到体用联系的存在，并将其应用于社会政治层面，尝试调和个人自由与社会伦理之间的对立。不过正因为理想现实的殊分而使其每每陷于困顿，因此他的人生远未超脱，但他却充分发挥了道家明本体、儒家重功用之所长，开辟了以体用齐一儒道的新思路。同时，王弼还"重新连接士大夫精神世界对立的两级"①，支持士人在黑暗中直面惨淡人生、重擎文化旗帜。

从本质上来说，从"无"作为否定性概念，在政治上有利于消解经学中"天"的绝对意志，进而超越现实王权，驱逐虚伪的名教秩序。但不可否认的是，王弼的"无"之中也包含肯定性的层面，显示其重构社会人伦的决心。

三、竹林清音：今宵酒醒何处？

竹林一曲和高歌，酒醒何处忧民生。清音虽飘仙乐奏，几许无奈几多愁！

玄谈名士之列最引人注目者当数竹林的阮籍、嵇康（以下简称阮、嵇），在此期间，玄学主题由儒道兼综转变为宗道斥儒，以至于常被视作"反玄学思潮"。② 以阮、嵇为代表的竹林名士否定纲常名教，并以实际行动呐喊抗争，展示出士人不畏强权的精神风骨。但根据福柯的话语理论，语言等外在表现未必是真实思想的单向直陈。竹林名士浪荡不羁的举动背后，折射出中国知识分子为国为民的极端悲苦。

阮、嵇的儒学渊源同样深厚，这是其思想中不可剔除的部分。范文澜指

---

① 王晓毅：《王弼评传》（附何晏评传），南京大学出版社，1996年，第333页。
② 肖萐父、李锦全主编：《中国哲学史》（上卷），人民出版社，1982年，第376页。

出当时"士族以积世文儒为贵"①，由此也可推断阮籍作为司马氏通过婚姻提高门第的首选必定出身士族。至于阮籍饮酒拒婚，则可视作其对政治生命的选择而非学术反叛。另一方面，大醉六十日使文帝求婚"不得言而止"，更是阮籍为表其士族身份要求政治上确立士族政权而不与司马氏同流合污的表现。体现在学术上，阮氏便竭力走上异途，体现为"由儒入道"的叛逆，借此表达他对现实政治的摈弃。嵇康所学则相当博杂，但《晋书》亦载其好老庄是成年之后的事。而从其兄长嵇喜是个典型的礼法之士，且在为嵇康立传时还极力宣扬他们的儒学家世来看，嵇康不可能不受儒家思想影响。同时值得注意的是，尽管阮、嵇行为另类，但在对后辈的教导和培养上，却又一致地趋于保守。阮籍之子浑少慕通达、不拘小节，阮籍对此却颇为反感；嵇康曾因山涛入仕而与其绝交，但又在临终前将子绍托付于他。后来此二子皆官位显赫，恐怕并非有违父志。由此可见，阮、嵇二人的真正目的并非颠覆儒学大厦，放弃现实政治是基于未来构建所做的牺牲；从其对后辈告嘱来看，他们仍然将理想信念寄予社会之中。

（一）由儒入道，阮籍异路求索

政治斗争腥风血雨，士人对世事讳莫如深，避恐不及。借助清谈回避政治之风使基于身世感同身受的士人结成竹林之游。肆意酣畅、服食求仙是其特征，但在司马氏屠刀下，摆脱政治只是空想。正始后，竹林人或入仕，标榜心在山林却身在高堂；或口出玄远，以"世隐"态度远离政治；更有激进行止掩饰内心苦闷。特定社会政治环境下造就的特殊现象透露，无论清谈外表如何，其实质却充斥知识分子对现实的失望和自己的迷茫之间交错的矛盾。"竹林之游"影响虽大，但既无政治纲领，亦无固定宗旨，只是高压政策下保全自己的临时聚会。放纵任达的狷介只是他们刻意佩戴的面具，在条件成熟时他们势必释放出避世倾向背后潜藏的对世事的关注。

因此，阮籍由儒入道实际上是政治彷徨的结果。作为一个正直的知识分

---

① 范文澜：《中国通史简编》（第二册），人民出版社，1958年，第367页。

子,他对司马氏专横不满之外"无勇气表示公开反抗","与司马氏表现为一种若即若离,敷衍游戏的政治态度",除了"性格上的软弱",①更因其看到政治背后体现出的学术衰落。名教的虚伪和形式化湮没了形名之辩的气息,知识分子不仅在政治上全面彷徨,且在学术上无力自救,这使阮籍陷入隐忍苦闷的境地。因此,无力超脱政治与世事的阮籍,亦不会公开站在曹魏一边而成为腐朽的殉葬者,他直斥伯夷兄弟"肆寿夭""竟毁誉",不得"称乎仁义"的异常评价,表面上肯定支持司马氏行废立之事,实际上是谴责伯夷叔齐白白牺牲,没有撼动司马氏。

从传世材料来看,早期的阮籍乐观、自信、进取,但在九十五首《咏怀》中却"夜中不能寐"②,少年时的踔厉激昂在剧变的政治中消失殆尽。尽管性情傲世放达,却在之后的人生中深陷忧愤惆怅,这种矛盾的根源在于其内心抱负与现实之间的巨大差异,因而体现为外在的极端释放。鲁迅先生曾指出,阮籍后期毁坏礼教,实乃违反其"本心"③,此说命中要害。在思想倾向上,阮氏前期致力于以"天"证人,以儒家自然论证名教合理性;后期以庄学的自然来贬斥儒家的名教。究其原因,客观上是由于现实中形式化、虚伪化的名教已经严重违背儒家道德教化的初衷,只能另寻清明自然以重构与名教的统一;而主观上则是受忧国忧民情怀所驱动,以破坏之举来谋求社会政治的重生,从而将现实名教引向与自然的契合,这方为其合于本心之举。因此,阮籍思想的矛盾必须立足于当时的情境局势才能辨明认清,同时需从表象挖掘本原,某种意义上来说这也是学术的悲哀。阮、嵇都曾对儒学及其政治代表投注无限感情,最后化成无尽失望。人生最大的悲哀莫过于忽然发现自己的信仰物无所值,更被人用以掩饰丑恶行径和卑鄙目的。前者产生的幻灭感与后者产生的侮辱感,只能使其以超越放纵的形式聊以自慰。因此,阮籍之疾"礼

---

① 高晨阳:《阮籍评传》,南京大学出版社,1994年,第30页。

② [魏]阮籍著、李志钧等校点:《阮籍集》卷下《咏怀诗·其一》,上海古籍出版社,1978年,第83页。

③ 鲁迅:《魏晋风度及文章与药及酒之关系》,载《鲁迅全集》第三卷《而已集》,人民文学出版社,2005年,第535页。

法",所要摒弃的乃是违背儒家伦常的虚伪形式;嵇康之越"名教",所要摆脱的乃是违背自然的名教。而他们所任之"自然",亦非停留于玄远,而终须落实在社会伦常。

(二)儒学深种残篇情

阮、嵇等竹林名士由儒而玄的转变与何晏、王弼是分不开的,故何、王的儒学内旨的论证一定程度上是阮、嵇等儒学情怀的支撑。高晨阳在《阮籍评传》中指出,阮籍的哲学著作在思想倾向上存在显著不同,这种变化只是表面,实际却是深藏于其内核的儒学灵魂不同侧面的呈现形式。

"乾坤易简,故雅乐不烦",阮籍亦《易》释乐,继承传统儒家乐观,"大约必易"似又与老子"无"相接,从而"道德平淡,五生无味"。但阮氏并未将老子"淡乎无为"的本体论观念贯穿于《乐论》,一定程度上他继承的是王弼改造过的"大音希声",即对乐并非完全排斥而只强调勿执于礼乐。值得注意的是,与老子、王弼相对,阮籍在《乐论》中更推崇礼乐本身的教化功能,但又体现出一种"不局限于此,反得其彰显"的心态。他明确指出圣乐内可调节人心,外可调节人伦,是与司马氏提倡而自己违背的"孝"相对推出的另一种有为。《乐论》是阮籍以传统儒家观念为依据向违背本原的"孝道"的一种宣战,实际上也是明确向司马氏宣战,这时的阮籍坚守儒家立场却恰恰体现政治上的幼稚。同样,阮氏的《通老论》体现的易学观念是纯儒家的,也反映出其世界观并未道家化。

《通老论》是阮籍思想的转折,但仍是以儒学为体、道学为用搭建的融合框架。在哲学宇宙观、自然与名教、无为与有为等关系上,阮籍均表现了明显的融合倾向,开始用道家思维方式超越儒学教条结论,最终在《达庄论》和《大人先生传》中以对仁义立法的贬斥体现出来。这种形态的玄学是时代和人生体历共同催生的结果,体现了阮籍在政治上趋于成熟。早年以济世为目标的儒家式道路,在晚年集中为主观精神上要求自我解放,但从阮籍忧愤惆怅的痛苦中,我们可以体验到他的早期理想并未在灵魂中销声匿迹,而是被压抑在心底。因此在阮籍的头脑中,儒道观念都属于意识层次的内容,其中与旷达放纵的名士形象对应的"玄心""无怀"的道家倾向居于较浅层次,儒家理想、信念或价值标准则居于较深层次。阮籍的双重人格和惆怅悲苦说明,这两种思想时常在其内心激烈对抗。阮籍时常感应到来自灵魂深处的声音,但囿于时局,他只能被迫以对立姿态来改造儒家。

总之,理论兴趣的转变并不一定是其原有理想、信念或价值观的彻底更改,外在人格的变脸可能只为在乱世掩藏其理想人格的纯洁。嗣宗等人形式上感性的放纵、超越名教的旷达,本质上是凝结在心底的儒家观念的另一种释放。在内外分裂的人格中,他们在政治上仍然实践着自己的济世理想,而在思想上则为儒学新生探路。

(三)政治负累下放达的沉重

为尽量化解理想与现实的冲突,竹林名士均着力会通儒道而避世放达。正如嵇含在《吊庄周图文》中所述,"借玄虚以助溺,引道德以自奖;户咏恬旷之辞,家画老庄之象"①,借玄虚、摹老庄已成为当时士大夫逃避现实、求得放达的兴致所在。但这种放达极不彻底,其实质是因追求外部社会协调的失败,而被迫退求自我内心的和谐,因而总是在现实中灌满沉重。从早年到中年再到晚年,阮籍由儒入道的立场愈加坚定,但即使是对名教的无情抨击也不过是激愤之辞,九十五首《咏怀》诗充分表明他虽能纵酒仍难遣怀。"事不关心,关心则乱",愈是批判否定违背理想原则的现存名教,其深厚的理想价值标准愈是圣洁无瑕。玄览清澈的心扉不会映照出芜杂万象,只有固执于理想方会被丑恶的现实冲击得痛心疾首。不得不承认,阮、嵇等竹林名士的儒家感情更为深厚,以至责任感撑起高贵的头颅不可屈就于现实,但出于对现实的执着又不能放下一切。唯一的办法是不谈名教,只求自然,但极度愤慨之中仍然保留以自然为前提修葺名教的向往。"阮籍对现实的名教批判的越

①　[唐]房玄龄等:《晋书·嵇含传》,转引自汤一介《郭象与魏晋玄学》(增订本),北京大学出版社,2000年,第137页。

是激烈,越发表明他对理想名教的无比虔诚。"①

正始名士以道家"无"注入儒学方法体系后,竹林时期对哲学本体的探索显然减少。其中固然与现实分不开,但更是由于儒学政治人伦的精髓要求切入对自然名教的取舍上。竹林名士摆脱名教的放达极不彻底,首先表现为这种行径本身是由客观世界到达主观世界,由追求社会群体的外部协调到个体自我内心世界的和谐的退却,这种退却表面上以主观逍遥代替现实追索,实际却是寻觅安身立命的支柱。阮籍对庄子的自然的和谐性的怀疑,体现这个安身之处并非其立命之所。庄子忽而大鹏展翅、忽而鼓盆而歌,在自然中得以安身立命;而但效仿他的阮籍却弹瑟处处悲怆,似未找到安息灵魂的乐土。压抑、苦闷、窒息,本质上源于其自由的精神世界深处始终潜藏着躁动的灵魂。

与阮籍类似,嵇康自谓懒散狂放,但从他在狱中劝导其子要时时谨守礼法,处处识得人情世故的《家诫》看,嵇康的人格似乎同样存在分裂。由于没有像阮籍一样回避政治,嵇康心理上积聚的感性力量较阮籍更强,故而造成其更严重的心理失衡,及至最终以生命为代价以弥合其理想与外在人格的分裂。

由上观之,竹林之放达绝非任意妄为。"所谓放达,不过是无可奈何而安之苦命。所谓质性自然,不过不愿同流合污而借故推托。"②阮、嵇虽能纵酒却难浇愁,虽可毁身却不离惆怅,虽能乘自然之风却不能化解现实的矛盾。在中国传统的天人合一思想理念中,名教只有在因循天道的前提下才被视作合法。由于谶纬迷信的破除,魏晋际名教缺乏可靠的天道论证。面对名教遭遇的亵渎,阮、嵇等正是要通过重新确立天道进而重新确立人世规则。因此,竹林名士高举"越名教而任自然"③的旗帜,正是为倡导重新确立因循自然天道的全新名教体系。

---

① 高晨阳:《阮籍评传》,南京大学出版社,1994年,第132页。

② 任继愈主编、孔繁等撰:《中国哲学发展史》(魏晋南北朝部分),人民出版社,1998年,第767页。

③ [晋]嵇康著、戴明扬校注:《嵇康集校注》,人民文学出版社,1962年,第234页。

（四）人性追问，今宵酒醒归处

大醉之后的名士们依然有勇气直面惨淡的人生，虽面对纷乱的社会只是无可奈何，但杯中物浇醒梦中人，他们开始走上另一条革新社会的道路。

由老向庄的转变是这种转折的集中体现，特别凸显人性追求和个体精神之觉醒。之前玄学由于政治因素的刺激更易倾向南面治述的《老子》，表层看《老子》显然较《庄子》更入俗，名士们陶醉于乱世中玄览静观之道。而黎明前的黑暗时，名士们壮志难酬，竹林后期的学术界更加推崇庄子，这是玄学主题深化的表现。在政治上，向秀倡导儒道齐一，重提内圣与外王合一，借庄子树立最为逍遥自由的圣人形象，诱使社会自上而下产生调和自然名教的欲望，从而冲破王弼烦琐的理论体系，表达更为明确的政治意图。而人生观上，竹林名士深入主体内心和人格的微观世界，表现出中国知识分子的精神觉醒。

赫胥黎说过人类生活有自然与伦理两方面。之前儒家人生哲学完全集中于人生意义与价值，是通过改善个人的修身主义来救世的。偏向伦理既是其特色又是其缺漏。魏晋人生观由于两者的严重对抗而表现出反动。要求从虚伪束缚的生活回到真实自由的人性觉醒，客观上并非取缔儒家的伦理特色，乃是致力于两者的和谐。阮籍、嵇康的行为倾向，蕴含着对个性意志的强调和对个体价值的肯定，展现出魏晋知识分子人生观的共同特征。正如孔繁等人指出的，"魏晋时代的社会现实改变了人们的生活道路，也改变了人们的生活态度"①。人们关心尸体的处理，讨论灵魂的有无，实际是对生前之世的在意。汉代四百多年的稳定基业使知识分子有一条稳定的模式道路，而魏晋乱世粉碎了传统的人生观念和善恶标准，模糊了知识分子稳定的发展道路，使人们的奋斗方向和生活态度都发生了重要转变。"采菊东篱下，悠然见南山"，魏晋士人的内心掩藏着对祥和尘世的眷恋，放荡的身体只是心灵扭曲的外现，郭临宗便是典型。他本汉末一大名士，由于自儒入道、善于保身竟在党

---

① 任继愈主编、孔繁等撰：《中国哲学发展史》（魏晋南北朝部分），人民出版社，1998 年，第763 页。

祸中安然无恙。此类"乱世中进不伤德,退可保身的人,正为士林之模范"①,也是阮、嵇理想的模型。清逸之气是名士人格的一种外在表征,玄学家追求混沌无差的精神境界应体现于此,但是否具备清逸之气即可成就玄远境界?回答是否定的。阮浑"风气韵度似父",却徒具其表,说明真名士的判别在内心姿态。显然,元康、谢鲲等人将清逸之气当作纵欲借口背弃了"进不伤德,退可保身"的标准。这也体现了魏晋虽强调人生追求却终未割裂个人与社会,故也不能回避入世、名教等问题。

事实上,竹林名士的现实人格虽呈现道家风骨,却从未割舍对社会、对人生的关怀。无论是山涛的审时度势,刘伶、阮咸的强烈反叛,向秀、王戎的"混世"人格,还是阮籍、嵇康的双重人格,背后都不能割裂儒家背景,几种人格虽或强或弱表现为与现实背离的倾向却很少发展到与现实激烈抗争的道路上去,事实上容忍了现实不合理的存在。嵇康与山涛的决裂体现了这种背离,但却由嵇绍入世补足了容忍。阮、嵇个人表面行为最后被扭曲为时代必需,他们对后代的劝诫体现了对后世的希望,绝交亦非个人情感而是时代所需的献身精神。

正始玄学时期,士人清谈的形式限制了个性的发扬;竹林时期,更加恐怖的政治局势,令士人只能诉诸个性的追求。阮籍、嵇康等人的内心本可超越现实生活,但他们的学术渊源和思维习惯,使其始终在社会和自我之间徘徊,精神上永无安息。如果说王弼在思维方法上为儒学注入新鲜活力,那阮、嵇等人则苦心孤诣,在儒学精神的实践征途上摸索挣扎,撩开其清逸面纱背后则显现出忧国忧民的面容。较之王弼,他们对名教和自然的认识更为深化,也寄托着更为深刻的淑世情怀。因此,竹林的变奏并非玄学主题的反调,士人迫于现实压力,意欲追求完全合乎自然的人世规则。其中个人意识的觉醒,是玄风由老向庄转化的重要原因,而亟须回应的个体存在与个性发展,也是儒学必须正视的问题。值得注意的是,在董仲舒天人神学体系被打破后,阮、嵇重构社会的自然约束机制依旧从天人关系的思路出发,从中折射出中

---

① 刘大杰:《魏晋思想论》,上海古籍出版社,1998 年,第 157 页。

国人总渴望寻求精神依赖的心理特征。也正因如此,阮、嵇等永远不可能摆脱自我与现实的矛盾和痛苦,但正是这种痛苦不断提供的反作用力,使儒学有了不断自我革新的动力。

四、元康混响中的圣人独化

玄学要建构新的内圣外王之道,重新达到人与天、社会、自身之间的和谐,进而在理论上使群体生命与个体生命得到安顿。正始玄学和竹林玄学虽然开辟了新的讨论主题,但却未能实现自身理论的圆融。元康时的郭象着力促进自然(无)与名教(有)之间的辩证融合,立足现实寻求超越,在理论层面取得了突破。

(一)玄学理论的巅峰

在郭象看来,王弼以无生有又不拘于本无的思想虽具有较强的思辨性,但在现实世界中仍然存在外部力量的压制,对政治重构而言显得画蛇添足。他巧妙借用向秀的“自生”概念,并将其提升为“自存”“自性”的本体论范畴,以此说明有、无均为“自生”而不能相互转化。“无既无矣,则不能生有;有之未生,又不能为生。然则生生者谁哉?块然而自生耳。”①这就肯定了“有”是绝对唯一的存在,不会消失为“无”。有无均为自生,郭象由此将理论视角从“造物主”拉回到现实存在,将精神寄托从“无”转移到个体身上,从而为玄学命题向理学命题的过渡创造条件。

在郭象之前,玄学两派均向其各自对立面转化:着眼于超越的一派违反自己意愿表明现实不能超越;着眼于现实的一派则不断挖掘出超越的根基。自然与名教关系的主题正是以知识分子对现实的忧患之感作为内在精神动力。王弼提出的思辨论题经过阮、嵇与裴颜不同侧面的变形、歧化甚至片面发

---

① [晋]郭象:《庄子注》,载[清]郭庆藩撰、王孝鱼点校《庄子集释·齐物论第二》,中华书局,1961年,第50页。

展，到郭象的"内圣外王""自然与名教合一"时，已不仅是简单意义上的复归。事实上，任何哲学范畴矛盾的解决都只能有赖于两者的统一，一方存在的取消最终会导向矛盾另一方存在的取消。若以阮、嵇越名教而任自然，玄学就会远离现实而飘浮于虚无缥缈的云端；若循裴𬱟指引忽视名教弊端而坚决维护之的途径，玄学便难提出高层次的内圣外王之道。时代悲苦迫使人们为安身立命而超越，这是当时的主导倾向，因此庾敳曾讥讽郭象依附东海王追逐权势；而事实上这种超越又是对失去任何合理性的现实的屈从，其实不过是一种精神的奴性。郭象力图在超越与现实间保持动态平衡反倒是勇敢面对现实，正是精神主体最终的承载，故其政治行为是复归于玄学主题内在必然性的趋势。

阮、嵇的政治效尤者掀起虚浮旷达之风，企图在名教之外寻求超越，实际上，这种不存在的超越只能走向反面，对现实奴性屈从。裴𬱟刻意维护现实名教，不仅无法使人从污浊和苦难中解脱出来，而且有碍于儒家提出更高层次的内圣外王之道。时代悲怆逼迫人们为安身立命而旷达不羁，但这不过是一种对现实的变相屈从，体现出士人被动的一面。只有郭象在现实中超越，在超越之外眷顾现实，方为玄学理论的高峰。他在超越与现实之间力求动态平衡，就是要证明：自然即名教，名教即自然；超越的"玄冥之境"不在名教之外，而就在名教之中。

（二）独化的政治意义

郭象还将"神器"（国家政治）与"玄冥之境"联系起来，既回应了阮、嵇应从何处求精神，又将裴𬱟维护名教的做法提高到更高层次，可视作对整个玄学主旨的凝结。

"玄冥之境"强调万物自为相因的整体性和谐，郭象认为这正是国家政治所应维系的状态。他将儒家社会伦理观念视为自性合法，并希望社会一般阶层能够顺性安命。同时，他又强调事物之生化，既非由外部决定，也非任凭自性。这就破除了命定论、目的论，而完全顺应自然状态。郭象于是勾勒出一个个绝对独立自足的自在之物，而其存在条件就是各安自性，也以之形成万物之间最简单的联系。由此推论可知,统治阶层自足的唯一条件,便是尊重其他阶层的意志,使他们各安其性。在郭象看来,这并非是一种简单的原始和谐,而是最高层次的人类社会模式。

"崇有"是郭象哲学的起点,"独化"是其哲学的重点,郭象完成了玄学由生成论向本体论的转化。从"独化"的理论出发,郭象肯定了儒家社会伦理观念的合理性,又在吸收阮籍、嵇康批判虚伪化名教的基础上,开列出三剂社会药方:其一,社会各等级众人"苟足于其性"①,依循自己的本性和职分顺性自为;其二,万物各安其性,君主无为而治,即可实现社会秩序的和谐平衡;其三,顺其自然地发展人类自性之中固有的道德属性,以实现自然与名教的统一。

(三) 寄言出意:玄学方法的成熟

授道入儒过程中,为提供儒经新的诠释,言意之辨意义重大。从王弼言不尽意,阮、嵇否定肯定,直到郭象寄言出意,其实质是围绕儒经适应社会需要展开,儒学不可动摇的地位正随着新方法的成熟东山再起。

与万物"独化"相联系,郭象指出,要认识世界真相,就应"寄言出意",达到"冥而忘迹"的境界。这破除了儒家之"体"(经典及其核心价值)与众多之"用"(千变万化的日常生活)之间的障碍,从而标示着儒学解释方法的革新。郭象借此肯定周孔名教不可偏废,但在其中可以注入老庄自然的新鲜气息,成就"虽在庙堂之上,然其心无异于山林之中"②的内圣外王之道。

至此,玄学为寻找经学方法之替代的使命已完成。"寄言出意"集中了言不尽意、否定肯定等方法之精华,给儒学注入新活力。另一方面,自然名教、内圣外王等玄学主题均得到统一。理论上达到高峰并不排除现实依然无法按人的意志永久安宁,但"寄言出意"带来的儒学新生已使中国文化具备更强

---

① [晋] 郭象:《庄子注》,载[清] 郭庆藩撰、王孝鱼点校《庄子集释·逍遥游第一》,中华书局,1961年,第9页。

② [晋] 郭象:《庄子注》,载[清] 郭庆藩撰、王孝鱼点校《庄子集释·逍遥游第一》,中华书局,1961年,第28页。

的吸纳能力。

五、魏晋时期玄、儒、佛关系初探

魏晋南北朝时,玄学作为儒家代表成为思想界主导;同时,来自异域的佛教也渐渐扩大影响并最后融入中国文化骨血之中。作为同一历史阶段中的两大思潮,客观上无法否认两者之间的联系,但究竟如何定性尚待斟酌。

首先,应承认儒学是玄学、佛学及各种社会思潮的统摄力量。如前文所述,玄学之兴是儒学重构、自我革新的体现,佛教作为异域文化进入华土,必须攀依中国传统文化方能立足,而这种攀依与玄学不可分离。

(一)佛教在魏晋南北朝地位概述

佛教自东汉明帝年间起扩大影响,楚王英将浮屠与黄老并提,仅将其当作祭祀对象以祈福,佛教早期附于方术、道术,自己的特性尚未被认识,更勿论其充分发展。汉末至魏晋,思想上经学统治崩溃,社会上产生激烈动荡,屠戮杀伐习以为常。精神世界中个体生命意识的觉醒,文化学术上玄学的兴起,均为佛教介入提供契机。最初,佛教依循传统与道教结合的思路,力图与玄学老庄之教相结合,因未能触及玄学深层基因而未获长足发展。待玄学革建儒学之意旨愈加明朗,儒学得玄学助力而获得新生后,以慧远为代表的佛教群体便引导佛教亲近儒学。这使佛教后来获得前所未有的动力,融入中华文化血脉而与民众切肤相亲。玄学打通的思辨神经使中国人有能力引进佛学。

尽管佛教在魏晋南北朝时已不被看作外国人的宗教,南北朝的佛教造像已是中国化的偶像,三世因果的故事广为流传,但不可否认的是,佛教在除儒家之外的中国思潮中仍不占主导。葛洪等著作中均指出儒道关系远比佛道、佛儒关系受重视。

儒学失去汉代独尊的地位,道家对本体论创建的帮助使儒道汇通成为玄学的主要潮流。此前中国思辨风气极淡,根本不可能接受思辨性极强的佛教学说,事实上般若学发展正是借玄学之边迎合玄学主题发展自己。在玄学尚未达到理论高峰时,思辨方法尚且不成熟,儒学还未从沉睡中醒来,异邦文化只能浮于社会边缘。只有中国本土思想无力再将学术与政治的结合推向更高时,才会着意于外来文化,且前提是其已经在一定程度上完成中国化。佛学之所以可以被引进,还因为它讨论的问题是玄学的深化;如若没有玄学对本体的启蒙意识,佛学不可能真正走上中国化的道路。需要指出,由于竹林、元康玄学已关注到主体,故作为本体论深化引进的佛教不可能只停留于物象,而是很早便着眼于入世,这又使其与儒学的关注统一起来。

(二) 玄佛之间的互通

慧远论述名教最终亦体现"宗极之道"时,暗中运用了郭象"名教"即是"自然"的观点,用玄学理论作为桥梁沟通儒佛。可见,玄学是佛学中国化的中介,儒、玄、佛融合的脉络非常清晰。

佛教传播之初对儒学的攀附较道家更难,在这种攀附协调中佛教采取的两种手段值得注意:一是早期经翻译与解说中采取"格义"方法;二是尽量寻求佛教义理和儒学观念原则相同之处。而从佛学寻求与儒道的融合来看,佛教尚处于与中国学术亲近之中。因此可以推断,东汉末形名之学必然导致对"格义"的佛教译著的理解只能停留在"格义"比附的儒学概念上。原旨尚缺乏准确表述,即使有佛经传入及新理论的冲击,其影响的主动性和范围均是受制的。

然而从今天佛学的影响出发,不少学者执意要为早期玄学搭上佛学因缘,这大抵是站不住脚的。王晓毅教授就曾为找到何晏《无名论》中的"无所有"一词欢呼雀跃。"'无所有'是一个在中国哲学术语的词汇中找不到的概念,首先见于东汉时期的汉译佛经","表示佛教宗教哲学中心概念'空'"。① 用"无所有"译"空"是格义方法,可何晏即使看到这个词至多只感到它不同于有、无。从六家七宗对"空"的误解和争论看,何晏应当尚未领悟佛教之"空"的真正内涵,因此浮过眼帘的只是佛学概念文字的外壳,而非其精神之旨

---

① 王晓毅:《王弼评传》(附何晏评传),南京大学出版社,1996年,第135页。

所在。

佛教(般若学)论证的现实世界虚幻不实的出世理论,与玄学对现实的批判超越有共同之处,这也使中国人相信佛学有被玄学利用的价值。但毕竟玄学要落脚于现实世界秩序。虽彻悟"空"的佛教学者可能会将世间与出世间合一而论,但纵观魏晋时佛教在理论上的传播和发展,要达到这种高度的可能性极小。

道安一派"以无为本"被般若学奉为正宗且在六家七宗中影响最大,"原因在于它上承魏晋玄学的正统,在佛教理论界建立了与当时中国玄学相应的本体论"①。从这个意义上来看,玄学影响中国佛学这一论断似更让人信服。不过也要看到,玄学之无并非佛教之空,玄学之有亦非佛之万有,以玄学比附佛教学说之风渐不可取。

玄学既融合儒道,又是儒佛沟通的桥梁,应视作三教融合的中介。佛玄之间并非是佛教影响玄学体系的诞生,而是因玄学开发中国人的思辨能力,方使佛经原旨可能突破"格义"进而得到深入传播。玄学在到达顶峰后难以继续前行,面对无法完全缓解的社会矛盾才开始主动吸纳佛学。东晋南朝时期,佛学攀依玄学的痕迹仍然十分明显,但其停滞的理论层次给不断深化的中国佛理渗透带来契机。因此,在判定儒、玄、佛三者的关系脉络中,应将各自理论与中国社会的接受程度作为首要依据。

六、结语:欲向玄远问苍生,六朝清谈振儒风

无论是居庙堂之高,还是处山林之远,中国学术总与政治密切相关,玄学亦不例外。士人背负责任使命而在现实中另辟蹊径,力图挽救趋于僵死的儒学,清谈的主题虽趋向玄远,却无一不关乎苍生。

---

① 任继愈主编、孔繁等撰:《中国哲学发展史》(魏晋南北朝部分),人民出版社,1998年,第459页。

（一）打通儒学新生的经脉

魏晋玄学调和儒道、以思辨为特征已成为各家共识。虽然各时期的玄学对儒家社会伦理观念表示认可的角度、程度有所差异,但总体而言,玄学不仅不排斥儒经,在"祖述老庄"的同时亦兴《论语》《周易》,对儒学的改造更新具有积极推动作用。一方面,玄学仍奉孔子为圣人,不仅促进了经学革新,而且开始为儒学思想体系探求本体论基础,即"名教出于自然"。另一方面,针对偏重实用的传统思维方式之弊,玄学发掘了体用关系的新思路,尽管尚未达到"即体即用"的高度,但这种致力于"体用一如"的探索,却与儒学生命力的延续息息相关。后来理学便在此基础上,以本体关怀打通儒家新生的经脉。因此可以说,发掘体用关系的新思路和新方法,是玄学对儒学乃至中华民族精神最重要的贡献之一。但也正由于王弼等玄学名士在"用"的层面满足于释放出儒家圣人而未能在"体"的层面继续深究,国人传统"重用轻体"的思维习惯未能得到彻底改变。

（二）误作道家的沉重躯壳

"南朝时以玄、儒、文、史四部为列",刘振东先生从其肯定玄学独立地位的角度认为"有其合理性"①,笔者对此不能苟同。南朝时道家、道教均发展得非常好,没有理由被驱逐出四部之列,显然这里以玄学作为道家的代名词。今天玄学被误作道家、"外儒内道"等说法仍然存在,重要依据无非是竹林时期玄学主题的变化。但如前所述,竹林并非玄学的简单反题,更不能作为玄学划归道家的理由。阮籍、嵇康等竹林士人,以主体自身取代对世界本原的探讨,以人性追求隐藏政治谋略,并以自身处境和感受丰富玄学思维,体现出知识分子普遍存在的忧患意识,而非道家式潇洒恬然、一任风流的气韵。

因此,玄学作为一种讨论政治人生的学说体系是沉重的,放达的心灵始终与社会有所牵绊。干宝、葛洪等吴姓士族指责中原地区风气,"学者以庄老

---

① 刘振东:《中国儒学史》(魏晋南北朝卷),广东教育出版社,2000年,第203页。

为宗而黜六经,谈者以虚荡为辩而贱名检,行者以放浊为通而狭节信,进仕者以苟得为贵而鄙居正"①,已是徒具其表的士族聚会了。玄学作为一种政治、人生等学说体系是沉重的,不应包括士族附庸风雅的浪荡,也不能和老庄玄同超脱境界等同起来。放达心灵中始终牵系着社会,放飞的只不过是躯壳。但不可否认,在魏晋时风的推动下,以"任自然"为核心的价值观念,更为直接地影响了人们的生活态度,铸造了中国士人玄远清虚的生命境界与生活情趣。

(三) 为儒、佛融合牵线搭桥

玄学提出了本体论和方法论的新命题的新阐释,打破了几百年来僵化的经学束缚,突破了汉代以来思想领域中社会历史、政治实践问题经验层的总结与概括,体现中国人抽象思辨能力的提高。但名士阶层又不能真正以超脱的视角审视和改造社会,清谈误国的元康群士,实际上使理论和实践分离,不仅在行动且在理论上向现实全面妥协。在这种情况下,外来佛教因其超越性而受到关注。

相当长时期内,佛教因其与儒家主流价值的背离,及其高层次的抽象思辨能力,而不为中国人所接受。但经过玄学在理想与现实间挣扎的洗礼,国人在两晋时期突然拥有了少见的思辨能力,这为中国文化与佛教思想的对话奠定了基础。玄学在到达顶峰后继续前行的困难,也使名士们对在人生关怀方面具有独特魅力的佛学兴趣大增,佛学因此在中土赢得长足发展。从这一角度看,士文化因其强烈的使命感而不断创新的内在动力,显示出弥足珍贵的开放性和包容性。

(四) 起因于政治,服务于社会

"从根本上说,王、庾、桓诸东晋士族政治上的成功失败和个人身世浮沉,

---

① 〔晋〕干宝:《晋纪·总论》,转引自陈明《儒学的历史文化功能——士族:特殊形态的知识分子研究》,学林出版社,1997年,第279页。

都是当时条件下 state 和 society 两大系统的力量对比及其矛盾作用的结果或反映。"①从东晋反观玄学产生,政治的力量完全可能刺激中国思辨体系的生发,而无论是王弼的"无",郭象的"独化",还是竹林的"自然",都与政治有着千丝万缕的联系。外在形态的对立,正体现着玄学的自我牺牲精神。

明末顾炎武等人对"玄风"曾予激烈批评,"认为它是'国之于上,教论于下,羌戎互僭,君臣屡易'的原因"②。明代杨慎则曾为玄学辩护,认为正因有"六朝风气",门阀世族方能维持地位。两者均肯定了学术与政治的不可分割。前者的批判显然有亡国之痛的影迹,后者则在客观上看到了玄学的社会价值。

(五)从玄学反思中国文化

"中国文化本是直接从礼俗传统中生长出来的,因此植根于宗法血缘关系的儒学在中国文化中传统最深,构成其他文化生长发展的基本支架。"③因此,在士族群体由政治精英向知识精英转化时,我们将目光投向儒学与道、佛、玄之间的关系。玄学齐一儒道,为儒学的发展注入"强心剂",为其融合外来佛教提供可能。不过,明清时期儒学再次陷入衰微之际,却未能出现一如魏晋士人文化的思想引领。面对近代民主、科学思潮的袭来,国人满足于外在形式的模仿引进,而未能消化其内在精神,孕育传统文化的新生长点。由此导致国人原本依赖信仰、注重实用,而后却游离信仰、无所适从。

这种状况至今未变。以这种心态投入改革开放,必然导致对外国文化的盲从,然而这并非表示外国文化已长驱直入百姓心中,可以取代民族精神,相反,其也不过是滞留于中国人实用心理作用的范围。或许在经济落后之时尚无力谈及文化,但这不应成为文化长期处于游离状态的理由。千余年前,玄

---

① 陈明:《儒学的历史文化功能——士族:特殊形态的知识分子研究》,学林出版社,1997年,第232页。

② 汤一介:《郭象与魏晋玄学》(增订本),北京大学出版社,2000年,第30页。

③ 陈明:《儒学的历史文化功能——士族:特殊形态的知识分子研究》,学林出版社,1997年,第263页。

学既能以开放心态包容消解外来文化，又始终坚持关注社会人伦的理想价值，这对我们今天探寻传统文化复兴之路应有所启示。

作者简介：范赟（1983— ），女，江苏南京人。南京大学哲学系1999级本科生、2003级硕士生、2009级博士生。现为南京大学新闻传播学院党委副书记、副教授，指导老师为王月清教授，研究方向为中国传统哲学、学生思想政治教育。

南哲感悟：很荣幸受到母系的邀请，让我有机会重新翻开自己这篇十六年前充满稚气的旧作。那些年在南哲感受到的所有美好，也扑面而来。相较于很多同窗，我无疑是幸运的，从本科到博士、从求学到工作，我在南哲经历了一次又一次的角色转换，体验着这个大家庭特有的温润风度，也在她的点滴呵护下逐渐成长。若说对南哲最为深刻的感觉，我想应当是她对学生的那种不计成本、无微不至的关爱。在南大诸院系中，哲学系一定不在办学资源宽绰之列，但谁曾想到在世纪之交的浦园，我们这些南哲学子曾经让全校同学美慕非常，因为我们是全校唯一一个为每个学生宿舍配备电脑的院系。虽然如今用电脑敲打论文是极为平常之事，可在将近二十年前这却极为"奢侈"。据说系里的朴素想法，就是希望我们节省下排队挤机房的时间，更早地学会如何用现代化的工具做学问。让很多外院系同学美慕的，还有我们一整套完备的学术训练体系以及指导师资的投入。在还没有"大创计划"的年代，哲学系的本科生就要在大二时参与学术论文节、大三时完成学年论文，系里为每人配备指导教师，从研究方法、思维训练、学术习惯入手，养成一整套"听说读写"的功夫。为了激发大家学术创作的兴趣，系里又专门为本科生量身定做了《林间路》。当一篇篇铅印的文字在校园里传阅，身为南哲学子便从心底生出难以名状的自豪。诚然，林间小路清幽寂静，能一生行走其间的人并不多，但每个从这条路上走过的人，都永远会把路上的风景铭记心间。

具体情境下的"经验"概念

——从对"观察渗透理论"命题的批判说起[*]

徐 竹

摘 要：由于误读前后期维特根斯坦不同的意义观，汉森对"观察渗透理论"命题的论证包含着深刻的逻辑张力。而对这一命题的批判考察进一步导向了一种与科学实践的具体情境紧密相关的"经验"概念。这一概念可以从具体情境下解释用具意义的实践活动、经验结构内在的解释学循环和实践参与者与情境的关系这样三个角度得到阐明。

关键词：经验；具体情境；科学实践；观察

传统经验主义的立场大致可以用以下三个命题来概括：① 认识不能超出经验范围；② 决定是否接受（或拒斥）一个理论的最终依据来自直接经验；③ 直接经验依靠归纳上升到普遍的知识。但这三点的重要性并不等同。在早期英国经验论者那里，① 是在和唯理论者的论战中提出来的，作为批判所谓"天赋观念"的否定性命题。③ 肇始于培根的主张，但它对经验主义立场并不具有本质的意义：休谟的著名考察证明了无论先验的还是经验的理性都不能保证归纳法的有效性；而后来波普尔的证伪主义则显示了一种非归纳的经验主义如何可能。② 则体现了传统经验论的基础主义色彩，是任何一个经验论者最根本的立足点。洛克说："我们的一切知识都是建立在经验上的，而且

---

* 本文荣获 2005 年江苏省普通高校本科优秀毕业设计（论文）一等奖，2005 年南京大学本科优秀毕业论文（设计）一等奖。——编者注

最后是导源于经验的。"①休谟进一步区分了"印象"(impressions)和"观念"(idea),把后者看作对前者的复现。② 这种基础主义的努力同样贯穿于现代经验论中逻辑实证主义试图统一科学的逻辑重构和波普尔以观察经验为反驳证据的证伪主义。

真正对命题②提出挑战进而动摇了整个基础主义经验论立场的是由汉森提出的"观察渗透理论"命题,以及此后兴起的历史主义科学哲学。但历史主义同样未能很好地解决自己面对的问题——这些问题或是实证主义遗留下来的,或是在批判实证主义的过程中新发展出来的。我们拒斥了基础主义的经验论原则,但却没有真正找到更好的替代者。在我看来,解决问题的关键在于重新澄清"经验"概念的意义。"经验"可以说是经验主义最重要的概念,但无论是早期英国经验论者还是逻辑实证主义者都看到,要对他们以之为基础的"经验"概念给出一个显定义是极其困难的。本文一开始的三个命题并非是在对某个"经验"概念的定义上给出的,而恰恰是命题中对"经验"的使用体现了经验论者如何理解"经验"概念。具有本质意义的命题②告诉我们,"经验"是在和"理论"的二元对立关系中得到理解的:观察经验对指涉一般对象的理论陈述具有判决性的优先地位;而"判决"就意味着"经验事实"对任何理论而言都是中立的。在历史主义看来,汉森命题恰恰说明:既然观察陈述总是具有某种理论负荷,那么理论中立的"经验事实"显然不存在,进而"经验"对"理论"的判决性关系也不成立。但否定这一关系并不等于抛弃"经验"概念,它只是要求我们重新理解这一概念。然而一般的历史主义科学哲学却没有指明,应该在什么意义上继续使用"经验"概念,由此遭遇了诸多理论困境。

本文旨在探讨一种科学哲学的语境中更加合理的"经验"概念,它应该超越基础主义经验论的理解,有助于回答历史主义以来科学哲学的新问题,有助于阐明科学的经验意义。这一探索是从对"观察与理论的关系"问题的探

① 洛克:《人类理解论》,关文运译,商务印书馆,1959 年,第 68 页。
② 休谟:《人性论(上册)》,关文运译,商务印书馆,1980 年,第 16 页。

讨开始的,对汉森文本的解读将清理出"观察渗透理论"命题发生的理论根基,同时也将看到这一命题并未将其逻辑前提的意义充分发挥出来。但在此之前,有必要先把"观察与理论的关系"的问题史梳理清楚,以提示汉森命题的发生背景。在文本解读的基础上,笔者将引入海德格尔之后的解释学的某些思想资源,结合从对"观察渗透理论"命题的批判中所获得的东西进行具体分析,从而初步获得一种新的意义上的"经验"概念。必须承认,这里的答案只是初步的,还远不能获得一种清晰的定义。但笔者相信新的"经验"概念可以相对地获得澄清,因为我们已经具备了某种对这一概念的"前理解",我们已经在超越实证主义的意义上使用"经验"概念。

一、理论背景:观察与理论关系问题的缘起与发展

在早期英国经验论者那里,"观察与理论的关系"问题尚未被明确地提出,但哲学家们已经意识到,以经验论立场解决知识的基础问题需要从经验的发生过程中澄清某种差别以及对立双方的联系。在洛克那里,这是"简单观念"与"复合观念"的区别与联系。洛克认为,诸如"红""坚硬"等简单观念是知识发生的基本材料,理解力只是在其基础上组合、重构才形成复合观念,也即一般性知识的对象,例如理论知识所指涉的关于对象"实体"的观念,就"只是一些简单观念的集合体;同时,我们还假设有一种东西是这些观念所依属、所寄托的"[①]。而在休谟那里则是"印象"与"观念"的区别与联系:前者是"初次出现于灵魂中的我们的一切感觉、情感和情绪",即直接经验中被给予我们的;后者则是"感觉、情感和情绪在思维和推理中的微弱的意象"[②],是对前者的复现。

这些论述中的基础主义立场为后来的逻辑实证主义所继承,但对早期经验论者而言,一个重大的缺陷是他们局限于主客体非此即彼的认识论框架

---

① 洛克:《人类理解论》,关文运译,商务印书馆,1959年,第289页。
② 休谟:《人性论(上册)》,关文运译,商务印书馆,1980年,第13页。

中,把观察和理论的内容统统视作主体的内在表象,"经验"只是个人主观地直接被给予,从而陷于心理主义和自我中心的困境。例如在休谟那里,"印象"和"观念"的差别只在于强烈程度和活泼程度,此外是"极为类似"的,"心灵的全部知觉都是双重的,表现为印象和观念两者"①。显然,缺乏公共客观意义的内在表象难以实现对指涉一般对象的理论的奠基。早期经验论者还无法有效地提出问题,这在主客二元的认识论哲学范式中几乎是一个不可避免的问题。"观察与理论关系"问题的提出就需要新的哲学背景和研究向度的引入。

(一)在语言意义的向度上论证观察对理论的奠基

这就是语言的向度,更准确地说是"意义"的向度。这一向度的引入奠基于现代逻辑的发展。弗雷格指认了一种既非主观表象又非物自身的客观"意义";前期维特根斯坦在《逻辑哲学论》(*Tractatus Logico-Philosophicus*,以下简称 *TLP*)中表明,通过纯粹的逻辑分析能够澄清命题的意义。一方面,任何命题总是"基本命题"的真值函项(*TLP* §5),命题的逻辑分析最终将达到这些基本命题;另一方面,"命题是实在的图像"(*TLP* §4.01),"表述事态的存在和不存在"(*TLP* §4.1),基本命题表述基本事态的存在和不存在,是基本事态的图像,而"逻辑形式"正是基本命题能够有意义地图示实在而和实在共有的东西(*TLP* §2.18)。所以,只有符合逻辑句法的命题才是有意义的,也就是说能以真或假的方式图示实在,而真假则在于命题所表达的意义与实在的符合与不符合。需要注意两点:一是作为论述的前提,*TLP* 在本体论上把世界设定为"事实的总体,而不是事物的总体"(*TLP* §1.1),而事实就是事态的存在(事态的不存在称为否定的事实),就是"实在";事态则意味着对象(事物)在其中以一定的方式关联、配置。二是所谓命题对实在的"图示关系",首先是一种内在的同构关系,这种同构基于逻辑形式。在这个意义上,概念的框架及其逻辑联系的方式成为 *TLP* 始终强调的东西。

---

① 休谟:《人性论(上册)》,关文运译,商务印书馆,1980 年,第 14 页。

从意义分析的角度明确地提出观察与理论的关系问题,这正是逻辑实证主义的贡献。早期经验论者试图从经验的发生过程中论证知识的经验基础,关注两种主观表象之间的关系;而逻辑实证主义者认为,要关注的是观察陈述与理论陈述的意义和内容之间的关系。既然任何有意义的陈述都可以通过逻辑分析先验地得以澄清,那么不论是观察内容还是理论内容都不能是各人私有的表象,而是公众可确认的,因而观察具备了承担理论知识之基础性诉求的可能。可见逻辑实证主义摆脱了经验论前辈们的"自我中心困境",石里克认为这是实证主义与唯心主义的主要区别。① 对陈述意义的关注同时意味着对"经验"理解的变化:在逻辑实证主义那里不再有"谁在经验"的问题,而只有对任何"我"均保持中立的"经验内容"本身,对物理主义语言的强调特别突出了这一相对于所有认知主体的中立性和公共性。② 而接下来需要论证的是,从两种不同陈述的意义联系来看,观察如何实现了对理论的奠基?

在逻辑实证主义运动早期,经验论者认为这一问题已经获得完满的解决。既然根据 *TLP*,被完全分析了的有意义的命题总是对事态之存在或不存在图示,那么对于任何经验科学的陈述而言,"其意义可以通过逻辑分析,更确切地说,通过还原为关于经验所予的最简单陈述来确定"③;通过这种还原,我们也就获得了接受或拒斥该陈述的判决性依据。所以石里克说:"陈述一个句子的意义……就是陈述证实(或否证)这个句子的方式。一个命题的意义,就是证实它的方法。"④陈述间的还原也使得概念间的还原成为可能。早期逻辑实证主义者认为所有不可观察的理论词项均可最终还原为一系列观察词项,因为所谓语法分析总离不开对词项的定义,而"唯一无须任何事先的知识就能达到目的的解释是实指定义",所以对理论词项的意义澄清"显然是

---

① 洪谦:《逻辑经验主义(上卷)》,商务印书馆,1982 年,第 56—57 页。
② 卡尔纳普:《卡尔纳普思想自述》,陈晓山、涂敏译,上海译文出版社,1985 年,第 81 页。
③ 汉恩、纽拉特、卡尔纳普:《科学的世界概念:维也纳学派》,曲跃厚译,陈启伟校,《自然科学哲学问题》,1989 年第 1 期。
④ 洪谦:《逻辑经验主义(上卷)》,商务印书馆,1982 年,第 39 页。

全都要涉及'经验'或'证实的可能性'"①。这样,从陈述和概念两个方面,观察与理论关系上的基础主义立场得以全面确立,所有科学概念都将被安排在一个立足于"经验"上的"还原系统"(自上而下看)或"构造系统"(自下而上看)中,由此"统一科学"。

这一较强的还原主义和基础主义立场在逻辑实证主义运动的后期被不断弱化。卡尔纳普先是提出了"宽容原则",承认不应把能否完成对观察词项的还原作为是否接受一个理论概念的标准。对一门具体科学来说,使用一个理论词项只意味着使用一种"语言构架",而这个构架所表述的对象系统的实在性问题——所谓"外部问题"则根本"不是一个理论问题,却是是否要接受那些语言形式的实用问题。这个接受并不需要理论上的辩护……因为它并不蕴涵一个信念或断定"②。宽容原则是着眼于具体科学的发展提出的,但卡尔纳普并没有在方法论层面上放弃基础主义立场,而是做出了相应调整。观察对理论的奠基作用不再诉诸两种陈述之间直接的意义联系,而是分成两个层面:首先,给出从理论语言 LT 到观察语言 Lo 的对应规则 C,这确定了 LT 中较容易还原的理论陈述或词项与 Lo 的关系;然后,在严格定义了"相对于名词的类 K 有意义"之后指出,如果在 LT 的词项序列中,理论词项 M 及其之前的所有词项总是相对于先前词项的类有意义,则 M 也是"经验地有意义的",即间接地还原到观察经验上。③

---

① 洪谦:《逻辑经验主义(上卷)》,商务印书馆,1982 年,第 40 页。

② 洪谦:《逻辑经验主义(上卷)》,商务印书馆,1982 年,第 97 页。

③ 这种"向前溯求"的模式要求理论语言中"第一批名词必须是这样:它们无须先假定其他描述名词的意义就可以表明是有意义的"。洪谦:《逻辑经验主义(上卷)》,商务印书馆,1982 年,第 152 页。显然这些名词就是通过对应规则直接还原的理论词项。而理论词项与观察词项的界限本身就是模糊的,卡尔纳普更倾向于把那些物理学家看作观察词项的概念——如"质量""温度"等——看作这种可直接还原的理论词项。卡尔纳普:《卡尔纳普思想自述》,陈晓山、涂敏译,上海译文出版社,1985 年,第 127—128 页。它们是理论语言具有经验意义的基石,其他在宽容原则下具有较大自由度的理论词项最终都相对于它们而间接地具有经验意义。

(二) 提出汉森命题的哲学背景

卡尔纳普是在面对蒯因的批判中做出这一调整的，一定意义上也吸收了蒯因的思想，例如承认理论词项对直接经验是有层次差别的，不可能全部翻译为观察语言。但卡尔纳普的基础主义立场体现在，通过给理论语言以部分的、间接的解释，即便理论语言构架的选择是宽容的，也仍能把科学陈述与没有认知意义的形而上学陈述区别开来，即前者可间接还原到某种观察陈述而后者不能。蒯因正确地指出，之所以有这一要求，是因为首先相信"可以设法把一个陈述的真理性分析为一个语言成分和一个事实成分"[①]，从而"纯粹语言地为真"导向分析命题与综合命题的区分，"根据事实地为真"导向还原论。我们已经看到，观察与理论关系问题的有效提出曾依赖于语言向度的引入，现在则揭示出，当时那种具体"引入方式"的局限性：如卡尔纳普所表白的，是把语言作为外在于"经验事实"的"构架"引入的，而事实成分则被看作既定的基础。而在蒯因看来，"科学双重地依赖于语言和经验；但这个两重性不是可以有意义地追溯到一个个依次考察的科学陈述的"。这里蒯因实际上提示了一种新的语言向度的引入方式：不是作为外在于事实的构架，而是作为科学整体的内在结构性要素引入语言。承认这一点，就没有理由把语言构架和具体科学陈述区别对待。[②]

这一语言向度的新的引入方式开启了一个全新的视角，包括逻辑实证主义在内的基础主义经验论传统重新受到强烈的质疑。汉森的文本正是在这一背景下出现的。但汉森在文本中并未提到蒯因的观点，而是强调了后期维特根斯坦的影响：他的很多观点都来自《哲学研究》(*Philosophiscal Investigation*，以下简称 *PI*)第二部分对"看"的论述。笔者将在第二节对汉森文本的解读中比较论述后期维特根斯坦的观点，在此之前有必要先概述 *PI* 的一

---

① 蒯因：《从逻辑的观点看》，上海译文出版社，1987 年，第 39 页。

② "卡尔纳普现在主张，这不是关于事实的问题，而是关于为科学选择一种方便的语言形式、一个方便的概念体系或结构的问题。我同意这一点，只是附加一个条件，即要承认科学假说一般地也是如此。"蒯因：《从逻辑的观点看》，上海译文出版社，1987 年，第 43 页。

般哲学思想。

后期维特根斯坦仍然关注语言的意义问题,但此时他认为"语言意义的基本单位"不再是可以完全分析的陈述句子,而是"语言游戏",即由语言和那些与语言交织在一起的行动所组成的整体(PI §7)。词句的意义正是在使用语言并做出相应行动的具体情境中被理解的,且并不存在一种脱离了具体情境的抽象的、固定的"意义":"一个词的意义就是它在语言中的使用。"(PI §43)因此,应当"专注于语词被实际交流、使用和理解的场景,在语词同它的使用者和使用环境的交织中,考察语词的意义"①。实际上,语言的述说本身就是一种活动(PI §23),它首先是代替而非描述实际的行动(PI §244)。理解具体词句的意义意味着理解某个具体行为,而这又依赖于对这一行为方式的整体有一种先在的理解。维特根斯坦用"生活形式"指称这一整体。生活形式总是以一种不可选择的方式被给予了我们,而我们能够和他人一起生活这一事实,说明我们已经具有某种对生活形式的理解,因此我们也能够有意义地问及具体语词的使用(PI §30;31)。一方面,各种语言游戏的细微差别体现着生活形式的差别,"想象一种语言就意味着想象一种生活形式"(PI §19);另一方面,存在着人类共同的生活方式,它"是我们据以解释陌生语言的参考系"(PI §206)。可以说,"在逻辑上,生活形式高于和大于简单的语言游戏"②。我们将看到,对"经验"概念的考察而言,语用行为的意义观和作为行为方式整体的生活形式的优先地位是 PI 中最值得注意的思想。

二、"观察渗透理论"还是"观察依赖情境"?

自汉森的《发现的模式》发表以来,"观察渗透理论"命题逐渐被学术界广为接受,其影响甚至超出一般科学哲学的范围。汉森在其著作的第一章和第二、三章的一部分中详细论述了这一命题。

---

① 张学广:《维特根斯坦与理解问题》,陕西人民出版社,2003 年,第 172 页。
② 张学广:《维特根斯坦与理解问题》,陕西人民出版社,2003 年,第 192 页。

（一）解读汉森对"观察渗透理论"命题的论证

汉森命题是对观察与理论关系问题的观点，但它在文本中只是从对观察的考察中提出的。汉森首先从"开普勒和第谷在日出时是否看到同一个太阳"这一问题出发，引出对"看"的概念的考察。通常认为，他们的观察陈述具有相同的意义内容，但又与各自坚持的不同理论——日心说或地心说相联系，所以其差异"产生于对其所见物的事后解释"①。这正是逻辑实证主义的进路，它把整个过程分为纯粹获取感觉资料的"看"与联系理论的"解释"两项。汉森指出"解释"应该是个经验问题，即可以决定是否给出解释；但实际的"看"——例如对立方体透视图的观察，并没有这种自由度，因为实际上并不能知道在所谓的"解释"之前中立的纯粹资料是什么。所以这里并没有所谓的"解释"发生，只是"看"到了不同的东西。这就需要对"看"的概念做出辨析。

汉森并不否认，纯粹记录视觉资料的活动是"看"的实例，但他认为这并不是科学家在其研究工作中真正进行的那种"看"。在这里发现情境与辩护情境的区分已不重要，而在逻辑实证主义关心的辩护情境中，"看"就是获取纯粹感觉资料的、相对理论中立的观察。那么汉森所强调的、科学活动所需要的是什么意义上的"看"？他先是以很多格式塔心理学的例子说明，即便一般的"看"也不仅有线条、颜色这些视觉图像要素，而且还以一定的方式把它们"组织"起来，即总是以一定的方式"看"对象；而我们以何种方式"看"它，归根结底是由其所处的具体语境决定的。在羚羊-鸟-头图中，图像对象究竟被看作羚羊头还是鸟头，在与周围不同图像对象的关系中就会有不同的答案。"图例的特定方面，是由它呈现的语境引起的……这种语境乃是图例本身的一个组成部分。"②而当逻辑实证主义从观察陈述的意义角度考察经验的客观内容时，他们认为存在一种不为具体语境限定的语义分析，因而辩护情境的

---

① 汉森：《发现的模式》，中国国际广播出版社，1988年，第10页。
② 汉森：《发现的模式》，中国国际广播出版社，1988年，第17页。

"看"是独立于具体语境的。这就澄清了两种"看"之间的概念差别。

接下去汉森转到了对科学工作的"看"的直接论述。物理学家眼中的 X 射线管,在外行人看来只是复杂的灯泡。"参观者必须学点物理学才能看见物理学家所看见的东西。只有这样,语境才能突出你面前的……那些物体的特征。"①有意思的是,到这里"语境"(context/connection)一词出现了 11 次,而此后在整个第一章中就再也没出现过。汉森把笔墨更多地放在论证"看"如何依赖观察者的知识、理论上。我认为这说明在汉森看来,正是科学知识和理论产生了科学活动中"看"所依赖的语境,或更强地说,就是这种语境本身,尽管汉森本人从未明确做此表述。"语境"概念是如此模糊,它只适用于在一般的"看"的层次上的论述;而要具体到科学工作的"看",则因为通过分析科学理论在观察中的作用能够具体阐明"语境"的作用,所以再用这个术语就显得大而无当了。既然一般的"看"要依赖语境,而科学理论就为科学活动中的"看"提供语境,那么"(科学的)观察渗透理论"是一个很自然的结论,它由更一般的前提"(一般的)观察依赖语境"论证得来。

但这一论证的合理性还并非不言而喻。首先,应该弄清楚,所谓渗透进观察的"理论"指称的是什么?"看是(至少)具有某种知识。"②根据文本,至少有两类知识:一是谓述观察对象的陈述。"看见物体 x,就是看见它可以我们所知的诸 x 的实际行为方式,表现其行为。"③当我们"看"某个对象的时候,实际上总已经是从对象出现于其中的某事态的角度来"看",必定已经渗透着关于这一事态的知识。这里继承了 *TLP* 关于"世界是事实的总体"的预设,但却是一个过强的要求:只有首先具备对观察对象的适当知识,才能真正"看"到该对象,显然不能说明"X 射线的发现"这类重大的科学史事件。汉森虽只要求"至少",但这又会变得太弱:"看见了 X 射线管至少是看见,如果它掉在石头上就会被摔碎。"④如果仅看到这些,应该更倾向于说根本没有"看见"X

---

① 汉森:《发现的模式》,中国国际广播出版社,1988 年,第 19—20 页。

② 汉森:《发现的模式》,中国国际广播出版社,1988 年,第 23 页。

③ 汉森:《发现的模式》,中国国际广播出版社,1988 年,第 25 页。

④ 汉森:《发现的模式》,中国国际广播出版社,1988 年,第 24 页。

射线管。另一类是关于观察用具的理论知识。当观察对象是 X 射线时,实验者对 X 射线管的知识就是这一类;对微生物学家来说,显微镜的理论知识也属于这一类。说这类"理论"渗透进观察似乎问题不大,但它们与观察对象的联系比较间接,不能揭示汉森命题的全部意义。

更准确地说,渗透进观察的"理论"主要不是什么关于观察对象的具体知识,而是语言的概念结构。汉森认为,观察之所以必然渗透着理论,是因为"看"在纯粹的视感觉之外还包括语言成分。"我们的视觉意识是由图像支配的;然而科学知识首先是语言的。……看就是图像和语言这两者的结合。"[①]图像以具有原本的某些性质来描绘原本,它不提供真值判断;语言则描述情况"是什么",因此我们才能根据"看"来判断是否接受某个陈述。[②] 所以所谓"理论"的渗透作用主要是通过先于观察的概念结构实现的。这里的"渗透"表明,语言已经不是外在于经验事实的"构架",而是通过为"看"提供语境,内在地建构着经验事实。这非常类似蒯因提示的作为内在结构性要素的语言向度,但却是被引入"看"的实际过程而非科学知识的整体。

这样问题就最终转化为:"理论的概念结构能否为观察提供所需的语境?"根据汉森文本的论证结构,对它做出肯定回答直接蕴含着"观察渗透理论"命题。

(二)晦暗的"语境"概念与"观察依赖情境"

那么现在问题的关键是如何理解"语境"。关于这一点汉森在注[30]中引用了维特根斯坦在 *PI* 中关于"课文为尼克尔立方体提供不同解释"的论述,但同时又让读者参见 *TLP* 的命题 2.0123:"假如我知道一个对象,我也就知道它出现于诸事态中的所有可能性……"显然在汉森看来这两处论述是同

---

① 汉森:《发现的模式》,中国国际广播出版社,1988 年,第 28 页。
② 汉森对图像与语言性质差异的强调使他进一步批判 *TLP* 中的"命题图像说",参见汉森:《发现的模式》,中国国际广播出版社,1988 年,第 31—32 页。但他没有看到,他使用的"图像"和维特根斯坦在 *TLP* 中使用的"图像"根本不是一个概念:前者是原义,即视知觉资料;后者则只是一种隐喻,维特根斯坦强调这种图示关系是内在的同构性,而不是描绘原本。

义的,但实际上却有着根本的差异。澄清这一差异,需要比较维特根斯坦在 *PI* 和 *TLP* 中的观点。

在 *PI* 第二部分有对"看"概念的重要论述,汉森所强调的"看"在那里被称作"面相"(Aspekt)的看。所谓"面相"是指图像对象显示出来的与其他对象的相似性,"是它和其他对象之间的某种内在关系"①,更明确地说即图像的一种"意象"。我们曾提到,*PI* 持一种语用行为的意义理论,在这里同样如此:图像的"意义"并不是独立于具体的理解活动、可以先验地得以澄清的固定内容,而是观察者在具体情境中对待它的方式。"我就是那样对待它的,这就是我对这个图形的态度。"②而当意识到图形对象不止一种面相后,观察者就可以有意识地把该图形当作某种面相对待,即"看作"某个对象。观察者究竟在何种意义上"看"对象,这应从其"对'所见之物'的表现"来判断,应该辨析"行为的精细差别"③。设想一个物理学家可以在一种比他在读本科时所理解的更深刻的意义上"看"X 射线管,这往往就体现在利用 X 射线管做实验这一行为过程的细微差别上。而 *TLP* 的命题 2.0123 则说的是对象与事态的关系。对象配置成基本事态的方式是和基本命题逻辑同构的,命题的意义可以逻辑地得以澄清。一言以蔽之,*TLP* 关注的是对象逻辑地构成的独立于具体情境的事态以及逻辑地图示这种事态的命题;而 *PI* 则关注具体情境下观察者对对象意义的把握,行动体现着他们所理解的"意义"。④

汉森在论述一般的"看"依赖语境的观点时大量引用 *PI* 中的论述,但他并没有清楚地意识到 *PI* 和 *TLP* 在意义理论上存在的重大差异,这就使得他的"语境"概念非常晦暗不明。一方面,汉森似乎是在 *PI* 的意义上谈"语境",

①　维特根斯坦:《哲学研究》,商务印书馆,1996 年,第 323 页。
②　维特根斯坦:《哲学研究》,商务印书馆,1996 年,第 312 页。
③　维特根斯坦:《哲学研究》,商务印书馆,1996 年,第 302 页。
④　如果我们直接比较维特根斯坦在 *TLP* 和 *PI* 中对立方体透视图问题的论述,则这种差异会更加明显:在 *TLP* 中维特根斯坦说对这一图形"确实看到了两个不同的事实",但他的意思是,由于对象互相关联的具体方式不同,因而产生了不同的事实。参见 *TLP* 的命题 5.5423。这显然与 *PI* 那种"在不同的具体情境中看到不同面相"的意义不同。不幸的是,汉森根本没有察觉这种差异,他在论证"对尼克尔立方体的看依赖语境"时同样引述了 *TLP* 的观点。

他追随后期维特根斯坦,认为是否在相同意义上把握对象,这"在观察者的行为中呈现";在不同的意义上"看"同一个图像时发生变化的是图像的"组织"……他甚至还以"火"在不同情境中的意义差异来类比论证物理学中"原因"与"结果"的意义具体性。① 这是很有新意和创见的,但他并未将这一思想坚持到底。因为另一方面,他又把"语境"看作概念逻辑地联系在一起的组织网络,图像对象在"语境"中出现就类似于 *TLP* 中"对象在事态中出现"那种意义。显然这样理解"语境"可以非常自然地得出"理论的概念结构提供了观察所需的语境"这一结论②——*TLP* 就非常强调概念结构的作用,但同时也错失了"观察依赖语境"命题在 *PI* 的意义上所蕴含的很多内容。

"语境"概念的晦暗和歧义造成了汉森文本深层次的逻辑张力甚至是断裂的,特别在他同时引述 *PI* 和 *TLP* 中看似同义的论述时表现得尤为明显。除了前面的例子,汉森在论述"看"总包含某种谓述观察对象的知识时,在注[46]引了 *TLP* 的命题 2.0121,这一命题是说,任何对象只能在它与其他对象的结合中被思考。显然汉森想说的意思是和 *TLP* 的引文一致的,但由于他对"图形在具体情境中出现"和"对象在事态中出现"这两个概念混淆不清,又引了 *PI* 中的论述:"我在某种面相的突然闪现中所感知到的却不是对象的一种性质,而是它和其他对象之间的某种内在关系。"*TLP* 命题中的"对象"是对象事物,任何对象总处在某种与语言逻辑同构的相互关联之中,即在事实中出现。而 *PI* 论述中的"对象"是所观察的图形,但对图例内容的陈述不具有 *TLP* 所认为的先验的客观意义,而是要在具体情境中把握;所谓"内在关系"并不是一种逻辑同构的关联,而是图形之间的相似性;把握这种"内在关系"所需要的不是纯粹的逻辑分析,而是要诉诸观察者对待图形的具体方式,他的行为的细微差别:当他要描述自己在鸭-兔-头图中看到了什么时,他"指着

---

① 汉森:《发现的模式》,中国国际广播出版社,1988 年,第 68—69 页。

② 应该承认汉森在论证之初就清楚地知道自己要得到的结论是什么,而他对"概念结构即能提供语境"这一观点的坚持,反过来也影响了他对"语境"概念的理解。这也许就能解释为什么他没有坚持 *PI* 的理论逻辑,导致了"语境"概念的歧义。

大量不同的兔子图画"①。文本的深层逻辑断裂非常直观地显现出来。

我们对观察与理论关系问题的考察就在这里与汉森分道扬镳。实际上我们已经使用了"情境"概念,以明确指谓汉森在 PI 的意义上所谈的"语境"②。因此在这一意义上的"观察依赖语境"命题应该被转述成"观察依赖情境"。而在这一前提下,得不出汉森意义上的"观察渗透理论"命题。PI 意义上的"情境"作为观察活动所处的实际境况,包括发生这一活动的地方环境、环境中诸要素同观察对象的具体联系……特别重要的是,"情境"总是相对于该环境中从事活动的观察者而言的,它也包括观察者具体地对待观察对象的实践关系,以及附属于这种关系的观察用具与观察对象的关系。显然,这远不是理论的概念结构所能提供的。但概念结构和观察用具的具体理论确实能对"情境"产生作用。例如,观察者由于在理论学习中训练了某种学科素质,因而能够在具体情境中有意义地行动,在其行为的细微差别中体现着他的"看"对对象意义的具体把握。如果从这种意义上说,那么"观察渗透理论"仍是成立的。但此时讨论这一命题成立与否已经无关紧要了,重要的是,阐明观察与情境的关系同时开启了通向一种更为合理的新的"经验"概念之路。

三、走向一种具体情境下的"经验"概念

本文旨在探索一种新的更合理的"经验"概念,但却是从观察与理论的关系问题入手的。对这一问题的考察最终得出了"观察依赖情境"的命题,而由此赢得一种新的"经验"概念的条件已经具备了。

(一)对具体情境下的"经验"概念的意义阐释

关于"经验"概念的问题如此具有吸引力,并非偶然。伽达默尔说:"在我

---

① 维特根斯坦:《哲学研究》,商务印书馆,1996 年,第 300 页。
② 笔者并不试图严格辨析"情境"和"语境"概念,事实上它们来自同一个英文词"context";并且在笔者看来,任何实际的"情境"都可以是一种语用学(而非语义学)视角下的"语境"。这里改用"情境"仅是为了强调,这一概念不再具有 TLP 背景下的"理论概念结构"的含义。

看来，经验概念——尽管看起来非常荒谬——乃是我们所具有的最难以理解的概念之一。"①逻辑实证主义确立了一种能够承担起科学理论之基础主义诉求的"经验"概念，它根本上立足于 TLP 中表述的意义理论，即承认陈述具有一种不考虑经验活动发生情境的客观语义，通过逻辑分析可以澄清这一语义。而在 PI 中语用的行为的意义理论背景下，则立刻可以看出，这一基础主义的"经验"概念并没有揭示出科学的真正经验基础，甚至可能把实际科学工作的"看"排除在"经验"之外。汉森命题抓住了这一点，但他并没有把其逻辑前提的意义充分发挥出来，特别是错失了"情境"的真正含义。而如果我们承认"观察依赖情境"，那么就同样可能有一种依赖具体情境的"经验"概念：它完全立足于 PI 表述的语用行为的意义向度，可能更好地揭示科学的经验意义，更好地解决科学哲学提出的问题，从而成为一种更合理的"经验"概念。

因此澄清这一新的"经验"概念，就需要阐明具体情境与科学经验的关系，特别要关注具体实验情境中的科学实践活动。我认为，欧陆的现象学传统特别是海德格尔之后的解释学的思想资源对完成这一任务是有帮助的。当然，科学哲学语境中的"经验"同生存论哲学或美学讨论中的"经验"是不同的，而解释学首先是针对后者。单纯就一种思维方式而言，借鉴解释学观点有助于我们充分发挥语用行为的意义向度，有助于克服在逻辑实证主义那里被弄得很狭窄的理论进路，从而有助于澄清科学哲学中这一新的"经验"概念。

让我们从"观察依赖情境"出发。这一命题说明，观察者在具体情境中对待对象的方式体现着他在何种意义上把握了该对象。类似地，"经验"首先是科学家在具体实验情境中对诸要素的"意义"的把握，他实际地使用、改变这些要素的行动体现着他的把握。构成实验环境的任何要素都不是立在实验参与者对面、应加以客观考察的"对象"，而是作为用具的一种功能性存在，即海德格尔所说的"上手状态"的存在；对实验用具的意义的最好把握就是在实验活动过程中自如地使用它，发挥其功能："对锤子这物越少瞪目凝视，用它用得越起劲……它也就越发昭然若揭地作为它所是的东西来照面，作为用具

① 伽达默尔：《真理与方法》，洪汉鼎译，上海译文出版社，2004 年，第 450 页。

来照面。"①具体情境中实验参与者的"经验"揭示着诸实验要素的"其所是",而"所是"的内容又被具体情境决定。同一个 X 射线管,在一个它作为产生 X 射线的实验仪器的情境中与另一个它本身承担实验目的的情境——例如教师向学生介绍 X 射线管的示范性实验中,"其所是"是大不相同的。参与者的不同"经验"——各自情境中实际行为的差别显示出射线管正是在不同"面相"上被把握。

所以,这种"经验"——具体实验情境下的科学实践同时也是一种解释与理解活动。这里的"解释"并非汉森所批判的"事后解释",因为它并不依赖于感觉证据与理论内容的语义联系,而就是指实践行动的经验过程。"在我们做什么以及如何做的过程中,我们解释了自身和世界。"②下面借助法拉第实验的案例来阐明这种解释活动的内涵。

1820 年夏末,H.C.奥斯特发现,载流电线中的磁效应会以某种方式在电线中循环。法拉第进行了实验,对这种主张的意义做了澄清,并且进一步发展了这种思想。在几个月的时间中,他事实上建造出了一台原始的电动机。一个圆柱形的玻璃管的顶部和底部被软木塞塞住。一根电线从顶部的软木塞的中央穿过,进入玻璃管中,电线的末端有一个钩,在这里垂直悬挂着第二根电线。一个软铁棒经过底部的软木塞伸入玻璃管的下方,那第二根电线的下端可以自由地围绕软铁棒的顶端旋转。通过底部软木塞上的汞池,可摇摆的电线的下端与铁心保持着电接触。为了启动这台"电动机",把一根磁棒的一极置于从底部软木塞伸进来的铁心的末端附近,通过一个电池使一根导线把铁心与从顶部软木塞伸进来的电线相连。随之而出现的电流会导致那根可摇摆的电线的下端围绕磁化的铁心旋转,同时会维持与汞的接触。法拉第很快给他在欧洲各地的竞争者们送去了这种装置的样品,并且配备了如何使它运转的说明书。③

---

① 海德格尔:《存在与时间》,陈嘉映、王庆节译,生活·读书·新知三联书店,1999 年,第 81 页。

② 劳斯:《知识与权力——走向科学的政治哲学》,盛晓明、邱慧、孟强译,北京大学出版社,2004 年,第 62 页。

③ 查尔默斯:《科学究竟是什么》(第 3 版),邱仁宗译,河北科学技术出版社,2002 年,第 231 页。

法拉第设计的实验装置巧妙地通过通电时"电线的下端可以自由地围绕软铁棒的顶端旋转"捕捉到奥斯特断言的现象。在这一实验情境中,电线、软铁棒、磁棒、汞池……这些用具在训练有素的法拉第眼中非常"上手",它们在实验目的指引下已经被"领会"为一个整体,而用具正是在这一整体中才自如地发挥其功能,成就其意义。但法拉第究竟是如何想到它们具体该做什么用并如此巧妙地安装起来的呢? 这可能依赖于他对这些用具有某种意义的"知",但这"不是明确的规定或规则。它们是概括性的、可变的能知(know-how)"①。具有能知并不是通晓用具的各种属性,而是把握了用具向着实验目的敞开的应用方式的可能性。他在组装装置时对用具有某种"看",但这不是做记录某种特征的"观察",而是组装活动所要求的"顺应于事"的"寻视"(umsicht)②;他环顾(sicht)四周(um),不断筹划利用周围的用具以改进所用的材料及其使用方式。没有哪门课程能教会一个外行人这种"能知"和"寻视",它们只能来自法拉第从事实验活动的"经验";或者如库恩所说,它们是需要在"具体应用实例"中学会的"意会知识"(tacit knowledge)③,任何语词的描述在这里都捉襟见肘。

这就是在科学实践的"经验"中实际发生着的解释活动。实践参与者对具体情境中诸用具之意义整体的领会、他们具有的"能知"和"寻视"几乎是所有这类解释活动的可能性条件。由此,参与者经验着实验情境中的诸要素,以其行动解释着它们。或者更确切地说,在具体情境中"经验"着,亦即是在这一情境中"生存"着。对实践参与者而言,每个情境都是具体而微的"世界"。"在具体情境中"并不是说实践参与者处在某个具体时空环境的"盒子"里,而是说居住于、熟悉于这一环境,与其中的上手用具打交道④,从而具有

---

① 劳斯:《知识与权力——走向科学的政治哲学》,盛晓明、邱慧、孟强译,北京大学出版社,2004年,第63页。

② 海德格尔:《存在与时间》,陈嘉映、王庆节译,生活·读书·新知三联书店,1999年,第82页。

③ 库恩:《科学革命的结构》,金吾伦、胡新和译,北京大学出版社,2003年,第171页。

④ 这些论述源于海德格尔关于"此在是一个在世界中的存在"的论述给笔者的启发。参见海德格尔:《存在与时间》,陈嘉映、王庆节译,生活·读书·新知三联书店,1999年,第63—66页。海德格尔所说的是"此在"的一般存在论规定,而如果把"此在"具体到科学工作的共同体,则"世界"的意义就相当于科学实践活动的具体情境。

"经验"。"打交道"的活动可能有某种规则,但参与者从不会被规则限定于某种行为方式,"因为每一种行为方式都可以被搞得符合于规则"①。"经验"总是明确的规则与面向可能性开放的实践活动的交织,有经验的参与者总是在这一交织中意会到如何更有意义地行动并做出决断,而他的"意会"与"决断"总依据于对情境整体的领会。因此,不存在脱离具体情境的科学"经验",正如不可能有脱离世界的"生存"。

法拉第在其实验情境中对用具的解释都奠基于他对情境要素之意义整体的领会——也即对当下情境本身的领会——说明,"经验"的解释活动总有某种前提,正如 PI 所强调的,对语言和行为的理解依赖于对生活形式的先在理解。"只有在先行揭示了因缘整体性的基础上,才可能揭示因缘本身,即揭示上手事物的存在。"②情境整体被其参与者在具体的经验活动之前先行领会,这并非是对情境有客观的知识;实际上参与者不可能完全阐明他已身处其中的情境③,但在先的领会却在参与者对用具的实践解释活动中"成形"。领会为解释活动提供了实践可能性的领域,又在解释活动中阐明自身。法拉第在把磁极放在铁心附近并使电线末端与铁心通过汞池相联系的操作中,解释了软铁圆筒、汞池等用具在情境中的意义,同时也"道"出了他对整个情境的理解。但这里产生了一个问题:如果在经验活动中解释出来的意义早已蕴含在参与者对情境的先行领会中,并且解释活动就是以这一领会为前提的,那么实践参与者不就是不自觉地把某种结论性的东西当成前提了吗? 所谓

① 参见 PI,§201。维特根斯坦接着说:"……因此,人们倾向于说:每一种根据规则而进行的活动都是一个解释。"从中可以体会出,后期维特根斯坦的思想是和海德格尔有相通之处的,劳斯认为二者都提出了"实践解释学"。这也是为什么我们可以借助解释学资源阐述立足于 PI 的语用学意义向度的"经验"概念。参见劳斯:《知识与权力——走向科学的政治哲学》,盛晓明、邱慧、孟强译,北京大学出版社,2004 年,第 51 页。

② 海德格尔:《存在与时间》,陈嘉映、王庆节译,三联书店,1999 年,第 100 页。

③ "处境这一概念的特征正在于:我们并不处于这处境的对面,因而也就无从对处境有任何客观性的认识。……我们总是发现自己已经处于某个处境里,因而要想阐明这种处境,乃是一项绝不可能彻底完成的任务。"参见伽达默尔:《真理与方法》,洪汉鼎译,上海译文出版社,2004 年,第 390 页。之所以不能阐明情境,是因为具体情境不能被简单物化为对象。参见劳斯:《知识与权力——走向科学的政治哲学》,盛晓明、邱慧、孟强译,北京大学出版社,2004 年,第 63 页。

的"经验"不就只是一种自说自话、自己为自己提供合法性的纯主观活动了吗？

具体情境下的"经验"概念确实具有这种"解释学循环"的结构①，但它并非纯主观的恶性循环。无论领会还是解释都不是参与者能完全自主决定的事，而是受到其所处情境的多方面制约。这其中不仅有具体地理历史条件的限制，参与者本人也是情境的要素，情境的制约作用也表现在参与者的行动受自身的背景、知识储备、经验积累等的制约。他的行动的确是对用具的解释，但他不能任意行动；他的解释的确奠基于对情境的领会，但他不能任意领会。然而这种制约又并非明确和刚性的，法拉第也可能带着对奥斯特断言的偏见做实验，也可能从主观上"想当然"地面对实验情境，这样的话，他也就不会取得科学实践上的成就。所以要做的事情不是从"经验"中拒斥掉这种循环，"而是依照正确的方式进入这个循环"；而"正确的方式"就是在解释活动中有意识地不让先行领会"以偶发奇想和流俗之见的方式出现"，而始终"从事情本身出来清理"先行领会。这样"经验"就在领会与解释的循环中通过内化具体情境的内容而不断丰富起来，因而它具有"最源始的认识的一种积极可能性"②。

这就已经涉及了具体情境下的"经验"与实践参与者的关系。一方面，不同参与者以其具体行动建构着情境，但情境仍具有优先地位。的确只有相对于从事具体活动的人而言才有"情境"，但同时任何人都不过是以他们的活动参与建构其所处的情境的要素，他们非但不是情境的主人，反而经常受制于具体情境，甚至只有"从事情本身"领会情境才能正确地行动。笔者在论述中不用"经验主体"而用"实践参与者"指称情境中活动的人，就是为了强调这一点。另一方面，实践参与者在具体情境下的经验并非只是积累感觉材料的活动，而是深刻改变着他自己。"我们的日常实践和我们实践的取向塑造了我

---

① 汉森之后的历史主义也讲"解释学循环"，但那是指建立在"观察渗透理论"命题之上的观察与理论关系的循环；而在这里，笔者所做的只是力图阐明一种"经验"概念，所说的是经验结构内在的解释学循环，并没有涉及经验与理论的关系。

② 海德格尔：《存在与时间》，陈嘉映、王庆节译，生活·读书·新知三联书店，1999年，第179页。

们当下的状态,并不断地重塑我们。"①在具体情境下的经验中——用库恩的话说,在解决谜题的具体应用实例中,我们学会了很多不能划归为明确规则的东西,从而丰富了自身,同时也就更能以一种较有把握的开放的心态面对新的情境、新的经验。"有经验的人……因为具有如此之多经验并且从经验中学习如此之多东西,因而特别有一种能力去获取新经验并从经验中学习。"所以"经验的辩证运动的真正完成并不在于某种封闭的知识,而是在于那种通过经验本身所促成的对于经验的开放性"②。

(二) 具体情境下的"经验"概念之合理性论证

这样,具体情境下的"经验"概念就显露出一个大致的轮廓。尽管粗略,但能够阐明它与传统经验主义的区别与联系。它对科学经验的考察方式继承了早期英国经验论者,都是从实际的经验发生过程出发的;但在这里,经验的发生不是被理解成"认知主体"的内在表象的嬗变,而是被看作"参与者"在具体情境中解释着周围用具的意义的实践活动。在这一活动中,情境具有相对于参与者的优先地位,因而它避免了陷入逻辑实证主义所指责的自我中心困境。从具体情境下的"经验"概念看,科学仍是具有"经验"意义的,但由于对"经验"概念的理解不同,这里实际上持一种不同于逻辑实证主义的科学观:科学不再被认为是在感觉证据证实或证伪基础上的知识的自我增长,它"首先不是表象和观察世界的方式,而是操作、介入世界的一种(或多种)方式"③。科学家首先从事的不是构建一个不断逼真的世界图景,而是通过具体情境下的解释活动介入世界的改造。任何关于科学的方法论原则都只是这一"经验"事后的理性重构。

但这还不足以论证这一"经验"概念"更合理",因为对传统经验论的批判

---

① 劳斯:《知识与权力——走向科学的政治哲学》,盛晓明、邱慧、孟强译,北京大学出版社,2004年,第62页。

② 伽达默尔:《真理与方法》,洪汉鼎译,上海译文出版社,2004年,第462页。

③ 劳斯:《知识与权力——走向科学的政治哲学》,盛晓明、邱慧、孟强译,北京大学出版社,2004年,第39页。

在蒯因的科学整体论,特别是在以库恩的"范式"理论为代表的历史主义那里已经开始。可以肯定,如果具体情境下的"经验"概念并不"更合理",那么它必然不能批判地对待那些被传统经验论的批判者们接受为前提的东西,不能从新的角度澄清在他们那里有时甚至是以颠倒的方式表现出来的理论无意识。下面的分析试图表明,可以否定上述蕴涵式的后件从而证明新的"经验"概念更合理。

蒯因认为,科学作为一个整体是"人工的织造物",尽管它需要根据经验的反驳做出调整,但"经验对整个场的限定是如此不充分,以致在根据任何单一的相反经验要给那些陈述以再评价的问题上是有很大选择自由的"①。由于经验对理论的不充分决定,还原论失效了,但蒯因并未彻底地走向历史主义,而又提出了与感觉刺激直接关联、具有主体间可确认性且独立地具有经验意义的"观察句"概念,以承担理论的基础诉求。既然"不充分决定"不是因为观察受理论污染,那么就只能归结于理论词项的观察标准的灵活和不完整,以至于不相容的理论可以蕴涵相同的观察语句。地心说和日心说似乎都蕴涵着陈述日出现象的相同的观察句,而对这同一个句子,地心说者看到的是太阳上升,日心说者看到的是地平线下降。如果说这是因为地心说和日心说所含理论词项具有灵活的观察标准,似乎也并没有什么悖谬的地方。

这里遇到的不是对错的问题,而是特定理论框架下的视域局限问题。显然"经验"在蒯因那里是"观察句"的主体间可公共确认的客观意义,本质上并未超出逻辑实证主义的层面。因此在他看来,当第谷和开普勒都面临日出现象的"感觉刺激"时,必做出具有相同语义的"观察句",却又和不同的理论相联系。而引入新的"经验"概念则会看到,由于具体情境要素——参与者知识背景不同,第谷和开普勒完全是在不同地经验观察对象;即便二者用相同的语句描述各自的观察结果,也不具有相同的"意义",自然能与不同的理论相联系。这里并没有超越具体情境的客观"意义"。蒯因触及了汉森所探索的东西,但由于其理论框架自身的无意识,却是以"理论词项灵活的观察标准"

---

① 蒯因:《从逻辑的观点看》,上海译文出版社,1987年,第40页。

这一扭曲的方式体现出来。

在库恩那里情况就更复杂,关于"范式"概念的理解,历来有很多讨论。① 按照一般对历史主义的理解——这种理解直接建立在承认"观察渗透理论" 命题之上——范式是"由一系列被科学共同体成员所接受的不可违反的理论 教条构成"②。承认这种意义上的范式的革命和不可通约性使得科学哲学不 得不面临科学的进步性危机:科学史可能只是不同理论范式的更替,且"我们 为何选择新理论而抛弃旧理论,没有任何合理的理由可言"③。库恩辩称,除 了具体理论和形而上学信念,"范式"还指涉共同体具有的价值和共有的范 例;由于对成熟科学团体的大部分成员来说,主导价值是"解决自然界提出的 谜题的能力",所以科学革命的进步性体现在,"后期的科学理论在一个常常 大不相同的应用环境中,较其先前的理论表现出更好的解谜能力"④。

就库恩对范式作为"共有的范例"的意义的强调和对科学革命之进步性 的解释来看,他的确已经触及具体情境下的"经验"概念的某些方面,但和蒯 因一样是无意识的,这体现在他把进步性标准诉诸共同体的共有价值。如果 评判范式更替的进步性是"解谜能力",那么这一所谓科学共同体的主导价 值不就是超越所有范式而存在的吗?但既然价值本身也是范式指涉的要素, 那么范式的不可通约性会允许有这种超越性的价值存在吗?或者说假如这 种超越性的主导价值确实存在,那它存在的依据又是什么呢?要解决这些问 题,只对"范式"概念进行些小修小补显然是不够的。如果引入具体情境下的 "经验"概念,那么我们就会看到,解谜能力之所以是衡量科学革命进步性的

---

① 劳斯对库恩文本所做的两种解读非常富有启发性,库恩 2 是一般对历史主义理解中的库恩, 而库恩 1 则是符合劳斯"科学实践解释学"观点的库恩,也即持有本文所说的具体情境下的"经验"概念 的库恩。参见劳斯:《知识与权力——走向科学的政治哲学》,盛晓明、邱慧、孟强译,北京大学出版社, 2004 年,第二章。

② 劳斯:《知识与权力——走向科学的政治哲学》,盛晓明、邱慧、孟强译,北京大学出版社,2004 年,第 29 页。

③ 劳斯:《知识与权力——走向科学的政治哲学》,盛晓明、邱慧、孟强译,北京大学出版社,2004 年,第 4 页。

④ 库恩:《科学革命的结构》,金吾伦、胡新和译,北京大学出版社,2003 年,第 184 页。

标准,根本不在于它是哪个共同体的超越性价值,而是因为科学的"经验"意义正是在具体情境中解释实践对象之意义的活动;"解谜"意味着参与者的某种具体行动被赋予了意义,它因此开启了参与者能够有效行动的新的可能性领域。所以这一进步性的衡量标准是科学自己提供给自己的,如果它的确被科学共同体接受为共有的价值,那恰恰是共同体成员"从事情本身"来领会科学的结果,而不是"解谜能力"得以成为进步性标准的原因。

可见,具体情境下的"经验"概念提供了一种对科学的全新理解,一种能够阐明传统经验主义及其批判者的理论预设之局限性的全新向度,有助于解答历史主义以来科学哲学所面临的问题,因而它是一种更合理的"经验"概念。

四、结语:回顾与展望

本文的探索从概括传统经验主义的基本立场开始,在新的"经验"概念崭露头角的地方结束。"经验"传统上是在与"理论"的二元关系中被理解的,而且新的"经验"概念也是从对观察与理论关系问题的考察中得到启发的,但在阐明具体情境下的"经验"概念时却没有再回到那种二元关系中。这是因为,如果说"经验"概念的意义需要重新得以澄清,那么"理论"概念同样如此,而这是在新的意义层面上阐明经验与理论关系的前提。这一工作的复杂性远不在对"经验"概念的考察之下,更不是这篇论文所能容纳的。但仅从具体情境下的"经验"概念已被阐明的意义来看,即使这一概念并不蕴含传统意义上经验对理论的"奠基",考察经验与理论的关系也具有特别重要的意义。

由于这一关系还未在新的意义上得到深入考察,所以这里对"经验"概念的阐发也只能是非常初步的。回顾前言中概括出来的三个基本命题,在新的"经验"概念下应作何理解呢?命题①仍应是成立的,任何具体的科学认识成果从根本上都不超出具体情境下的"经验";命题②的意义依赖于刚刚提到的对经验与理论关系的重新考察;命题③所提出的问题意义更加重大:如果不承认归纳,那就要阐明立足于具体情境下的"经验"概念的科学知识生产方式是怎样的?需要解决的问题还远不止这些,例如笔者并没有探讨同一情境下不同参与者之间关系的问题,但这应该是具体情境下"经验"概念的内容,且正是当今科学知识社会学所关心的主题。这从一个角度也说明,新的"经验"概念具有重要意义:阐明一个有价值的哲学概念并不是结束,而是许多更进一步的探索工作的开始。

作者简介:徐竹(1983—),男,山东日照人。南京大学哲学系 2001 级本科生,本科毕业论文指导老师为蔡仲教授。2005 至 2010 年在清华大学—匹兹堡大学联合培养,获哲学博士学位。现任华东师范大学哲学系副教授,研究方向为当代英美知识论与行动哲学、维特根斯坦、社会科学哲学。

南哲感悟:感谢母系让我以这种方式重温大学时代的论文!惊奇地发现,直到今天我仍然在研究的话题,早在本科阶段的文章中就已经关心了。当然文章是不值一提了,今天专业本科生的论文,读来感到后生可畏!我对大学生活印象最深的是今天回不去的浦口。工作之后回南大到访过仙林的系楼,颇有"物非人是"之感。尽管校园和大楼都是新的,但老师们的样子一切如昨,恍若折叠了时空。感恩南哲四年的培养,无论是专业的还是生活的所获,都将使我受用一生。相信南哲的事业必定蒸蒸日上,越来越好!

马克思哲学与现代性问题[*]

王　巍

摘　要：马克思深刻地诊断了现代性问题，他对现代性的看法是辩证的：一方面，他肯定了现代性进程所推动的生产力的巨大发展；另一方面，他对现代性的核心——资本逻辑进行了历史唯物主义基础之上的批判，并深刻地指出资本是一种社会关系，对资本的批判在于对资本主义生产关系的批判。这一辩证的态度可以追溯到马克思对物化两种形式的明确划界。同时，马克思给我们指出了一条摆脱资本控制下人对物的依赖关系而走向"自由人的联合体"的社会之路。马克思对现代性的诊断不同于海德格尔，后者仅仅在文化的现代性的层面来批判现代性，并且非历史地看待现代性。马克思虽然把批判的基点放在经济事实的现代性上，但是在他的哲学里，经济事实现代性和文化观念现代性的双重批判是绑在一起的。今天的西方依然没有走出马克思所批判的现代性。马克思的现代性诊断给当代中国的现代性构建提供了方法论遗产。

关键词：马克思；现代性；资本；海德格尔

在开启我们的讨论之前，首先要考察的一个元问题是：把马克思哲学和现代性二者放在一起讨论何以可能（即此问题域的合法性问题）？按照通常的观点，只要去马克思的文本里找出他关于"现代性"的有关论述，然后把它

---

* 本文获南京大学第九届"基础学科论坛"一等奖。——编者注

们摘录出来就可以了。但我们很快就会发现,马克思的文本中从未出现过"现代性"一词,那么是不是据此就可以得出结论——马克思哲学没有对现代性问题发表过看法呢?我们必须明确这丝毫不影响我们探讨马克思哲学与现代性问题的合法性,因为"判断马克思在现代性研究领域是否拥有自己的地位,或者说有没有现代性的理论,主要不在于他是否提出和使用过与现在完全相同的'现代性'术语及相关概念,而是要看他是否对现代性理论关注的基本问题提供了独特的、实质性的理解"①。"尽管马克思没有直接使用过'现代性'这个词,但他对以资本主义为特征的现代社会的深刻洞察,无不蕴含着对现代性的间接诊断。"②不仅如此,我们在下面的分析中还将看到,马克思哲学对现代性问题的诊断是十分深刻的。

一、"现代性"与马克思哲学的"现代性"

在当前中国的学术界,"现代性"(modernity)与"现代化"(modernization)已经成为一个热门的讨论话题,③不同学科的学者分别从哲学、社会学、经济学、历史学、美学、文学等各个方面对现代性问题进行了较为详尽的讨论,也使许多问题得到了一定程度的澄清。但笔者发现在这些研究现代性的文献中,对现代性的界定往往各不相同,从而在一定程度上使得讨论的深入存在障碍,这里我首先对现代性做一个界定,同时也为本文的展开澄清前提。

哈贝马斯在《现代性的哲学话语》中对现代性做了一个界定,他认为"现代性的哲学话语在许多地方都涉及现代性的美学话语","两者在许多方面是联系在一起的"。④ 可以看出,哈贝马斯认为现代性在哲学和美学领域都有着十分重要的表现,并且"现代首先是在审美批判领域力求明确自己的"⑤。哈

---

① 丰子义:《马克思现代性思想的当代解读》,《中国社会科学》,2005 年第 4 期。
② 俞吾金:《马克思对现代性的诊断及其启示》,《中国社会科学》,2005 年第 1 期。
③ 笔者在 CNKI 检索系统中搜索 1994 年—2005 年里题目包含"现代性"字眼的论文共计 1757 篇。
④ 哈贝马斯:《现代性的哲学话语》,曹卫东译,译林出版社,2004 年,第 1 页。
⑤ 哈贝马斯:《现代性的哲学话语》,曹卫东译,译林出版社,2004 年,第 9 页。

贝马斯又认为对现代性的考察不涉及"艺术和文学中的现代主义"①。关于现代性的起源时间，哈贝马斯认为"1500年前后发生的三件大事，即新大陆的发现、文艺复兴和宗教改革，构成了现代与中世纪之间的时代分水岭"②。

这样，哈贝马斯就划定了现代性问题的论域：只考察哲学上的现代性，而不考察美学和艺术的现代性；同时也界定了现代性的起源时间和标志——1500年前后新大陆的发现、文艺复兴和宗教改革。本文所讨论的"马克思哲学与现代性问题"就是在哈贝马斯的意义上来考察"现代性"的。

在明确了现代性的论域和起源时间后，我们有必要从思想史的角度对"现代性"的来源做一个梳理。"现代性"之前我们称为"前现代性"，在这一历史阶段，西方社会处在神话宗教世界观的统摄之中，政治、经济和艺术等各个领域被统一在神话基础之中，而没有各自领域的特有规律。处在前现代的人对外部世界只有一种经验的直观而没有强烈的进步观念，他们对未来只是怀有一种恐惧和敬畏的感情。前现代性的本质是统治阶级在物质和精神两个方面剥夺大众：一方面剥夺他们的物质财富，另一方面还剥夺了他们对未来进步理想的追求。1500年前后，现代性开始彰显出来，最开始是伴随着近代自然科学（尤其是数学）而发展起来的，牛顿发现了自然界自身的规律，这一思想影响了西方大众，他们开始追求社会生活各个部分的独特规律，而不是像前现代那样统一于神话宗教的世界观之中，现代性由此肇始。康德的三大批判的区分揭示了现代性的特征：经验科学（真）、道德乌托邦（善）和艺术美学（美）三个部分分别按照自身理性而发展。但是由于西方社会科学并未形成自己的方法论而只是简单照搬自然科学尤其是数学的方法论（即普全数理模式），从而导致了人们把整个社会都看成是由数学语言书写的书，由此理性就变成了从一个绝对本原出发的逻辑推演过程，理性变成了原点和支点的理性，最终形成了主体形而上学的哲学，在实践上则表现为人类中心主义，人把主体以外的自然对象都看成是被征服的东西。这样，原来对现代性的追求就演化为对"现代化"的追求，西方现代性进程中的"悖论"出现了。

---

① 哈贝马斯：《现代性的哲学话语》，曹卫东译，译林出版社，2004年，第2页。
② 哈贝马斯：《现代性的哲学话语》，曹卫东译，译林出版社，2004年，第6页。

正是在这样的理论和实践的背景之下,马克思出场了。在笔者看来,马克思哲学对现代性问题的诊断在西方思想家中是独树一帜的,马克思不同于其他同时代的思想家,他没有把现代性归结为单纯的文化层面上的研究而使自己仅仅局限在思辨领域。作为一切形而上学的反对者,马克思决不从抽象的思辨哲学出发对现代性问题进行思辨的探索,他在历史唯物主义哲学的基础上把研究现代性的视角根植于生产劳动的经济现实之中,并同时把对文化层面的现代性的批判和对经济现实的现代性批判绑在了一起。马克思抓住了现代性最为关键和核心的因素——资本主义的生产制度。从生产逻辑出发,他指出了资本主义生产方式的一般特征,并通过揭示现代性背后隐含着的矛盾,提出了摆脱资本统治从而走向"自由人的联合体"的社会的途径。

当然,马克思不是天生就深刻地把握到了现代性的根基——以生产逻辑为基础的现代资本主义社会,他对现代性问题的看法是伴随着他的经济学和哲学思想的发展而逐渐成熟的。

二、马克思哲学对现代性问题的辩证看法和发展历程

我们已经认识到马克思哲学对现代性问题诊断的根基在于资本主义社会的生产方式,即他着重从经济事实的角度来批判现代性,并在这个基础上同时批判了文化现代性。但是在学界,这个看法却并不那么统一,一些学者认为,马克思是现代性的同谋者和维护者,因为他秉持进步的历史观,肯定理性和启蒙,要求自由和解放;而另一些学者则持相反意见,认为马克思是现代性的反对者和批判者,甚至有人把他看作后现代的同路人,认为马克思哲学就是否定资本主义、超越资本主义而走向共产主义。当然这些学者都能够在马克思的文本中找到所谓的"文本依据",但是他们不知道这种同质性地对待马克思的文本是非历史的和不科学的。①

----

① 张一兵教授对这种非历史地对待马克思文本的研究方法提出了批评,参见张一兵:《回到马克思》,江苏人民出版社,2003年,序言部分。

在上文中,我们就能明显看出那些认为马克思是现代性的同谋者的观点是不攻自破的。但是马克思哲学对待现代性的问题仅仅是批判吗?马克思哲学在什么时候意味着抽象的批判和无端的否定呢?大概没有哪个思想家能够像马克思那样站在历史唯物主义的基础上辩证地对待现代性问题。因此,我们不能抽象地说马克思是现代性的维护者还是批判者,非历史地看待问题不仅把马克思哲学中包含的对现代性问题的丰富思想简单化了,更重要的是这种非历史地看待问题的方法恰恰违背了马克思哲学的方法论原则。用历史主义的方法看待马克思哲学对现代性问题的诊断必须明确马克思在哪些层面是肯定现代性的,在哪些层面又是对现代性的经济事实和文化观念进行批判的。

马克思哲学对待现代性问题的观点是辩证的。一方面,他充分肯定了资本主义的伟大历史意义:"资产阶级在历史上曾经起过非常革命的作用"①,这是从资产阶级推翻封建社会从而实现历史进步的角度而言的;"资产阶级在它的不到一百年的阶级统治中所创造的生产力,比过去一切世代创造的全部生产力还要多,还要大。自然力的征服,机器的采用,化学在工业和农业中的应用,轮船的行驶,铁路的通行,电报的使用,整个整个大陆的开垦,河川的通航,仿佛用法术从地下呼唤出来的大量人口——过去哪一个世纪料想到在社会劳动里蕴藏有这样的生产力呢?"②资本主义"创造了完全不同于埃及金字塔、罗马水道和哥特式教堂的奇迹;它完成了完全不同于民族大迁徙和十字军东征的远征"③。马克思充分肯定了现代性所创造的文明成果,在**生产力角度**上,马克思没有批判现代性进程所造就的巨大发展,这与我们后面要谈到的海德格尔从对技术的批判推演出对整个现代性的批判的思路是迥然不同的。

这里我们可以很快引申出几个问题:为什么马克思在**生产力角度**上充分

---

① 马克思、恩格斯:《共产党宣言》,人民出版社,1997年,第29页。
② 马克思、恩格斯:《共产党宣言》,人民出版社,1997年,第32页。
③ 马克思、恩格斯:《共产党宣言》,人民出版社,1997年,第30页。

肯定现代资本主义社会？马克思又是在什么角度上对现代资本主义社会进行批判的呢？要解决这个问题,必须把它放在整个马克思思想的发展史上才能得到合理解决。我们认为,马克思哲学对现代性问题的辩证观点就在于他区分了生产力和生产关系一对范畴:在生产力角度上,他肯定了现代性在历史上的巨大作用;在生产关系层面,马克思则批判了现代性。在马克思哲学发展史上,最早把对这两个范畴的考量分开的,是在《1844 年经济学哲学手稿》(以下简称《44 年手稿》)中。

在《44 年手稿》中,马克思通过对劳动二重性即对象化劳动和异化劳动的区分,以较为隐蔽的方式接触到了生产力和生产关系的相关性问题。在《44 年手稿》中,马克思区分了异化劳动和对象化劳动,他认为二者"是现实劳动的正反两个方面:对象化劳动是它的肯定方面,异化劳动是它的否定方面"。所谓对象化劳动,是指"人类对自然界的改造和占有,它是人类生存和发展的永恒的自然基础"。在马克思看来,这种劳动无论在哪种社会中都是存在的,是自然意义上的生产劳动;而对于异化劳动,马克思则认为它是指"私有制下的抽象的、创造价值的劳动……是劳动的特殊的社会形式,主要是指它的资本主义形式"①。

马克思批判并要求扬弃异化劳动,他认为异化劳动会导致"工人生产的财富越多,他的产品的力量和数量越大,他就越贫穷。工人创造的商品越多,他就越变成廉价的商品。物的世界的增殖同人的世界的贬值成正比"②。这是异化劳动的一个规定性,即工人同自己的劳动产品相异化;异化劳动还会导致"劳动对工人来说是外在的东西……他在自己的劳动中不是肯定自己,而是否定自己,不是感到幸福,而是感到不幸,不是自由地发挥自己的体力和智力,而是使自己的肉体受折磨,精神受摧残……他的劳动不是自觉的劳动,而是被迫的强制劳动"③。这里马克思考察了异化劳动的第二个规定性:工人

---

① 孙伯鍨:《探索者道路的探索》,南京大学出版社,2002 年,第 168 页。
② 马克思:《1844 年经济学哲学手稿》,人民出版社,2000 年,第 51 页。
③ 马克思:《1844 年经济学哲学手稿》,人民出版社,2000 年,第 54—55 页。

同自己的劳动相异化。紧接着,马克思又考察了异化劳动的另外两个方面:人同自己的类本质相异化;人同他人相异化。通过对异化劳动四重规定性的考察,马克思认为异化劳动的发展导致了私有财产和雇佣劳动制度的发展,以及资本主义社会中阶级关系的两极化和无产阶级反对资产阶级斗争的加剧,并由此得出共产主义就是对"人的自我异化的积极的扬弃"①。而对于对象化劳动,尽管这一条分析线索在《44年手稿》中不占主导地位,但马克思还是肯定了它在全部人类历史中的决定性作用,他指出从对象化劳动的角度来看待工业,那么工业是"一本打开了的关于人的本质力量的书",并且工业"尽管是以异化的形式"形成了自然界,但却是"真正的、人本学的自然界"。② 马克思在这里深刻地说明了人类的生产劳动不论其异化与否,对整个社会生活和全部人类历史都有着决定的作用。

总之,马克思在《44年手稿》中对劳动二重性问题的分析开始接触到了历史唯物主义的核心问题——生产力与生产关系的问题,这也是马克思能够辩证地看待现代性问题的理论根源。但是此时的马克思哲学中的主导线索还是人本主义的逻辑,所以他只能从悬设的人本理想中拉出一条对资本的人本主义的批判线索,而无法引出一条对资本的真正科学性批判的线索。真正代表了马克思哲学对现代性问题观点成熟的是《经济学手稿(1857—1858年)》(以下简称《57—58手稿》)。

在《57—58手稿》中,马克思"凭借着在生产关系问题上的重要突破,一举完成了历史唯物主义经济哲学方法的最终建构"③。在对待现代性问题上,我们可以说,马克思的历史唯物主义最终建构之日,也是他在这个问题上的思想成熟之时。这个文本中,马克思哲学在现代性问题上的成熟观点主要表现在:他着重批判了资本逻辑,并把对经济事实的现代性与文化观念的现代性的批判结合在一起;马克思还运用成熟的历史唯物主义观点辩证地看待了现

---

① 马克思:《1844年经济学哲学手稿》,人民出版社,2000年,第81页。
② 马克思:《1844年经济学哲学手稿》,人民出版社,2000年,第88—89页
③ 唐正东:《斯密到马克思》,南京大学出版社,2002年,第386页。

代性。

马克思指出资本不是金钱而是社会关系,对资本的批判不能等同于对货币、金钱的批判,而要归结为对资本主义生产关系的批判。笔者认为这一观点代表了马克思现代性批判理论的最高点。因为资本关系是商品关系和货币关系的完成,只有从前者入手才可能解释后两者。资本逻辑在马克思的现代性诊断中,并不仅仅是对资本主义社会的一种实证式的客观描述,而是要通过资本逻辑揭示资本运行的奥秘,在这个意义上,资本逻辑就是一种批判的逻辑。正是资本的运行过程,才使得所有人都被卷入资本的生产体制之中,资本的逻辑就是无限制地增殖自己、膨胀自己。一句话,"资本是资产阶级社会支配一切的经济权力,它必须成为起点又成为终点"[①],资本就是要"按照自己的面貌为自己创造出一个世界"[②]。因此,我们可以知道,西方哲学家们所热衷于批判的文化观念现代性最终还是由资本的逻辑决定的,他们只是批判了现代性的表象,而对它的根源和核心——资本关系却未曾涉及。

但是如果据此认为马克思对现代性问题的批判仅仅是从资本关系的物质形态出发的,那就走入了另外一个理论误区。我们认为,马克思虽然把批判经济事实的现代性即资本关系作为理论批判的基点,但他没有仅仅局限于此,而是同时批判了文化观念的现代性。从某种意义上说,正是马克思把对现代性问题的两种形态——物质形态和观念形态的批判结合在一起,他才真正形成了自己的有创见的现代性批判视角。客观地说,1848 年之前的马克思并没有把文化观念的现代性批判置于一个比较高的理论位置,但是 1848 年的欧洲大革命使得马克思开始重视对资本关系的物质形态之外的观念形态的研究,他认为资本关系的物质形态必然带来观念形态上对工人的压迫,他说,存在于资本关系的物质形态中的"被歪曲的关系,必然在生产过程中产生出相应的被歪曲的观念,颠倒的意识",而作为"受这一种被歪曲了的观念束缚

---

① 马克思、恩格斯:《马克思恩格斯全集》(第三十卷),中央编译局编译,人民出版社,1995 年,第 49 页。

② 马克思、恩格斯:《共产党宣言》,人民出版社 1997 年,第 32 页。

的雇佣工人","实践将迫使他反对所有这种关系,从而反对与这种关系相适应的观念、概念和思维方式",①马克思在这里认为工人是会起来反对观念现代性对他们的束缚和压迫的,并且认为工人一旦觉悟到了资本关系物质形态对他们的束缚,那么"这是了不起的觉悟,这种觉悟同样是资本主义生产方式的产物,而且也正是为这种生产方式送葬的丧钟"②。应该说,马克思在文化观念现代性问题上的上述观点无疑是他对现代性问题诊断的重要推进,他对现代性的基础——资本关系的物质形态和观念形态进行了双重的批判,这样就使他在现代性问题上占据了一个理论高点。

尽管马克思在后期的著作中已经把文化观念现代性和经济现实现代的批判结合在一起了,但是西方马克思主义者中以法兰克福学派为代表一些学者似乎并没有读懂马克思哲学对现代性问题诊断的理论高点,他们仅仅抓住了文化观念现代性来进行乌托邦式的批判,最终在现代性问题上和马克思相去甚远。当然他们的这一思想是有深刻的社会历史背景的。20世纪30年代,世界局势发生了很大的变化:一方面,苏联开始大规模的清洗运动,但苏联工人似乎并没有"觉悟";另一方面,希特勒在德国的纳粹党也有很多工人,他们似乎也没有"觉悟"。法兰克福学派据此认为历史辩证法的主体和客体层面都无法实现马克思所认为的那样,因此他们就完全抛开了对资本关系物质形态的现代性批判而局限于文化观念的乌托邦批判,这种批判在当时是不会有什么实际的效果的,马克思在《57—58手稿》中就说过:"个人现在受抽象统治,而他们以前是相互依赖的。但是,抽象或观念,无非是那些统治个人的物质关系的理论表现。……关系当然只能表现在观念中,因此哲学家们认为新时代的特征就是新时代受观念统治,从而把推翻这种观念统治同创造自由

---

① 马克思、恩格斯:《马克思恩格斯全集》(第四十八卷),中央编译局编译,人民出版社,1985年,第258页。

② 马克思、恩格斯:《马克思恩格斯全集》(第四十八卷),中央编译局编译,人民出版社,1985年,第100页。

个性看作是一回事。"①马克思认为观念是物质生产关系的理论表现,并且物质生产关系只能表现为观念,前者是根据,后者是表现;而法兰克福学派"认为新时代的特征就是新时代受观念统治,从而把推翻这种观念统治同创造自由个性看作是一回事"。文化观念本来只是现代性进程所推动出来的,他们只是抓住了其中的一个方面来批判现代性本身,所以注定他们的批判只能在现代性问题的外围敲打而显示出不深刻性来。

在《57—58手稿》中,马克思认为资本逻辑是资本主义生产关系的逻辑,所以他对"生产关系"做了历史唯物主义的考察。在之前的《哲学的贫困》中,马克思就通过对资产阶级经济学家蒲鲁东的批判开始切入生产关系的历史性形成这个问题上。"经济学家们向我们解释了生产怎样在上述关系下进行,但是没有说明这些关系本身是怎样产生的,也就是说,没有说明产生这些关系的历史运动。由于蒲鲁东先生把这些关系看成原理、范畴和抽象的思想,所以他只要把这些思想……编一下次序就行了。"②马克思在这里强调了生产关系历史性形成的重要性,他认为蒲鲁东正是因为延续了古典经济学家们把资本主义生产关系看成是永恒不变的观点,才最终落入了概念辩证法的游戏中去。虽然这时马克思已经把理论触角指向了生产关系的历史性研究,但他对资本的理解却是不成熟的,他这时还是把资本理解为物的,比如说他就是用麻布与呢绒的交换来说明劳动与资本之间的交换。这种观点是经验主义的,因为它还是停留在商品关系的层面,而不明白资本关系才是商品关系的完成。到了《57—58手稿》中,马克思把物质生产过程置放在一种现实的生产关系中来理解,在这个基础上对生产与消费、分配、交换之间的关系进行阐述后,得出生产关系决定消费关系和分配关系的结论。马克思实际指认了只有真正把资本主义生产关系理解为一种历史上独特的经济关系形式,才可能正确地把握这种生产关系对其他关系形式的决定作用,进而对整个资本主

① 马克思、恩格斯:《马克思恩格斯全集》(第四十六卷上),中央编译局编译,人民出版社,1979年,第111页。
② 马克思、恩格斯:《马克思恩格斯全集》(第四卷),中央编译局编译,人民出版社,1985年,第140页。

义社会关系体系做出准确的理解。"资本主义生产过程和价值增殖过程的结果,首先是资本主义生产关系的生产和再生产的过程。"①马克思在《57—58 手稿》中从生产关系的角度来理解资本主义生产过程即资本逻辑的展开过程,并建构起对资本主义生产过程的批判,因此我们说《57—58 手稿》是马克思现代性理论成熟的代表作。

从上面我们可以看出,马克思对资本逻辑亦即对资本主义生产关系进行批判,构成了马克思的成熟现代性理论。但马克思不同于那些纯粹批判文化现代性的学者们的最重要之处在于,他通过资本主义生产关系背后所隐藏的矛盾提出了我们如何摆脱资本逻辑的控制从而达及自由自觉的社会发展之路。马克思认为资本逻辑操纵下的现代资本主义社会是"以物的依赖性为基础的人的独立性"的社会形态,这一社会形态中最集中的问题便是如何消除人对物的依赖关系。马克思站在历史辩证法的高度认为人被自己创造出来的物所奴役的状况仅仅是历史的过渡性现象,他说:"毫无疑问,这种物的联系比单个人之间没有联系要好,或者比只是以自然血缘关系和统治服从关系为基础的地方性联系要好……这种联系借以同个人相对立而存在的异己性和独立性只是证明,人们还处于创造自己社会生活条件的过程中,而不是以这种条件出发去开始他们的社会生活。这是各个人在一定的狭隘的生产关系内的自发的联系。"②马克思要做的事情就是把人从"资本"的普遍统治之中解放出来,把"资本"的独立性和个性转变为人的独立性和个性。马克思认为这种"物骑在鞍上,驾役着人"的现代资本主义社会"不过是历史的必然性,不过是从一定的历史出发点或基础出发的生产力发展的必然性,但决不是生产的某种绝对的必然性,倒是一种暂时的必然性,而这一过程的结果和目的(内在的)是扬弃这个基础本身以及过程的这种形式"③。在扬弃了现代资本主义

---

① 唐正东:《斯密到马克思》,南京大学出版社,2002 年,第 395 页。

② 马克思、恩格斯:《马克思恩格斯全集》(第四十六卷上),中央编译局编译,人民出版社,1979年,第 108 页。

③ 马克思、恩格斯:《马克思恩格斯全集》(第四十六卷下),中央编译局编译,人民出版社,1980年,第 361 页。

社会以后,人类将走向"建立在个人全面发展和他们共同的社会生产能力成为他们的社会财富这一基础的自由个性"①的社会形态。在那个社会里,"每个人的自由发展是一切人的自由发展的条件"②。这样的一个社会形态就是马克思在批判现代性之后给我们指出的一条摆脱资本逻辑奴役的道路。

综上所述,马克思的现代性理论可以概括如下:马克思对现代性的态度是辩证的,他从经济现实的角度来看待现代性,并且把经济现实的现代性和文化的现代性绑在一起,他认为现代性逻辑的核心是资本的逻辑。然而他对现代性的看法本身也经历了一个思想史的发展过程,从《44 年手稿》中对对象化劳动和异化劳动的区分到《57—58 手稿》中生产关系概念的成熟,"资本显然是关系,而且只能是生产关系"③。马克思成熟的现代性理论在《57—58 手稿》中表述如下:资本逻辑不是物的逻辑,也不是货币的逻辑和钱的逻辑,而是资本主义生产关系的逻辑。对资本的批判必须立足于对资本主义生产关系的批判。资本奴役下的人最集中的问题就是对物的依赖性问题,马克思给我们指明了一条摆脱资本逻辑而走向"自由个性"的社会之路。

三、现代性:马克思与海德格尔

从本文开头提到的"现代性悖论"发生以来,西方思想家们对现代性问题从未停止过反思,启蒙运动时期的卢梭就以浪漫主义来对抗现代性。特别是在马克思以后,随着西方现代性的进一步推进,很多思想家站出来对现代性进行了猛烈的批判,比如晚期海德格尔通过对技术的批判而生发出对西方整个现代性的质疑,他之后的后现代主义更是来势汹汹,口口声声说要解构和颠覆整个现代性。那么,同样作为对西方现代性问题的诊断与批判,马克思

---

① 马克思、恩格斯:《马克思恩格斯全集》(第四十六卷上),中央编译局编译,人民出版社,1979年,第 104 页。

② 马克思、恩格斯:《共产党宣言》,人民出版社,1997 年,第 50 页。

③ 马克思、恩格斯:《马克思恩格斯全集》(第四十六卷上),中央编译局编译,人民出版社,1979年,第 518 页。

的现代性理论在众声喧哗中又处于怎样的一个理论地位呢？我们下面就着重把马克思与海德格尔做个比较，以期更加清晰地认清马克思哲学对现代性问题诊断的深刻之所在。

海德格尔作为现代西方存在主义思想家的代表人物，他的哲学就是要超越近代西方哲学主客二分的认识论而走向存在论。早期海德格尔（以《存在与时间》为代表）认为主客二分使得人们只关注存在着的存在物（beings），而忽视了存在本身（being），造成了"存在论的遗忘"。于是他用始源性的人的存在的意义代替了近代哲学那种对人的内涵的知识论探索。他认为"此在"（存在着的人）是一种被"根本情绪"支配下的人，"此在"的存在就是无名的忧虑、恐惧和不安。他认为人与其设法逃避这种不安，不如坦然地面对它，最彻底的方法就是先行到死中去，"向死而生"。这里我们可以很明显地看到海德格尔在现代性问题上所关注的是"现代性进程中人们的直接感受是什么"，他的哲学就回答了这一问题："被抛""孤独""恐惧"等，并把人们这种具有时代性的独特的生存体验看作人之为人的根本规定，看作一种人无法摆脱的命运，但只要人意识到了对"存在的遗忘"，那么，像马克思所说的那种"人对物的依赖性"的社会就会立刻得到扭转，而"现代性悖论"的问题也就迎刃而解了。不可否认的是，海德格尔在这里的确给出了一种对现代性问题的看法，在一定意义上也触及现代性的一些问题。关于早期海德格尔与马克思哲学的关系问题，国内已有学者给出了客观而较为全面的评价，笔者在这里不再赘述。①

笔者在这里主要讨论晚期海德格尔通过对技术的批评而生发出的对整个西方现代性的质疑及其存在的理论误区。

晚期海德格尔在《世界图像的时代》一文中总结了现代性的五种基本现象：一是科学，二是机械技术，三是艺术美学，四是文化，五是弃神。② 海德格

---

① 参见唐正东：《马克思在何种意义上是一位现代哲学家》，《哲学研究》，2002 年第 5 期；孙伯鍨：《"存在"范畴与马克思主义哲学的本体论问题》，《南京大学学报》（哲学·人文科学·社会科学版），2002 年第 3 期。

② 海德格尔：《林中路》，孙周兴译，上海译文出版社，2004 年，第 77—78 页。

尔把现代称为"技术时代",把对现代性的批判集中体现在对现代技术的批判上。之所以如此,是因为他认为现代的最根本现象是技术,技术在近现代生活中尤为突出。技术不仅仅是现代的现象,而且是现代之所以为现代的根源所在。正是透过现代技术现象,海德格尔揭示了由它所决定的现代性的本质——主体形而上学。海德格尔从词源学的角度详细分析了技术的本质,他认为在希腊语中,"技术是一种解蔽方式",意思是让存在者显示出来。问技术的本质,即是问技术的现身方式,技术的本质就是以"解蔽"的方式来现身和开启世界,从而让各个存在者及其寓于其中的世界显现出来。① 海德格尔接着分析了现代技术的本质,他认为现代技术"也是一种解蔽",但是"在现代技术中起支配作用的解蔽乃是一种促逼",自然界从此被显现、展现为不断地被开发、转化、贮藏、分配等一系列环节,被纳入一个密不透风、喘息不止的技术系统里。② 海德格尔借用"Gestell"(集置)这个日常语言的词来显示现代技术这种促逼式的展现方式,"集置意味着那种解蔽方式(指促逼式的——笔者注),它在现代技术之本质中起着支配作用,而其本身不是什么技术因素"。作为"集置"的现代技术不仅仅在人们利用机器的地方起支配作用,而且渗透到存在者的所有领域,支配着整个现代世界。③

在现代世界中,人一旦投入其中就不得不顺命于现代技术"集置"的奴役,参与到工业秩序中去,并受制于与之相关联的主体形而上学的现代性世界观,因为人一旦投入现代技术之途,自身就自然而然地被揭示为支配和控制万物的东西(即主体),他本人也不由自主地自信成为"一切存在者关系的中心"。海德格尔认为,技术是主体形而上学的根源所在,因此,终结与克服主体形而上学的问题最终落实到如何根除现代性的技术根源。他认为只要现代一旦从技术"集置"所决定的本质中逃脱出来,撤回、回归到一般技术的本真和原初的自然揭示的本质意义上,一种新的存在的形态就会诞生。他认

---

① 海德格尔:《演讲与论文集》,孙周兴译,三联书店,2005 年,第 10—12 页。
② 海德格尔:《演讲与论文集》,孙周兴译,三联书店,2005 年,第 12—15 页。
③ 海德格尔:《演讲与论文集》,孙周兴译,三联书店,2005 年,第 18—20 页。

为克服现代性主体形而上学的根本就是要根除现代性的技术根源。他用"思"和"诗"去积极地回应与沟通人类实践的历史进程中这种技术活动的终结，实现对技术的真正超越。

从这里我们可以很清楚地看到，作为现代性批判者的晚期海德格尔走的并不是后现代主义的道路，而是通过皈依"前现代性"来颠覆"现代性"，在前现代性中去重建人类的哲学思想大厦和社会理想形态。我们不禁要问：前现代真的是人类理想的生存状态吗？本文开头就提到，前现代性并不是人类社会的理想状况，它的实质是统治者索取大众的物品并同时夺走了他们对未来的祈望和追求。对现代性的研究必须置于特定的历史背景之中来考察才能得出历史的观念。海德格尔不知道，他所遭遇的现代资本主义恰恰是从前现代性发展而来的，如果我们现在回到先前的状态并把它设置为理论批判的支点，那岂不是让成年人碰到困难再回到儿童状态去吗？马克思在《57—58手稿》中就批评了这种观点，他说，"一个成人不能再变成儿童，否则就变得稚气了"，人类的童年时代只能"作为永不复返的阶段而显示出永久的魅力"。①

当然，抱着开放的学术心态，如果海德格尔用"前现代性"来超越"现代性"是批判现代性的一种观点的话，那么在更深的理论层次上，海德格尔无疑是存在一个理论误区的，那就是他把批判的支点架在了技术之上。我们知道，马克思对现代性批判的支点是资本逻辑，即资本主义的生产关系，在历史唯物主义的基础上，马克思对资本主义的生产关系进行了批判，批判它导致的"人对物的依赖性"（即"物骑在鞍上，奴役着人"的状态）。在《57—58手稿》中，马克思将《44年手稿》中"劳动二重性"思想推进到了历史唯物基础上的科学解释，他指出，"物化"和"异化"不同，"物化"有两种：一种是劳动在其自然规定性上的物化，这是指劳动的对象化，即一种特殊种类的具体劳动创造出一定的使用价值；另一种是劳动在其社会规定性上的物化，这是指在资本主义条件下，人类劳动一般作为社会总劳动的组成部分创造出来的交换价值。

---

① 马克思、恩格斯：《马克思恩格斯全集》（第三十卷），中央编译局编译，人民出版社，1995年，第53页。

所谓人对物的依赖性的那种"异化"是在后一场合发生的,因此扬弃"异化"绝不是一般地扬弃"物化",而是扬弃导致异化的那种物化,即物化了的生产关系,而不是物化的生产力。因此,马克思在《57—58手稿》中才着重批判资本逻辑,即资本主义的生产关系。但海德格尔批判的却是技术,一定程度上等同于马克思语境中的生产力。海德格尔并不明白技术是不必然导致人的异化的,只有处在资本主义生产关系中的技术才会成为奴役人的根源,马克思说:"黑人就是黑人。只有在一定的关系下,它才成为奴隶。纺纱机是纺棉花的机器。只有在一定的关系下,它才成为资本。脱离了这种关系,它也就不是资本了。就像黄金本身并不是货币,砂糖并不是砂糖的价格一样。"[1]套用马克思的话来说就是,"技术就是技术,只有才一定的关系下,它才成为奴役人的工具"。需要批判和超越的是不合理的生产关系而非生产力。

我们认为海德格尔的现代性批判有两个理论误区:一是以"前现代性"作为超越现代性的理想图景,没有把现代性放在具体的历史背景之下来做历史主义的考察,陷入了"非历史主义"的理论误区;二是把批判现代性的基点设在技术上,没有认识到现代性的根源和异化现象产生的根源在于资本逻辑即资本主义生产关系。因此,他只能用"诗"和"思"这样的文化研究来作为超越技术的途径,在面对资本逻辑操纵的现代性的挤压时不得不致力于主体文化的一角而保持一片纯净的天空。而马克思做的却是以对资本逻辑的历史唯物主义批判为基础,对经济事实的现代性和文化观念的现代性进行双重批判。

四、现代性:马克思与我们

马克思已经逝世120多年了,他所遭遇到的自由竞争的资本主义(马克思语境中的现代资本主义)也经历了垄断资本主义后进入今天所谓的"晚期资本主义"(或称"发达资本主义""后工业社会"等)阶段。现代西方哲学界也出

---

① 马克思、恩格斯:《马克思恩格斯选集》(第一卷),中央编译局编译,人民出版社,1995年,第344页。

现了风头颇劲的"后现代性"(Post-modernity)和"后现代主义"(Post-modern-ism)哲学思潮。这一股强大的思潮以解构和反思现代性为理论宗旨,对现代性的诸方面进行了颠覆性的批判。一些学者认为在批判现代性上,马克思和后现代不过是殊途同归而已。笔者认为,"殊途"是肯定的,"同归"就未必了。哈贝马斯就认为:"我们无论如何也不能先验地认为,后现代思想只是自以为处于超越的位置上,而事实上他们仍然滞留在由黑格尔所阐明的现代性的自我理解的前提之中。"①赫勒也认为:"后现代性并不是在现代性之后到来的一个阶段,它不是对现代性补救——它是现代的。更确切地说,后现代视角也许最好被描述为现代性意识本身的自我反思。"②哈贝马斯和赫勒在一定程度上揭示了后现代性其实并未走出现代性而只是出现一个新的哲学发展形态而已,但他们都只是在文化观念的层面揭示了这一问题。如果我们顺着马克思的思路往下推,就会在另一个层面上得出与哈贝马斯等人相同的观点:西方目前的社会,资本依然掌控着整个社会,资本主义的生产关系和生产制度并未根本改变,资本对现代生活的统治并未从根本上改变。如果采用后现代主义的思路对现代性进行整体的颠覆与解构,当然可以成为超越现代性的一种方式,但这种方式绝对不能从根本上消除现代性所带来的问题,因为后现代主义无论采用何种方式,都没有提出对资本主义制度和生产关系的根本变革。因此,后现代这种只从文化现代性的层面上反现代性而无视晚期资本主义经济现实的观点必定是无法从根本上超越现代性的。秉承了西方马克思主义批判传统的詹姆逊在《晚期资本主义的文化逻辑》一书中就通过对晚期资本主义文化的分析得出:后现代主义的发展并未摆脱资本逻辑的操纵,它并不是一种外在于资本主义的文化,而恰恰是晚期资本主义的文化逻辑。因此,后现代主义在实质上依然是资本逻辑牢牢控制的晚期资本主义的文化中的一种。

既然西方的现代性并未走出资本逻辑的掌控,那么马克思哲学对现代性

---

① 哈贝马斯:《现代性的哲学话语》,曹卫东译,译林出版社,2004年,第5页。
② 赫勒:《现代性理论》,李瑞华译,商务印书馆,2005年,第13页。

的诊断就依然适用于当代西方。我们再把视角拉回到与当代西方同处于一个时空坐标的当代中国。当代中国正在进行社会主义的现代化建设,在历史发展阶段上应该是类似于西方工业化发展的道路。但是我们今天经历的是**社会主义**的现代化,任何简单地套用西方发展模式的理论都是行不通的,如果根据马克思哲学对现代性问题的观点推演下来,那么当代中国的现代性进程就必须坚持工业性和社会主义性的统一。工业性就是指生产力的发展,在这一点上我们必须向西方学习先进的经济和科学技术学习;而坚持社会主义性就表明了我们所经历的现代性不能再走西方的那种资本逻辑奴役人的生产关系之路,这在根本上是马克思辩证的现代性观点在当代中国的发挥,只有坚持了工业性和社会主义性的统一,我们才能真正地走出马克思所批判的资本逻辑的控制,最终我们要走向的是"自由人的联合体"的和谐社会。

在讨论完马克思哲学与现代性问题之后,我们应该反思一下,马克思哲学对现代性问题的探讨究竟给我们留下了哪些方法论遗产,从而使我们能够在他的基础之上把对这一问题的研究继续推进。

首先,对现代性问题的研究不能仅仅局限在哲学思辨的层面,仅仅对文化现代性进行批判。必须深入经济学的层面,这样才能摆脱一切脱离实际的"玄想",面对严峻的经济事实本身。从对马克思的思想发展史的考察中我们可以发现,他正是在研究经济学的过程中逐步推进他对现代性问题的诊断的。在把批判现代性的视角定位在经济事实的现代性的同时,马克思把对文化观念的现代性的批判与前者绑在一起,他批判了资本逻辑的两大形态——物质形态和观念形态对人们的双重奴役。

其次,就是要用历史主义的方法来研究现代性问题。任何非历史的方法得出的必定是非历史的脱离现实进程的观点。马克思正是在历史唯物主义和历史辩证法的基础上对待现代性问题才得出了辩证的观点:一方面,充分肯定了资本主义所创造的巨大的生产力;另一方面,批判了资本逻辑的抽象统治。海德格尔通过返回"前现代性"企图找回人的始源性本质的现代性批判之路正是非历史地看待现代性所得出的结论。

只有继承了马克思哲学在现代性问题上的这些重要的方法论,我们才能把马克思哲学与现代性问题继续推进,正如德里达所说的那样:"不能没有马克思。没有马克思,没有对马克思的记忆,没有马克思的遗产,就没有将来。"①

作者简介:王巍(1986—　　),男,安徽黄山人。南京大学哲学系 2003 级本科生,本科学年论文和毕业论文指导老师为唐正东教授。2007 年至 2012 年在北京大学哲学系,师从丰子义教授,获哲学博士学位。现为中央党校马克思主义学院副教授,研究方向为马克思主义哲学、马克思主义中国化。

南哲感悟:南哲给予我们渊默沉稳、不激不随的独立人格和精神气质,在这个浮躁的时代,每一位哲学专业的毕业生,不管从事何种职业,都应当让哲学成为我们安顿自己心灵的所在,成为我们慰藉心灵的力量,永葆理性反思的忧患意识与批判精神。"师之所在,道之所存","经师易得,人师难求"。南哲诸师严谨求实的学术风范、高度的社会责任感,必将在今后岁月中时时敦促我们踏实做人、做学问,不断探索和前行。

---

① 德里达:《马克思的幽灵》,何一译,中国人民大学出版社,1999 年,第 21 页。

析广松涉物象化论的唯物史观理解*

张义修

摘　要：在广松涉思想中，物象化论构成了其理解唯物史观的核心。作为广松哲学的意识形态批判理论，物象化论受到了现代物理学、马赫思想、马克思主义、现象学等思想的影响，立足于关系主义的视角，对实体主义世界观进行批判与超越。在物象化论的理解中，"面向他们与面向我们"是唯物史观的基本构图，唯物史观的确立经历了从哲学人本学到社会存在论、从异化论逻辑到物象化论逻辑的过程，社会、历史、主体、革命等唯物史观重要范畴都得到了新的理解。广松涉的这一理解具有重要的启示意义，但也存在着脱离现实的具体的历史情境分析的问题。

关键词：广松涉；物象化论；唯物史观

自日本著名思想家广松涉的哲学思想不断被译介入国内以来，广松哲学，特别是其马克思主义研究越来越引发国内学界的关注。如张一兵教授所言，广松涉在 20 世纪所走过的学术思想历程和今天中国马克思主义哲学研究向纵深推进的路径十分相近，特别是他将马克思哲学与当代西方哲学思想进行链接的理论成果与教训，对国内马克思主义哲学研究具有十分重要的启示意义。①

---

*　本文获南京大学第十三届"基础学科论坛"三等奖。——编者注

①　参见张一兵：《广松涉：关系存在论与事的世界观》，《哲学动态》，2002 年第 8 期；张一兵：《广松涉：物象化与历史唯物主义》，《哲学研究》，2008 年第 4 期。

作为马克思主义哲学的学习者,广松涉独特而深刻的唯物史观理解无疑是一个重要的参照,有助于我们进一步辨明唯物史观的理论意涵与当代价值。

广松哲学博大精深,兼容了新科学观、当代西方哲学和马克思的批判精神。根据广松涉的学生、日本东北大学野家启一教授的指认,从发生学研究的角度上来说,广松哲学基本框架的三大支柱是:(1) 作为认识论的"四肢性构造关联"和"交互主体性论";(2) 作为存在论的"事的世界观"或者是"关系主义";(3) 作为意识形态批判的"物象化论"。① 其中,"物象化论"构成了广松涉理解唯物史观之思想逻辑与理论特质的核心"概念装置"②,这也将是本文所讨论的重点。

在进入对物象化论的唯物史观理解的正面阐述之前,有必要对广松涉物象化论思想的基本意涵及其形成的思想背景做一些分析。

一、物象化论的基本意涵与思想背景

(一) 物象化论的基本意涵

物象化,其德文"versachlichung"的原意是使之具体化,成为某事情;广松涉将其译为"物象化",以标注晚期马克思哲学的思想本质。③ 广松涉多次通过与物化(verdinglichung)相区别的方式论述物象化的基本意涵。他认为,近代哲学所表象的,人们通常所理解的物化(无论是人的行为、能力或人本身的物化),即"主体的东西"转化为"物的东西",实际上是作为一种主体间性的**关系的曲折投射**。也就是说,并不存在主体本身客体化,事实上,所谓的主体、客体、主体的客体化,皆**关系被当成物来理解,主体的物化,实际上是关系的物象化的误认**。这里的"关系",不是指从对象中分离出来的彼此间赤裸裸

---

① [日]野家启一:《"广松哲学"的发生学研究》,《南京大学学报》,2002 年第 5 期。

② [日]广松涉:《物象化论的构图》,彭曦、庄倩译,南京大学出版社,2002 年,第 57 页。

③ [日]广松涉:《存在与意义——事的世界观之奠基(第一卷)》,彭曦、何鉴译,南京大学出版社,2009 年,序言第 2 页审订者注。

的关系,也不是静观中的认知关系,"而是在对象活动中动力学的相互接触,机能的相互关联"①,是"人的主体间性的对象性活动的某种总体联系"。而后期马克思的物象化论,正是构筑了探明这一拜物教秘密的逻辑。②

为了更确切地说明这种关系的物象化,现在我们将物象化论置于广松哲学的总体之中做简单介绍。1969年,广松涉发表《世界的交互主体的本体构造——为了认识论的新生》,文中写道:"当今,我们面临着可以与以往的古希腊世界观的终结期、中世纪欧洲世界观的瓦解期相类比的思想史局面,即近代世界观的全面的解体期……必须扬弃'近代'世界观的根本图式本身,必须超越其地平。如果切合认识论的场合来说的话,有必要超越近代的'主观—客观'图式本身。"③正是在这一层面上,广松涉建构起了自己的"事的世界观"。

这里的"事",不是对事件以及事象的称谓,而是指使诸事物得以物象化而形成的某种基础性的存在机制。广松涉认为,传统的物的世界观,归根结底,是与实体主义的世界观相对应。实体主义世界观认为,具有性质的实体原初地存在,形成第二性的关系。而广松涉认为,实际上,"且不说所谓物的'性质',就连被视为'实体'的东西,其实也是关系规定的'接点'"④;"独立存在的实体是起因于物象化的误认的东西,关系规定性才是第一性的存在"⑤。

讲到这里,需要澄清一个可能的对关系主义的误解。广松涉说,在与物的世界观相区别的意义上,也可将事的世界观看作一种关系主义存在观,但同时他也强调,事的世界观不单单是关系主义,而是超越"实体主义 vs 关系主义"传统的对立地平的东西,也就是说,"不能把'关系'化为'东西'加以表象,以究竟先有'关系'还是先有'实体'这种方式将关系的第一性这一命题当作

① [日]广松涉:《物象化论的构图》,彭曦、庄倩译,南京大学出版社,2002年,第70页。

② [日]广松涉:《唯物史观的原像》,邓习议译,南京大学出版社,2009年,第35—37页。

③ 转引自[日]野家启一:《"广松哲学"的发生学研究》,《南京大学学报》,2002年第5期。

④ [日]广松涉:《存在与意义——事的世界观之奠基(第一卷)》,彭曦、何鉴译,南京大学出版社,2009年,序言第2—3页。

⑤ [日]广松涉:《存在与意义——事的世界观之奠基(第一卷)》,彭曦、何鉴译,南京大学出版社,2009年,序言第4页。

与'实体的第一性'同位对立的概念来理解"①。可见，"关系"既不是一个可实体化的形而上学设定，也不是对现实生活中诸种具体关系的理论抽象，而是超越传统主客二元思维模式的，物象化世界背后的总体性关联与基础性存在。②

可见，广松的哲学运思是十分精深的，但这里我们已可以确定，作为其意识形态批判理论的物象化论，与四肢构造的认识论和事的世界观的存在论相照应，不是在人们日常的物性认知和近代哲学主体—客体模式之内讨论，而是立足关系主义的视角，对现存世界进行批判与超越。

（二）物象化论的思想背景

广松涉之所以会形成关系主义的视角和物象化论的思想，与他身处的社会历史环境和他广泛的学术涉猎都有密切关系。根据其理论特点与本人回忆，可以将物象化论的思想背景概括为以下几个方面：

一是受到现代物理学和马赫关系主义思想的影响。受政治环境和家庭环境的影响，广松涉从小阅读自然科学革命的书籍，对爱因斯坦相对论、马赫思想、量子力学等十分感兴趣，"很早就具备了用相对化的眼光看待固有观念的素质"，这种素质甚至成为其"能够坦然地接受马克思主义的基础"。③ 考大学之前一直立志成为物理学家的广松涉"持有一种非常强烈的关系主义世界观"，在开始学习哲学的时候，便一直思考着"关系的第一性""被物象化后的

---

① ［日］广松涉：《存在与意义——事的世界观之奠基（第一卷）》，彭曦、何鉴译，南京大学出版社，2009年，序言第3页。

② 广松涉对其事的世界观有过一个较完整的概括：在认识论的视角中，以四肢构造替代了"主观—客观"模式；在本体论的视角中，以"关系的始基性"的自为化替代了"实体的始基性"的认知；在逻辑的层面上，是一种以差异性为根源性范畴的，建立在函数性关联结构中的本体论。（参见［日］广松涉：《事的世界观的前哨》，赵仲明、李斌译，南京大学出版社，2003年，序言第2页）限于篇幅，本文不计划对此展开更详细的探讨。

③ ［日］广松涉：《哲学家广松涉的自白式回忆录》，小林敏明编，赵仲明、刘恋译，南京大学出版社，2009年，第26页。

自然辩证法式的自然界的内在法则的关系性逻辑"等问题。①

　　二是受到马克思主义的研究,特别是列宁对马赫的批判所带来的困扰。中学时起作为共产主义者积极活动家的广松涉接受马克思主义的原因,与战后社会混乱和贫困的现实生活紧密相关,②同时关系主义的影响使他将马克思的社会关系存在论几乎奉为经典。③ 物理学书籍中所介绍的马赫与列宁在《唯物主义和经验批判主义》中所批判的马赫"无法重合在一起"④,这种不协调成了广松涉苦恼的根源,同时也促使他更深入地进行哲学思考,并通过彻底主张关系存在论,对黑格尔哲学进行了唯物论的反证,达至不同于苏联哲学教科书的独特马克思主义理解。⑤

　　三是受到当代西方哲学的研究,特别是新康德学派和现象学的影响。在晚年的回忆录中,广松涉把胡塞尔称作马克思之外"对自己影响最大的人"。广松涉回忆,胡塞尔从心理主义的经验论立场向逻辑主义的观念主义的转变"直截了当地给了我当头一棒的感觉"⑥。可以说,广松涉的物象化论思想是在对胡塞尔、海德格尔现象学思路的继承与改造的基础之上才真正实现的,既体现出一种清晰的认识论的主体性自觉,也不可避免地存在将马克思主义现象学化的倾向。⑦

---

　　① 〔日〕广松涉:《哲学家广松涉的自白式回忆录》,小林敏明编,赵仲明、刘恋译,南京大学出版社,2009年,第83页。

　　② 〔日〕广松涉:《哲学家广松涉的自白式回忆录》,小林敏明编,赵仲明、刘恋译,南京大学出版社,2009年,第27页。

　　③ 〔日〕广松涉:《哲学家广松涉的自白式回忆录》,小林敏明编,赵仲明、刘恋译,南京大学出版社,2009年,第83页。

　　④ 〔日〕广松涉:《哲学家广松涉的自白式回忆录》,小林敏明编,赵仲明、刘恋译,南京大学出版社,2009年,第173页。

　　⑤ 〔日〕广松涉:《哲学家广松涉的自白式回忆录》,小林敏明编,赵仲明、刘恋译,南京大学出版社,2009年,第170、174页。

　　⑥ 〔日〕广松涉:《哲学家广松涉的自白式回忆录》,小林敏明编,赵仲明、刘恋译,南京大学出版社,2009年,第122、124页。

　　⑦ 杨思基:《拨开"物象化"的迷雾:广松涉的马克思主义观研究》,人民出版社,2008年,第83页。对于物象化论思想的形成背景,本书做了较为详细的介绍。所以,本文中主要引用的文献是该书中涉及较少的广松涉晚年的回忆录,以做补充。

广松涉在《存在与意义》第一卷中回望自己思想的形成背景与初衷时写道:"想来,在早期接受过科学主义的唯物主义洗礼的笔者,发现了庸俗实体主义的错误,因而觉醒于关系主义的存在观,一方面是因为受到现代物理学趋向的触发,另一方面是受到黑格尔、马克思的哲学,特别是马克思哲学的引导。……限于笔者的主观想法,只不过是希望能够顺应现代科学的发展。"在广松涉看来,现代物理学、建构主义等的发展标示着由实体主义向关系主义的新世界观的范式转换正在进行。这充分体现出广松哲学的科学主义倾向。

二、物象化论的唯物史观理解

(一)"面向他们与面向我们"——唯物史观的理论构图

在《物象化论的构图》一书中,广松涉多次援引马克思给拉萨尔的信中的话:"既是体系的叙述,同时也是在叙述过程中所进行的批判。"[1]在广松涉看来,这种"叙述—批判"的模式是一种"面向他们(对于当事意识来说)与面向我们(对于学识来说)"的基本构图(Grundverfassung)[2],它构成了唯物史观的最根本的哲学立场。[3]

广松涉认为,"面向他们—面向我们"的构图曾被黑格尔在《精神现象学》中导入,又被马克思加以改造,"面向他们"指对体制内——无批判的当事人们的意识的对象事态的叙述,"面向我们"指体制外——学知的对该事态的物象化批判性认定。[4] 因此,所谓的物象化就是指"对于学理审察者的见地(面向我们 für uns)来说,作为一定的关系规定态在直接当事意识中(面向他们

---

① 马克思、恩格斯:《马克思恩格斯全集》第二十九卷,中央编译局编译,人民出版社,1972年,第532页。

② 海德格尔用语,中文版《存在与时间》一书译为基本机制,转引自[日]广松涉:《物象化论的构图》,彭曦、庄倩译,南京大学出版社,2002年,第48页编者注。

③ [日]广松涉:《物象化论的构图》,彭曦、庄倩译,南京大学出版社,2002年,第191页。

④ [日]广松涉:《物象化论的构图》,彭曦、庄倩译,南京大学出版社,2002年,第111页。

für es)以物象的形式映现出来的情形",是"对于我们学识审察者来说的关系（Verhältnis für uns）'化为'对于当事者来说的物象（Sache für es）"。① 换言之,马克思带"我们"看到"他们"不曾看到的真实态,即物象化背后的关系规定态。

我们知道,在《资本论》中,马克思从资本主义最简单的细胞商品出发,辩证地揭示了商品、货币、资本三大拜物教背后的生产关系之谜。广松涉说,《资本论》正是采取了这一"叙述—批判"的构图,"在对物象地映照出来的面向他们的事态进行分析的基础上,可以采取逐步'解谜'的展开论述法"②。在广松涉这里,马克思主义辩证法的逻辑成为一种"面向他们与面向我们"的体系构成法③,而《资本论》对拜物教的揭秘也被物象化论的构图所重新说明。广松涉认为,正是这一构图使马克思的哲学具有哲学批判的性质,"那是对日常的、现实的意识的批判,而且是在历史性地、社会性地相对的这种意识的地平内,作为对'体系知识'的既成的诸学科的'批判',应该是作为这样的体系的批判—批判的体系而存在的东西"④。

唯物史观对社会历史规律和资本主义本质的揭示,被解读为"在定位于'关系的基始性'这样的存在理解的同时,立足于面向他们和面向我们这一构图的规定形态"⑤。这样,物象化论的批判方法得以与唯物史观的理论论述连接起来。

(二)从哲学人本学到社会存在论——唯物史观的确立路径

"马克思是从'人'的问题到'社会'这样的问题进行深入思考,由此而确立唯物史观。"⑥这是广松涉在《唯物史观的原像》中的第一个重要理论判断。

---

① [日]广松涉:《物象化论的构图》,彭曦、庄倩译,南京大学出版社,2002年,第218页。
② [日]广松涉:《物象化论的构图》,彭曦、庄倩译,南京大学出版社,2002年,第111页。
③ [日]广松涉:《物象化论的构图》,彭曦、庄倩译,南京大学出版社,2002年,第110页。
④ [日]广松涉:《物象化论的构图》,彭曦、庄倩译,南京大学出版社,2002年,第208页。
⑤ [日]广松涉:《物象化论的构图》,彭曦、庄倩译,南京大学出版社,2002年,第69—70页。
⑥ [日]广松涉:《唯物史观的原像》,邓习议译,南京大学出版社,2009年,第2页。

广松涉指出，与启蒙主义将社会作为由个人产生的"第二自然"的理性主义社会观①不同，黑格尔及青年黑格尔派将普遍性（类、社会）作为人的"第一自然（本性）"②加以把握，到了费尔巴哈，则将绝对精神最终还原为人的类本质即社会性的存在。青年马克思接受了这一思想，进而"以将作为类的存在的人复归其本来的应有状态为志向……通过与更为具体的黑格尔法哲学对质，将之寄托于独特的'民主制国家'"③。由此，青年马克思提出了"人的解放"的实践课题，而"为了具体地论证'人的解放'的现实性，探究人的本质＝社会性也就成为课题"④。具体来说，马克思通过向赫斯学习，将异化论逻辑应用于对市民社会的经济哲学的分析，从对黑格尔法哲学体系的逻辑批判进入对社会现实本身的自觉把握，在异化劳动的层次上理解资本主义制度本质与社会发展的趋势。但至此，马克思未能解答人怎么使自己的劳动异化，这种异化又怎么以人类发展的本质为依据的问题。⑤

可以说，广松涉对唯物史观确立过程的这一勾画存在不少深刻与独到之处，但同时也存在许多值得商榷的问题，特别是由于在文献分析时略过了一些他认为不重要的内容，而带有明显的目的论逻辑的色彩。⑥ 这里暂且不深入讨论这一勾画的真实性，笔者认为，立足于物象化论的主题，广松涉其实是**将从哲学人本学到社会存在论这一转变过程看作马克思对主体概念规定的跃迁过程**。从作为类存在的人本身，到"屈从于分工"的个人，作为"社会关系的总和"的人的存在，广松涉所关注的，并不是"对人的本质是劳动，抑或'社会关系的总和'这类烦琐的议论"，而是"象征这种人的规定转换的马克思某种飞跃"⑦，具体来说，即人在第一性上不是历史的能产的主体，而是所产的主

① ［日］广松涉：《唯物史观的原像》，邓习议译，南京大学出版社，2009 年，第 5 页。
② ［日］广松涉：《唯物史观的原像》，邓习议译，南京大学出版社，2009 年，第 11 页。
③ ［日］广松涉：《唯物史观的原像》，邓习议译，南京大学出版社，2009 年，第 12—13 页。
④ ［日］广松涉：《唯物史观的原像》，邓习议译，南京大学出版社，2009 年，第 13—14 页。
⑤ ［日］广松涉：《唯物史观的原像》，邓习议译，南京大学出版社，2009 年，第 14—26 页。
⑥ 张一兵：《广松涉：物象化与历史唯物主义》，《哲学研究》，2008 年第 4 期。
⑦ ［日］广松涉：《唯物史观的原像》，邓习议译，南京大学出版社，2009 年，第 238 页。

体,只是在被规定性、第二性中的所谓历史的主体。①

这样我们也就不难理解,在十余年后所写的《为了宣扬唯物主义》一文中,尽管对唯物史观确立过程的论述侧重于对马克思对古典哲学的扬弃与施蒂纳对其人本主义逻辑的冲击,但实际上,与上文所述的理论脉络仍是一致的。在这里,广松涉更明确地指出,黑格尔那里已有所体现的关系主义成为马克思超越传统哲学主体—客体图式的思想武器,在遭受了施蒂纳对其人本主义的致命冲击之后,《德意志意识形态》"将视轴定在'内部存在'于历史诸关系中的人们,'人们的对自然的以及相互的诸关系'上来重新建构理论"②。广松涉写道:"在历史唯物主义中,人被理解为内在于甚至包括所谓精神的、意识的契机在内的'历史世界'中的关系态",这一新世界观"通过围绕'人'的存在的考察,而被定位于'历史'的场合······以生产的场合为轴心而被编制成的生态系的'对自然、人际的'关系态,定位于这个面向'历史世界'的一定、存在中,并规定人的存在。"③

可以说,在广松涉看来,唯物史观之确立,不是由人本主义异化逻辑向从现实出发的客观历史逻辑的转变,而是**由实体主义的本体论和哲学人本学向人的关系主义存在论的转变**。由此,"马克思以批判'存在主义的始祖'之一的施蒂纳为契机,在超越了费尔巴哈之流的'作为本质的人'的同时,也及时地超越了'存在主义'"④。

(三)从异化论逻辑到物象化论逻辑——唯物史观的崭新地平

广松涉认为,1845 年左右,马克思的思想地平、世界观的"结构的把握方法"都出现了飞跃式的发展,开拓了超越笛卡尔以来近代世界观的崭新地平。广松涉用"从异化论的逻辑到物象化论的逻辑"象征这种从"早期马克思"到

---

① [日]广松涉:《唯物史观的原像》,邓习议译,南京大学出版社,2009 年,第 220—222 页。
② [日]广松涉:《物象化论的构图》,彭曦、庄倩译,南京大学出版社,2002 年,第 36 页。
③ [日]广松涉:《物象化论的构图》,彭曦、庄倩译,南京大学出版社,2002 年,第 46 页。
④ [日]广松涉:《物象化论的构图》,彭曦、庄倩译,南京大学出版社,2002 年,第 47 页。

"后期马克思"的世界观的结构飞跃。①

在《物象化的构图》中，广松涉专门分析了异化论与物象化论两种逻辑构图的差别。在包括《1844年手稿》在内的异化论逻辑中，人们在所谓"原本""没有被异化"的理想状态(a)的设定之下，将现状控诉为"被异化的""非本真"的状态(b)，进而主张改变现实，进入异化被扬弃、复归本真的状态(c)之中。广松涉说，这样一种类似"神→人→神"的基督教构图，既没有说明(a)究竟为何、怎样产生了(b)，更没有说明从(b)到(c)的必然性。② 广松涉举例说，说"异化劳动具有回归到未被异化的本真状态的必然性"，就如同说"被打烂的碗具有回归到未被打烂的本真状态的必然性"一样存在逻辑的飞跃。③

这里，广松涉正确地揭示了价值悬设下的异化逻辑的非现实性，而马克思并不满足于这种图解法式的论证，而是力图具体地予以说明。一旦具体的"科学的"说明成功了，异化论的概念装置就将失去作用。④ 那么，这种科学的说明是怎样的呢？"在这里，从(a)到(b)的历史的变化，以及从(b)到(c)的历史的变化，结合诸个人具体的历史行为的'合成力'而被说明，既然异化、复归之类作为'起动的说明概念'起不了作用，那么只能将说明的原理置于根据诸个人的具体行为的'合成'而被物象化的'社会科学的规律性'上了。"⑤

可见，第一，广松涉将唯物史观的思想变革奠基在对现实历史的具体分析说明之上；第二，广松涉认为，这种规律性实质上是对诸个人的具体行为的合成的物象化的说明。具体来说，广松涉指出，《1844年手稿》中的"工人"，既是个体也是类存在，个体生活和类生活没什么不同，历史作为主体的循环运动而被把握，而"分工"则作为类活动的人的活动的异化形式。⑥ 到了《德意志意识形态》，这种人本主义的逻辑被自我批判，分工变成了揭示财产与国家之

---

① ［日］广松涉：《唯物史观的原像》，邓习议译，南京大学出版社，2009年，第35页。
② ［日］广松涉：《物象论的构图》，彭曦、庄倩译，南京大学出版社，2002年，第54—56页。
③ ［日］广松涉：《唯物史观的原像》，邓习议译，南京大学出版社，2009年，第234页。
④ ［日］广松涉：《物象化论的构图》，彭曦、庄倩译，南京大学出版社，2002年，第57页。
⑤ ［日］广松涉：《物象化论的构图》，彭曦、庄倩译，南京大学出版社，2002年，第57—58页。
⑥ ［日］广松涉：《唯物史观的原像》，邓习议译，南京大学出版社，2009年，第38—41页。

形成的说明性原理。广松涉引用《形态》关于"社会活动的固定化"的段落,①
指出其实际上是"各个个人的自发形成的协动力或协动关系的曲折反映",
"缘于这种物象化,在所谓'必然王国'中的历史规律性的存在这一点上,这种
认识大体上得到明了的说明。"②一句话,**历史规律即物象化了的社会协动
力量**。

这种物象化论的逻辑,超越了将人置于"主体—实体"循环中的传统历史
观。现在,"所谓各个个人的主体间协动的辩证总体在物象化了的现象中设
定'遵循其固有的道路'的历史规律性","在这种'社会活动的固定化'中,历
史作为历史而展开"。③

在分析了物象化论的唯物史观理解的基本构图、确立过程与理论逻辑之
后,让我们进一步走进唯物史观的基本构想。其中,对前文已有所涉及的部
分,如人的关系性存在、历史规律的物象化等,力图做进一步的丰富与贯通。

(四) 物象化的社会历史与革命——唯物史观的基本构想

"人的存在,自在地从远古起,每每形成一种生产的协动关系态。这种生
产关系,其协动只要是自在的就以物象化了的相貌而现象,仿佛具有自律的
规律性而历史地展开。……对于想到这一点的马克思,现在担当起探明该
'物象化'存在条件和存在结构,探讨对它加以扬弃的现实条件的作业。"④这
是广松涉以物象化的思路对唯物史观理论脉络与使命的重构。由此,广松涉
对唯物史观的一系列基本范畴与命题都有了与西方马克思主义和苏联教科
书体系相异趣的崭新解读。这里我们侧重其对社会与历史的论述做进一步
的介绍。

首先,来看广松涉对社会的理解。在广松涉看来,立足于主体际关系的

---

① 马克思、恩格斯:《马克思恩格斯全集》第三卷,中央编译局编译,人民出版社,1960 年,第 37—
39 页。

② [日]广松涉:《唯物史观的原像》,邓习议译,南京大学出版社,2009 年,第 42 页。

③ [日]广松涉:《唯物史观的原像》,邓习议译,南京大学出版社,2009 年,第 42、43 页。

④ [日]广松涉:《唯物史观的原像》,邓习议译,南京大学出版社,2009 年,第 149 页。

视角,唯物史观同时超越了社会唯名论与社会唯实论二元对立的地平,个人与社会都被作为物象化了的协动的主体际关系态被把握。在马克思的时代,社会已不再可能通过个人集合的契约论所理解,而具有不可还原为个人的固有存在性。① 在这一背景下,唯物史观与综合社会学分有共同的主题,不同的是,唯物史观拒斥社会、历史的拜物教化,并探究其拜物教的秘密。"唯物史观,确实在对社会现象的物象化及其机制的自为化中,开拓了对社会的存在结构和历史规律性作学理把握的地平。作为对这个地平的宣告,唯物史观是'作为学问而出现的面向未来的一切社会学的普遍性'。……唯物史观不单是'社会科学的认识论基础'……就应该具有作为真正的综合社会学的性质,也不单是'哲学的'史观。"②这里广松涉强调,唯物史观不仅对一切社会科学的研究具有一般性、基础性的方法论指导意义,同时也直接面对社会历史现实本身展开物象化的分析。与之相关的,在对基础与上层建筑问题的理解上,广松涉认为,马克思和恩格斯是在物质生活生产场合的"人的生态学关系"中澄清了人存在的基础关系,所谓的"生产关系"作为把握人们的社会诸关系的基础,是被物象化的东西,是在被物象化的社会的全体构造中的基础,即"经济基础"。广松涉反对将基础和上层建筑作知性因果关系的曲解,而主张在总体联系和相互作用中对世界予以把握③。并且他强调,这种共时性、构造性的定位只是暂时的规定,马克思力图对真实形式进行具体阐明,即需要(1)按动态形式来把握,(2)对经济、习俗、政治等诸形象的物象化进行具体研究。④ 广松涉还做出一个重要的理论指认:马克思和恩格斯的"生产"概念"是关于人的存在论规定的范畴"⑤。他运用海德格尔式的语言,认为生产"是

① [日]广松涉:《唯物史观的原像》,邓习议译,南京大学出版社,2009年,第49—50页。
② [日]广松涉:《唯物史观的原像》,邓习议译,南京大学出版社,2009年,第50页。
③ [日]广松涉:《唯物史观的原像》,邓习议译,南京大学出版社,2009年,第65—66页。
④ [日]广松涉:《物象化论的构图》,彭曦、庄倩译,南京大学出版社,2002年,第89—90页。广松涉将"价值"问题作为被物象化的存在态的一个典型,由商品表现为"感性的、超感性的事物"得出主体际关系被物象化存在态即文化的、社会的形象的存在机制。事实上,广松涉对物象化的扩展更远远超越马恩文本所涉及的领域,参见《物象化论的构图》第三、四章和跋文。
⑤ [日]广松涉:《唯物史观的原像》,邓习议译,南京大学出版社,2009年,第52页。

对作为人的应有状态、历史赋予的东西的谋划性回应,将现在推向未来的实践的中介的人类生存世界的关系,表现为这个存在论的关系方的根本结构本身。具有这一存在论意义的'生产'这种实践,无非是马克思恩格斯的社会观及其世界观所定位的视域"①。生产在唯物史观当中确实是具有本体意蕴的范畴,但显然,这里广松涉所说的生产甚至实践已经离唯物史观的经济学哲学语境很远了。

当谈到唯物史观的历史规律时,广松涉认为,我们所熟悉的生产力与生产关系这一层面也是成问题的。他说,必须溯及更为基础的、原理性的场面,即诸个人的实践行动这样的场面,来探讨历史规律性的物象化成立机制。这里,广松涉引入角色论的思想,指出"能动的实践主体""并不是'无原因的自发性'的'绝对主体'",而是作为"对自然的而且是人际的诸关系的纽结的一个整体"而存在、相在的。具体来说,他受制于人的生态学继承的实在环境条件,和包括习俗、道德、法律在内的规范束缚("当为领域的制约")。② 所以,历史规律并不是像重力规律那样外在于人而直接施加作用,实际上,"作为意识存在的诸个人在基于物象化错认的同时,还进行自我约束"③。一方面,"历史呈现物象化的进展","历史的规律性还是因为物象化的机制而成立";另一方面,"诸个人在被物象化的所与条件下,更积极地主张因为自我约束地进行'自主'的行动,因此历史的现实进展合乎规律地体现出来"④。我们看到,广松涉在物象化论的思路中试图给主体的受动性与能动性一个确切定位,毕竟这一问题关乎革命的未来。

但是,尽管广松涉自己也表示"要克服物象化,变革构成其存在根据的现实的诸关系乃必要条件"⑤,"人们的实践形成历史,共产主义未来社会由人们

① [日]广松涉:《唯物史观的原像》,邓习议译,南京大学出版社,2009 年,第 53 页。
② [日]广松涉:《物象化论的构图》,彭曦、庄倩译,南京大学出版社,2002 年,第 101—105 页。
③ [日]广松涉:《物象化论的构图》,彭曦、庄倩译,南京大学出版社,2002 年,第 108 页。
④ [日]广松涉:《物象化论的构图》,彭曦、庄倩译,南京大学出版社,2002 年,第 108,109 页。
⑤ [日]广松涉:《物象化论的构图》,彭曦、庄倩译,南京大学出版社,2002 年,第 123 页。

的实践来创造"①。他依然认为,革命的实现首先取决于少数先觉者和大众在不断运动中对物象化的自觉把握,而物象化的机制在共产主义的自由王国中也将以新的形式继续存在。② 对广松涉来说,物象化并不是像异化那样要被简单扬弃的东西,相反,对以关系存在论为基础的物象化论逻辑来说,共产主义"只有通过人的存在根本的相互的自我变革,才能够实现","必须是主体的彻底贯彻",是"完全新'人—社会'总体的创出"。广松涉说,物象化论的构想,正是涉及"人的历史存在性这种根本的变革,这种根本革命的科学曳光"③。

三、广松涉唯物史观理解的启示与反思

(一)广松涉唯物史观理解的启示意义

广松涉物象化论的唯物史观理解,立足于对马克思主义文本的深入研读和丰厚广博的思想积淀,紧扣时代脉搏与思想史动向,涵盖唯物史观的各个范畴与命题,独树一帜,具有相当的深度和极大的启发意义。

首先,广松涉对唯物史观的研究始终处于深刻的理论自觉之中。他将这种按自己理解进行的唯物史观再建构称为"自为化"。在对不同的马克思主义解读模式有清晰辨别和对自身研究时刻保持方法论自觉的前提之下,广松涉形成了对唯物史观独特的物象化论理解,试图以此"打破俄国马克思主义的畸形化'体系'和西方马克思主义的'狂想曲'两相互补的现状"④。

其次,广松涉把对唯物史观中一系列核心范畴与命题的理解提升到了新的高度,在反对经验主义、教条主义或人本主义的唯物史观理解方面,其对关系、经济基础与上层建筑、异化论逻辑等的分析都是十分独到而深刻的。

① [日]广松涉:《物象化论的构图》,彭曦、庄倩译,南京大学出版社,2002年,第124页。
② [日]广松涉:《物象化论的构图》,彭曦、庄倩译,南京大学出版社,2002年,第125—129页。
③ [日]广松涉:《唯物史观的原像》,邓习议译,南京大学出版社,2009年,第151页。
④ [日]广松涉:《唯物史观的原像》,邓习议译,南京大学出版社,2009年,第189页。

再次，广松涉融合现代科学与哲学的最新成果，立足于时代思想范式转换的广博涉猎与宏大视野，特别是其始终保持理论的开放性与针对性的这一态度，值得我们学习和反思。特别是在国内不少学者将马克思主义与存在论相关联的今天，广松涉对现象学、海德格尔的研究与批判无疑是一个很有分量的参考。

（二）对广松涉唯物史观理解的疑问与反思

与此同时，这种物象化论的唯物史观理解也包含了不少值得进一步研究和争论的问题。

第一，物象化这一概念，不仅与传统的物化、异化概念不同，也与马克思那里的对象化、物化不同。当广松涉不加区分地将马克思那里人在资本主义生产过程中的必然自然对象化、人自己创造出而又奴役自身的经济力量、个体在社会中感受到的外在于自身的社会力量统统归为"物象化"，**甚至直接将后者等同于历史规律的时候**，是否意味着一种理论的误识？

第二，"面向他们与面向我们"这一基本构图，究竟在多大程度上可以概括辩证法体系的本质和唯物史观的论述逻辑？唯物史观的深刻究竟是看到了日常意识所看不到的关系，还是对现实的具体的关系的科学抽象？事实上，马克思和恩格斯从没有在学理上对意识问题进行过系统内外、层次高低的划分。相反，即便到了《资本论》甚至以后的阶段，他们仍然强调"真正能理解的思维永远只能是一样的"，而唯物史观及其成果是"工人，甚至工厂主和商人都懂得"甚至"每一个小孩都知道"的。[①] 或许，这样的图式受现象学的影响比受马克思影响更大，也难免有些卢卡奇所批评的"认识论的贵族主义"的意味。

第三，关系主义作为物象化论的存在论基础，使得唯物史观本身成为诸种社会科学之中奠基性的理论。基于此，广松涉进行了他物象化论的扩展尝

---

① 马克思、恩格斯：《马克思恩格斯选集》第四卷，中央编译局编译，人民出版社，1995年，第580—581页。

试,并将其视为马克思的未竟事业。但问题是,物象化论中作为奠基性概念的关系和唯物史观的历史文本中的关系究竟是不是一回事? 从异化论逻辑向物象化论逻辑的过渡究竟又是如何具体实现的? 一句话,必须结合马克思文本阅读的语境理解唯物史观的形成过程。

总而言之,笔者认为,借助物象化论的概念装置,我们得以对唯物史观展开更为深入的研究与辨析,从而打开迥异于传统教科书体系与西方人本主义马克思主义之外的另一扇窗。这一理解在将唯物史观的研究推向学理化、现代化的同时,也恰恰使唯物史观脱离了具体的现实的社会历史情境分析本身。这不可避免地导致物象化论在解释唯物史观时的外在化倾向,特别是面对革命问题时显得无力。唯物史观不仅是意识形态批判理论,而且,唯物史观的意识形态批判之所以有力,共产主义的实现之所以具有必然性,也不是源于世界背后的关系主义构造或主体对物象化的觉醒与扬弃,而是基于对资本主义现实生产过程的具体考察与历史性批判。

作者简介:张义修(1988—),男,辽宁大连人。南京大学哲学系 2007 级本科生,马克思主义哲学专业 2011 级硕士生、2013 级博士生,指导老师为张异宾教授。现为南京大学哲学系助理研究员,主要从事马克思主义哲学史、国外马克思主义研究。

南哲感悟:从电子邮箱中翻出自己当年的这篇习作,还能记起当时搜集、整理资料,逐个核对脚注,和室友们一起熬夜赶工的情形。这是我认真撰写的第一篇关于马克思主义哲学的文章,作为入门试水,其中青涩自不必多言。成长至今,感谢母系的培养。希望我的这篇拙作能够激励学弟学妹们增强信心,写出更好的文章。不是每一个人都要以哲学为志业,但扎实的积累、端正的态度,却是任何一条道路所必需的素质,这也是南大哲学系教给我最重要的东西。

形式指引与实际生命的意向性

——海德格尔早期现象学方法研究[*]

谢裕伟

摘　要:形式指引是海德格尔早期现象学方法的核心。海德格尔曾在"宗教现象学导论"这一课程中系统介绍了形式指引方法,但过于简单,对许多关键问题语焉不详。本文借助海氏在弗莱堡早期的更多文本,先将形式指引现象学的真正"现象"确定为实际生命及其意向性,并将相关的关联意义、内容意义和实行意义分别确定为操心、世界和实存。借此,在防御方法和定义方法两个维度上深入地探讨形式指引方法如何施行的问题,并展示海氏此时对哲学的看法:将哲思者带入本真的实存,使之承担生命的重负。

关键词:形式指引;实际生命;意向性;实行;实存;哲学

对于海德格尔而言,"'现象学'这个词本来就意味着一个**方法概念**"①。在《存在与时间》第 7 节以及马堡讲座的讲义《现象学之基本问题》第 5 节,他都声称自己在讨论方法。但在这些文字中,海德格尔对方法的阐释首先是原则上的而不是操作上的,也就是说,他只阐明了方法论的原则,而没有讨论其施行方式和"运思程序"(Verfahrensweise des Denkens)②。尽管根据海德格

---

　*　本文荣获 2011 年南京大学本科优秀毕业论文(设计)一等奖。——编者注

　①　[德]海德格尔:《存在与时间》(修订译本),陈嘉映、王庆节译,生活·读书·新知三联书店,2006 年,第 32 页。强调部分为原文所有。(在未做特殊说明的情况下,在本文所有引文中的强调部分都为原文所有)译文有改动。

　②　在《我进入现象学之路》中,海德格尔表达了自己当年阅读《逻辑研究》时的疑惑:"自称为'现象学'的运思程序是如何进行的?"(参见[德]海德格尔:《面向思的事情》,陈小文、孙周兴译,商务印书馆,1999 年,第 92 页。)

尔的意思,具有决定性意义的"方法"从来不是一种对任意现成对象按部就班的操作,不是"脱离了自己固有的本质"的中立性"技术"(Technik)①,但这也不妨碍我们被这样的问题所困扰:海德格尔所谓"现象学方法"的"运思程序"究竟如何?

事实上,造成这种困扰的原因首先是海德格尔本人的阐释方式。情况很可能是,马堡时期(1923—1929)②的海德格尔早已倦于对方法继续做出阐释,因为在从1919年的战时紧急学期(Kriegsnotsemester)开始的弗莱堡早期讲座中,海德格尔已经对自己的现象学方法做了很详尽的讨论。而在这段时间里,方法论中最核心的关键词无疑是"形式指引"(Formale Anzeige)③。"对于现象学的阐明而言,有一种意义成为指导性的,而这种意义的方法论上的应用(Gebrauch),我们称之为'形式指引'。"④值得注意的是,这个在弗莱堡早期讲座中被大量使用的"形式指引"概念直到在《存在与时间》中依然多次出现:"['实存'(Existenz)⑤]这一名称在**形式指引**中(in formaler anzeige)意味着:

---

① [德]海德格尔:《现象学之基本问题》,丁耘译,上海译文出版社,2008年,第25页。

② 海德格尔自1923年冬季学期离开弗莱堡大学前往马堡大学任教,至1929年重回弗莱堡,这期间被称为"马堡时期"。汉语学界关于早期海德格尔所熟知的《存在与时间》《现象学之基本问题》和《时间概念史导论》皆是这个时期的作品。以这段时期为界,往前的时期(1919—1923)本文称为"弗莱堡早期",以与1929年以后的"弗莱堡晚期"相区别。

③ Formale Anzeige 这一概念,学界也有译为"形式显示"的,如孙周兴先生。笔者更赞同"指引"这一译法。首先,从日常使用上来看,动词 zeigen 一词已具有"显示"的意思,而动词 anzeigen 则强调通过显示出来的东西产生某种作用。其次,海氏在使用 Anzeige 时,更注重其指引出"道路"这一"开端"特征(参见 Martin Heidegger, *Phänomenologische Interpretationen zu Aristoteles:Einführung in die Phänomenologische Forschung*, Frankfurt am Main:Vittorio Klostermann, 1985, S. 20.),因而译为"指引"似更符合海氏原意。下文的深入论述将会使得这一点更为清楚。

④ Martin Heidegger, *Phänomenologie des Religiösen Lebens*, Frankfurt am Main:Vittorio Klostermann, 1995, S.55.

⑤ Existenz 一词,学界一般译为生存,本文跟从孙周兴的建议译为"实存"。其理由参见孙周兴:"本质与实存——西方形而上学的实存哲学路线",《中国社会科学》,2004年第6期。相应地,existenzial 译为"实存论(的)"。

此在作为存在本身而存在的有所领会的能在来存在。"①事实上,海氏自己已经指认出,此在的两种基本性质即"实存"(Existenz)和"向来我属性"(Jemeinigkeit),都是形式指引性的。② 可以说,"形式指引"是前期海德格尔思想在方法论上的核心,前期海德格尔的许多中心概念,都是形式指引性的。

对于形式指引的方法,汉语学界也不乏关注。张祥龙在《海德格尔传》中讨论了形式指引的方法,并将之看作海氏整个思想中的方法论核心,他是汉语学界最早对此问题做出讨论的学者。③ 可惜他未对与形式指引紧密相关的"现象"概念及其三重意义方向做出分析。孙周兴以形式指引方法为中心编译了《形式显示的现象学——海德格尔早期弗莱堡文选》,在论文《形式显示的现象学——海德格尔早期弗莱堡讲座研究》④中对形式指引方法的原则做了简明而系统的介绍,并对此方法的操作方式做出了有益的探索,但对许多相关的问题同样未予展开讨论。除了他们二人的开拓性研究以外,朱松峰在《"反思"对"形式指引"——胡塞尔与海德格尔之方法的比较》中,在与胡塞尔的反思性方法的比照中从积极和消极两个方面展示了形式指引的方法论意义。而李章印的《解构—指引:海德格尔现象学及其神学意蕴》则展开形式指引方法的解构和指引的两个维度,并力图用这两点贯穿海德格尔前后期的全部思想,但对于这个方法本身的运作方式却还未做出突破性的探索。总的来

---

① Martin Heidegger, *Sein und Zeit*, Frankfurt am Main:Vittorio Klostermann, 1977, S. 231. 译文相较于中译本有所改动。引文中的强调为引者所加。根据张祥龙的研究(参见张祥龙:《海德格尔传》,商务印书馆 2007 年,第 153 页)以及《存在与时间》新英译本(Cf. Martin Heidegger, *Being and Time*, translated by John Stambaugh, State University of New York Press, 1996, p.440)所给出的术语索引,在《存在与时间》中,"形式指引"这一术语曾以名词、动词谓语和第一分词状语的形式出现过数次,可惜中译本未能将之以专门术语的方式译出。

② Martin Heidegger, *Sein und Zeit*, Frankfurt am Main:Vittorio Klostermann, 1977, S. 114,S. 117.

③ 张祥龙先生早在 1997 就开始发表关于形式指引的研究,如《"实际生活经验"的"形式显示"——海德格尔解释学初论》(载于《德国哲学论丛(1996—1997)》,人民大学出版 1997 年版,第 29—52 页),《解释学理性与信仰的相遇——海德格尔早期宗教现象学的方法论》(与陈岸瑛合写,载于《哲学研究》,1997 年第 6 期,第 61—68 页)。这些研究成果后来基本上收录在《海德格尔传》中。参见张祥龙:《海德格尔传》,北京:商务印书馆 2007 年版,第 85—110 页。

④ 此文略作增删后作为《形式显示的现象学——海德格尔早期弗莱堡文选》的"编者前言"出版。

说,汉语学界在形式指引方法上已经有许多有益的成果,但这些成果主要停留在"原则"层面上,还没有进展到"操作"层面上,也就是说,未能展开探索其"运思程序",而这其中的关键原因在于没能将形式指引关联于"现象"概念及其三重意义方法来进行阐释,尤其是没有展开对"实行意义"的详尽讨论。

本文力图广泛地依据海氏本人的早期讲稿来尝试弥补这一遗憾。为此,本文首先将依据早期弗莱堡讲座"宗教现象学导论"中对"现象"概念和"形式指引"方法的初步阐释来展示诸多重要概念之间"形式上"的关联。在有了这样充分的准备以后,本文将分别依据"被指引者"和"如何指引"这两个维度展开全文,对诸概念进行"内容上"的"充实"并深入探讨形式指引方法的运思程序。

一、对形式指引方法的初步阐明

1920—1921 年冬季学期,海氏在弗莱堡讲授"宗教现象学导论"(*Einleitung in die Phänomenologie der Religion*)。海氏本来准备详细讲述它的第一部分"方法论导论"的,无奈出现了某种意外①,他不得不提前结束方法论部分,直接进入第二部分"依据保罗书信对具体宗教现象的现象学阐释"。于是他专辟一章"形式化与形式指引"来结束方法论部分,并在其中系统介绍了"形式指引"这一方法。② 然而这一介绍过于简单,可以设想,课堂里的学生是无法仅仅借此来把握形式指引方法的,因而海德格尔略带无奈也不无得意地说:"从下一节课开始,我要向你们宣讲历史,而且,我将在对开端和方法不作进一步考察的情况下从某个具体的现象出发——不过我会假定:你

---

① Theodore Kisiel, *The Genesis of Heidegger's Being and Time*, London: University of California Press, 1993, p.151.

② Martin Heidegger, *Phänomenologie des Religiösen Lebens*, Frankfurt am Main: Vittorio Klostermann, 1995, S.55—65. 中译文参见［德］海德格尔:《形式显示的现象学——海德格尔早期弗莱堡文选》,孙周兴编译,同济大学出版社,2004 年,第 65—75 页。

们将彻头彻尾误解整个考察。"①尽管如此,我们对形式指引的考察还是必须从这里入手,因为它以最为系统的方式向我们提供了一个方向,以对许多重要概念之间的关联进行勾勒。

作为现象学方法,形式指引乃是对现象的阐明。然而何谓现象学的现象?对于海德格尔来说:②

> 现象本身只能在形式上被指引出来(formale angezeigt werden)。——每一种经验(Erfahrung)——作为经验**活动**(Erfahren)以及作为被经验**者**(Erfahr**enes**)——都可能'被纳入现象之中',也就是说,现象可以在下述方面得到追问:
>
> 1. 根据在现象中得到经验的原初之'**什么**'(Was)(内容[Gehalt])。
> 2. 根据现象在其中得到经验的原初之'**如何**'(Wie)(关联[Bezug])。
> 3. 根据关联意义在其中得到实行的原初之'**如何**'(实行[Vollzug])。
>
> 但这三个意义方向(Sinnesrichtungen)(内容意义[Gehaltssinn]、关联意义[Bezugssinn]、实行意义[Vollzugssinn])却并不是简单地相互并列的(nebeneinander)。'现象'乃是依据这三个方向的意义整体(Sinnganzheit)。现象学就是对这样一个'意义整体'的阐明,它给出'现象'的逻各斯,'内在之语(拉丁语:verbum internum)③'意义上的(而不是逻辑化意义上的)逻各斯。

这一段话清楚地指明了:(1) 现象只能通过形式指引才能获得;(2) 现象是三重意义方向构成的整体,无论是被经验者(内容意义)还是经验活动(关

---

① [德]海德格尔:《形式显示的现象学——海德格尔早期弗莱堡文选》,孙周兴编译,同济大学出版社,2004 年,第 72 页。译文有改动。

② Martin Heidegger, *Phänomenologie des Religiösen Lebens*, Frankfurt am Main: Vittorio Klostermann, 1995, S.63.

③ 这个拉丁语词 verbum internum 在传统基督教中指圣灵在内心的作用,与《圣经》中通过文字表达出来的"外在之语"(verbum externum)相区别。

联意义和实行意义)都要被纳入现象之中。不过,在这次方法论探讨中,海氏仅仅专门阐释了第一点。现在我们简要展示海氏的思路,以期获得对形式指引方法的初步了解。

海氏的讨论是从胡塞尔在《观念Ⅰ》①第 13 节中明确指出的总体化(Generalisierung)和形式化(Formalisierung)的区分开始的。我们可以通过"普遍化"(Verallgemeinerung)来获得普遍者(Allgemeine)。从红色的纸和红色的笔我们可以获得"红色",从"红色"到"颜色",到"感性性质"。然后,似乎我们可以继续这样做下去:从"感性性质"到"本质",到"对象",等等。然而,这里存在着一种断裂。从个别的红到红色再到感性性质这样一种普遍化,不同于从感性性质到本质再到对象的普遍化。这两种普遍化之间的区别在数学中已被隐隐地察觉到了,但直到胡塞尔才"首先完成了对它的逻辑阐明"②。胡塞尔指出:"逻辑的形式本质(如范畴)不是以与下述情况同样的方式'存于'实质的单一体中的,如在普遍项红'存于'红的各种色调之中,或'颜色'是存于红或蓝之中这个意义上……严格说来,它们根本不'在'实质的单一体之'内.'"③简单来说,这两种普遍化之间的差别在于:总体化受制于一定的事物领域,只能从特定的事物域中开始,按照种属的等级逐步上升,相当于抽象归纳的方法;而形式化所产生的是"形式存在论的一般范畴",如"本质""对象一般"等等,它不受制于任何事物域。

在海氏看来,胡塞尔对这一区分进行逻辑阐明,是要指出形式存在论的无前提性,即形式化由于既不受制于事物域,又不企图划分存在区域,因而不将任何先入之见带入哲学之中。但海氏认为这一意图是失败的,因为形式化已经预设了一种理论化的态度,形式存在论的范畴"对象一般"(Gegenstand

---

① 本文中《观念Ⅰ》指的是胡塞尔 1913 年发表的《纯粹现象学通论:纯粹现象学和现象学哲学的观念(Ⅰ)》。

② [德]海德格尔:《形式显示的现象学——海德格尔早期弗莱堡文选》,孙周兴编译,同济大学出版社,2004 年,第 67 页。

③ [德]胡塞尔:《纯粹现象学通论:纯粹现象学和现象学哲学的观念(Ⅰ)》,李幼蒸译,中国人民大学出版社,2014 年,第 18 页。

überhaupt)也只不过是"理论的态度关联的'何所向(Worauf)'"①而已。形式化没有在内容上有任何预先的断定,因为一切事物域对于形式存在论来说是无差别的,但这种无差别"对现象的关联意义和实行意义来说恰恰是灾难性的,因为它指定了或至少参与指定了一种理论化的关联意义"②。要真正做到不为哲学预先断定任何东西(不论是内容还是态度),靠的是形式指引。这就是海氏从总体化与形式化的区分中引出形式指引的原因所在。

然而更严重的问题在于,形式化"掩盖了实行因素(Vollzugsmäßige)"③。海氏认为,正是在这一点上,胡塞尔需要面对新康德主义者那托普(Natorp)的挑战。那托普早已在对胡塞尔《观念 I》的评论中对现象学提出了两个重要的质疑。海德格尔在其战时紧急学期中重述了这两个质疑④:第一,在那托普看来,意识"在其直接性和具体性中毋宁说是永远流动的生命",但胡塞尔的反思方法使得活生生的意识不再"被体验"(erlebt),而是"被观察"(erblickt),因而"中止了体验流"。海氏称这一个质疑是"至今为止唯一在学术上值得关注的",而"胡塞尔本人对此至今未予表态"⑤。第二个质疑是,尽管胡塞尔称自己的现象学是"描述的"(deskriptiv),但描述不得不使用语词和概念,而这

---

① [德]海德格尔:《形式显示的现象学——海德格尔早期弗莱堡文选》,孙周兴编译,同济大学出版社,2004 年,第 71 页。译文有改动。

② [德]海德格尔:《形式显示的现象学——海德格尔早期弗莱堡文选》,孙周兴编译,同济大学出版社,2004 年,第 73 页。译文有改动。

③ [德]海德格尔:《形式显示的现象学——海德格尔早期弗莱堡文选》,孙周兴编译,同济大学出版社,2004 年,第 73 页。

④ Martin Heidegger, *Zur Bestimmung der Philosophie*, Frankfurt am Main:Vittorio Klostermann, 1987, S.99—102. 另外,更简明的阐述亦可参见[德]海德格尔:《形式显示的现象学——海德格尔早期弗莱堡文选》,孙周兴编译,同济大学出版社,2004 年,第 19 页"编者注"和第 20 页"编者注"。

⑤ Martin Heidegger, *Zur Bestimmung der Philosophie*, Frankfurt am Main:Vittorio Klostermann, 1987, S.101. 事实上,胡塞尔自己也承认,"我的整个体验流都是体验的一个统一一体,对它的完整的**'同游着的'**(mitschwimmende)感知把握**原则上是不可能的**。"(Edmund Husserl, *Ideen zu einer reinen Phänomenologie und Phänomenologischen Philosophie*, Ersten Buch/1:*Allgemeine Einführung in die reine Phänomenologie*. Neu hrsg. von K. Schuhmann, Den Haag:Martinus Nijhoff, 1976, S.94. 中译可参见[德]胡塞尔:《纯粹现象学通论:纯粹现象学和现象学哲学的观念(I)》,李幼蒸译,中国人民大学出版社,2004 年,第 66 页。译文有改动。引文中的强调为引者所加。)

些语词和概念始终是抽象化和普遍化，是"普遍性的逻辑中介（vehikel）"，无法达到胡塞尔所声称的"直接（unmittelbar）描述"。

形式指引要求把握住实行要素，因而可以担负起回应那托普的任务。在"宗教现象学导论"中，海氏简要指出了形式指引的要求：① 对形式的东西（das Formale）自身的原初考察（ursprüngliche Betrachtung），② 对在其实行范围内的关联意义的阐明（Explikation）。① 简而言之，作为一种新的方法，形式指引首先是要防止"理论化态度"这种先入之见。尽管"形式指引"也是"形式的"，但它与"形式化""形式存在论"的"形式"无关。在形式指引中，形式的东西（das Formale）指的是某种"合乎关联者"（etwas Bezugsmäßiges），换言之，理论化则是"不合乎关联的"。而所谓的"指引"，就是要先行指引出现象的关联（Bezug des Phänomens），也就是说，要将现象的关联意义先行指引出来。但这种指引是否定意义上的，"可以说是为了警告！一个现象必须这样预先被给予，以至于其关联意义被保持在悬而不定中"②。

从这个层面来说，"形式指引是一种**防备**（Abwehr），一种先行的**保证**（Sicherung），使得实行特征依然保持开放。"③因而，形式指引不能片面地以内容为指向，而是要将关联意义保持在悬而不定之中，要将实行因素突显出来。如果说总体化和形式化作为两种不同方式的普遍化，都有关乎态度（Einstellung）的动因，那么形式指引则与任何的普遍化和态度都无关。

尽管有这样一些提示，但在"现象"概念尤其是其中的"实行意义"未得到充分阐明之前，我们还不能理解形式指引如何能够开放出实行特征并且回应那托普的挑战。为了充分展开对形式指引方法的讨论，我将在接下来的第 2

---

① ［德］海德格尔：《形式显示的现象学——海德格尔早期弗莱堡文选》，孙周兴编译，同济大学出版社，2004 年，第 72 页。译文有改动。

② ［德］海德格尔：《形式显示的现象学——海德格尔早期弗莱堡文选》，孙周兴编译，同济大学出版社，2004 年，第 73 页。译文有改动。

③ ［德］海德格尔：《形式显示的现象学——海德格尔早期弗莱堡文选》，孙周兴编译，同济大学出版社，2004 年，第 73 页。译文有改动。此处 Abwehr 一词译为"防备"应比"防御"更为确切，因为它突出的是形式指引方法随之做好准备防止堕入理论化这一功能，而不仅仅是对理论化行为的一种对立状态。

节里着眼于"现象"来阐明关联意义和内容意义的含义。在随后的第 3 节中，我将探讨"现象"概念中最核心的要素即实行意义，它的作用如此特别，以至于我们一方面可以借助它来厘清三重意义方向之间的关系，另一方面可以从它那里顺利地过渡到第 4、5 两节中对"如何指引"（运思程序）的消极方面和积极方面的讨论。

二、实际生命的关联意义和内容意义

"现象"概念对于现象学来说当然是首要的核心概念。在海德格尔的弗莱堡早期讲座中，对"现象"概念最富启发性的阐明出现在著名的"那托普报告"（Natorp – Bericht）中：①

> 解释学乃是现象学的解释学，这意思就是说，解释学的对象域，即着眼于其存在方式（Wie）和言说方式来看的实际生命，已经在课题和研究方法上被视为**现象**。把某物刻画为一个现象的那种对象结构②（Gegenstandsstruktur），即**完全的意向性**（die volle Intentionalität）（被与……相关联［das Bezogensein auf］、关联的何所向本身［das Worauf des Bezugs als solches］、'使自身关联［于］'的实行［der Vollzug des Sichbeziehens］③、实

---

① Martin Heidegger, *Phänomenologische Interpretationen ausgewählter Abhandlungen des Aristoteles zur Ontologie und Logik*, Frankfurt am Main: Vittorio Klostermann, 2005, SS.364—365.

② 在这里，"对象"只是表示研究的课题，不具有"对象性"的含义。由于没有找到更为合适的术语，海氏在此时尚不得不使用"对象"这一对他而言颇显蹩脚的概念。

③ 此处与"关联"相关的三个术语很难翻译，它们都是反身动词不定式（动词原形）sich beziehen（auf）的不同变形，而这一不定式意味着"使自身与……相关联"。这三个术语中，das Bezogensein auf 是 sich beziehen auf 的被动态的名词化，本文译为"被与……相关联"；Bezug 是 beziehen 的名词形式，本文直接译为"关联"；而 Sichbeziehen 则是 sich beziehen（auf）的直接名词化，本文译为保留了反身意味的"使自身关联（于）"。本文之所以要勉强翻译出这几个词语的语法意义而不一律简单处理为"关联"，是因为这几个词语对于理解三重意义方向的确切含义极为重要。

行的到时[die Zeitigung des Vollzugs]、到时的保真①[die Verwahrung der Zeitigung])，无非就是一个具有实际生命之存在特征的对象结构。意向性，仅仅被视为'被与……相关联'的意向性，乃是生命（亦即操心[Sorgen]）之基本运动的第一个**首先**可以突显出来的现象特征。

　　这几句话给出了极其重要的提示，使得我们可以借助"意向性"和"实际生命"的概念来充分阐释海氏的"现象"概念。首先，所谓的"现象"乃是"着眼于其存在方式和言说方式来看的实际生命"。何为"实际（的）"(faktisch)？在"宗教现象学导论"(1920/21)课程的开头，海德格尔就提出了警示："'实际的'并不意味着自然现实的(naturwirklich)，也不意味着在因果上被规定的和事物现实的(dingwirklich)。'实际的'这一概念不能从认识理论的特定的前设出发得到意指，它只有从'历史之物'(Historischen)出发才是可理解的。"②这样，实际生命的实际性既区别于在经院亚里士多德主义那里与潜能相对的现实，也区别于康德主义的模态范畴"现实性"，首先表明自身为"历史的"。更为重要的是，作为现象的实际生命具有意向性的结构，而很明显，关联意义（被与……相关联）、内容意义（关联的何所向本身）和实行意义（"使自身关联于"的实行）乃是这种实际生命之意向性的三个结构性环节。

　　既然关联意义（被与……相关联）是实际生命之运动中"第一个首先可以突显出来的现象特征"，那么我们对"现象"概念的阐释就从关联意义开始。

---

　　① "到时意义"(Zeitigungssinn)曾在1921—1922年加入了意向性中成为第四个意义方向，表示三重意义整体在处境中的共同实行（参见 Martin Heidegger, *Phänomenologische Interpretationen zu Aristoteles：Einführung in die Phänomenologische Forschung*, Frankfurt am Main：Vittorio Klostermann, 1985, S.53.)，不过这一概念随后又消失了。虽然它看上去可大致相当于后来的"到时"(Zeitigung)概念，但可能由于海德格尔此时还未能获得一种革新性的时间概念，因此"到时意义"很难与"实行意义"进行实质性的区分。至于"保真"(Verwahrung)，出现得更少，海氏本人对之更语焉不详。笔者估计它与真理概念有关。可能的情况是，此时的海德格尔希望在这篇谋职论文中展示自己的全部洞见，于是尝试从"实行"里分离出"到时"概念和"真理"概念，但始终比较单薄，因此海氏无法对之作出充分阐释。本文作为对形式指引方法的处理，对此两个概念暂时不予展开讨论。

　　② Martin Heidegger, *Phänomenologie des Religiösen Lebens*, Frankfurt am Main：Vittorio Klostermann, 1995, S.9.

根据上文所引《宗教生活现象学》中简要论述，关联意义指的是"现象在其中得到经验的原初之'**如何**'（Wie）"，简单地说，就是现象（作为内容）如何原初地被经验。单单这个表述并不能给我们带来什么新的东西，因为许多哲学流派都探讨如何被经验的问题并将自己得出的要素称之为"原初的"。我们需要借助更多的材料来理解这里所谓的"原初"。

在弗莱堡讲座"现象学的基本问题"①中，海氏解释了这种实际生命的关联意义：②

> 在生命中有一种来自特定**动因**（Motiv）的特定来源（Herkommen）以及一种依据特定**趋势**（Tendenz）的前行和倾向（Fortgehen und Hinneigen）。有一种生命之关联意义（Bezugssinn des Lebens），在这种意义中生命自身生活着（lebt），而不拥有（haben）自身；这是**动因**向**趋势**的关联（der Bezug von *Motiv* zur *Tendenz*）。这种关联意义可经验到确定的变形（Umgestaltungen）。诸种趋势和动因可变换其功能。

因此，实际生命有其动因，又有其趋势，而动因向趋势之间的这种关联就是实际生命的关联意义所在。不过在这里我们首先要澄清，动因和趋势分别是什么。早在1919年战时紧急学期中，海氏就对这两个词语作了解释，被当时课堂上的学生布莱希特（Brecht）简要地记录了下来：③

> "某物本身"（Etwas überhaupt）的原特征（Urcharakter）归根结底乃是生命的基本特征：生命在其自身中被动因化（motiviert）并具有趋势；动

---

① 注意，此处作为全集第58卷出版的弗莱堡讲座《现象学的基本问题》（*Grundprobleme der Phänomenologie*）不同于作为全集第24卷出版的马堡讲座《现象学之基本问题》（*Die Grundprobleme der Phänomenologie*）。

② Martin Heidegger, *Grundprobleme der Phänomenologie*（1919/20），Frankfurt am Main：Vittorio Klostermann, 1993, S.260.

③ Martin Heidegger, *Zur Bestimmung der Philosophie*, Frankfurt am Main：Vittorio Klostermann, 1987, S.218.

因化着的趋势（motivierende Tendenz），趋势化着的动因（tendierende Motivation）：生命的基本特征，**向着**某物来生活（zu etwas *hin* zu leben），世界出来（auswelten）而成为特定的体验世界。

由此我们可以初步指出，"动因"就在于实际生命自身，而趋势乃是"向着某物来生活"，乃是"世界出来"。这个奇异的词语"世界出来"（auswelten）将"世界"一词动词化了，可看作是著名的"世界着"（welten）一词①的强化版。

这种原初的"关联意义"，海德格尔称之为"操心"（Sorge）："生命，在动词的意义来看，应根据其关联意义而解释为操心；对（für）某物和关于（um）某物的操心，操心着某物来生活。"②在这里，操心并不是日常的情绪和烦恼，不是存在者层次上的东西，而是一种纯关联，是被动因化的生命自身与作为趋势的"世界出来"之间的纯关联。因而，它是一种"形式的东西"。并且由于它是"前世界性的"东西③，因而是"原初的"。

事实上，到这里，内容意义上的东西已经呼之欲出了。内容意义属于"在现象中得到经验的原初之'什么'（Was）"，也就是说，它指称那在经验中原初地被经验的东西。何种原初性？动因和趋势的共同作用使得生命被"世界出来"，即成为世界。世界被指明为操心和生命的相关项。这就是：④

操心的何所向（Worauf）和何所为（Worum），它依循的**何所依**

---

① welten 一词出现在海氏著名的"周围世界分析"中，指的是在对某个物的体验中，周围世界的整个意蕴关联呈现出来。参见［德］海德格尔：《形式显示的现象学——海德格尔早期弗莱堡文选》，孙周兴编译，同济大学出版社，2004年，第10—11页。

② Martin Heidegger, *Phänomenologische Interpretationen zu Aristoteles：Einführung in die phänomenologische Forschung*, Frankfurt am Main：Vittorio Klostermann, 1985, S.90. Leben 一词一般译作"生命"或"生活"，由于海德格尔的 Leben 概念主要受启发于狄尔泰等人的"生命哲学"，因而本文依循哲学史翻译的惯例以及孙周兴的译法将之统一译为"生命"，而将动词 leben 翻译为"生活"。

③ 参见［德］海德格尔：《形式显示的现象学——海德格尔早期弗莱堡文选》，孙周兴编译，同济大学出版社，2004年，第18页。

④ Martin Heidegger, *Phänomenologische Interpretationen zu Aristoteles：Einführung in die phänomenologische Forschung*, Frankfurt am Main：Vittorio Klostermann, 1985, S.90.

(*woran* es sich hält)，应被规定为**意蕴**(Bedeutsamkeit)。意蕴乃是对世界的范畴定义；一个世界的诸对象，那些世界性的(weltlich)、关乎世界的(welthaft)对象在意蕴的特征中被经历(sind gelebt)。

作为形式指引的内容意义，世界不具有"内涵物"(Inhalt)和填充物(Ausfüllendes)的含义①，而只能被理解为"关联的何所向(worauf)和何所及(wozu)"②，被理解为周围世界的意蕴关联。在两次"周围世界分析"③中，海氏都强调："意蕴乃是原初的东西，是直接给予我的。"④它不是事后加在存在者(照面者)之上并强行让照面者从属于它的东西，毋宁说，"恰恰从[意蕴的]**展开状态出发**并且通过展开状态，照面者才**在此**存在。"⑤由此可见，"世界"是预先被给予(vorgegebene)的存在者，它先于自在自足的世内存在者而存在并使存在者得以照面，甚至先于由形式化(Formalisierung)方法来获得的"对象一般"(Gegenstand überhaupt)。它才是实际生命现象的"原初的'什么'(Was)"，才是原初的"内容意义"，是实际生命经验原初的"被经验者"(Erfahrenes)。由此，内容意义虽然也是某种"内容"，却首先是"合乎关联"的"形式的东西"。

对内容意义的分析使得我们可以回过头来更充分地阐明"动因"和"趋

① 参见 Martin Heidegger, *Phänomenologische Interpretationen zu Aristoteles：Einführung in die Phänomenologische Forschung*, Frankfurt am Main：Vittorio Klostermann, 1985, S.53.

② Martin Heidegger, *Phänomenologische Interpretationen zu Aristoteles：Einführung in die Phänomenologische Forschung*, Frankfurt am Main：Vittorio Klostermann, 1985, S.53.

③ 两次"周围世界分析"，分别指的是 1919 年战时紧急课程中的"周围世界体验"和 1923 年夏季课程"存在论：实际性的解释学"中的"根据栖留着的交道对日常世界的描述"。(分别参见[德]海德格尔：《形式显示的现象学——海德格尔早期弗莱堡文选》，孙周兴编译，同济大学出版社，2004 年，第 8—11 页和第 144—157 页。)这两次"周围世界分析"之间具有一个细微的但并非不重要的差别：前一种分析主要依据的是"看"或者说是纯粹的观入(Hineinschauen)，而后一种分析依据的是"交道"(Umgang)。后一种分析具有更强的生存论意味，而这恐怕多少归因于"操心"范畴的引入。

④ [德]海德格尔：《形式显示的现象学——海德格尔早期弗莱堡文选》，孙周兴编译，同济大学出版社，2004 年，第 10 页。

⑤ [德]海德格尔：《形式显示的现象学——海德格尔早期弗莱堡文选》，孙周兴编译，同济大学出版社，2004 年，第 148 页。

势"及其关联。如果"趋势"是一种"世界出来",描述的是实际生命给予出世界的这一意义方向,那么当海氏说"生命在其自身中被动因化"时,生命其实是在世界中被动因化的。也就是说,实际生命在由自身给出的世界那里再一次被动因化,"而后"再一次在趋势中给予世界,趋势转换成新的动因,新的动因又具有新的趋势,如此永不停息。如此才有"动因化着的趋势,趋势化着的动因"。

三、实行意义与实际生命的实存

实行意义是海氏"现象"概念的核心要素。如果说胡塞尔通过"相关性先天"(Korrelationsapriori)①的概念早已描述了"现象"中的某种关联意义,那么实行意义就是海氏的"现象"概念区别于胡塞尔"现象"概念的关键,而对实行意义的把握也才首先保证了关联意义和内容意义的"原初性"。

如果操心是"**动因**向**趋势**的关联",而"诸种趋势和动因可变换其功能",那么作为操心的生命就绝对不是某种静态的、超时间的东西,甚至也不是一条统一流淌的河流,而只是动因和趋势之间朝向和变动,是"动因化着的趋势,趋势化着的动因"。而"世界出来"的世界,每一次都根源于这种朝向和变动,每一次都作为"被操心者"而被给予,因此也不具有某种持存的特质。由此看来,无论"世界"还是"操心"——也就是说,无论实际生命原初的内容意义还是关联意义——都不是静态的存在者,而是动态的、实行性的。

从这一点出发,才有一条"可能的回溯通道(Rückgang),它在不同的阶段中(Stufen)通向(关联意义之)**实行**的不断被加强的集结(immer gesteigerten

---

① 在《欧洲科学的危机和超越论的现象学》的一个注释中,胡塞尔说:"当第一次想到经验对象与被给予方式的这种普遍的相关性先天时(大约是1898年我写作《逻辑研究》时),我被深深地震撼了,以至于从那以后,我毕生的事业都受到系统阐明这种相关性先天的任务的支配。"参见[德]胡塞尔:《欧洲科学的危机和超越论的现象学》,王炳文译,商务印书馆,2001年,第202页。译文有改动。Edmund Husserl: *Die Krisis der Europaeischen Wissenschaften und die Transzendentale Phaenomenologie*: *Ein Einleitung in die Phaenomenologische Philosophie*, Haag: Martinus Hijhoff, 1976, S.169, N.1.

Konzentration)，直到最后通向自身的完全**自发性**（vollen *Spontaneität des Selbst*）。"①在这里，"自身"(Selbst)不能理解为一个自我极点(Ichpunkt)，而应理解为实际生命的"那个完全具体的、历史上实际的自身，即那个在历史上具体的本己经验中可通达的自身"②，也就是那个"历史之我"(historische Ich)③。

而实际生命的实行意义，那"关联在其中得到实行的原初之'**如何**'"，正是"从自身的自发性中发源"的，而且只要这实行意义是活生生的(lebendig)而不是凝固化的，"那么原初的生命就是实存的(existent)"④。在课程"直观与表达的现象学"中，海德格尔着重地表明：⑤

> 只要实行——根据其意义，这是一个对真正地以自身世界的方式至少是被一道指向的关联(mitgerichteten Bezugs)的实行——总是要求一种在一个自身世界性此在(selbstweltlichen Dasein)中的现时更新(aktuelle Erneuerung)，那么这种实行就是原初的，也就是说，这种更新和内在于其中的更新之'必然性'(Erneuerungs„notwendigkeit")（更新之要求）一同构成了自身世界性的实存(selbstweltliche Existenz)。

这里的表述虽然晦涩，但意思还是很明显的：只有把实际生命原初的实行意义理解为一种对自身世界性此在的持续更新，理解为这种活生生的完全

---

① Martin Heidegger, *Grundprobleme der Phänomenologie* (1919/20), Frankfurt am Main: Vittorio Klostermann, 1993, S.260.

② ［德］海德格尔：《形式显示的现象学——海德格尔早期弗莱堡文选》，孙周兴编译，同济大学出版社，2004 年，第 51 页。

③ Martin Heidegger, *Zur Bestimmung der Philosophie*, Frankfurt am Main: Vittorio Klostermann, 1987, S.219.

④ Martin Heidegger, *Grundprobleme der Phänomenologie* (1919/20), Frankfurt am Main: Vittorio Klostermann, 1993, S.260.

⑤ Martin Heidegger, *Phänomenologie der Anschauung und des Ausdrucks*, Frankfurt am Main: Vittorio Klostermann, 1993, S.75.

自发性,才能把握住这个概念的确切含义;与之相对,任何声称超时间的自我极点都无法把握这种实行意义。而同时,这种自身世界的实行意义被海氏用"实存"(Existenz)概念加以标识了。

当然,我们还需要更深入地理解此时海德格尔所使用的"实存"概念。在《评卡尔·雅斯贝尔斯〈世界观的心理学〉》中,海氏在与雅斯贝尔斯的对话里集中讨论了"实存"概念,这基本代表了海氏在弗莱堡早期对"实存"问题的观点。在海氏看来,雅斯贝尔斯对实存的理解继承了克尔凯郭尔,将之看作是描述人之生命通向无限者或整体这一状况的范畴。但海氏否认这种理解的合理性,而明确指出:"在这一种形式上指引出来的意义中,[实存]这个概念向'我在'(ich bin)现象,即包含在'我在'中的存在意义。"[1]把"实存"看作是对"我在"或者"自身之存在"(das Sein des Selbst)的形式指引,在这篇评论中多次出现。[2] 这一屡被强调的"我在"(bin)作为"存在"(sein)的现在时单数第一人称形式,既表达了实际生命持续地当下的动态性意义(现在时),也表达了实际生命的"向来我属性"(Jemeinigkeit)(第一人称单数)。因而可以说,后来在《存在与时间》中作为此在的两种性质的"去存在"(Zu-sein)和"向来我属性"此时都已在"我在"中——也就是说,在"实存"中——初步表达出来了。不过如前所述,这个"我"(ich)或者"自身"(Selbst)指的不是自我极或主体性,而是"历史之我",也就是实际生命。因而,"实存"实际上指的就是历史性的实际生命之存在,即其"存在之意义"(Seinssinn)或者其"存在之如何"(Wie des Seins)。[3]

由此,实行意义(实存)一方面表示实际生命的持续当下更新(动态性),另一方面也表示实际生命的向来我属性和自身性。正是这种实行意义才使

---

① [德]海德格尔:《形式显示的现象学——海德格尔早期弗莱堡文选》,孙周兴编译,同济大学出版社,2004 年,第 32 页。译文有改动。

② [德]海德格尔:《形式显示的现象学——海德格尔早期弗莱堡文选》,孙周兴编译,同济大学出版社,2004 年,第 49—51 页。

③ Martin Heidegger, *Wegmarken*, Frankfurt am Main: Vittorio Klostermann, 1976, S.31. 中译本将此处的 Seinssinn 译成"存在方式",应为误译。参见[德]海德格尔:《形式显示的现象学——海德格尔早期弗莱堡文选》,孙周兴编译,同济大学出版社,2004 年,第 51 页。

得实际生命将自身关联于(beziehen sich auf)世界。然而,在这里关键已经不仅仅在于对实行意义之含义的阐明,而且还在于阐明如何把握实行意义。也就是说,在实行意义这里,我们既需要从"被指引者"的角度来考察,也需要从"如何指引"的角度来讨论。如果缺乏后一种维度,则实行意义就只停留在理论中,而无法符合"朝向实事本身"的现象学原则,因为在这里"实事本身"要求不能仅仅"被观察"(erblickt),更要"被体验"(erlebt)。

"面向事实本身"的原则已经以另一种方式被理解了。海德格尔直到在胡塞尔身边担任助手时才真正理解了《逻辑研究》对于其存在问题的意义,具体说,是范畴直观理论的意义。① 借助于上述对实行意义的分析我们可以看到,海德格尔在范畴直观这里获得了何种根本性洞见。胡塞尔在其范畴直观学说的考察中得出结论:"实事状态和(系词意义上的)存在这两个概念的起源并不处在对判断或对判断充实的**反思**中,而是真实地处在**判断充实本身**之中。"②也就是说,"存在"非独立地通过充实行为本身的"实行"而与某个事态一道被给予,而不是作为判断行为的实在成分而被包含并在反思中被给出。对于此时深受狄尔泰影响的海德格尔而言,这个结论极有可能会被如此理解:存在只有在行为本身的实行中被给予。借此我们能更好理解,为什么晚年海德格尔说:"通过对范畴直观的分析,胡塞尔将存在从它固着于判断的状态中解放了出来。这么一来,对此问题的整个调查领域就被重新定向。"③为什么海德格尔在弗莱堡早期讲座中首先着眼于从实行意义的维度来把握生命的"实际性"(Faktivität)并进而把握实际生命的存在意义。

虽然通过上述分析我们能明白,只有在对实际生命的体验而不是反思中才能把握其实行意义,但这种体验具体而言如何进行,亦即形式指引的运思程序是什么,这一点还需要我们对方法进行结构分析才能获得。等完成了这些分析之后,我们才能对实行意义有完整的理解。

---

① [德]海德格尔:《面向思的事情》,陈小文、孙周兴译,商务印书馆,1999 年,第 95 页。

② [德]胡塞尔:《逻辑研究》(第二卷·第二部分)(修订本),倪梁康译,上海译文出版社,2006年,第 152 页。

③ Martin Heidegger, *Seminare*, Frankfurt am Main: Vittorio Klostermann, 1986, S.378.

四、形式指引的防备方法：解构理论态度

在对实际生命之意向性的内容意义、关联意义和实行意义做出较充分的阐释后，我们就能更完整地对形式指引这一方法进行讨论了。上文提到，海氏在"宗教现象学导论"这一课程中勾画出"关于形式的东西的现象学"即形式指引现象学的两个特征。第一个特征，"对形式的东西本身的原初考察"，这意味着对合乎关联的东西的"非理论"的考察，防止堕入理论化之中，因而是一种防备性的思想策略；第二个特征，"对在其实行范围内的关联意义的阐明"，这意味着以不失其实行因素的方式进行表达，积极地召唤读者去进行一种实行上的充实。① 当然，这两个特征事实上无法截然分开，"实行范围内的关联意义"本身就是一种"形式的东西"。不过，出于学理分析的需要，我们还是首先探讨形式指引方法的第一个特征即防备性的特征。

在"宗教现象学导论"课程中，海德格尔已经充分强调了形式指引的"防备"机能。形式指引"可以说是为了警告！一个现象必须这样预先被给予，以至于其关联意义被保持在悬而不定中"。因而，"形式指引是一种**防备**（Abwehr），一种先行的**保证**（Sicherung），使得实行特征依然保持开放。"②在此，我们借助对实际生命的内容意义、关联意义和实行意义的新理解，对这种防备性机能作更为详尽的讨论。

在海氏看来，"形式存在论"预设了一种理论态度，未能看到实际生命之实行中的活生生的关联意义，而这是因为，"形式存在论"正是起源于理论性关联意义，或者说，起源于"**态度关联**本身的**意义**"（*Sinn des Einstellungsbezugs selbst*）。这里，"态度"指的就是"理论态度"。形式化正是以这种方式起源："我必须从'什么内容'（Wasgehalt）那里掉转目光，而只去看：对象是一个被给

① 孙周兴已经指出了形式指引方法具有"思"与"言"、消极与积极两个维度。参见［德］海德格尔：《形式显示的现象学——海德格尔早期弗莱堡文选》，孙周兴编译，同济大学出版社，2004年，"编者前言"第20页。

② ［德］海德格尔：《形式显示的现象学——海德格尔早期弗莱堡文选》，孙周兴编译，同济大学出版社，2004年，第73页。译文有改动。

予(gegeben)的**对象,一个合乎态度地被把握的对象**。"①所以,我们可以说,形式化起源于一种"理论操心"。这种理论立场使得胡塞尔现象学以反思作为根本方法论原则,进而掩盖住生命的实行意义。因此,"纯粹意识"与"实际生命"尽管都具有意向性的先天结构,但实际生命的实行特征使得它不可能在反思中通达。通过排除事实而保留本质,本质还原作为胡塞尔现象学的操作方法从一开始就决定了这种区别。海德格尔对胡塞尔的这种"重本质轻实存"的态度②一直都感到遗憾。③

那么对海氏而言,形式指引的任务首先在于,让关联意义保持在悬而不定之中而不被理论化,并使得实行因素不被掩盖,也就是要突出"实存"中的关联意义——实际生命原初的操心。换言之,如果哲学要将实际生命作为研究的课题,那么它不是把自己与实际生命之间的关系看作是外在的,"并不是从外部加给所追问的对象(**即实际生命**)的,并不是从外部拧在所追问的对象上面的"④,相反,它必须是对实际生命的"基本运动"的把握,必须"进入"(eingehen)实际生命的实行本身之中并与之"同行"(mitgehen)⑤,才能使实际

---

① [德]海德格尔:《形式显示的现象学——海德格尔早期弗莱堡文选》,孙周兴编译,同济大学出版社,2004 年,第 68 页。译文有改动。引文中强调部分为笔者所加。

② "本质"与"实存"之争是海氏解读西方存在论历史的关键。在西方存在论历史中,"存在"往往被理解为"本质"而不是"实存"。这一看法贯穿了海氏的一生,例如马堡讲座《现象学之基本问题》的第一部分第二章就对哲学史上的这对概念进行了深入探讨,而在三、四十年代的笔记《克服形而上学》一文中,这一问题同样得到了重视。(参见[德]海德格尔:《演讲和论文集》,孙周兴译,生活·读书·新知三联书店,2006 年,第 75—76 页。)

③ 这里海德格尔对胡塞尔的批判虽然不无道理,但有些不公平。一方面,对于静态现象学来说,意识的本质结构才是关注的焦点,至于这种本质结构如何奠基于实际生命之运动,这不是胡塞尔打算考虑的问题。但另一方面,胡塞尔后期的发生现象学事实上以另一种角度处理了实际生命的运动问题和意识结构的发生问题,此时要处理后期胡塞尔与早期海德格尔之间实质性的(而不是用语上的)区分是需要谨慎的,它关乎这样一个问题:海德格尔在何种程度上超越了胡塞尔未发表手稿中的相关思想。当然这绝不是一个脚注甚至一两篇论文可以处理的问题。

④ [德]海德格尔:《形式显示的现象学——海德格尔早期弗莱堡文选》,孙周兴编译,同济大学出版社,2004 年,第 78 页。

⑤ Eingehen 和 Mitgehen 二词出现在《评卡尔·雅斯贝尔斯〈世界观的心理学〉》中,可看作是理解形式指引方法的关键词。参见[德]海德格尔:《形式显示的现象学——海德格尔早期弗莱堡文选》,孙周兴编译,同济大学出版社,2004 年,第 30 页。

生命作为对象自身显现出来。只有以"进入实行"的方式把握住这种实行,关联意义和内容意义才不会被理论化,才能被理解为"操心"和"世界"。由此可见,形式指引方法实施的关键就在于对实行意义的把握。

然而,如何才能真正把握住这种实行意义而不使其沦入理论之中?海德格尔引入了"解构"(Destruktion)这一环节,将这种防备策略进一步地深化,并以此发展出了著名的"实际性解释学"。他说道:①

> 实存是什么(Was die Existenz sei),这一点根本上是不能以一种直接而普遍的方式来加以追问的。只有在……对实际性每一次具体的(jeweiligen konkreten)解构中,实存才在其自身中成为显明的。

为何实存必须在解构中才能得到显明?海氏看来,"具体的实际生命经验本身具有一种跌落(Abfall)到可经验的周围世界的'客观性'意蕴之中的本己倾向"②,或者说具有一种"堕落"③(Ruinanz)的倾向。因此,实际生命的"自身"(Selbst)极容易在一种被客观化了的意蕴(人格、人性、理性)中被经验,在这样的经验方向中被理论化地把握,甚至将这种理论把握赋予哲学的意义。这样一些理论性把握将慢慢成为传统并融入日常理解之中,"进入到本己的当前处境之中发挥其作用"④,这也就是成为一种后来"实际性解释学"所称的

---

① Martin Heidegger, *Phänomenologische Interpretationen ausgewählter Abhandlungen des Aristoteles zur Ontologie und Logik*, Frankfurt am Main: Vittorio Klostermann, 2005, S.361.

② [德]海德格尔:《形式显示的现象学——海德格尔早期弗莱堡文选》,孙周兴编译,同济大学出版社,2004年,第54页。译文有改动。

③ 这是海德格尔生造的用于描述实际生命之跌落倾向的词语。海氏说:"……我们赢得了实际生命之运动性的基本意义,我们在术语上将之确定为堕落(Ruinanz)。" Martin Heidegger, *Phänomenologische Interpretationen zu Aristoteles: Einführung in die phänomenologische Forschung*, Frankfurt am Main: Vittorio Klostermann, 1985, S.131.

④ [德]海德格尔:《形式显示的现象学——海德格尔早期弗莱堡文选》,孙周兴编译,同济大学出版社,2004年,第55页。译文有改动。

"被解释状态"（Ausgelegtheit）①，它对实际生命造成了压抑。而要重新赢获对实际生命的原初阐释，只能通过对这些流传下来的传统解释（即一切理论态度）进行一种解构，进行一种"拆解性的回溯"（abbauenden Rückgang）。②

关于这种解构，有两点需要注意。首先，它不是一种外在于实际生命的陌生技术，而是"依然植根于具体本己的完全历史的自身关心（vollhistorischen Selbstbekümmerung）之中"的。③ 也就是说，这种解构源发于对本真实存的关心（Bekümmerung）。④ 其次，这种解构并不是要将所有的传统解释弃绝和抹杀，而是意味着，要"深入到阐明之原初性动因源泉那里"⑤，也就是那些往往被遮蔽着的原初生命经验。正因为一切传统的解释都在这些原初经验中有其动因（Motiv），它们的绝对合法性在解构中都不复存在了。

由此可见，无论以何种方式生活，实际生命都是实存着的，只不过日常生活中的人们身处一种流传下来的、理论性的被解释状态中而不自知，因而在海氏看来，他们是非本真的，并不"拥有自身"（ohne sich selbst zu haben）⑥。

---

① ［德］海德格尔：《形式显示的现象学——海德格尔早期弗莱堡文选》，孙周兴编译，同济大学出版社，2004 年，第 83 页。

② ［德］海德格尔：《形式显示的现象学——海德格尔早期弗莱堡文选》，孙周兴编译，同济大学出版社，2004 年，第 93 页。

③ ［德］海德格尔：《形式显示的现象学——海德格尔早期弗莱堡文选》，孙周兴编译，同济大学出版社，2004 年，第 55 页。

④ 此处的"关心"（Bekümmerung）一词后来基本上为"操心"（Sorge）所取代。但在"那托普报告"中，这两个概念还是并存的，在那里，相较而言，Bekümmerung 更侧重本真性的维度，而 Sorge 则更为中性。参见［德］海德格尔：《形式显示的现象学——海德格尔早期弗莱堡文选》，孙周兴编译，同济大学出版社，2004 年，第 85 页。

⑤ ［德］海德格尔：《形式显示的现象学——海德格尔早期弗莱堡文选》，孙周兴编译，同济大学出版社，2004 年，第 93 页。译文有改动。

⑥ Martin Heidegger, *Grundprobleme der Phänomenologie* (1919/20), Frankfurt am Main: Vittorio Klostermann, 1993, S.260. "拥有"（haben, das Haben）这一术语在早期弗莱堡的文字中比较常见，海氏用它来翻译古希腊语中 ousia（一般译为"实体"，其原初的含义是"所拥有的财产"）。但在海氏那里，它不是指那种对象性的、将之作为财产的占有，而是指那种对实际生命的原初经验的原初的居有（Aneignung）。因而，这个"拥有"概念基本相当于"实行"和"实存"。关于"拥有"的最典型的表述是《评卡尔·雅斯贝尔斯〈世界观的心理学〉》中的"有所关心的拥有"（bekümmerten Haben）。见［德］海德格尔：《形式显示的现象学——海德格尔早期弗莱堡文选》，孙周兴编译，同济大学出版社，2004 年，第 51 页。对此词的相关研究可参见 Theodore Kisiel: *The Genesis of Heidegger's* Being and Time, London: University of California Press, 1993, p. 235－236.

但对于哲学家而言,要把握这种"实存"的真正意义——这是海德格尔意义上的哲学家所必须做的事情——自己则必须通过解构将这些客观化、理论化的被解释状态拆解掉,重获那些原初的经验。只有通过解构才能拥有(haben)自身,才能从日常的非本真生活那里转入本真的生活中去。而且,这种解构不能一劳永逸地完成,只有通过这种解构的持续实行,才能让关联意义保持松动,而不致在疏忽中重新被固化为一种理论关联。

五、形式指引的定义方法——引向本真实存

作为"现象学阐明之开端",形式指引不仅在消极的意义上是一种防备性的方法,而且还在积极的意义上属于一种概念构造的方式和一种定义方法。通常而言,定义都要求给出一种一劳永逸的普遍性,能包含全部相关的个体在其中。在这种"流俗的定义观念"(übliche Definitionsidee)之下,人们会说:某些东西是不可定义的,譬如"哲学",因为不存在一个可以概括至今一切哲学形态的普遍性定义。

但在海德格尔看来,"完整的定义并不仅仅是它的内容,即命题"①。所谓完整的定义,指的就是形式指引式的定义。这种定义方法并不给出确定的内容,而是要阐明实行范围内的关联意义:②

> 恰恰存在这样一些定义,它们不确定地给出对象,而且正是对这种独特的定义的理解实行(Verstehensvollzug)将引向真正的规定可能性(Bestimmungsmöglichkeit)。

根据这一"对定义的定义",我们可以获得关于形式指引性定义的两个特

---

① Martin Heidegger, *Phänomenologische Interpretationen zu Aristoteles: Einführung in die phänomenologische Forschung*, Frankfurt am Main: Vittorio Klostermann, 1985, S.17.

② Martin Heidegger, *Phänomenologische Interpretationen zu Aristoteles: Einführung in die phänomenologische Forschung*, Frankfurt am Main: Vittorio Klostermann, 1985, S.17.

征。第一个特征是其不确定性："不确定地给出对象"。更为确切地说，就是根据"拥有（Haben）之方式的特征即根据对象之'什么—如何—存在'（Was-Wie-Sein）（即存在）之特征"①来给出对象。所以，对象之"什么"和"如何"都要纳入定义之中，而且这种"什么"与"如何"是结合在一起的，以至于"什么"不会像"流俗的定义"那样只固化为一种确定的内容。这就是"不确定性"的意义所在。

除此以外，形式指引的定义具有第二个特征——或许是更为重要的特征——那就是定义本身的实行特征，也就是对这种包含了"什么—如何—存在"的定义的"理解实行"（Verstehensvollzug）。所谓"理解实行"，就意味着形式指引性定义并不是要将现成的思想内容以复制的方式传达给读者，而是要使"形式指引的空洞的可理解性根据对具体直观源泉（Anschauungsquelle）的观察（Blick）而得到充实。"②尽管海氏使用了胡塞尔的术语"充实"（Erfüllung），但在这里"充实"并不意味着通过感知和直观而对被意向者进行内容上的充实，而是要"根据定义本己的实行意义和到时意义而**引向具体化**（Konkretion）"③，也就是说，这种充实乃是实行上的充实。

但这种实行上的充实并不是任意的和无差别的，而是有"本己性"这一确定方向的，也就是说要"让实行一般（Vollzug überhaupt）从那种诱人的（versucht）和轻易发生的（naheliegend）关乎态度的跌落（Abfall）中撤离"④，而导向一种本真的、"根据对具体直观源泉的观察"而得到的充实。在这里，"具体直观源泉""具体化"都意味着本己性，也就是朝向属己的可能性，而不是沉沦于众人和传统之中。换句话说，这种形式指引的定义要使读者将自己的整个本己的实际生命发动起来，反抗和脱离"堕落"，进入本真本己的实存之中。

---

① Martin Heidegger, *Phänomenologische Interpretationen zu Aristoteles：Einführung in die Phänomenologische Forschung*, Frankfurt am Main：Vittorio Klostermann, 1985，S.18.

② ［德］海德格尔：《形式显示的现象学——海德格尔早期弗莱堡文选》，孙周兴编译，同济大学出版社，2004 年，第 137 页。译文有改动。

③ Martin Heidegger, *Phänomenologische Interpretationen zu Aristoteles：Einführung in die Phänomenologische Forschung*, Frankfurt am Main：Vittorio Klostermann, 1985，S.31.

④ Martin Heidegger, *Phänomenologische Interpretationen zu Aristoteles：Einführung in die Phänomenologische Forschung*, Frankfurt am Main：Vittorio Klostermann, 1985，S.32.

对此,伽达默尔的评论是最为精当的:"'形式指引'给出了那个我们必须望去的方向。我们必须学会说出是什么在此显示出来了,要学会用我们自己的话来说出这些东西。因为只有我们自己的话而不是对他人话语的重复,唤醒了潜藏在我们之中的对那些我们自己曾努力要说的东西观看(Anschauung)。"①

所以,海德格尔总结说:②

'形式'乃是这样一种涵义(Gehalt),它指明了指引(Anzeige)的方向,预先刻画出道路。在哲学中,这里的'形式—指引性的'不能被分开。形式之物(Formale)并不是'形式'(Form)而指引也不是'形式'的内涵物(Inhalt),相反,'形式的'(formal)是规定之开端(Bestimmungsansatz);开端特征(Ansatzcharakter)!

也就是说,形式指引性定义给出确定的而且是以朝向"本真实存"的方式确定的道路,将读者带入具体的(向来我属的)、本真的理解实行即充实之中,充分开放出本己的实存可能性,这正是形式指引的"开端特征"。

借助于这种形式指引性定义,海氏尝试对"哲学"作出规定。这时,"哲学"不再是一个包罗了哲学史上全部所谓的"哲学"形态的概念,而是:③

哲学在原则上乃是对作为存在(存在意义)的存在者的认识行为,而在这种行为中并且对这种行为来说,关键在于对行为的拥有(Haben)的当次(jeweilige)存在(存在意义)。

---

① Hans-Georg Gadamer, 'Der eine Weg Martin Heideggers', *Neuere Philosophie I：Hegel, Husserl, Hedegger*, Tübingen：J.C.B. Mohr (Paul Siebeck), 1987, S.430.

② Martin Heidegger, *Phänomenologische Interpretationen zu Aristoteles：Einführung in die Phänomenologische Forschung*, Frankfurt am Main：Vittorio Klostermann, 1985, S.34.

③ Martin Heidegger, *Phänomenologische Interpretationen zu Aristoteles：Einführung in die Phänomenologische Forschung*, Frankfurt am Main：Vittorio Klostermann, 1985, S.60.考虑到此时海氏基本上将"哲学""形式指引""现象学"当作同义的概念来使用,这里这个对"哲学"的"定义"也就可以看作是对形式指引现象学的"定义"了。

这是一个奇特而晦涩的定义,其中不包含任何我们所熟悉的似乎应该与哲学紧密相关的词语如"理性""主体""宇宙""人类"等。其中,哲学的课题域乃是"作为存在(存在意义)的存在者",这相当于后来海氏一直说的"着眼于存在者之存在而问及存在者"①,它指引出一种哲学追问的确定方向,即"着眼于存在"。而"对行为的拥有的当次存在(存在意义)"中,"拥有"(Haben)指的是对自身原初生命经验的一种原初的居有②,它具有一种实行的意味。于是,这一表述"行为的拥有的当次存在(存在意义)"就意味着这种行为的每一次重新实行。因而这个晦涩的"哲学"定义可以这样简单地表述:哲学要着眼于存在来追问存在者,而对于哲学这种行为来说,关键在于每一次都把它实行起来。③

毫无疑问,这是一个让人瞠目结舌的定义,它似乎毫无内容。但海氏的目的很明显:他希望读者(当时课堂的学生)与他一起实行起来,追问存在。因而,这种定义确实表达了一种实行的倾向和努力。在弗莱堡早期,海氏多次在提到"哲学"时表达出这样一种倾向。在"那托普报告"中,他说:④

> 哲学研究本身构成实际生命的一种特定方式(Wie),而且作为这样一种方式,哲学研究在其实行中——而不是首先在某种事后的(nachträglicher)'应用'中——使生命的当次具体的存在在其自身中一同到时(Mitzeitigt)。

所以,哲学本身就属于实际生命,与实际生命同行(mitgehen),而不是事

---

① [德]海德格尔:《时间概念史导论》,欧东明译,商务印书馆,2009年,第195页。类似的表述还可参见[德]海德格尔:《存在与时间》(修订译本),陈嘉映,王庆节译,生活·读书·新知三联书店,2006年,第9页:"就某种存在者——即发问的存在者——的存在,使这种存在者透彻可见。"

② 对此可参见第4节中对"拥有"(Haben)一词的注释。

③ 孙周兴亦对这一哲学定义作出了阐释。参见[德]海德格尔:《形式显示的现象学——海德格尔早期弗莱堡文选》,孙周兴编译,同济大学出版社,2004年,"编者前言"第17—18页。

④ Martin Heidegger, *Phänomenologische Interpretationen ausgewählter Abhandlungen des Aristoteles zur Ontologie und Logik*, Frankfurt am Main: Vittorio Klostermann, 2005, S.351.

后追随(nachgehen)实际生命并且外在地作出某些论断。在这样一种意义上，海氏经常用动名词"哲思"(Philosophieren)来代替通常意义上的"哲学"(Philosophie)。由此可见，在"宗教现象学导论"中所说的"对在其实行范围内的关联意义的阐明"的这一"阐明"(Explikation)绝不仅仅是一种理论阐述，也不仅仅是静观式的纯粹描述，更是一种生命的实行方式，是一种对实际生命的"进入和同行"(Ein-und Mitgehen)。①

但必须明确，这样一种"同行"并不是随波逐流。如前所述，"生命自身生活着(lebt)，而不拥有(haben)自身"②，但哲学却要求这样一种"拥有"，而这正意味着要抗衡实际生命的"堕落"倾向。这种"堕落"倾向最突出的表现是其"放松"(Sichleichtmachen)的倾向，即希望一劳永逸地解决问题。这样的倾向在哲学上的产物就是无数的哲学理论体系。但在海氏看来，真正的哲思乃是"反堕落的"(gegenruinant)③，"在其实行中将那种具体的探索着的—追问着的存在(forschend-fragenden Sein)的特殊实存(Existenz)塑造起来"④。也就是说，真正的哲思将哲思者带入本真的实存，但这种"带入"不可能是一劳永逸的，而是持续地追问着的，故而它要求守住使实际生活"变重"(Schwermachen)这样一份"责任"⑤。实际生命的"拥有自身"，不仅意味着要将自身把握为原初的形式之物，更要求将自身带入本己的实存中，追问自身的存在意义。这里对哲学的阐释实际上就是对"形式指引"的阐释，因为只有形式指引才是海氏心目中唯一的真正的哲学。

---

① 参见[德]海德格尔：《形式显示的现象学——海德格尔早期弗莱堡文选》，孙周兴编译，同济大学出版社，2004年，第30页。

② Martin Heidegger, *Grundprobleme der Phänomenologie* (1919/20), Frankfurt am Main：Vittorio Klostermann, 1993, S.260.

③ Martin Heidegger, *Phänomenologische Interpretationen zu Aristoteles：Einführung in die Phänomenologische Forschung*, Frankfurt am Main：Vittorio Klostermann, 1985, S.160.

④ Martin Heidegger, *Phänomenologische Interpretationen zu Aristoteles：Einführung in die Phänomenologische Forschung*, Frankfurt am Main：Vittorio Klostermann, 1985, S.169.

⑤ [德]海德格尔：《形式显示的现象学——海德格尔早期弗莱堡文选》，孙周兴编译，同济大学出版社，2004年，第79页。

六、结语：形式指引的方法论意义

在此，我们就可以按照字面来对"形式指引"（formale Anzeige）一词作出总结了。按照语法，它的内涵是"形式的指引""形式地进行指引"。展开来讲，这种方法包含以下三种意义。第一，"形式的"意味着形式指引的课题域是"形式的东西"，即实际生命的意向性，即三重意义的整体。形式指引需要将这"形式的东西"指引出来。第二，"指引"表示一种原初的考察，一种合乎形式的考察，因而不可能是一种理论化的行为，反而正是需要对一切理论化的被解释状态的解构。这里，"形式（的）"意味着"原初的"和"反理论化的"指引方式。第三，"指引"还表明，这种原初考察并不是任何意义上的静观，而是本真地实行起来，即进行哲思、成为哲思者。于是，"指引"还意味着对"本真性"朝向。只要我们正确理解了实行意义，那么不难发现，形式指引的这三种含义其实是同一个东西。而由意向性所规定的实际生命则是对世界有所操心的实存性的历史之我（自身），它只可通过形式指引而显现出来。不难看出，这里的实际生命（经验）乃是后来"此在"概念的前身。①

此时，我们可以代替海德格尔对那托普的两个质疑做出正面的回应了：第一，真正的哲学即现象学，作为一种原初的考察，能够与实际生命同行，而不必然要中止这一生命经验之流；第二，作为一种真正的哲学语言，现象学的阐明不是普遍化的，它可以进入生命经验之中，并使实际生命在其具体性中实行起来。

可以说，形式指引方法的形成正是海德格尔离开胡塞尔并形成自己的现象学的开始。我们知道，海德格尔在 1907 年起就反复地研读布伦塔诺的博士论文《论存在者在亚里士多德那里的多重含义》，不停地追问这多重含义如何

---

① 相较而言，"此在"（Dasein）一方面与"存在"（Sein）直接有字面上的关联，另一方面通过它的"此"（Da）可以表达此在的展开性，可与"世界""操心""真理""时间""历史性"等概念进行关联，因而对于存在问题来说是一个更具优势的概念。所以在马堡时期，"生命"概念就很少出现了。

获得一种统一和协调,而"要获悉这样一种协调,我们预先就要追问和廓清:存在之为存在(不只是存在者之为存在者)从何处(woher)获得它的规定性?"①而海氏经过许多艰辛和歧途,直到十年之后才初步弄清楚了这一问题。②这"十年之后",指的正是海氏开始在弗莱堡讲学的前夕。很明显,"从何处"的问题在"实际生命"这里首次获得了回答。而正是借助形式指引性的解构策略,海氏才能最终把在胡塞尔那里归属于意识的意向性实存论化为实际生命的基本特征,突出了其实行范围内的关联意义,使得意向性不被限制为理论化的关联意义。这是海德格尔对实际生命的实存论分析——即后来在《存在与时间》中被称为"基础存在论"的东西——之起步的关键之处。

尽管离开弗莱堡后,"形式指引"出现的次数少了很多,但在关键之处仍在或隐或现地发挥着其功能。除了本文引言中提到的《存在与时间》中的情况以外,在1927年3月的演讲《现象学与神学》一文中,海氏也还说:"哲学乃是对神学基本概念的存在者层次上的、而且是前基督教的内涵所作的**形式指引性的**(formal anzeigende)存在论调校。"③同年8月在致学生洛维特的谈论《存在与时间》的信中还说道:"形式指引,[以及]对流行的关于先天、形式化等诸如此类的学说的批判——所有这些对于我来说都还存在于那里[《存在与时间》里],即便现在我不讨论它们了。"④而且,形式指引与《现象学之基本问题》中的"现象学的三个基本环节"是相通的⑤:指向实行意义,实际上是指向存在,这与"现象学还原"和"现象学建构"的路径是一致的;而形式指引的解构因素,则相当于"现象学解构"。因而在这里,我们已经足以作出这个判

---

① [德]海德格尔:《同一与差异》,孙周兴等译,商务印书馆,2011年,第140页。这是海氏在给理查德森的信中的话。在几乎同时写作的著名文章《我进入现象学之路》也有类似的表述,参见[德]海德格尔:《面向思的事情》,陈小文、孙周兴译,商务印书馆,1999年,第96页。

② 参见[德]海德格尔:《同一与差异》,孙周兴等译,商务印书馆,2011年,第140页。

③ [德]海德格尔:《路标》,孙周兴译,商务印书馆,2000年,第72页。译文有改动。

④ 参见 Theodore Kisiel, *The Genesis of Heidegger's* Being and Time, London: University of California Press, 1993, p.19.

⑤ 对这三个"基本环节"的详细解说,参见[德]海德格尔:《现象学之基本问题》,丁耘译,上海译文出版社,2008年,第24—27页。

断:形式指引是早期海德格尔现象学的中心性的方法特征。

但在 1929/30 年冬季学期讲座①以后,"形式指引"不再以专门术语的方式出现。② 因此,"形式指引"与海德格尔中后期思想的关系需要谨慎对待。"转向"后的海德格尔当然不可能完全离开这种曾经如此深刻地影响过他的思想方式来进行思考。为此我们不难找到一些例证,譬如《艺术作品的本源》中对"农鞋"的著名分析就具有明显的形式指引特征。③ 但是,对于海德格尔中后期思想而言,形式指引方法确实有不利之处。首次,从表述上来看,"形式的"一词还是不免让人误解为传统哲学中"形式—质料"或"形式—内容"模式中的"形式"概念,尽管海氏多次做过辩解。更重要的是,从课题域的角度来看,形式指引方法是与实际生命或此在的存在紧密相关的,形式指引说到底是为了从实行意义切入进而把握实际生命的完全意向性结构,但"转向"后的海德格尔已经不再将实际生命或此在看作通达存在问题的入口了,因此,很难认为,形式指引方法的诸环节会被海氏全部坚持下来。如果要探讨形式指引在海德格尔中后期思想中的作用,那么首先要重新确定"实行意义"的位置。而这些都是另一篇文章的任务了。

作者简介:谢裕伟(1988—),男,广州人。南京大学哲学系 2007 级本科生,本科毕业论文指导教师为方向红教授。2011—2013 在南京大学哲学系外国哲学专业就读硕士研究生,指导老师为王恒教授。2013 年至今,在德国海德堡大学哲学系就读博士研究生。

---

① 指的是 1929—1930 冬季学期在马堡的讲座"形而上学的基本概念:世界、有限性、孤寂"(Die Grundbegriffe der Metaphysik:Welt-Endlichkeit—Einsamkeit),编为全集第 29/30 卷。在这个讲稿中,海氏列举了一下几个形式指引性概念:死亡、决心、历史、实存。Martin Heidegger, *Die Grundbegriffe der Metaphysik:Welt-Endlichkeit—Einsamkeit*, Frankfurt am Main:Vittorio Klostermann, 1983, S.428. 孙周兴已指出了这一点。参见[德]海德格尔:《形式显示的现象学——海德格尔早期弗莱堡文选》,孙周兴编译,同济大学出版社,2004 年,"编者前言"第 18 页。

② Theodore Kisiel, *The Genesis of Heidegger's* Being and Time, London:University of California Press, 1993, p.497.

③ [德]海德格尔:《林中路》(修订本),孙周兴译,上海译文出版社,2008 年,第 15—16 页。

南哲感悟：能在南大哲学系开始我的哲学道路，这对我而言是一种幸运。南大哲学系名师云集，在本科教育上更是有良好的建制。这不仅体现在课程设置上，也体现在密切的师生关系中——这可能是其他院系所不具备的。在四年的本科学习中，使我受益的不仅仅是丰富的哲学知识和严谨的思维训练，更是哲学上的宽广视野：不固守于个别的思潮和领域，而是借助不同思想之间的对话来深入每一种思潮的问题起源和思维方式。随后在哲学系读研的两年里，我在各位老师更为细致的指导下，有了更深一层的收获。在国外读博的这几年里，在南大所收获的东西，帮助我克服了很多学术上的困难。我相信这一切都会在将来的道路上继续伴随我前行。

价值多元：自由主义的证成还是否定？[*]

刘一哲

摘 要：自以赛亚·伯林首倡价值多元主义并将其与自由主义结合以来，价值多元主义与自由主义的关系便成为当代西方政治哲学的重要问题。伯林认为价值多元主义自然地证成自由的重要性；罗尔斯在《政治自由主义》中坚持中立性原则，仍然遵循二者结合的思路；但格雷、凯克斯等人发现了多元主义与自由主义的不相容性，甚至主张多元主义必然否定自由主义。笔者认为，"多元主义反对自由主义"虽有一定道理，但也存在比较明显的问题，而如果以一种更现实的眼光看待二者的关系，不难发现自由主义是维护价值多元的最佳选择。

关键词：价值多元主义；自由主义；中立性原则；自由多元主义

价值多元主义（value pluralism）^①可以被解释为这样一系列观念：人类所追求的价值是多种多样的，它们不能用单一的标准进行评价与衡量；而且，价值之间往往存在冲突，人们必须进行选择和放弃，没有一个完美的方案；所

---

    * 本文指导教师为王恒教授，发表于《学海》2012 年 04 期，被中国人民大学"复印报刊资料·外国哲学"2012 年第 11 期全文转载。——编者注

    ① 本文只讨论价值多元主义，而不涉及政治多元主义（它讨论社会多元领域中的权力作用）。文中出现的"多元主义"皆指价值多元主义。

以,人们关于价值问题和生活方式会有不同的思考与选择。① 现在,价值多元主义已经成为获得最广泛接受的观念之一,它与自由主义(作为西方社会主流政治意识)的关系也成为当代政治哲学中的一个重要话题。在这里,思想家们的看法大相径庭。一种代表性观点认为,自由主义推崇的自由选择似乎天然地与价值多元相契合,价值多元的事实可以证成自由选择的重要性;另一种代表性观点却指出,价值多元否认任何一种价值(包括自由)的优越地位,从而否定了自由主义。自由主义与价值多元的关系究竟是怎样的? 它们相容还是互斥? 本文力图梳理对该问题的各种讨论,并提出一种解决之道。

一、伯林:价值多元与消极自由

作为 20 世纪公认的自由主义大师,伯林对价值多元论与自由主义的思考为整个问题的讨论奠定了基础。身为一名俄国犹太人,伯林深深地为纳粹主义的暴行所震惊,通过对思想史的深入研究,他发现了隐藏在历史上种种暴政背后的思想根源——理性主义一元论。伯林将这一思想传统归结为三大支柱性命题:"首先,所有的真问题都能得到解答,如果一个问题无法解答,它必定不是一个问题。我们可能不知道问题的答案,但总有人知道……真理是能够被掌握的";"第二个命题是所有的答案都是可知的,有些人可以通过学习和传授的方式获知这些答案";"第三个命题是所有答案必须是兼容性的……明确地说,一个问题的正确答案不会与另一个问题的正确答案相冲突;逻辑上,正确的观点之间是不会互相矛盾的"。② 这三大命题构成了理性主义对这个世界的乐观想象,它们不仅被应用于自然世界中,更被应用在伦理价值领域。苏格拉底的"德性即知识"就是一个典型——关于伦理价值的

---

① 严格意义上说,价值多元论仅包括前面两条,最后一条一般被称为"理性分歧"。它们的区别在于,前两条对客观价值世界做了一种断言,本身可以被看作一种形而上学或是伦理学的观点,而最后一条只是在描述社会现实。部分学者(如罗尔斯和拉莫尔)只承认"理性分歧"的事实而不做"价值多元"的断言,但在这里我不对两者做详细区分,而把它们看作贯通的。

② 以赛亚·伯林:《浪漫主义的根源》,吕梁等译,译林出版社,2008 年,第 28—29 页。

问题是存在正确答案的，答案是可以通过理性的方式探寻到的，而最终所有的价值将构成一个完善的体系。启蒙时代的思想家们也继承了这一理想，认为理性的方法可以发现关于社会生活和人类历史的完整真理。

在伯林看来，这是一种危险的乌托邦思想。像牛顿为自然世界立法一样，在价值领域建立包罗万象的体系，这种努力是必定会失败的。其原因在于，人类的目的是多种多样的，它们无法被划归为单一的价值，或者以某种单一的标准进行排序，它们是不可公度的，甚至常常是互相冲突的。这种不可公度性与冲突，不是善与恶的对立，而是善与善的分歧；不是人类理性不够发达时的暂时现象，而是价值世界根深蒂固的特质。"我们在日常经验中所遭遇的世界，是一个我们要在同等终极的目的、同等绝对的要求之间做出选择，且某些目的之实现必然无可避免地导致其他目的之牺牲的世界。"①有太多的例子可以说明这一点。回想一下萨特所面对的问题：一位青年必须在抵抗侵略者与为母亲尽孝之间做出选择，他希望萨特能给出一个答案，但是萨特只告诉他"你自己决定"。无论他做出何种选择，必然会面临牺牲，在这种情况下，不可能有完美的解答。一元论在这里犯了决定性的错误："假定所有的价值能够用一个尺度来衡量，以稍加检视便可决定何者为最高，在我看来是违背了我们的人是自由主体的知识，把道德的决定看作是原则上是计算尺就可以完成的事情。"②用一元论体系统括价值世界，只会导致对多元价值的忽视和抹杀。

在反对一元论的立场上，我们才能够感受到伯林区分两种自由的意义所在。作为自律和自我决定的积极自由与作为免除他人干预的消极自由之间，原本没有巨大的鸿沟。积极自由也并不必然为极权主义辩护。③ 但这正是伯

① 以赛亚·伯林：《自由论》，胡传胜译，译林出版社，2003年，第241页。

② 以赛亚·伯林：《自由论》，胡传胜译，译林出版社，2003年，第245页。

③ 对于这个问题，亚当·斯威夫特做了比较清楚的分析。积极自由并非由其自身而转变为极权主义，这种转变只是在积极自由与其他一些观念相结合的情况下才会发生，只要我们自觉拒斥那些观念，我们就能够在谈论积极自由时避免滑向极权主义。参见亚当·斯威夫特：《政治哲学导论》，余江涛译，江苏人民出版社，2008年，第71—80页。

林忧虑的重心，积极自由概念与理性一元论的结合——人们要努力运用理性，达到"真正的"自我，而理性的人们必将会对一切问题得出相同的答案——会导致对不同意见的无情压制。一个充分理性的人能够获得对问题的正确答案，如果你不同意他的答案，那么只能是因为你不够理性，没有能够看到那个答案。他可以"以自由的名义强迫你"，因为通过让你服从于那个正确答案，你反而更加接近于你的"真实自我"，这在积极的意义上促进了你的自由。伯林将这一理论视为"可怕的大倒错"，它的结果就是人类历史上的几幕悲剧——如雅各宾派的恐怖统治。

于是，消极自由的重要性得到了凸显。它不带有任何价值的设定，而只是划定一个我们在其中可以自由选择、任意行动的范围。伯林将消极自由所讨论的问题概括为："主体被允许或必须被允许不受别人干涉地做他有能力做的事、成为他愿意成为的人的那个领域是什么？"①虽然因为人们和平共处的需要，这个领域不可能无限大，而在不同的时代和地区，这一范围也往往变动不居，但消极自由的核心意义不会改变——确立人们自由行动、不受强迫的空间。而伯林认为，价值多元论天然地要求人们拥有自由选择、自由行动的空间："如果正如我所认为的，人的目的是多样性的，而且从原则上说它们并不是完全相容的，那么，无论在个人生活还是社会生活中，冲突与悲剧的可能性便不可能完全消除。于是，在各种绝对的要求之间作出选择，便构成人类状况的一个无法逃脱的特征。这就赋予了自由以价值。"②正是因为价值世界不存在确定的答案，人们才需要进行选择。就这样，伯林由价值多元推导出选择的必要性，从而证成自由的意义，为自由主义与价值多元主义的结合做出了最初的贡献。

二、中立性原则与"政治的"自由主义

在伯林之后，多元主义获得了更加广泛的认同，至少，现代社会中人们在

---

① 以赛亚·伯林：《自由论》，胡传胜译，译林出版社，2003年，第189页。
② 以赛亚·伯林：《自由论》，胡传胜译，译林出版社，2003年，第242页。

价值问题上多有分歧这一事实已被广泛接受。为了与多元主义相适应，自由主义强调"中立性"（neutrality）概念，这一概念实际上具有悠久的传统，在密尔、康德乃至洛克等自由主义者的著作中都可以隐约看见，但其正式表述要到1974年才产生，[①]这无疑有多元主义兴起的影响。中立性原则的含义是：政府应当公平地对待各种生活方式和价值理念，在它们中间保持中立。威廉·盖尔斯敦说："自由主义国家之所以令人想望，不是因为它促进了一种特殊的生活方式，而恰恰是因为唯有它没有这样做。自由主义国家在不同的生活方式上是中立的。它和善地管理着这些生活方式，干涉它们只是为了调整冲突和阻止任何特殊生活方式压制其他生活方式。"[②]中立性原则具有两方面的意义。一方面，中立性保护了多元价值，防止对某些理念的偏袒或压制；另一方面，中立性使自由主义可以被具有不同善理念的人共同接受。当代政治哲学中，罗尔斯在《政治自由主义》里的论述无疑是中立性原则的最佳范例。

罗尔斯最著名的作品《正义论》出版于1971年，而当他于1993年出版《政治自由主义》一书时，他认为自己并没有放弃《正义论》中提出的公平正义原则（justice as fairness）———一种自由主义的正义原则。但是，当他在《正义论》中论述人们为什么会接受公平正义原则时，他依据了一种对人类本性与善的特殊看法———康德式的个人概念。在《政治自由主义》中，罗尔斯将理性分歧（reasonable disagreement）确认为民主社会的首要特征："在现代民主社会里发现的合乎理性的完备性宗教学说、哲学学说和道德学说的多样性，不是一种可以很快消失的纯历史状态，它是民主社会公共文化的一个永久特征。"[③]罗尔斯列举了六种判断的负担（burdens of judgment），例如概念的模糊性、人类经验的不同等，并认为由于这些负担的存在，即使充分理性的个人之间也不可能认同与肯相同的宗教、哲学或道德学说。所以，政治自由主义要解决

---

① 应奇编：《自由主义中立性及其批评者》，江苏人民出版社，2007年，第84—85页。

② 应奇编：《自由主义中立性及其批评者》，江苏人民出版社，2007年，第130页。原书中"盖尔斯敦"翻译为"高尔斯顿"，本书统一为"盖尔斯敦"。——编者注

③ 约翰·罗尔斯：《政治自由主义》，万俊人译，译林出版社，2011年，第33页。

的问题是:"由自由而平等的公民——他们因各种合乎理性的宗教学说、哲学学说和道德学说而产生深刻分化——所组成的公正而稳定的社会如何可能长治久安?"①

在公民对这些问题存在深刻分歧的情况下,将正义理论奠基在某一特定学说上是非常危险且不公平的。罗尔斯的解决办法是,提倡一种"政治的"(political)而非"完备的"(comprehensive)正义观念,以此确立社会的基本结构。完备性理论指一种包括了整个人生价值、理想、品德和各种社会关系的完整学说,它力图对整个人类生活甚至整个世界进行描述。而政治正义观念最重要的特征在于,它只关注并且只应用于最基本的政治领域——人们共同生活所需要的基本原则和制度。此外,它是一种独立的(freestanding)观点,它既不是某种完备性理论的一部分,也不是从某种完备性理论中推导出来的。自由主义的正义观念必须放弃曾经的道德和形而上学基础,这使正义观念处于一种中立地位,具有更大的包容性和可接受性。而且,罗尔斯认为,政治的正义观念虽然不以任何一种特殊理论为基础,但却能够获得各种完备性学说的普遍支持,因为它可以是各种学说之"重叠共识"(overlapping consensus)②。简要来说,重叠共识就是指人们基于不同的理由而共同认可的观念。例如,对于一个佛教徒和一个基督徒来说,他们可能都支持人人平等,但他们的理由可能并不相同。罗尔斯说:"所有认肯该政治观念的人都从他们自己的完备性观点出发,并基于其完备性观点所提供的宗教根据、哲学根据和道德根据来引出自己的结论。"③

与此同时,罗尔斯还将对特殊的完备性理论的考量从政治辩论中清除出去。他主张当我们在进行基本政治问题的讨论时,不可以借助于某些特殊的完备性理论,而只能够诉诸公共理性——理性的人们可以共同接受的观念。

---

① 约翰·罗尔斯:《政治自由主义》,万俊人译,译林出版社,2011年,第3页。

② 重叠共识概念虽然在《正义论》中已有提及,但直到罗尔斯在20世纪80年代的一些论文以及1993年的《政治自由主义》中才成为一个核心概念,因此本文谈论的主要是《政治自由主义》中的重叠共识概念。

③ 约翰·罗尔斯:《政治自由主义》,万俊人译,译林出版社,2011年,第136页。

比如，如果把堕胎视为一个基本问题，那么一个基督徒不可以凭借《圣经》的教义反对堕胎，他只能说："堕胎等同于杀人，而杀人是我们不能允许的。"在诉诸公共理性的基础上，政治决策才能够被普遍接受并获得合法性。

可见，罗尔斯的政治自由主义是中立性原则的完美体现。在严格中立性的审视下，传统的（康德或密尔的）自由主义都显得不够中立。罗尔斯要求自由主义的政治不仅不能区别对待（促进或压制）某种特定的生活方式，更不能以某种特定的价值理念作为思想基础。政治自由主义在公共政治领域将完备性观念彻底清除出去，使得自由主义能够被各种理论所支持，并兼容于各种理论。罗尔斯认为，在经历了从"完备的"到"政治的"这一修正后，自由主义就可以很好地适应多元化的社会现实。

三、多元主义者对自由主义的批评

现代自由主义政治哲学中，伯林认为价值多元的事实会自然地证明自由的重要性，以罗尔斯为代表的政治自由主义强调中立性原则，对自由主义理念进行了完善。就基本态度而言，他们都在进行自由主义与多元主义的结合。但是，以约翰·格雷和约翰·凯克斯为代表的多元主义者开始反思多元主义与自由主义的关系。他们发现了二者之间的不相容性，提出了"多元主义反对自由主义"的思想，并对伯林、罗尔斯的理论提出了批评。

对于政治自由主义来说，它似乎恪守中立性原则，但实际上是失败的。首先，自由主义不可能做到完全中立，它不可能完全脱离特定的善理念。正义原则（它决定社会基本权利和基本善的分配）不可能无涉道德观。对于什么样的权利是重要的、是否应当平等分配社会财富等正义问题，人们有不同的观点，这种分歧的根源是人们不同的道德观。任何一种正义理论必然会走到一个怀疑停止之点——譬如霍布斯坚信人的本性在于自我保存，罗尔斯主张人们都有两种道德能力并需要发展它们。格雷说："当晚近的自由主义思想家们宣称自由主义是一种严格的政治学说时，他们的意思是说，它并不依赖于任何无所不包的善的概念。他们似乎忽略了一个事实：对于善的不同观点支持着不同的正义观。"①正义原则如果不含有某种特殊的考量,它必然空洞无物,什么也说不出来。其次,认为完备性理念之间会产生对自由主义正义原则的共识,这是对多元分歧的选择性忽视。桑德尔发出疑问:为什么"理性多元"的事实只出现在宗教、哲学和道德领域,而不出现在政治正义领域?正如我们每一个人都能观察到的,人们对于正义问题也存在着深刻的分歧,为什么假定在正义问题上可以达成共识?② 罗尔斯辩解说,他的正义观念"源于一定的政治文化传统",是"隐含在这一公共政治文化中的理念"。显然,这种政治文化传统就是指美国社会。这种说法有两个问题。首先,它把正义理论限制在美国传统中,使其丧失了普遍性,变成了一种"碰巧获得普遍承认的东西"。另一个更大的问题是,即使在美国社会,自由主义观念也不能够获得完全的认同。格雷发现,美国有许多人实际持有的是一种非自由主义的信念,他们只不过在策略性地使用自由主义话语,并非真的具有对自由主义的共识。现代社会的人们或许会具有相似的观念,但这种相似性只是"家族相似性"——每个人都可能与另一个人具有许多相同的观念,但并不存在为所有人共同接受的观念。总而言之,政治自由主义既不是在逻辑上完全中立的,也不是在事实上被普遍接受的观念,它是自由主义特殊善理念的产物。

所以,自由主义的中立性只是一种假象,它无论如何都会把某些价值(如个人自主)置于特殊的地位,而这正是自由主义与多元主义不相容的关键所在。一个信奉多元主义的社会不能够让任何单一价值占据首要地位,而必须依据不同情况对价值间的冲突进行具体的处理。这从根本上否定了自由的优先性,因而否定了自由主义。伯林认为价值多元与消极自由具有天然的契合性,但是格雷指出,如果坚持价值多元主义,那么消极自由也不过是多元价值中的一元:"如果存在着不可还原的许多种价值,而且他们无法以任何尺度来加以评定或权衡,那么消极自由——伯林视之为核心的自由主义价值观

---

① 约翰·格雷:《自由主义的两张面孔》,顾爱彬、李瑞华译,江苏人民出版社,2008 年,第 16 页。
② 迈克尔·桑德尔:《自由主义与正义的局限》,万俊人等译,译林出版社,2001 年,第 247—253 页。

念——就只能是许多善中的一种。"①既然多元主义反对任何单一价值的统治，那么就不可能从价值多元主义推导出消极自由相对于其他善的优先性。凯克斯说："自由主义是与多元主义不一致的，因为多元主义认识到这些冲突的无所不在并拒绝假定它们在目前的情境中或者在任何其他的情境中应当以有利于自由主义价值的方式得以解决，而自由主义必须假定这一点，否则它就没有了实质性内容。"②在一些情况（如战争、严重的自然灾害）下，我们必须把其他的价值（如和平与安全）置于自由之先。一个自由主义者如果承认这一点，他就不再是一个自由主义者，而如果他否认，那么他就违背了多元主义。

因此，凯克斯认为多元主义是对自由主义的反对。一种真正多元的社会需要具有这样的特征："对于过一种良善生活是重要的所有价值的要求都能在这种制度中得到考虑和权衡。在任何特殊的情境中都必须在相冲突的重要价值之间作出决定，而这些决定将会导致一种价值胜过另一种价值，这当然是正确的。但这并不会使那种占优势的价值成为压倒性的。"③这种特殊主义——主张一切价值问题都应该依据具体情境来判断——从根本上拒斥了任何"主义"，因为它否认任何价值的特殊地位。一个多元的社会不可能是一个"自由主义"社会。

四、反思多元主义者的批评

伯林将价值多元主义引入政治哲学，是把它当作自由的意义所在，但最终，我们是否要面临二者根本互斥的结果？我认为，凯克斯等人的批评并不意味着二者结合的失败。我们可以发现，在这些批评中也存在着诸多问题。实际上，自由主义并不要求绝对的优先性，对价值多元的尊重也不可能得到

---

①　约翰·格雷：《自由主义的两张面孔》，顾爱彬、李瑞华译，江苏人民出版社，2008年，第34页。
②　约翰·凯克斯：《反对自由主义》，应奇译，江苏人民出版社，2008年，第210页。
③　约翰·凯克斯：《反对自由主义》，应奇译，江苏人民出版社，2008年，第216页。

完全的实现。如果我们以一种更现实的眼光看待两者的关系，我们会承认自由主义是对多元价值最好的保护方式。

首先，笔者要指出，凯克斯的批判犯了一个根本的错误——他把自由主义理解为"无论在何种情况下都要求自由的优先性"。凯克斯主张，即使是面对战争、严重的自然灾害、犯罪猖獗等特殊情况，自由主义者都不能放弃对自由优先性的坚持，否则他就失去了作为自由主义者的资格。这种要求显然是不现实的。自由主义只要求自由权利在一般情况下的优先性。我相信，说一个制度是自由主义的，并不妨碍它在特殊情况下限制自由的优先性。没有人会因为罗马共和国在紧急时刻需要独裁官，就否认它是一个共和政体。如果按照凯克斯的判断标准，当今的美国也不能被称为自由主义国家，因为在某些情境下自由也会受到限制——最明显的例子是，在军队中，服从命令显然高于个人自由。显然，凯克斯对自由主义的理解有狭隘之处。

那么，接下来的问题就是，如果我们给予一个（或一套）价值在一般情况下（而非所有情况下）的优先权，这是否与多元主义相容？在理论的严格意义上，多元主义仍然会受到损害。但是，我们需要更深入地思考这个问题：一种制度是否能够做到完全中立，不给予某些价值任何特殊地位？在对政治自由主义的批评中，格雷、桑德尔等人已经证明，社会的正义原则必然基于某种关于善的理念，他们不仅证明了自由主义中立性之虚妄，也同时提醒我们：并没有纯粹中立的社会制度，一定的社会制度必定会设定某些具有优先性的价值。正如克劳德所言："人类价值的范围和多样性达到这样的程度，以致并不是所有的一般价值都能在同样的社会空间中被实现，任何政治秩序就都包含一些有优先地位的善。"①

与此同时，人的联合又必然需要一种相对稳定的政治秩序，至少社会最基本的架构和组织原则应该保持稳定。如果缺乏共同的政治框架，多元主义本身也无法得到保护，无限制的冲突带来的只能是价值的灭绝。克劳德指

---

① 乔治·克劳德：《自由主义与价值多元论》，应奇译，江苏人民出版社，2006年，第162—163页。

出，在没有限制的情况下，不可能期待百花齐放，而只会是冲突与毁灭。所以，完全的多元主义是不现实的，人们必然生活在一个有限的社会之中。

当然，这不意味着"一切都行"，不意味着各种制度不存在差别。压抑与开放毕竟是不同的，多元价值应当尽量得到尊重与保护。于是，问题最终变成：自由主义是不是调和与包容多元价值的最佳制度？格雷对此的回答是否定的（在这个意义上他才是一个反自由主义者）。他认为："对任何政权来说，检验合法性的标准就是在它调停冲突——包括各种对立的正义理想之间的冲突——上所取得的成功。"①格雷主张多种不同的政体都能够实现这一目标，自由主义只是多种可取的社会框架中的一种，但他并没能清楚地解释这个问题。我们必须问：什么叫作调停的成功？一种理念完全压制甚至毁灭另一种理念，这绝不能说是成功，而在一种非自由的制度中，我们必须要担忧权力的滥用带来的压迫。格雷所钟爱的"权宜之计"并不是一种稳定的制度，权力关系的变化会导致对不同价值理念的尊崇或打压，难道格雷能够接受这样的情况吗？

自由主义的一大核心在于对权力的限制。自由主义是一种特殊的制度，它虽然也要求社会具有某种基本程度的一致性（像其他任何制度一样），但这种一致性本身就是为保护多样性服务的，因为自由主义给各种生活方式设立的界限就是"不能够破坏其他的生活方式"。这正是密尔所提出的，为后世自由主义奉为经典的"伤害原则"："这个原则（自由主义）还要求趣味和志趣的自由；要求有自由订定自己的生活计划以顺应自己的性格；要求有自由照自己所喜欢的去做，当然也不规避会随来的后果。这种自由，只要我们所作所为并无害于我的同胞，就不应遭到他们的妨碍，即使他们认为我们的行为是愚蠢、背谬、或错误的。"②在不妨碍他人生活方式的前提下，我可以按照自己希望的方式生活，并且也不用担心遭到他人的妨碍或压制。盖尔斯敦说，自由主义制度"会最大可能地创造条件，使个人或群体能够按照他们自己对有

---

① 约翰·格雷：《自由主义的两张面孔》，顾爱彬、李瑞华译，江苏人民出版社，2008年，第138页。

② 约翰·密尔：《论自由》，许宝骙译，商务印书馆，1998年，第14页。

意义有目的的生活的理解去生活。另外,它还会极力维护个人从他们不再认可的生活方式中退出的能力"①。自由主义在社会统合与价值多元之间获得了最佳的平衡。相较而言,无政府主义与怀疑论显得太过混乱,缺乏最基本的秩序;共和主义(主要是现代共和主义中强调共同善的部分)与至善论又显得太集中,对公民的价值观念提出了更多的要求。所以,我们有理由相信,自由主义是维护价值多元的最佳制度。

五、结语

自由主义与价值多元主义,虽然严格来说有冲突之处,但是如果仔细分析,我们就能够明白:不应该对自由主义求全责备,为了维护多元主义,自由主义实为最佳的选择。其实,讨论这个问题或许不需要太过复杂的理论分析。迈克尔·沃尔泽的一段话很能说明问题:"我无法想象有人信仰价值多元主义但却不是一个自由主义者……为了理解一种伯林式的价值多元论,你不得不以一种善于接受和宽容的方式来看待这个世界……即使理解、宽容和怀疑本身不是自由主义的价值,那它们也是使人倾向于接受自由主义价值的品质。"②伯林、盖尔斯敦等自由主义者热情地欢迎多元主义,但他们并没有进行十分缜密的论证,而是以一种气质和精神上的直觉确认了二者的契合。诸如理解、宽容这样的精神品质,无疑是自由主义与多元主义重要的,也是最原初的契合之处。笔者始终认为,在探讨自由主义与多元主义关系的时候,固然需要缜密的理论辨析,但除此之外,也不应该忘记去感受它们这种相通的气质。或许,这正是伯林在政治哲学中提出多元主义的原因之所在。

---

① 威廉·盖尔斯敦:《自由多元主义》,佟德志译,江苏人民出版社,2008年,第70页。

② Michael Walzer, "Are There Limits to Liberalism?," *New York Review of Books*, October 19, 1995, p.31.

作者简介：刘一哲（1991—　　），男，江苏南京人。南京大学哲学系 2009 级本科生，复旦大学外国哲学专业 2013 级硕士生。现为南京大学政府管理学院政治学专业 2018 级博士生，指导老师为张凤阳教授，研究方向为西方政治思想史。

南哲感悟：南大哲学系是我学术道路的起点。在美丽而又安静的南大校园里，在各位师长的谆谆教诲中，我跨入了哲学思想的殿堂。虽然我从本科毕业后就离开了南哲，但南哲各位老师的悉心指导令我感激至今。南哲给我留下的深刻印象是它诚朴踏实的学术气质，使我在本科阶段能够打下扎实的基础。对于有志于学的青年来说，南哲无疑是极佳的求学之地。

"回到黑格尔"何以可能？

——齐泽克意识形态批判理论研究[*]

黄玮杰

摘 要:随着全球化资本主义的发展,资本俨然成为黑格尔"绝对精神"般自在自为的存在。在此,以意识形态批判为出发点,齐泽克通过拉康理论重述黑格尔辩证法而为革命"行动"做合法性论证。在新的视域下,辩证法通过精神分析式的"否定"概念重新焕发了"实体主体化"的活力,并在"视差"的体系中完成从"世界之夜"式的抽象否定向具体普遍性的过渡。通过重构辩证法,齐泽克以黑格尔理论中体系所呈现的实体性的裂缝隐喻资本主义体系失败的可能性,从而试图捕捉现实中符号裂缝中生存的主体开启新时代的"实在界革命"。从理论逻辑上看,这种新的辩证法阐释仅仅建立于黑格尔与拉康理论外在性的同构性,就其本质而言,无疑是在新的理论框架内"重复拉康"。

关键词:齐泽克;黑格尔;主体;世界之夜

不可否认,在当今文化资本主义登峰造极的构境下,意识形态已然如同自然事实一般结构着我们日常生活本身。在这个背景下,黑格尔所谓的"实体即主体"的论断如反讽般地戏仿着资本通过不断构造自身对立面而获得"更高"认同的闹剧。正因如此,当代意识形态批判大师齐泽克一直将黑格尔辩证法作为一条时隐时现的线索渗透在他意识形态批判理论的不同层面。

---

* 本文获 2013 年南京大学本科优秀毕业论文(设计)一等奖。——编者注

在《意识形态的崇高客体》的序言中，齐泽克就谈到他写作的目的在于"引介拉康"，"提出一种意识形态理论"，以及"回到黑格尔"。① 可见，"黑格尔"是构成齐泽克批判理论框架的重要一环。

遗憾的是，国内外齐泽克研究更多地关注前两个目的，将重心放在齐泽克与拉康、马克思以及左派传统的比较分析上。相反，"回到黑格尔"这一齐泽克一以贯之借题发挥的素材却在一定程度上遭到了忽视，仅有的关于这一主题的研究则主要将重心放在以下几个方面：1. 以主体为主题梳理齐泽克与黑格尔的理论关系，主要通过分析《意识形态的崇高客体》第六章"不仅是实体，而且是实体"，从而再现齐泽克实体与主体间辩证关系的理论框架。② 2. 通过溯源法国哲学对黑格尔的阐释传统引出了"语言对物的谋杀"以及"真理总是以误认的方式到达"几个齐泽克讨论黑格尔哲学的重要契机，并探讨齐泽克如何从凝视（gaze）的视角分析黑格尔的主奴辩证法，以文化和环境对人的影响分析"实体即主体"，通过阐述真理的回溯性构建机制描述绝对精神的发展历程。③ 3. 从当代政治文化批判的角度研究考察齐泽克阐释黑格尔理论的现实出发点，认为齐泽克致力于联系黑格尔式的否定与资本主义社会背景下的对抗，进而批判西方左派的政治审美化倾向，力图在以创造性的否定保持活力的同时，根除资本主义效果下的个人主体原则。④

尽管这些研究从不同角度展示了齐泽克式的黑格尔理论，但是我们仍需回答的是，这种被重塑的黑格尔辩证法究竟以何种结构展开自身？ 新的辩证法背后又隐藏了齐泽克怎样的理论嫁接与哲学根基？ 简而言之，对于齐泽克

① 这部分讨论参见齐泽克：《意识形态的崇高客体》，季广茂译，中央编译局出版社，2002 年，第 9—10 页。

② 这部分研究主要以夏莹：《试论齐泽克对黑格尔"实体即主体"的拉康化解读》（《马克思主义与现实》，2009 年第 2 期）以及《回到黑格尔——后马克思主义的隐性逻辑》（《南京社会科学》，2011 年第 2 期）为代表。

③ 这部分研究主要以 Ian Parker, *Slavoj Žižek：A Critical Introduction*，London：Pluto Press，2004 为代表。

④ Robert Sinnerbrink，"The Hegelian "Night of the World"：Žižek on Subjectivity，Negativity，and Universality，" *International Journal of Žižek Studies* 2，No.2（2008）. David J. Gunkel，"Žižek and the Real Hegal，" *International Journal of Žižek Studies* 2，No.2（2008）.

"回到黑格尔"的理论运动,学界缺乏一个清晰的整体性把握,以至于我们并不能从中清楚地了解齐泽克语境下黑格尔理论的实际脉络。本文正是基于这种理论空缺,力图围绕"辩证法"这一核心概念,展开对齐泽克式黑格尔理论的结构性分析,揭示出齐泽克"回到黑格尔"背后的理论动机、阐发过程以及内部机制。

一、对新时代"辩证统一"的批判:
齐泽克重塑黑格尔的理论动机

翻开齐泽克的作品,不难发现一个有趣的现象:黑格尔,这一代表着古典哲学高峰的名字几乎出现在齐泽克作品的每一个领域,以出乎意料的方式与当今的流行文化、意识形态批判联系在一起;与此同时,"辩证法"这一高度哲学化的概念又与当代消费社会策略以及文化视角问题紧密相连。事实上,这种不免令人惊奇的结合并非偶然,它背后隐藏着齐泽克重新激活黑格尔的现实批判意图。

首先,齐泽克重构黑格尔辩证法是对当代资本主义框架下现实生活所展现出的荒谬结构的必然反应与反讽。事实上,从 1968 年之后,即资本主义自身的文化转向后,我们看到了大量齐泽克所谓的伪黑格尔式的"对立统一"现象。在当代社会意识形态的幻象下,前现代本然对立的责任与享乐(或者说消费)如今戏剧般地达到"辩证统一":人只需购物就已经为社会和环境尽了消费者的责任。[①]仿佛消费行为已然为享乐购买了赎罪券。齐泽克以戏谑般的方式讽刺了消费社会的神话。资本在新的意识形态幻想下似乎已然成为黑格尔所谓的自在自为的绝对精神,从而重复着"实体即主体"的命题。资本通过不断地设定对立面并将对立面纳入资本运动的体系下的方式,最终保证

---

① 这样的例子比比皆是,星巴克就曾经宣称:"当你惠顾星巴克,你买到的远比一杯咖啡多,你买了咖啡道德,承担了世界的责任,我们比世界上其他公司购买更多'公平咖啡',保证种植咖啡豆的农夫得到合理的回报;同时,我们的投资改善全球的咖啡种植方法和社区环境。"又如美国 Tom Shoes 公司最先发明了买"一捐一"(One-for-one)计划。买一双鞋,他们就会赠送一双到某个非洲国家。

了自身运转的流畅性。这样,实体(资本)就将自身固有的有限性不断地延宕成外部主体的矛盾。换个角度说,消费社会所构建的文化体系好比一个"从悲剧转向喜剧"的过程。正如今天的艺术把崇高美的神圣空间与垃圾或者排泄物统一起来。所谓的颠覆再也不是破坏性的:惊人的文化残余已经是体制本身的一部分;体制为繁殖自身而以它们为生。于是,在后现代语境下,越轨的过剩失去了其震撼价值,完全融入既定的艺术市场中。因此,古典文化体系由于无法单独维持消费体系的运转(或者用精神分析的话来说就是无法维持欲望的运动),而被闹剧与反讽所替代。这也似乎从一个新的角度重新阐释了马克思所说的"(在资本主义的冲击下,)一切固定的东西都烟消云散"①。"一切固定的东西",就如慈善、艺术,被纳入资本这一强大的实体内部,服从于资本主义引进的一系列惊人的报废动力学,我们在不断遭受新产品的冲击时,也不断地制造出成堆的垃圾。这样的现实就好比对黑格尔"对立统一"的戏仿,齐泽克指出:"难道不正是黑格尔,在著名的《精神现象学》一书的'自我异化的精神世界'这部分,提供了从悲剧到喜剧过渡的确定性描述,演示了在辩证中介的过程中,每个有尊严的、'高贵的'立场是如何转变成其对立面的?"②齐泽克通过重新阐释黑格尔而讽刺的无疑是文化资本主义体系下,他性(对立)的虚伪性。事实上,消费行为本身已经包含了它的对立面。于是,在今天的市场上,我们发现了一系列去除了其有害属性的产品:"无咖啡因的咖啡""无酒精的啤酒",甚至是"没有战争的战争"(无伤亡的战争)以及"无政治的政治"(专家管理的艺术)。这些去除他性本质的虚假对立统一无疑是资本主义将创伤性矛盾转移的绝佳策略。在意识形态上,这种虚伪和善的典型无疑是文化多元主义所预设的"剥夺了他性的他者"以及当今宽容政治给予我们的一种不伤害任何人的承诺。因此,面对新的意识形态背景,重新激活黑格尔的辩证法以打碎资本作为绝对的神话无疑成为左派学者齐泽克的首

---

① 马克思、恩格斯:《马克思恩格斯选集》,第 1 卷,中央编译局编译,人民出版社,1995 年,第 275 页。

② 齐泽克:《易碎的绝对》,蒋桂琴、胡大平译,江苏人民出版社,2004 年,第 41 页。

要任务。

其次，当代不同政治理论思潮的讨论无疑都指向了一个创伤性的问题：全球化资本主义背景下形成的理性极权主义受到挑战时，我们应该做何反映？对此，有两种"黑格尔式"的回答：第一种回答是强调现代社会的自我修复机制，即认为资本主义社会自身的自由民主机制能够有效地控制资本主义体系内部的矛盾而无须否定体系自身。这正是福山的"历史的终结论"所倾向的论断，他认为拥有自由民主制度的资本主义体系将一直保持下去。在这样的论调下，革命已经不再可能，伴随而来的将是政治矛盾转化为文化冲突的企图。激进矛盾的解决最终落到了文化多元主义的乌托邦想象中。在这种视域下，凭借自由民主的资本主义体系的加固，社会对抗最终将在宽容的文化多元观中达到和解。进一步，齐泽克认为，其构成了道德宗教保守主义、自由主义以及后现代主义共同的理论源泉。因而"福山主义"是这个时代的统治性精神，即"自由民主的资本主义将成为人类最后的社会范式，尽管有着众多的不完满，但是它已经是可能的社会形态中最好的一个。因此，人们该努力追求的就是在此体系下更加合理、更加宽容"①。然而，存在着另一个充满革命性而浪漫的黑格尔解读。这种解读通过强调抽象的否定性从而在现实中最终打碎资本主义经济—政治体系。这正是齐泽克所坚持的黑格尔式理解。事实上，这一种革命性的解读无疑是受到了马克思与列宁的启发。齐泽克激进的黑格尔式理解在直接地反对当代自由民主制度的同时，也拒绝后现代政治所坚持的"去政治化"的经济幻想。这种幻想将资本主义经济制度自然化为无须质疑的社会背景，从而将矛盾缝合为文化冲突。另外，正如一些学者所指出的："经过结构主义与后结构主义的洗礼，当代哲学已经为我们揭示了语言对于现实世界的构造能力。如果说在黑格尔的时代，理论还面临与现实之间的对立，那么在当下，现实本身就是理论构造的产物。话语的世界不再是逻辑的、理论的世界，它就是我们现实世界本身，就是当下社会现实

---

①　Slavoj Žižek, *In Defense of Lost Causes*, London: Verso, 2008, p.421.

的构造方式。"①现代哲学的语言转向使得我们面对的世界已然是一个被语言能指中介的系统。因此，在这样的语境下黑格尔理论的指向也就不仅仅是抽象的理念，而恰恰是现实本身。为了处理符号与实在交织的现实问题，重新澄清黑格尔"概念"与"物"、"实体"与"主体"的关系问题被推到了哲学话语权争夺的高度。

正是基于以上两个现实与理论上的契机，齐泽克开启了"挽救黑格尔"的理论运动，而在他看来，"'挽救黑格尔'的唯一方式是通过拉康，对黑格尔及黑格尔式的遗产进行拉康式的解读，这会为探讨意识形态问题开辟新的途径，并帮助我们把握某些当代意识形态现象（犬儒主义、'极权主义'、民主政治的脆弱现状），而不至于落入任何一种'后现代主义'的陷阱（诸如这样的幻觉——我们生活在'后意识形态'的环境之中）"②。

作为意识形态批判的理论性基石，对黑格尔辩证法的阐释无疑需要赋予辩证法以新的活力，从而让辩证法成为革命理论的代言人。正因如此，齐泽克在重释黑格尔过程中，首先确保的是排除一切矛盾调和的可能性。正如巴特勒所言，"像同时代的法国后结构主义者们那样，他（齐泽克）并没有把黑格尔视为辩证地调和对立面的思想家，而是将其看作最伟大的差异理论家——不是直接就能把握而是通过同一性（身份）失败而把握的差异"③。在这样的理论诉求下，齐泽克抓住的无疑是辩证法中的"否定"概念，甚至乎"否定性不仅成为辩证法的核心，而且成为辩证法的全部"④。在此，"否定"概念被齐泽克赋予了拉康精神分析中的创伤性概念：一方面，让作为否定性存在的主体具有了绝对意义上的否定意义；另一方面，又让否定成为结构性的剩余而远离了本体论的先验预设。在这样一种崭新的"否定"概念指引下，辩证法开启了自身全新的历程。然而，正如黑格尔的辩证法所展现的，辩证法并不能空洞地独自成为一套逻辑系统，事实上，辩证法作为形式与绝对精神实现其自

---

① 夏莹：《回到黑格尔——后马克思主义的隐性逻辑》，《南京社会科学》，2011年第6期。
② 齐泽克：《意识形态的崇高客体》，季广茂译，中央编译局出版社，2002年，第10页。
③ 巴特勒：《齐泽克宝典》，胡大平、夏凡等译，江苏人民出版社，2007年，第9页。
④ 夏莹：《回到黑格尔——后马克思主义的隐性逻辑》，《南京社会科学》，2011年第6期。

身的内容是同一个过程的不同面向。对于齐泽克而言,这个问题同样如此。在他的辩证法重塑中,我们看到,一方面,辩证法作为隐藏的逻辑深刻地嵌入他对"实体即主体"的反复分析中而与对社会对抗(antagonism)遥相呼应;另一方面辩证法作为逻辑本身与拉康语境影响下齐泽克自身的"视差"(parallax)逻辑紧密结合,并最终在视差缝隙的实在界中接合了黑格尔早期哲学的"世界之夜"的论述,从而开启了为革命做可能性论证的空间。以下笔者将从三个维度出发来分析齐泽克对黑格尔辩证法重释的过程。

二、"实体即主体":齐泽克重构黑格尔的入口

经过分析,我们知道齐泽克是在面对新时代构造愈发精巧的意识形态体系时搬出了黑格尔以挖掘变革现实的可能性。但是为何常以保守主义姿态出现的黑格尔却代表着变革现实的可能性?笔者认为,这涉及齐泽克重释黑格尔的理论切入点问题。在批判资本主义意识形态的过程中,齐泽克是通过反思实体(资本主义意识形态体系)与主体(资本主义社会中的个人)间的关系来达及其批判性内核的。也正是在这一契机上,齐泽克引入了黑格尔"实体即实体"的讨论。最终我们看到,在黑格尔的辩证框架下,"主体"概念进一步展现出其革命性的本质。

众所周知,在主体问题上,齐泽克在拒绝康德的先验主体概念后,隆重地引入了黑格尔的绝对主体概念。然而,这样一种对黑格尔"主体"概念的重读并非直接建立在传统黑格尔研究所强调的泛逻辑主义之上。在传统的解读范式中,绝对精神站在现代哲学的最高点通过辩证的过程扬弃一切矛盾而达到最终理想的时刻。与其相反,对齐泽克而言,黑格尔式的主体结构就其本质而言是否定性的。这种主体概念与创伤性的对抗息息相关。齐泽克通过创造性地解读《精神现象学》中"实体即主体"作为通往真理的路途而充分展示了他对黑格尔著名的论述"实体作为主体是纯粹的简单的否定性"[1]的重

---

① 黑格尔:《精神现象学(上卷)》,贺麟、王玖兴译,商务印书馆,2011年,第12—13页。

构。在这种重构下，齐泽克认为自我只有包含其自身的绝对他性（否定性）才得以成为主体。正是基于"否定"（negativity）的视域，齐泽克将黑格尔的实体与主体的互动张力纳入了社会符号体系的拉康式语境中，而在符号体系（他者）的侵入下，主体也只有通过否定性才得以获得自身的存在性。值得注意的是，齐泽克实际上在此做了一系列概念的转换，他将黑格尔的"实体"（substance）、"否定"（negativity）分别理解为拉康的"符号秩序"（symbolic system）和"分裂"（fission）概念。

在黑格尔的原初语境下，实体—主体的互动反映了"我"和"对象"之间的差异。对于实体与主体而言，二者的差异反映了二者的不同一性，而这种不同一性"看起来似乎是在实体以外进行的，似乎是一种指向着实体的活动，事实上就是实体自己的行动，实体因此表明它本质上就是主体"①。在这一点上，齐泽克做出了个性化的阐释："我们（主体）与绝对之间的裂缝正是绝对自身的裂缝，它以这种方式作用于我们。"②换句话说，使实体与主体联系在一起的正是分裂。分裂使得实体与主体达及完全的一致。齐泽克指出："黑格尔的'主体'从根本上看仅仅是实体外化的一种称谓，也是分裂（通过这种分裂，实体与其自身相异化）的一种称谓。"③

具体而言，如果我们把实体与主体的这种关系放到社会与个体关系的分析中，我们将得到一种与传统观点迥然不同的解读：按照齐泽克的逻辑，个体与社会无疑是由于"分裂"这一创伤性的失败而结合在一起的。因此，在"我"的自我异化（无意识使我无法接近我自身的真理）和"我"在社会中的异化之间并没有绝对的差距。正是在共享这种异化分裂的僵局的基础上，我们得以交流（尽管交流从根本意义上来看是具有不可能性的）。社会与文化的交流是与我们试图处理真正沟通的不可能性的尝试息息相关的。换句话来说，真实交流的不可能性作为人类基本的限制却也正是交流成为可能的基础。从

① 黑格尔：《精神现象学（上卷）》，贺麟、王玖兴译，商务印书馆，2011年，第27页。

② Slavoj Žižek, *In Defense of Lost Causes*, London：Verso, 2008, p.91.

③ Slavoj Žižek, *Tarrying With the Negative：Kant, Hegel, and the Critique of Ideology*, Durham：Duke University Press，1993，p.30.

理论上看,这种逻辑是齐泽克论述符号界与实在界悖论关系的关键所在,而这样的关系展现在黑格尔哲学的解读中则是"实体即主体"。进一步,齐泽克依靠此架构分析了后现代的主体特质。后现代的主体在资本主义意识形态的浸染下,表现出强烈的唯我和自恋,尽管他者不断地甚至愈发地入侵到我们脆弱的自恋平衡系统中,我们依然不断地陷入唯我论的泥潭,似乎其自身可以超脱于社会符号秩序。在今天占主导的主体性特征中,存在主义式的碎片式的自我进一步加深了极端的个人主义。这在齐泽克看来将极大地阻碍主体转变的潜能。事实上,完成集体政治性主体重构的第一步必须是打碎后现代唯我论式的主体性。显然,这样一种重构后的主体是对脆弱的个人主义的超越,它也并非简单地等同于透明的主体间性的构想。相反,这种主体植根于其自我异化中。齐泽克认为只有承认"自我的缺失",即主体的有限性,我们才有可能达及真正的政治性干预。

简而言之,在齐泽克的"实体即主体"的体系中,主体一旦进入实体(社会—符号网络),就不可避免地将符号性阉割的剩余(失败)铭刻到了自身当中,它最终将伴随着社会结构性的失败而展示其自身。实体(符号秩序)一开始就建立在一个根本的裂缝[实在界(the Real)]之上,而符号的运动使得这一裂缝假借主体之肉身最终彰显出社会结构的不可能性。进一步,从内在视角考察,黑格尔的主体是分裂的(因而它永远无法真正发现自身),同时它是一种可以容纳他性的空间,而这种他性是与大他者内在的不一致性遥相呼应的,它阻止我们达到完全的身份认同,这种不一致性如幽灵般在现实中不断寻找附着点,这表现为主体在不可能性的凝视(gaze)下,作为与创伤遭遇的结果而发现自身。因此,在凝视的污点中,结构性的扭曲同时构建了我们视域中的外部现实。我的物质性存在恰恰是由我凝视下的内部与外部的存在构建的。齐泽克指出:"唯物主义意味着我看到的现实永远不可能是完全的,这不是因为现实的很大一部分我们都无法感知,而是因为现实本身包含着一个污点,它把我自身包含在内了。"①

---

① Slavoj Žižek, *The Parallax View*, Cambridge, MA: The MIT Press, 2016, p.17.

在这里,我们面对一个困难的选择:首先,我们可以接受我们自身异化这一无法逃避的现实,接受"我们是符号性阉割的产物,我们的身份认同是经过他者中介"这一现实;同时,我们还有一种选择,即实践我们仅有的那种真正的自由,直面那个创伤性的他者本身(即抗拒符号化的客体性剩余),从而成为主体。对于齐泽克而言,只有后一种选择才能被视为伦理的,因为在此"我"并没有向我的欲望屈服,而是勇敢地选择了驱力。在齐泽克式的黑格尔理论语境中,这句话无疑可以翻译为:"我"应该做的是让实体成为其所是,从而勇敢地承担起主体的否定性责任。

三、"视差之见":齐泽克激活黑格尔辩证法的方法论本质

事实上,我们可以从齐泽克重构"实体即主体"过程中的几个概念转换(实体—符号秩序,否定—裂缝,反思—凝视,等等)中清晰地看出,齐泽克所谓的"激活黑格尔"无非是将黑格尔的概念纳入拉康的能指逻辑中并加以重释。这一点我们可以更清楚地从齐泽克对黑格尔辩证法的直接性解读中看到。在此,齐泽克将黑格尔辩证法视作"视差"(parallax)的辩证法。

"视差"即"视角的转换"。齐泽克认为:"'辩证统一'传达的不是切割伤痕的神奇愈合,它仅仅是视角的逆转。通过视角的逆转,我们感到切割本身就是'辩证统一'……我们不一定要克服切割,只需对它进行重新标记即可。"[1]因此,在"视差"的语境下,不存在对立面之间的中立点,也就是说,对立的双方无法通过中介或者否定而通往更高的合题。因为对立的双方根本没有共同的基础与语言(也即齐泽克常引用拉康的话——"元语言不存在")。通过"视差"的概念,齐泽克将辩证法打扮成了抗拒"两极分化后统一运动"的新逻辑。

---

[1] 齐泽克:《因为他们并不知道他们所做的:政治因素的享乐》,郭英剑译,江苏人民出版社,2007年,第83页。

在齐泽克以"视差"概念重组黑格尔辩证法的过程中,他首先做的就是将黑格尔的"概念"(notion)理解为以自身内部包含着裂缝和不一致性张力的大写的"一"(one)。在这种对黑格尔"概念"的新的阐释下,"概念"中的否定恰恰是其自身中的裂缝所产生的,这个裂缝正是视差的产物,它的实体性存在不断激发着辩证的运动,构建出现实的多样性。但是,这并不意味着在视差的视域下,辩证法就仅仅是一个认识论上的概念。就本体论而言,这种视差背后正是拉康所说的"实在"(the Real)。在这个意义上,视差所产生的僵局是无法调和的,因为它背后所蕴含的是一种本体论上的不可能性:"我们必须注意到,这样一种使我们接近物成为不可能激进的对立恰恰是物自身所构建的。"①按照齐泽克的逻辑,这正是黑格尔实体与主体辩证法的背后本质:主体的否定性恰恰是实体自身不可能性的具象化(embodiment)。

具体而言,一方面,在这种辩证逻辑下,大写的"一"中并不存在他者,他者的出现仅仅是一种为了填补"不存在他者"这一创伤所制造出的幻象;另一方面,大写的"一"并非是封闭的体系,而是代表了一种本体论上的差异。这种差异不是存在与其外部的断裂(这样的论断似乎预设了一个超验领域的存在)。相反,这种差异表明的是存在本身内在的裂缝,这个裂缝存在于事物与自身、事物的自在状态(从实体层面上来考察)与事物的表现形式(从现象层面考察)中,也即视差。正是由于这个差异,存在的领域永远抵抗着整体化的企图,它是"非—全"(non-all)的。用思辨的话来说,这种存在论可以表达为:存在之外皆是虚无,而虚无正是存在本身。所以,从本体论意义来看,这个裂缝(视差)是基质性和创造性(generative)的。

综上所述,这个视差的裂缝无疑是一个缺乏实体支撑的结构性效果,然而这种无实体性却是充满创造性的:"实在仅仅是纯粹的视差的产物,因此它并非实体性的。实在本身并不蕴含实体性的深度,它的实体性效果仅仅是两个不同视角差异结构的产物。因而,实在的实体性仅仅能从视角的转换处被

---

① Slavoj Žižek, *The Parallax View*, Cambridge, MA: The MIT Press, 2006, p.26.

感知。"①齐泽克通过将黑格尔辩证法重构成视差推动下的重复运动而使之重新焕发批判的张力。

如果我们以这种新的辩证法审视资本主义的运转逻辑,会发现意识形态问题开端就在于资本主义内在的对抗。具体而言,资本主义全球化现实中,全球化经济与地方政治间的对抗既不可能被简化,也不可能在一个更高的整体中被综合。也就是说,并不可能存在一个可以将二者逻辑融为一体的完美"资本主义帝国",二者的对抗是永远无法被"合理"地解决的。相反,要想真正分析解决这一对抗就必须看到二者之间的创伤性的裂缝,而并非以一个新的理论体系去缝合这一创伤。在现实中,美国就曾以伊拉克战争来缝合全球化经济与地方政治间的对抗,这无疑是典型的意识形态虚假幻象的运作。相比于这种粗俗的意识形态缝合,齐泽克认为更有必要的是看到这种二者对抗是如何从一种"不可能性"中生发出来的。这里,这种不可能性直指当代资本主义全球化扩张的需求与不同国家(尤其是发展中国家)地域政治文化间不可弥合的差距。为什么齐泽克反复通过重复黑格尔式的辩证法来透视当今社会现实,原因就在于,通过将黑格尔辩证法置于视差的语境中,能够看清社会对抗的绝对性以及资本主义全体化的不可能性。所以,齐泽克认为,"首先,我们必须从政治的视角深化到经济基础的视域;然后,我们又必须在经济的内核处遭遇不可移除的政治斗争的向度"②。

简而言之,齐泽克通过"视差"概念重塑了黑格尔辩证法,在这个过程中,黑格尔辩证法被建立在本体论的差异之上,而辩证法本身则成为对本体论意义上差异如何通过附体于主体而展开其创造性活动的描述:本体论上差异使得完全的同一性成为不可能,这种不可能性构造了实在界的深渊。通过强调这一不可逃避的深渊,齐泽克为现实中的对抗(antagonism)与否定的绝对性找到了理论上的支撑。这在齐泽克的意识形态批判中是十分重要的,因为它重新让人反思资本主义内在的不可弥合的矛盾。在资本全球化的过程中,资

---

① Slavoj Žižek, *The Parallax View*, Cambridge, MA: The MIT Press, 2006, p.26.

② Slavoj Žižek, *The Parallax View*, Cambridge, MA: The MIT Press, 2006, p.321.

本化与本土化的两条逻辑往往被资本主义的调和性策略所掩盖，而齐泽克通过重释黑格尔辩证法所要强调的则正是指出这种调和的根本不可能性。资本全球化仅仅是掩盖了资本与地方政治文化矛盾的幻象。相反，资本与地方政治间的差异是创伤性的。最终，齐泽克式的黑格尔辩证法实际上是从实体与主体的关系切入，以拉康能指逻辑重构辩证法，将辩证法建构在视差的动力内核之上，在此基础上指出了实体、主体乃至于资本主义意识形态幻象的根本不可能性。值得注意的是，在对这一不可能性的分析中，齐泽克无疑悄悄地注入了拉康的"实在"概念，而为了让这一概念更深刻地隐藏在黑格尔的语境中，齐泽克寻找到了黑格尔早期作品中一个容易被人遗忘的段落——关于"世界之夜"(The Night of the World)的描述。

四、"世界之夜"：齐泽克"回到黑格尔"的革命诉求

为了从根本上抵抗保守主义的黑格尔式理解，从而将黑格尔打扮成激进革命的代言人，齐泽克提醒我们必须关注黑格尔耶拿时期关于"世界之夜"的描述。这段话是这样的：

> "人就是那个夜晚，那个在它的朴素中包含了一切的空无：很多无穷多的表现，形象，没有一个会直接与它相联系，但也无一不在。这就是夜晚，存在于此自然的内在——纯粹的自我。在某些变幻不定的表述中，到处是夜晚：此处一个流血的头颅突然被射中，彼处一个白色的人影瞬间消失。当我们在眼睛里观察人类的时候我们看见了夜晚，那个使我们害怕的夜晚：世界的夜幕在我们面前升起。"①

这个段落在齐泽克重释黑格尔的主体概念过程中扮演了极为重要的角

---

① 黑格尔：《耶拿精神哲学》，转引自路易·阿尔都塞《黑格尔的幽灵》，唐正东、吴静译，南京大学出版社，2004年，第226页注释1。

色。在《敏感的主体》中齐泽克通过对黑格尔早年关于"世界之夜"段落的分析，为黑格尔的主体概念注入了精神分析理论的内核，并使之充斥着激进的否定性。齐泽克认为，"世界之夜"的描述展示黑格尔理论中作为原初性的分裂性力量——否定（主体）的重要性，因为在这段话中，黑格尔描述了前一主体性经验的非人格、无意识再现的历程。显然，这个历程具有浓厚的解构性。而恰恰是这种暴力的破坏性将成为拥有自我意识的主体出现的基础。也就是说，非理性的无意识内在于原初的主体之中。齐泽克认为黑格尔这段话展示了纯粹的、尚未人格化的自我，这种自我内部无疑充斥着黑暗的无意识与幻象般的客体对象，正如文中所写的"流血的头颅""白色的人影"等。从另一个解读来看，这个过程也充分反映了主体从自然转向社会文化领域的创伤。这种创伤是任何概念或意义体系所无法拭除的，它作为主体化的有限性边界而存在于精神世界之中。齐泽克看到了这段话与拉康理论的相似性而把这种人类精神否定的深渊叙述为他者不可能的凝视的隐喻。在《享受你的症候》中，"世界之夜"关涉精神分析与德国唯心主义关于构建性自然与社会现实的关系问题。在此，语词（符号秩序）仅仅作为否定性深渊的反面出现。在黑格尔的耶拿哲学笔记的原初语境中，"世界之夜"正是以这种意义出现的，即这种纯粹自我的激进本质必须通过语言的命名才能达及其自身的存在。在《快感大转移》中，齐泽克将"世界之夜"视作作为抽象自由深渊的自我经验。齐泽克在此强调了黑格尔与启蒙思想的异质。在启蒙运动中，理性之光是与自然以及传统世界的蒙昧（"世界之夜"）相对立的。不同于启蒙思想的论调，黑格尔将这种自然的残余（"世界之夜"）视作"一种为逻各斯之光打开空间的必要姿态"[①]。于是，齐泽克将黑格尔的"世界之夜"与谢林的主体作为"自我纯粹的黑夜"等概念联系到了一起。与黑格尔的原初语境不同，齐泽克认为从世界抽回的过程恰恰就是主体化过程自身。这种差异源于精神分析的理论的注入。在精神分析理论中，问题的实质并非关乎疯狂何以可能，而

---

① Slavoj Žižek, *The Metastases of Enjoyment*: *Six Essays on Women and Causality*, London: Verso, 1994, p.145.

是主体如何摆脱疯狂以达到正常。因此,在精神分析的背景下,黑格尔这种从世界中的激进抽回正是为重构社会符号秩序开辟空间。这种黑格尔—谢林式的激进的否定与符号性重构在齐泽克的理论框架下并非仅仅指向主体化历程,更是涉及他对历史、政治领域中的暴力革命的分析。

从以上分析可以看出,在齐泽克那里,黑格尔的合题(synthesis)总是伴随着"暴力"与"分裂"的过程,因为合题在原初的意义上已经意味着不可避免的压抑,以及压抑所带来的不可避免的原始残余,这是人进入符号秩序和主体间性网络所必须付出的代价,而"世界之夜"正是主体间性构筑的必要残余的黑格尔式隐喻。也就是说,齐泽克所谓的黑格尔"世界之夜"实际上就是拉康的"实在"概念的隐喻,它意味着符号秩序的"不可能性"。值得一提的是,此"不可能性"仅仅能从回溯性的设置中被发现,却永远无法直接遭遇。在这个问题上,朱迪思·巴特勒将齐泽克的理论误认为是"从拉康'实在'概念的角度退回到了先验主义"①。其实,先验的预设恰恰仅是想象力自身的结果。"想象力在此正是内在于'前—符号'性的'自然'并分裂这种自然的持续性的解构性力量"②,在这样一种理论嫁接过程中,"世界之夜"作为拉康"前—符号"的实在,实际上指向了主体的有限性。

在阐释"世界之夜"的基础上,齐泽克进一步将它与黑格尔政治性维度的"具体的普遍性"(concrete universality)概念结合起来从而将理论引至社会革命上。在实践的意义上,"世界之夜"意味着一个暴力的维度,它昭示了"对抗"(antagonism)这一无法在历史与社会政治语境中被消除的创伤性概念如何通过辩证的过程从抽象否定达及具体的普遍性。在此,齐泽克否认了传统黑格尔解读中关于否定性对抗最终将和解于理性的国家状态的判断。相反,他认为主体的激进否定性意味着任何具体的普遍性都无法越过现实政治中的疯狂、暴力甚至是革命的恐怖。这正是齐泽克对黑格尔政治理论阐释的独

---

① Judith Butler, *Bodies That Matter*, London: Routledge, 1993, pp.187 - 222.

② Slavoj Žižek, *The Ticklish Subject: The Absent Centre of Political Ontology*, London: Verso, 1999, p.33.

特之处,他抓住了黑格尔对雅各宾派式恐怖的分析,①认为恰恰是这种抽象的否定性为现代资本主义社会开辟了空间。正是透过否定性的力量,抽象最终过渡到了具体。在这个意义上,齐泽克并非放弃了"扬弃"的概念,②而是赋予了"扬弃"以新的内涵。为了重新获得失去的现实直接性,我们必须通过残忍的"世界之夜",通过否定性的主体为新的现实性打开空间。只有如此,精神才能重新找到其自身,并在新的符号空间中"重构有机整体"③,而并非避免否定而在理性的指引下达到更高的理念。

因此,齐泽克真正的意图在于强调在从抽象到具体的普遍性的过渡中,激进的否定是必须的。也就是说,斗争与暴力作为抽象的否定尽管表面上看是"错误"的选择,但只有通过这种"错误"的选择,社会才能历史性地到达稳定、理性的"正确"状态。在社会和政治的维度下,那些试图跳过否定性而直接构造合理的"具体的普遍性"伦理世界的幻想最终只能导致向前现代有机社会的倒退。这在齐泽克看来无疑是更大的暴力。正是基于这个前提,齐泽克将法国大革命式的恐怖视为有机共同体通往现代社会必然的桥梁。这无疑是对黑格尔《精神现象学》中"绝对自由与恐怖"一章的过度阐发,在这种阐释中,黑格尔被打扮成了激进的革命主张者,他宣称理性国家的建立是以非理性的"行动"(act)为前提的。这恰恰就是齐泽克"回到黑格尔"的真正目的:通过强调符号秩序(实体)中的断裂性深渊("世界之夜"),他实际上是在为打破资本主义作为"历史最终形态"的幻象创造可能性。进一步,齐泽克提出了"行动"(act)的概念,并认为这种作为符号界(资本主义意识形态)的裂缝出现的实在界中的"行动"将通过其歇斯底里的特质打碎符号体系。齐泽克将这种"行动"所带来的变革称为"实在界的革命"。

在此,不得不提的是齐泽克所引入的拉康的"两次死亡"概念,这在齐泽

---

① 黑格尔:《精神现象学(下卷)》,贺麟、王玖兴译,商务印书馆,2011年,第129—136页。

② 参见夏莹:《回到黑格尔——后马克思主义的隐性逻辑》,《南京社会科学》,2011年第6期,关于齐泽克放弃使用"扬弃"概念的论述。

③ Slavoj Žižek, *The Ticklish Subject*: *The Absent Centre of Political Ontology*, London: Verso, 1999, pp.92 - 93.

克的《意识形态的崇高客体》的第二部分第四节中得到了充分展现。"两次死亡"分别指代"生物性死亡"和"象征性死亡"。齐泽克通过分析索福克勒斯的《安提戈涅》而指出了符号性死亡的主体在两次死亡之间拥有歇斯底里式的革命性。由于这样的主体(如"安提戈涅")处于符号界的外部,因此它不受欲望(desire)网络的捕获。相反,符号性死亡的主体仅仅受驱力(drive)的驱动。比重述拉康"两次死亡"概念从而以驱力为革命做论证更精彩的是,他巧妙地将拉康的"两次死亡"与黑格尔的"否定之否定"辩证法内在性地结构起来。齐泽克指出:"回顾一下拉康对两次死亡的区分,把它与黑格尔有关历史的重复的理论联系起来,就是每个人都要死两次。……整个辩证过程发生在'两次死亡之间',一个实体意识到自己内在的消极性而'成为原本的自我'——换句话说,也就是获知自己的死亡。为什么说'绝对知识'就是意识没有积极存在的前提时,这一辩证过程的最后一刻的名称——这一刻有重大损失,与虚无一致吗?"①在"两次死亡"的视域下,否定之否定变成了"一种从状态 A 到状态 B 过渡的过程:首先,对 A 的直接'否定'否定了 A 的位置,但它仍然在 A 的符号限制的范围内,因此,它必须被另一种否定所否定,这种否定否定了与 A 共存的符号空间和其直接的否定。在此,否定系统的'真实的'死亡与其'符号的'死亡之间存在的差异是很重要的:系统不得不死两次"②。简而言之,齐泽克在此实际上是区分了体系内的否定与对体系本身的否定。然而,后者的困难在于,由于主体的否定总是已经(always-already)被置于被设定的符号框架下而落入欲望的轮回,因此这种主体作为欲望或者符号的伪主体,它永远无法跳出欲望和符号秩序本身而进行否定。因此,真正的主体仅仅能附体于处于"两次死亡"之间的"活死人"。

从实质来看,与其说齐泽克所谓的革命具有结构的必然性,不如说这种革命依赖于现实的偶然性,它欲图通过不断地寻觅现实中的边缘性群体而找

---

① 齐泽克:《因为他们并不知道他们所做的:政治因素的享乐》,郭英剑译,江苏人民出版社,2007年,第83页。

② 齐泽克:《敏感的主体:政治本体论的缺席中心》,应奇等译,江苏人民出版社,2006 年,第81页。

到现实的突破口，难怪一些学者风趣地将齐泽克这种革命观视作一种新时代的"游击战"。①

五、结语

通过以上分析，我们似乎窥见了齐泽克式黑格尔辩证法的创造性意义。然而，当我们跳出辩证法的语境直观这种辩证法的结构，齐泽克重释黑格尔的秘密就昭然若揭了。齐泽克在资本主义意识形态的语境下重塑黑格尔，欲图在黑格尔的辩证法中找到资本主义体系失败的必然性论证。因此，他必然会将黑格尔辩证法建立在差异的基础上。这种辩证法一方面揭示了资本主义体系内在的创伤性裂缝，另一方面认为这个裂缝正是革命性主体存在的空间。

然而，齐泽克的黑格尔辩证法就其本质而言无疑只是在以另一种方式诉说拉康的理论。他抓住了黑格尔辩证法与拉康精神分析逻辑的某种外在同构性，简而言之，即实体之中的否定性因素最终构成了其实现自身推动力的结构。这种相似的结构——熟知拉康理论的人一定知道——就是拉康"小对体"（objet petit a）的逻辑结构。在此逻辑中，一方面，结构性的剩余（快感）作为实体性的力量，它从本质上仅仅是一个"后验"性的断裂（gap）；但另一方面，人又不得不依赖这种剩余所依附的幻象去搭建自身的符号结构，否则必会陷入歇斯底里。如果把这种逻辑推广至社会历史维度，那么它则成为黑格尔的辩证法。"如果我们接受黑格尔对真实性的定义——即某个客体与其理念的协调一致——我们就可以说，没有任何客体是'真实'的，没有任何客体会完全'成为真正的自我'。这一不协调性是客体的本体一致性的积极条件——这并不是因为理念是经验客体永远无法实现的理想，而是因为理念本

① 约瑟夫·格里高利·马奥尼：《论齐泽克的革命观》，《马克思主义与现实》（双月刊），2011年第4期。

身参与了辩证运动过程。一旦一个客体过于接近其理念，就会使理念改变、移位。"①齐泽克进一步以"绝对精神"的三种形态——艺术、宗教和哲学为例论证："倘若一种艺术形式与艺术理念完全一致——理想借助感知在其中完整地出现——那么这种艺术就不再是艺术而是宗教。然而对宗教来说，检验真实性的尺度即客体必须对应的理念改变了。同样，哲学仅仅是其理念相对应的宗教形式。"②

　　这种外在同构性同时表现在齐泽克对黑格尔的"真理"与拉康的"欲望"的定义嫁接中。在拉康那里，欲望（desire）与需要（need）以及需求（demand）相区别，事实上，"它正是二者之差"③。于是，欲望所指向的就不是直观的"物"（欲望客体），而是"欲望客体成因"，也即小对体。因此，人所欲求之物在拉康看来不过是"欲望客体成因"——小对体的替代品，而小对体本身却从来未曾出现。它只会通过不断地转移快感的客体而维持欲望的运作。通过结构的平移，齐泽克将黑格尔"真理是一个过程"的理论描述成了欲望的辩证法。"真理"（Real）在此被等同于了拉康意义上的"实在"（Real），它通过附着为不同主体的不同欲求而最终实现其自身。这正是齐泽克意义上的"理性的狡计"。

　　对于齐泽克这种重释黑格尔秘密的方式，柯林尼克斯认为："虽然对黑格尔进行拉康式解释或许是令人震撼的，但是在对黑格尔解释的幌子下，仍然让人感到他们把问题框架替换了。一旦黑格尔的架构被拆除，齐泽克就只有一个关于普遍性的实用概念了——在其中，普遍性不过是虚空的能指，一些霸权的运作可以构造为普遍性。把普遍性概念看成是对现状批判的支持，这

　　① 齐泽克：《因为他们并不知道他们所做的：政治因素的享乐》，郭英剑译，江苏人民出版社，2007年，第84页。
　　② 齐泽克：《因为他们并不知道他们所做的：政治因素的享乐》，郭英剑译，江苏人民出版社，2007年，第84页。
　　③ 吴琼：《雅克·拉康——阅读你的症状（下）》，中国人民大学出版社，2011年，第383页。

个基础实在是太脆弱了。"①事实就是如此，齐泽克以拉康理论重释黑格尔辩证法以论证革命的可能性，这样一种尝试无疑只是重复拉康精神分析式的驱力伦理而已，而这种重释本身并没有创造性地探索出新的革命张力。既然如此，革命是否可能就完全取决于现实社会中的主体是否能如拉康所说，"不向自己的欲望屈服"。更糟糕的是，这种驱力在齐泽克看来仅仅来源于被社会符号系统排斥的边缘化群体，这种群体力量究竟有多大首先就是一个疑问。而如果齐泽克将这种边缘性群体等同于无产阶级，那么他也不过是以另一种方式重复马克思的革命观而已。

作者简介：黄玮杰（1992—　），男，广东佛山人。南京大学哲学系 2009 级本科生，本科毕业论文指导老师为周嘉昕教授。伦敦大学学院（UCL）文学硕士，南京大学法学博士。现任职于南京大学哲学系，主要致力于研究马克思主义理论、国外当代激进思潮。

　　南哲感悟：初来南京大学哲学系学习，首先感受到的是质朴清新、追求卓越的学风。而在之后的深化研究历程里，南京大学哲学系教师团队所展示出的并行不悖的创造性与实在性一同塑造着我们的工作习惯——在入世与出世之间寻找支点；既保持个性，又不失规范；依托文献，而又不滞于物——此中韵律一直是我们奋进路上的指引。

---

① 亚历克斯·柯林尼克斯：《评齐泽克的激进左翼政治理论》，曾志浩译，《现代哲学》，2008 年第2 期。

从实验室研究到推理风格

——哈金科学哲学思想研究[*]

黄秋霞

摘　要:从实验室研究到推理风格,哈金的科学哲学思想有着清晰的发展脉络:首先,哈金表达了他对实验室生活的强烈诉求。一方面,实验实在论通过从表征到干预的实践转向,实现了对科学实在性的辩护;另一方面,科学实验室通过实验室中各要素的相互作用,实现了科学的自我辩护。这两方面共同构成了实验室研究的具体内涵。其次,受福柯历史本体论思想的影响,哈金从实验室研究转向历史本体论研究,通过对福柯的知识、权力和伦理三轴线的研究实现了对理性主体的建构。最后,哈金将局限在人类理性中的历史应用于科学理性,衍生出推理风格思想,并与实验室研究保持密切联系,这样一则将实验室研究约束在实验室风格之中,二则突出实验室风格在推理风格中的地位。由此,实验与历史这两个维度相互区分与联系,共同构成了哈金立足于唯物层面的生成性科学哲学思想,这种科学生成论从不同于传统视域的本体论、认识论、合理性的哲学维度,展现出科学立足于生成性的实践之中,在现象层面不断被创造的涌现过程。

关键词:哈金;实验室科学;历史本体论;推理风格;生成性

---

* 本文获 2014 年南京大学本科优秀毕业论文(设计)一等奖。——编者注

绪论:哈金科学哲学的历史定位

哈金(Ian Hacking,1936——   )作为 20 世纪末著名的科学哲学家,已被公认为当代最有影响力的科学哲学家之一,他极富革命性与创新性的科学哲学思想受到了国内外科学哲学界的广泛关注,其《驯服偶然》一书更是被兰登书屋(Random House)选入 20 世纪最经典的 100 部英文非小说类文学作品集。2001 年,哈金成为法兰西公学院(Le Collège de France)的终身教授,他也是英语语系中第一位获此殊荣的思想家。① 正因受英美科学哲学传统和法国历史认识论文化的双重影响,哈金的研究内容繁杂,研究范围广泛,他突破并引领了科学哲学发展的诸多研究方向,改变人们对自然与社会科学中传统概念的理解与应用。最初,哈金关注数学领域的概率论、统计推理,成为研究 19 世纪统计学的哲学与历史的第一人。其后,哈金于 1983 年发表了《表征与干预》,开启了实验优位取代理论优位的科学哲学实践转向,强调没有操作就没有现象,成为新实验主义的开创者。此外,哈金还进行语言哲学、哲学史、精神病理学等方面的哲学研究,更触及"人类如何在历史中相互分类"和"如何由分类改变"等问题,而这些纯哲学的思维模式最终被应用于科学范畴,形成哈金的科学推理风格思想。可见,无论是科学实践转向背景下对具有转折性意义的实验哲学研究,抑或是在历史化转向背景下的历史本体论研究,甚至在数理统计、社会学、精神心理学等方面,哈金都有深入的探讨,且基本都有所建树和突破。如贝尔德(Davis Baird)就将哈金提高到库恩(Thomas Kuhn)的地位上,认为哈金的工作会像库恩提出历史主义时一样,充满着争议,同时也会为科学哲学的发展塑造全新的发展方向。② 所以,尽管哈金的科学哲学思想可能存在些许局限,但他为当下自然科学、人文社会

---

① Jon Miller, "Review of Ian Hacking, Historical Ontology,"*Theoria*, 2006, 72(2),p.148.

② Davis Baird, "Not Really About Realism," *Noûs*, 1998(2),pp.299 - 307.

科学哲学的研究奠定了本体论、认识论与方法论的基础,从而为科学哲学的未来发展指明道路。

(一)研究背景与意义

20 世纪 60 年代以来,逻辑实证主义开始向后实证主义转变,科学知识社会学、社会建构主义开始兴起,科学哲学领域开始了通过对科学实践的关注来实现自我发展的转变,即试图通过对"理论优位"的超越来实现培根所提倡的实验室科学,从而实现从"作为知识的科学"向"作为实践的科学"维度的转变。其中,新实验主义作为科学实践转向的重要方向之一,独具特色和意义,在新实验主义研究者们看来,现代科学是科学与技术的融合,实验不再仅仅是理论发展的副产品,它具备了自身的生命力。科学的发展是在实验与理论、干预与表象、主体与客体的相互作用中实现的,其中实验、干预、实践扮演着相当重要的角色。作为新实验主义的代表人物,哈金从 1983 年的《表征与干预》开始,提出了从表征主义到干预主义的转向,强调实验有其自身的生命,不仅仅是理论的衍生物,实验者在实验室通过仪器操作产生新的现象,在此意义上理论实体获得了实在性。在此基础上,哈金提出了实验室科学的自我辩护,实现了实验室科学的相对稳定性。从科学实在论到实验室科学,哈金的实验室研究思想不断发展、完善,为新实验主义的兴起和科学实践转向的发展奠定了坚实的基础。

科学哲学中的历史化潮流也越演越烈,福柯的考古知识学、库恩的历史主义哲学乃至当下的社会建构主义理论等,都不再停留于形而上学的先验思辨维度,而转向了注重具体情境的历史化向度。正是在科学哲学界强调历史作用的同时,一股反历史的潮流也越演越烈,历史主义与理性主义相互博弈,构成了科学哲学发展的新维度。正是在这一大环境下,主要诉诸实验哲学研究的哈金也开始从福柯那寻找灵感,以历史的角度对人自身及其行为展开一系列分析、研究,以历史来建构人自身的理性。在此基础之上,哈金又将局限于人文社会科学的理性拓展到自然科学领域,通过推理风格的论证实现历史化的科学理性。所以,哈金的推理风格研究①一方面是哈金实验哲学研究的延续,通过从实验室研究到推理风格的梳理,对哈金整个科学哲学思想建立历史、逻辑进行把握;另一方面它作为历史化潮流中不可忽视的潮流,对科学哲学的历史化研究、科学理性等问题的解决具有重大意义。

总而言之,哈金的科学哲学思想对科学哲学的发展有着重大意义,而科学哲学本身对整个科学体系的发展具有基础性的作用,它是对科学最为深层次的思考,为科学的发展提供最强大的动力。具体来讲,有三方面的意义:第一,通过对哈金的实验哲学、历史本体论等思想的阐述,为科学实在论与反实在论之争(科学实在性)、历史主义与理性主义的争论(科学合理性)、自然科学领域的相对主义、人文社会科学领域的简单机械化等问题的解决提供新的思路和方法。第二,通过对哈金科学哲学思想的历史与逻辑重构,厘清哈金科学哲学的发展脉络及其特征,这对哈金哲学的研究是一个必不可少的基础性工作,特别是在当前国内学术界对哈金主要还是采取割裂式研究的背景下,更是如此。第三,曾有哲学家说过,"科学哲学对于科学家的作用,就像是鸟类学对于鸟的作用一样"②,这从一定程度上表明了学者们对科学哲学前途的担忧,科学哲学家劳丹也曾表达过类似的忧虑,因此,在此背景下,实验维度和历史维度的引入,开辟了科学哲学发展的另一条道路,这对科学哲学的未来发展具有重要意义。

(二) 研究现状与创新

在 1983 年《表征与干预》出版之后,哈金陆陆续续地发表了各种论文和著作,但大多数还是立足在《表征与干预》中所体现的实验哲学思想的基础上。

---

① 在《历史本体论》(*Historical Ontology*,2002)这本论文集中,哈金将推理风格纳入了"历史本体论"的范畴,将其作为历史本体论思想的一部分。但随着哈金思想的发展,特别是在《科学理性》(*Scientific Reason*,2009)中,哈金明确地将推理风格抽离出来论证科学理性,所以一方面推理风格是历史本体论思想的集大成着,另一方面推理风格研究涵括了从历史本体论到推理风格研究的整个逻辑内涵和过程。

② 温伯格:《仰望苍穹——科学反击文化对手》,黄艳华,江向东译,上海科技教育出版社,2004年,第 7 页。

《表征与干预》表达了哈金对实验室生活的强烈诉求,同时在表征到干预的转换过程中哈金实现对科学实在性的辩护。① 发表于 1992 年的《实验室科学的自我辩护》则是对实验哲学的完善和发展,主要阐述了实验室内十五种要素的相互作用,该文收录在皮克林的《作为实践和文化的科学》中,作为科学实践转向中重要代表作之一。② 在发展自然科学领域的实验哲学的同时,哈金还开始着手历史本体论的研究,他将其各个时期对历史的思考整合在《历史本体论》这一本论文集中,论文集中包含十五篇论文,既有对库恩、福柯、奎因、莱布尼茨、笛卡儿及维特根斯坦等哲学家思想的评论或思考,亦有对科学哲学与历史的关系、人类自身的建构、推理风格等问题的研究,其内容纷繁复杂,却也极具启发意义。③ 在推理风格方面,哈金又在《科学理性》(*Scientific Reason*)中加以完善,从科学理性的历史根源、数学对象的由来、思考与作为的实验风格、实在论与反实在论这四个相互呼应的内容中,展现了科学理性的四个方面,而科学理性的理解是需要借助"推理风格"才得以实现的。④

对于哈金科学哲学思想的探讨,国内外已有很多学者展开。首先,就国内对哈金科学哲学的研究情况而言,主要集中在六个方面:第一,**实验实在论研究**。如夏基松教授的《现代西方哲学教程》⑤提到哈金的实体实在论是实在论与反实在论的争论折中、调和的准实在论;贺天平的《哈金的实验实在论思想》⑥,成素梅的《试论哈金的实体实在论》⑦都对《表征与干预》中的实验哲学思想进行了思考。第二,**科学哲学实践转向研究**。将哈金诉诸实践转向的大环境之中,如《历史与哲学视野中的实验——伽里森的〈实验如何终结〉与哈

---

① 哈金:《表征与干预:自然科学哲学主题导论》,科学出版社,2010 年。

② 哈金:《实验室科学的自我辩护》,中国人民大学出版社,2006 年,第 32—67 页。

③ Ian Hacking,*Historical Ontology*,Cambridge,MA:Harvard University Press,2002.

④ Ian Hacking,*Scientific Reason*,Taipei:Taiwan University Press,2009.

⑤ 夏基松:《现代西方哲学教程》,上海人民出版社,1985 年,第 351—353 页。

⑥ 贺天平:《哈金的实验实在论思想》,《科学技术与辩证法》,2005 年第 2 期。

⑦ 成素梅:《试论哈金的实体实在论》,《科学技术与辩证法》,2009 年第 2 期。

金的〈表象与介入〉之比较》①,《当代 S&TS 的"唯物主义回归"》②等文章都是在这个范畴内研究的,即将哈金放在当代科学哲学从理论优位到注重实践的转变之中,原有的表征性的科学观会陷入知识能否表征实在的思路之中,由此在科学哲学领域中出现了一批强调实践转变的主张。第三,**科学实验室研究**。如金俊岐、宋秋红的《后人类主义视野中的实验室研究》③中简单描述了哈金的实验室科学思想,即实验室科学的自我辩护,虽然只是其中一小部分。第四,**推理风格研究**。如梁文博、蔡仲的《论伊恩·哈金的推理风格》④通过探讨哈金的推理风格来试图解决客观性与历史间的矛盾,并对历史本体论、推理风格的各方面进行了梳理。

国外学术界对哈金科学哲学的研究,一方面体现在对哈金实验哲学思想的评价与批判上,主要分为两个层次:第一层次,国外哲学家基本认同哈金的实验哲学思想对整个科学哲学界所起到的转折性作用——科学哲学开始关注于实践(实验)领域。第二层次,很多科学哲学家在认同哈金思想贡献的基础上,对哈金的论证方式进行了批判:如认为哈金的实在论思想仍然等同于"最佳说明推理"(inference to the best explanation,简称 IBE)。Richard Reiner 和 Robert Pierson 指出,哈金试图通过对科学研究中科学家"所做"(doings)的研究,取代对"所言"(sayings)的研究,避免理论实在论诉诸最佳说明推理的悖论,进而提出一种新的实验实在论,但实际上,哈金的实验实在论仍然是最佳说明推理的一个变体。⑤ Howard Sankey 同样认为,哈金的实验实在论仍然可以归结为说明推理的一种最佳表现形式,"科学的成功"或用普特南的话说"奇迹论证",即以能够产生实验结果来断定某些不可观察实体的

---

① 董丽丽、刘兵:《历史与哲学视野中的实验——伽里森的〈实验如何终结〉与哈金的〈表象与介入〉之比较》,《自然辩证法研究》,2009 年第 6 期。

② 邢冬梅:《当代 S&TS 的"唯物主义回归"》,《学习与探索》,2012 年第 9 期。

③ 金俊岐、宋秋红:《后人类主义视野中的实验室研究》,《科学技术与辩证法》,2006 年第 5 期。

④ 梁文博、蔡仲:《论伊恩·哈金的推理风格》,《南京理工大学学报》,2013 年第 2 期。

⑤ Richard Reiner and Robert Pierson,"Hacking's Experimental Realism:An Untenable Middle Ground,"*Philosophy of Science*,1995(1),pp.60 – 69.

存在,这仍然是对实验室成功实践的最佳说明。①

　　另一方面,体现在对《历史本体论》的读书报告②中。主要是将哈金整合在该书中的各种思想进行梳理,将其划分为:历史本体论、动态唯名论、推理风格、科学史之于科学哲学等角度。如 Mary Tjiattas 认为哈金主要讲述了三方面的问题:在观念自身中的分析,该观念不是不变的;种类和类型的历史多变性,其中包含了哲学观念,如知识、客观性、证明等;在人文科学方面的分类的相互作用或回路效应。③ Muhammad Ali Khalidi 认为哈金是自然化本体论的支持者,但是在社会科学方面,他的自然论是彻头彻尾的历史主义,无论是从福柯处发展而来的历史本体论还是动态唯名论等都是为了指示一个新的途径——历史和科学哲学相互作用。④

　　故国内外关于哈金的实验哲学思想研究尽管取得了一定进展,但还有待进一步深入:首先,国内外对哈金的研究主要集中在实验实在论(《表征与干预》)上,忽略了哈金的其他思想,特别是他对实验室科学、历史本体论、推理风格这三方面研究并不丰富。其次,国内学术界对哈金思想仅停留在阐述阶段,而没有深入地挖掘和发展,如哈金实验实在论思想的缺陷,哈金科学哲学思想的转变原因等。与之相比,国外对哈金的研究,在一定程度上是对哈金思想的发展,甚至这些研究成果最后反馈到了哈金本人处,推动了哈金对自身思想的转变。同时,这些研究对历史本体论的分析也比较全面和深入。第三,对哈金科学哲学思想的讨论,往往从三个层次进行割裂讨论:实验实在论与实验室科学间的割裂,即实验维度内部的割裂;历史本体论与推理风格的割裂,即历史维度内部的割裂;实验维度与历史维度的割裂。所以,在整体性

---

　　① Howard Sankey,"Scientific Realism: An Elaboration and A Defence,"in *Knowledge and the World: Challenges Beyond the Science Wars*. Berlin: Springer Berlin Heidelberg, 2004, pp.55 - 79.

　　② 国外对哈金历史本体论与推理风格的研究还有其他的研究成果,如将历史本体论运用于科学现象等,此处不深究。

　　③ Mary Tjiattas, "Historical Ontology by Ian Hacking,"*The Philosophical Review*, 2007(1), pp.136 - 138.

　　④ Muhammad Ali Khalidi, "Historical Ontology by Ian Hacking,"*Philosophy of Science*, 2003 (2), pp.449 - 452.

探究上有所欠缺,缺乏对历史维度与实验维度的整合,进而导致其考察进路缺乏逻辑的连贯性和哲学根基,割裂了哈金,无法对哈金的科学哲学思想进行整体的把握与反思。

基于国内外研究现状,本文试图达到三个方面的创新:

第一,对哈金实验哲学进行完善。研究不仅关注哈金的实验实在论思想,还关注其缺陷与不足,还与其后续思想发展的脉络联系起来,从而获知哈金思想的真实情况——是不足,抑或仅是在这处并未讲述,从而完善哈金的思想以形成真正完整的实验哲学思想。通过对实验的关注,立足于国际科学哲学的实践转向的维度,对现在国内科学与科学哲学的发展具创新意义。第二,对哈金科学哲学进行脉络化和整体化研究。虽然整体性、连贯性的认识模式并不一定是最优的研究方式,但是不可否认,它能最快最有效地实现对哈金思想的把握。通过对哈金思想从实验实在论到实验室科学的脉络,从历史本体论到推理风格的脉络,再到实验哲学与推理风格的区分与联系等脉络的梳理,深层挖掘哈金科学哲学思想的逻辑构成、思想特征及研究进程。第三,从哈金科学哲学的双重维度开展研究。本文不仅关注哈金的实验室研究,还关注哈金的推理风格,并探索两者间的内在逻辑。一方面从实验和历史的两个维度分别考察哈金的科学哲学;另一方面又通过实验和历史的双重维度将其科学哲学进行整合,实现对其思想的全新阐释,这在国内外研究中很少出现,具有极大的创新意义。

(三)研究思路与内容

本文的写作并不是为了简单阐述哈金的实验室研究及推理风格思想,而是试图通过对哈金从实验实在论到实验室科学再到推理风格的内在的历史脉络的把握,来实现对其思想体系的更为深入的探讨。无论是实验实在论、实验室科学,抑或历史本体论、推理风格,其本身都具备着丰富的逻辑内涵或自成一系。但是从实验室研究到推理风格的或划分、互补、联系发展过程中,更能体现两者的内涵、缺陷及自身的逻辑进程。

所以,本文致力于解决哈金科学哲学思想中的实验室研究与推理风格的具体内涵及发展脉络：

第一章　实验室研究：实验室科学的自我辩护

哈金认为正是对实验的忽视，导致科学实在性问题在表征层面争议不断，由此，哈金要求科学哲学家将关注的视角从表征转向干预，即，基于实验室中相关仪器"操作"所产生的现实现象，来赋予理论实体以存在的确证性。但是，哈金早期的实验实在论思想一方面停留于实体实在论的窠臼之中，另一方面只为实验室研究提供了物质性维度的辩护。为了弥补实验实在论在理论层面的缺陷，哈金发展出了实验室科学思想：实验室科学中包含十五种要素（分为观念、事物、标记三类），各种要素在实验室中相互作用，实现了实验室科学的相对稳定性，获得了自我辩护。由此，理论也针对实验室中的现象而言获得了相对稳定性，科学的地方性生产（实验室）与全球性应用（普遍性）也在实践的基础上得以实现。从实验实在论到实验室科学的逻辑发展过程，构成了哈金实验室研究的具体内涵，更是其科学哲学思想的基点。但哈金内在思想发展的迫切需求及他与福柯的遭遇，迫使哈金将历史引入科学哲学思想体系之中，转向推理风格研究。

第二章　历史本体论：人类理性的历史建构

哈金的历史本体论思想源于福柯，并在其基础上塑造起自身的版本。根据福柯的知识、权力、伦理这三条轴线，哈金确定了历史本体论的范畴与外延，历史认识论、现象的创造等都被划入其范畴内。以受虐儿童为例，哈金描述了历史本体论的具体内涵，即哈金所自称的动态唯名论：一方面，在分类作用于被分类者之前，被分类者并不存在，直到分类出现；另一方面，分类与被分类者之间相互作用，分类是一个辩证的动态演化过程。但历史本体论思想还局限在人文社会科学领域，与自然科学哲学领域保持着不同的本体论论证模式。哈金将从福柯那继承而来的历史本体论运用于科学哲学研究之中，由此孕育出了推理风格思想。

第三章　推理风格：科学理性的历史建构

哈金推理风格的发展具有三条历史与逻辑线索。第一，哈金的推理风格是对来自福柯的"历史本体论"中理性主体建构的延续：从人类理性的建构转向科学理性的建构,科学理性具备历史起源的意义。第二,哈金的推理风格是对克龙比罗列出的"思想风格"的哲学分析:推理风格代表真与假的可能性空间,并具备自稳定技术。第三,将实验实在论到实验室科学的实验室研究约束于实验室风格之中:多种推理风格之下存在着多义的实在论与反实在论论证。以这三条线索,哈金的推理风格实现了科学哲学与历史,理性与历史,实在与理性的协调与统一。最后,从实验室研究到推理风格的历史和逻辑的发展过程,构成了哈金科学哲学研究的重要组成部分。

第四章　哈金科学哲学的生成论向度

当代科学哲学实践转向强调在本体论范畴上实现从知识到实践的科学视域转变,重新回归"唯物论"。哈金作为该转向中的重要代表之一,在其实验室研究、历史本体论到科学推理风格的发展脉络之中,呈现出立足于唯物层面的生成性科学哲学思想。这一科学生成论悬搁了局限在本质性内涵中的传统本体论、认识论和方法论问题,在现象的层次上提出新的本体论、认识论和方法论的研究进路,从而为科学哲学实践转向视域下科学实在论与反实在论、科学知识的普遍性与地方性、理性主义与相对主义等问题的讨论,开创一种新的论证方式。

一、实验室研究:实验室科学的自我辩护

20 世纪 90 年代以来,以皮克林主编的《作为实践与文化的科学》[①]为标志,科学哲学的研究发生了实践转向,不再仅仅关注于抽象的理论研究,而是尝试在科学实践中把握科学哲学,主要的研究者包括了皮克林、拉图尔、林奇、哈金等。哈金所持的"实验室各种因素的相互影响保证科学稳定性的思想与其他人"(比如皮克林所认为的"科学知识的增长是不断遭遇的阻力在实践中迫使科学家们不断调整具体实践情况的结果")的思想具有一定的联系性,只是他更注重哲学的研究进程,而其他人更注重社会学的研究进程。不

---

① 皮克林:《作为实践和文化的科学》,柯文、伊梅译,中国人民大学出版社,2006 年。

同于前期实践哲学的转向中对实验的微观案例研究,即将实验放到科学知识产生、发展和传播的语境中分析,将科学知识与实验相挂钩,哈金从其不同于其他人的实验实在论出发,侧重于对实验的研究,从而对科学哲学的内部产生了真正的冲击。

(一)肇端:从表象主义到干预主义

从 20 世纪 70 年代开始,随着传统科学哲学的发展遭遇到历史主义的诘难和相对主义的盛行,科学实在论和反实在论之争也成为科学哲学家争论的核心,而该场争论都是在作为表象的科学这一层面上展开的,因而是一场形而上学的无结果的争论,应当从停留在表征层面的理论实在论转向可以实现干预的实体实在论。故哈金主张转变哲学关注点,开始从干预的视角展开对科学实验的研究,主张"实验有着自身的生命"[①]。基于此,哈金塑造出一种基于实验的实体实在论,即实验实在论。

在实验实在论中,理论实体的实在性问题的最好解决方式是通过观察、测量、仪器操作、数据分析等各种实验干预,而不是依赖于科学理论或表象。也就是说,"如果你能发射它们,那么它们就是实在?"[②]电子可能看不见,但是我们可以通过发射电子来增加或减少电荷,由此当我们把它作为工具使用,改变其他的东西或产生新现象时,其本身就是存在着的。原则上不能在现实中观察到的理论实体,可以通过实验操作产生新现象,从而通过考察、探索可观察到的外在现象来判定理论实体的存在。比如电子,我们能系统地发射电子、改变电荷,以操纵自然界的其他事物,其就不再是假设的、推论的、理论的,而是实验的、干预的、实践的。所以,通过从表征主义到干预主义的彻底转变,理论实体在实验室中操作、干预、实践的过程中实现了自身的实在性,它既不是社会建构的产物,也不是理论发展的产物,亦不是简单先验存在着的。理论实体具备实在性,但只有通过实验操作,其实在性才得以确定。由

①　哈金:《表征与干预:自然科学哲学主题导论》,科学出版社,2010 年,第 121 页。
②　哈金:《表征与干预:自然科学哲学主题导论》,科学出版社,2010 年,第 18 页。

此,哈金提供了解决实在论与反实在论的新型进程,并在哲学层面上引领了20世纪80年代开始的实验室研究。

但是哈金的实验实在论过于强调实验,导致他的理论局限于实验室研究的物质性维度,极少关注甚至忽视科学理论等意识性维度,从而使得物质与意识被割裂开来,由此实验室内部的运作与科学理论问题都无法得到解答,更无法解答科学的稳定性与发展问题。也就是说,哈金依靠实验室中的干预、操作、实践来解释科学预设的实体的存在,即通过实验室内的操作来建构科学实在性,那么,科学自身的稳定性和发展如何保证?作为科学产物的科学理论又是如何形成、发展,成为当下呈现在我们面前的状态的?所以,为应对实验实在论对科学之理论维度的忽视,哈金从20世纪90年代开始提出了"实验室科学"①的概念,主张将科学实验室中的要素分为十五类,这既包括其实体实在论所强调的物质性因素,也囊括了哈金早期所忽视的理论因素。各种因素在实验室中相互作用,最终达到一种稳定状态。实验室内科学现象的发生,即科学的有效性和可预言性,其根基就在于这种稳定性。在这基础上,通过实践,科学的地方性生产(实验室)与全球性应用(普遍性)之间在实验室科学的基础上达成了统一。从基于实验的实体实在论到自我辩护的实验室科学,它们共同构成了实验室研究的具体内涵,也成为哈金科学哲学思想的重要出发点和基点。

(二)范畴:实验室科学及其分类

在哈金的视野中,实验室科学保持着自我存在的生命力,具有强烈的自我辩护能力,"当实验科学在整体上是可行的时候,它倾向于产生一种维持自身稳定的自我辩护结构"②。实验在科学技术中占据着相当重要的地位,在某

---

① 在《科学理性》(*Scientific Reason*)中,哈金提到他的初衷是将实验室科学作为克龙比科学思维风格的哲学版本的改进来撰写的,但亦无法磨灭它作为实验室研究一部分的具体内涵,本文试图实现的就是通过从实验实在论到实验室科学的逻辑进程,为科学哲学的发展提供新的借鉴。

② 哈金:《实验室科学的自我辩护》,载于皮克林编著的《作为实践和文化的科学》,中国人民大学出版社,2006年,第33页。

种意义上,实验甚至可以作为近代自然科学及其技术出现的标志。所以,整个自然科学体系离不开实验这一维度。然而,实验(experiment)还不等同于实验室(laboratory),哈金此处强调的实验室科学并不是实验科学。实验室科学比实验科学暗含更多的历史文化底蕴和实践效应:一方面,它本身是一个漫长历史中形成的文化机制;另一方面,只有通过孤立地使用仪器操作来干预实验过程,才能称之为实验室科学。就比如社会心理学,我们会在其中进行很多的实验,但是它并不是在哈金意义的实验室科学,因为在社会心理学中我们很难通过仪器操作来改变、创造现象。所以,哈金在此处所强调的科学,特指"实验室科学",其是"在孤立状态下使用仪器去干预所研究对象的自然进程,其结果是对这类现象的知识、理解、控制和概括的增强"①。一方面,实验室科学并不局限于在实验室内的科学现象,还包括在实验室中发生的各种上层建筑领域的理论、模型、规章制度等;另一方面,以现有的科学水平还无法干预的,仅停留于数据分析无法达到操作层次而无法使其研究对象发生种种变化科学,比如天文学、天体物理学、宇宙学都只是实验科学,够不上实验室科学。所以,"实验室科学"是一个既宽泛又狭窄的指征范畴,其将精神层面的东西纳入却以实用操作性将单纯的假设性研究排除在外,实验室科学的稳定性的保证也正是在这个意义上得到论证的。

那么,对于哈金来说,真正的实验室科学具体包含了哪些内容呢?作为保证科学稳定性的前提,也就是哈金所提到的实验室的十五种要素,其包括了观念、事物、标记这三个方面,简单地说,就是理论、仪器、仪器产生的数据以及对数据进行的统计分析,具体分为:"问题、背景知识、系统的理论、时事性的假说、仪器的模型化;对象、修正的资源、探测器、工具、数据制造器;数据、数据评估、数据归纳、数据分析、解释"②。观念方面:第一是问题,问题贯穿于整个实验,既可能是基于实验结果的问题,也可能是开始研究前或过程

---

① 哈金:《实验室科学的自我辩护》,载于皮克林编著的《作为实践和文化的科学》,中国人民大学出版社,2006年,第36页。

② 哈金:《实验室科学的自我辩护》,载于皮克林编著的《作为实践和文化的科学》,中国人民大学出版社,2006年,第45—52页。

中产生的问题,当然更为重要的还是问题背后所暗含的理论;第二是背景知识,往往被视作理所当然的背景知识和未曾被系统化的预期,是不可或缺的背景信仰;第三是系统的理论,既具备主题的针对性,又具有一般性和系统性的理论;第四是时事性的假说,是联系系统的理论与想象的中介,是那些比理论更容易修正的东西;第五是仪器的模型化,主要是关于仪器、设备的理论。事物方面:第一是对象,是研究一种物质或一个物群;第二是修正的资源,是仪器会以某种方式改变或干预现象的仪器等资源;第三是探测器,其用于决定和测量对象的干预或者修正的结果;第四是工具,是实验所依赖的更为基本的东西,比如螺丝起子、显微镜等;第五是数据制造器,比如简单实验中的一个人或一个团队的计数、显微图等产生数据以供分析研究。标记方面,即实验结果:第一是数据,数据简单地说就是数据产生器所产生的东西,包括了各种未经解释的描述、表格等;第二是数据评估,是对一个可能的错误或一个较为复杂的统计设计的计算;第三是数据归纳,将大量难以理解的数字数据转化为可以处理的数据或图形等显示形式;第四是数据分析,指实验研究中必须要经历的选择、分析或计算机处理等;第五是解释,对数据的解释需要背景知识、系统理论、时事性假说及仪器的模型化等理论作为支撑。这十五个要素就是哈金所强调的在实验室科学中相互作用的基本要素,正是它们之间的相互作用,使其稳定性得以可能。

然而,哈金的实验室分类项目是局限在一定意义或范围上谈论的。首先,实验室的十五要素中的背景知识、系统的理论、时事性假说、仪器的模型化都是先于实验过程的公认知识,但实际上还有很多事情先于实验建立起来的,其不仅包括知识,还包括工具和统计分析技术,但是在此处哈金只关注知识方面。其次,哈金不再关注于"世界观",即世界到底是什么样的图景,他关注的是实际的实验操作,只有那些能对实验产生影响才是应该考虑的对象,那些在实际的实验工作中不使用的东西基本被剔除。最后,哈金也不再关注实验者、实验者之间的谈判、实验者之间的通信、实验者的环境以及他们工作的具体场所和经费的落实等问题,仅仅诉诸科学稳定性,这是此处哈金研究的重心。

（三）辩护：实验室科学的稳定性①

哈金所谈论的主题还远远不是"实验室科学"这么简单，其关注的是实验室科学的稳定可靠性。首先，一般认为，实验室科学具有先验的稳定性，但是受到相对论与量子力学的影响，实验室科学的稳定性遭到了质疑，即相对主义等思想的盛行，使人们开始关注反驳、革命、更替等。特别是爱因斯坦，他认为思想已经完全可以独立于实验工作而产生和发挥作用，但是理论在"这个领域"是独立有效的，比如牛顿定律依然有效，只是不能直接使用，但对其静下心进行微小的改进，仪器产生的测量现象同样是有效的。其次，不同于哈金所提到的科学实验室的稳定性，许多其他人或群体所提出或认识到稳定停留在表面层次的稳定性，也就是在日常中所感受到的稳定性：第一种，由于习惯性的错误思维，出现了这样一种观点：旧的科学是被原封不动地保存下来的，我们现在知道的就是原来科学技术被发现或创造的原有的样子。但实际上，我们需要知道的是"稳定的是已转变为事实、不再拥有眼前利益的各种各样的事件"②。我们认识到的科学已经不是当时的那个样子了，其已经发生了各种显性或隐性的变化，只是日常的持续性使用和我们对事物的命名使它变得不那么明显。第二种，"科学的实践像一条多股的绳索"③：就算其中的一股会断掉，其他几股还是不受影响、完好无损的，因为作为主体的绳索本身保持不变，局部的变化无法撼动整体的本质属性，从而理论的、实验的和仪器具

---

① 在哈金看来，科学稳定性与科学实在性具有类似性，但在角度上还是不同的。科学稳定性坚持事实与现象是制造出来，而不是观察得到的，相对应的，真理的标准是产生出来的，并不是预先存在的。所以，科学事实一旦被制造出来，就有了足够的真实性，不需要考略先验的存在性或设定。但科学的实在性则不可追溯，如哈金坚持的实验实在论，即通过实验操作产生现象确保理论实体的实在性，而先验的实在性问题的讨论是毫无意义的，需要讨论的是干预性问题，故在实在性方面，哈金还是关注了先验问题。

② 哈金：《实验室科学的自我辩护》，载于皮克林编著的《作为实践和文化的科学》，中国人民大学出版社，2006 年，第 44 页。

③ 哈金：《实验室科学的自我辩护》，载于皮克林编著的《作为实践和文化的科学》，中国人民大学出版社，2006 年，第 44 页。

有了连续性。第三种,"各种科学要素转变为拉图尔的'黑箱'的实践过程"[①]:使用者本身不清楚"黑箱"(拉图尔的"黑箱"指只要给定条件,那么就会产生可预计的效果)是如何工作的,如从仪器公司买来的或者其他实验室借来的各种实验仪器,既不知道其如何工作的,也不清楚其如何修复的,其要依赖于仪器的制造者,仪器本身并不具备稳定性,其制造者的不断修复等保证了其的相的稳定性。

虽然上述的稳定性思考为哈金提供了思想基础,但是在他看来,真正的稳定性应该是"指物质现象与产生这些现象的实验室仪器,如果人们以恰当方式在实验室中安装了某些仪器,并相信这些仪器能够产生预期的物质现象,那么就是说这些现象是稳定的"[②]。作为结果的稳定理论,其相互之间是不可比较的,仅仅相对于现象以及仪器来说是真的。科学理论只是针对实验室中使用的仪器、操作产生或创造的现象、测量获得的数据等具有真实性。在此意义上,理论与实验仪器、实验仪器产生的数据以及数据分析,相互辩护、相互作用、相互影响,并最后实现稳定的成熟的实验室科学,而这个实验室科学又"发展出了一个理论形态、仪器形态和分析形态之间可以彼此有效调节的整体,形成了一个相对封闭的体系"[③]。我们需要注意的是哈金并不主张把"自然"(先在的存在)作为科学稳定性的解释,不用"自然"或"潜在的"实在来解释科学的成功,共性和稳定性都近似一种偶然性。

(四)延伸:地方性生产与全球性应用

哈金通过其十五个要素的相互作用使实验室科学达到了相对的稳定,实现了自我辩护,那么科学稳定性最终达到的是普遍性的真理吗? 回答这个问

① 哈金:《实验室科学的自我辩护》,载于皮克林编著的《作为实践和文化的科学》,中国人民大学出版社,2006 年,第 44 页。

② 哈金:《实验室科学的自我辩护》,载于皮克林编著的《作为实践和文化的科学》,中国人民大学出版社,2006 年,第 32 页。

③ 哈金:《实验室科学的自我辩护》,载于皮克林编著的《作为实践和文化的科学》,中国人民大学出版社,2006 年,第 32 页。

题,我们首先要解决另外一个问题:两个"并不是共同测量"的理论可以同时为真吗?对于这个问题,科学哲学界有三个回答:第一,认为只有一个终极理论对应于我们的世界,不存在第二个理论可能为真;第二,认为不同理论对应着实在的不同部分,两个理论可能同时为真;第三个认为我们持有的系统和时事性理论,针对不同的应用水平、不同的现象和不同的数据领域来说是真的。哈金所站的就是第三种观念的立场,实验室科学中所蕴含的理论最终都是针对某一特定的现象而言的为真,没有绝对的真理,但是存在着相对的真理。所以,首先,理论不是对应着现实世界被检验、被确证,而是在思想、行动、物质和标志的共识性中达到相对稳定,以达成共识。我们并不需要一个关于真理的理论,也并不需要对十五种要素进行修改以使其在某种程度上获得普遍的共识性,这不是哈金所追求的。其次,现象是由实验造就的,而非预先存在着的。基于实验实在论,我们可以认识到在哈金看来现实世界中客观存在着的实在者与科学理论之间并不存在先验的对应关系,或者说理论并不是对现实世界的真实反应或错误反应,其仅仅是针对实验中产生的各种现象而言为真或为假,相对应的,这个现象就是为了更好地解释或创造科学理论而产生并不断试验的。最后,在仪器运作、实验操作的过程中所展现出的相互作用的过程,无论是物质性的,抑或是意识性的,两者都致力于将物质世界与意识世界的"契合",在此基础上,科学的稳定性得以实现。

既然实验室科学并不具有绝对的真理性,那么在独特的实验室环境中产生或创造出的纯粹状态的现象根本无法作为完全一般性的存在,那就出现了一个问题:如何实现从稳定性的实验室科学到实践工作的转变过程,也就是说,如何从局限在实验室中的地方性生产变成普遍性的全球性应用呢?实验室中的科学工作都仅仅是局限在实验室的有限空间中的偶然事件,而大型工业的生产却是对实验室科学的大量的普遍的实践应用。现实的再生产过程不可能与实验室环境保持一致,其包含的各种要素也不可能与实验室科学中的各要素相同,更不要提相互作用的方式,故地方性生产与全球性应用间的矛盾是如何化除的呢?是现实的实践操作。通过现实的实践操作与活动,一个成功的实验室科学案例会作为知识和技术会从实验室迅速地扩展到社会应用。现实活动及其改进,使现实的控制环境、工业机器等原型保持着很高的稳定性。所以,一方面,"我们想要可重复的设备来使未经驯化的世界以良好效应,但是并不是真理性的东西导致或解释了这种效应"①。工业应用的实现并不是由具有所谓的普遍性的真理实现的,其是由自身工业生产的具体操作导致的。另一方面,一项外部环境任务的成功或失败都不会构成对这个理论的辩护或拒斥,因为工业应用本身只是针对其控制环境而言的,其受实验室外的具体的工业实践的影响,而实验室科学的理论只相对于在实验室中产生的现象来说是真实的理论——成熟的实验室科学仅对实验室产生的现象来说是真的。由此,局限在实验室之中的地方性生产与全球性应用之间实现了相互的统一。

由此,实践在哈金的实验室科学中获得了自身独特的地位,相对应地,哈金的实验室科学代表着一种科学实践研究的哲学进路。在实验室科学中,理论相对于现象的稳定性是在实践中不断更替或变化的,比如一个理论对一组现象来说是真的,并拥有"自足的数据领域",但最后却丧失了生存能力,而相对应的,一个理论在一段时间内相对于一定的现象是错误的,但是其随着科技的发展,对于另外的现象是真的,所以实验室科学本身就不是一个绝对的、静止的东西,而是随着具体的实验操作、仪器设备、分析模型等的变化而变化的。需要注意的是,哈金此处并不等同于怀疑论者,因为他们关注于陈述,关注于理论本身,而忽视了实践层面。由此,实验哲学家必须要摆脱语义学的束缚,不能局限在所谓的形而上学的框架中,通过头脑风暴来实现所谓的理论争论的胜利。这是不可取的,他们需要做的是更多地思考现实行动、实践过程,而不是思考知识、信仰、观念、论证、真理等思维层面的东西。

哈金对于实验室科学的稳定性的辩护,使实验室科学的内涵与分类得到了很好的补充与发展,使实验室科学这个概念范畴得以清晰化,为实验室科学及其稳定的实现的论证提供了一条真实可行的研究进程,这在方法论意义

① 哈金:《实验室科学的自我辩护》,载于皮克林编著的《作为实践和文化的科学》,中国人民大学出版社,2006 年,第 60 页。

上极具进步意义。而更为重要的是哈金的实验室科学的自我辩护展现出了实验或者工业等实践的重要性,当实验室科学的真正的稳定性都是针对实验的现象通过十五个要素的相互作用得以实现时,其具有了动态性与相对性,从而推动"作为文化的科学"向"作为实践的科学"的转变①的进路。虽然,哈金的实验室科学自我辩护本身具有一定的相对主义倾向和实用主义倾向,对于一些细节问题也没有很好地解答和分析,但是毫无疑问地,哈金是科学实践转向的重要代表,为其提供了强有力的辩护。

但是,哈金的实验室研究存在着不可忽略的局限性,哈金所强调的"干预"并不等同于"实验",还存在着其他类型的干预,但它们并不全在实验之中,如概率统计,它并不在哈金意味上的实验室中获得实在性与自我辩护,但是其在科学哲学中占据着独特的地位,不能忽视这个范畴。② 所以,哈金的实验室研究只侧重了科学哲学中的一个侧面,即实验室中的各种现象与对象,甚至连天文、宇宙学等都被排除在外,那么局限在科学实验室中认识论与本体论解答何以代表整个科学哲学的哲学论证? 恰逢其时,哈金遇到了福柯的"历史本体论"思想,该思想为哈金的科学哲学研究提供了新的启发。福柯注重历史中人类理性的建构,即人自身在历史的过程中得以建构,以此为基础哈金发展出了自身的历史本体论,即对人自身及其行为的建构。但这并不是哈金研究的最终目的,他关注的是将局限在人文社会科学哲学中的"人类理性的建构"转向科学哲学视域下的自然科学哲学中的"科学理性的建构",即将历史引入自然科学领域,通过历史与哲学的相互作用,科学史与哲学分析的相互结合,为科学哲学的发展提供借鉴。而这个相互结合的产物就是哈金后期不断强调的推理风格,由此,从实验室研究到推理风格,哈金实现了哲学与历史、历史与理性、认识论与本体论等维度的相互统一。

---

① 来自皮克林《作为实践和文化的科学》这本书的思想主旨。

② 哈金对概率统计也进行过各种哲学分析,具体体现在他 1975 年出版的《概率的突现》(*The Emergence of Probability*)中。

二、历史本体论：人类理性的历史建构

哈金的推理风格思想直接来源于历史本体论思想，而该思想主要体现在《历史本体论》①这本论文集中。哈金将 1973—1999 年里关于历史的各种研究与反思杂糅在这一本书中，并不追求那些彻底的和确信的一致性，甚至于没有按时间次序发展的观点或观念集。他认为存在着各种各样不同的主题，以及有必要去寻找它们的共同点，因为对于共性的研究已经有很多人加以尝试。故在某种意义上，哈金的历史本体论本身没有特别明确的划分和逻辑走向，缺乏系统的阐述和一致性的观点。就历史本体论的研究本身，其实极具难度，故现在以偏概全，试图从几个明显的思想点着手。整体上，哈金关注两大类的问题：哲学家对历史的使用；福柯的"考古学"研究。尽管整个论文涉及范围广泛，但是中心思路还是围绕着这两个循环的主题。

（一）范畴与外延：福柯"三轴线"

"历史本体论"本身体现的是哈金广泛的本体论兴趣，但这不意味着他喜欢"本体论"这个词，在哈金看来这个词太过高傲，并不使人愉快，因为一般意义上的"本体论"都意味着古希腊以来探究普遍存在的形而上学意义上的本体论，这是关于普遍存在的研究，反对个体化的哲学思考，除非是上帝、灵魂、理念、理性等永恒实体。但是哈金对这些关于宇宙间最为普遍的种类的争论没有多大兴趣，他所要研究的是具体时间、地点所形成客体的基本类型：首先，哈金深受旧本体论思想的影响，探讨还是普遍客体；其次，这普遍客体包含物质客体，还包括各阶级、各行各业的人，甚至是观点，只要能个体化就予以讨论；最后，其本体论并不是传统意义上的本体论，而是从福柯的历史调查而来的"历史本体论"。

---

① Ian Hacking, *Historical Ontology*, Cambridge, MA: Harvard University Press, 2002.

福柯在"什么是启蒙"中曾两次提到过"我们自身的历史本体论"①。福柯认为凭借真理,我们建构自身成为知识的客体;凭借权力,我们建构自身成为作用于他人的主体;凭借伦理,我们建构自身成为道德主体——他称这些为知识,权力,伦理的三条轴线。通过这三条轴线"我们"建构着我们自身,无论是作为自身知识的主体,操作或服从权力的主体,抑或是自身行为的道德主体,人类都无法离开这三个轴线,这是成为人的最终方式。首先,在**伦理轴线**上:对于"我们自身如何成为道德主体"的研究是康德伦理研究的核心,福柯所做的就是有规律地历史化康德。他并不把道德主体的构造看作普遍存在的东西,适用于所有的理性存在。正相反,我们是在某一具体的地点、时间上建构的自身,使用那些与众不同的及在历史上形成、组织的材料。所以,福柯解开的是我们如何作为在文明与历史中的人类,成为道德主体的,即通过在相当特定的、局部的、历史的方式来作为道德主体建构自身。其次,在**权力轴线**上:虽然权力经常在表面上表现在外在控制上,甚至于将权力当作政治、社会或武装力量,但是福柯谈到的权力,并不在于权力对于人类的影响,即通过代理人、权威或体制作用于"我们",而是"我们"也得以参与进去的无名无主的安排。我们自身的权力和关注我们的任何他者都是相同的,我们并不是消极的被害者,而是主动的参与者。所以,福柯并不是通过君主或赋予绝对权力的利奥塔对于"我们"的绝对控制来实现构成自身的,而是通过参与在其中的权力机制来构成作为主体的自身。最后,在**知识轴线**上:传统主题中关注的是知识如何成为真的知识,即成为真理,但在福柯的视野之中,知识的客体成为我们自身,因为我们周围交织着真或假的可能性,这些可能性包含了发现什么是真或假的方式。所以,各种各样的观点、实践以及类似的体系,这些我们本可以当作知识的客体来对待的存在,反过来会给人类的选择和行为提供新的可能性,使人自身成为知识的客体。在哈金几乎所有的例子中,都存在着福柯的知识,权力和伦理这三者的强有力暗示。尽管他想要将他的历史本体论概念化,但还是保存了福柯思想中核心内容,即三条主要轴线。所

① 杜小真:《福柯集》,上海远东出版社,1998年。

以,哈金的"历史本体论"来自福柯,并试图在其基础上尝试塑造自身的版本。

正是以福柯的知识、权力和伦理的三条轴线为依据,哈金大致描述了历史本体论的外延和内涵。这里的历史本体论并不是一般意义的历史本体论,通俗而言,在历史哲学看来,历史本体论研究是对历史本身及其现象是否存在,以如何的形式存在,其本质是什么,其如何发展或变迁的等历史哲学问题的本体论思考。但是福柯通过行为主体、操作或服从权力关系的主体、自己行为的道德主体这三个维度对建构人类理性,并对自我建构的先天历史条件进行研究。哈金正是在这样的前提下进行历史本体论研究。由此,历史认识论、历史元认识论、现象的创造等都被引入了哈金的历史本体论的范畴之中:

第一,就"历史认识论"而言,"历史认识论"这个表达被杜撰时,它意味着对普通性观念的关注,与知识、信仰、意见、客观性、超然、论证、理性、合理性、证据,甚至于事实和真理有关。同时,这些认识论的观念并不是不变的要素,也不是独立存在的理念,永恒地存在。所以,历史认识论就是对知识轴线的组织和探究。对于观念而言,它的历史或情境性经常被忽视,但是观念有着其自身的起源和发展轨迹,有着自己的历史,并对我们的社会、法律、科学、争论等产生各种效应。

第二,就"历史元认识论"而言,它不再把认识论当作知识的理论,而是对知识基础的研究。它不拥护或反驳知识,而是将观念作为进化和变异着的客体,通过对这个客体的轨迹的研究来思考其在知识中扮演的角色。历史元认识论与知识轴相关,同时还涉及其他两个轴。以相机为例,相机的使用协调了全世界观察者的参与观察的权力,而照片展示了事实的真相,促使我们真实地报道,成为一种新类型的道德代理人。

第三,就"现象的创造"而言,以霍尔效应为例,在霍尔之前,这种现象在宇宙间从未存在,并不是一种纯粹的形式,直到1879年霍尔意外地将其创造出来。可以说,霍尔精炼了一个自然存在的现象,甚至于霍尔使这种现象得以形成,使潜在的存在建构起来。所以,各种各样的现象,都是在历史的过程中形成和创造的,这与我们知识、权力和道德的三条轴相匹配,不仅与权力的微观社会学相联系,还会引起道德关注,所以计入了历史本体论的主题。

这三个方面仅仅是哈金历史本体论范畴中的一部分,哈金并不致力于罗列出历史本体论的所有外延,他的目的仅仅是通过列举来实现对其历史本体论的更为深层次的理解。就哈金的历史本体论而言,首先其是在福柯意义上的历史本体论,它不局限于本体论的范畴,甚至涉及认识论的问题,事物、分类、观点、各行各业的人、体系等都能集中在历史本体论的标题之下。其次,依据福柯的三条轴线,哈金就历史本体论的外延进行了限定,哈金所有的例子中都存在着这三条主要轴的核心内涵的强有力的暗示;最后,哈金与福柯仍保持着一定的距离,他对福柯的范畴进行扩展和收缩,忽略政治目的,关注于知识考古学或谱系学。

(二) 内涵与特征:动态唯名论

那么,哈金从福柯那发展而来的历史本体论的具体涵义到底是什么呢?哈金认为"我的历史本体论所关注的客体及其效应,它们不存在任何可辨识的形式,直到它们成为科学研究的对象"[①]。历史本体论针对的对象并不是普遍意义上的对象(如柏拉图的理念等),更不是自然环境中早已存在的对象(如以物质形式早已存在着的人的肉体等),这个对象需要人类思维(理性)的构建,在人类思维(理性)建构之后,其才呈现出它自身的形式和内容。对于历史本体论的具体涵义,哈金尝试着通过各种案例的分析来加以描述,如虐待儿童、精神创伤、儿童发育等分类的案例。虽然对于那些专注于一般性的机构、实践、组织概念的历史存在论者而言,这些案例都是局部的观念。但现在这些分类都已成为引人注目的组织性概念,而在具体案例中才能更清晰地彰显出历史本体论的真正涵义。

以虐童为例,在受虐儿童这一群体在被正式命名前,并不是没有虐童现象的存在,身体上的伤口或精神上的创伤都可能是虐童现象存在的证明,但直到有了对受虐儿童这一群体的分类并对其进行命名,他们才成为我们现在称之为受虐儿童的群体,其才真正地为人们所知道,并由此引发了后续的针

---

① Ian Hacking, *Historical Ontology*, Cambridge, MA: Harvard University Press, 2002, p.11.

对虐童的道德评价体系或法律制度等。又以精神创伤为例,人们对于精神创伤完全没有概念,甚至于将其归入其他分类,直到有人进行了创伤后应激障碍的考古,即对美国越战的退伍军人进行观察,吸收所有的档案旧神经症的症状,并在其基础上整理归纳,逐渐形成一个规范化的分类范畴,而一旦这个分类范畴得以建构,其会对整个社会制度、生活环境等产生多方面影响。又或者援引关于儿童发育的例子。我们关于儿童的特有概念其实是由我们关于发育的科学理论及其实践的过程中逐渐形成的。尽管我们没有强迫自身以某种方式概念化儿童,但是发育的概念已提前一步,成为一个自然普遍的分类,它组织着我们关于儿童的经验,形成着我们关于儿童的最终观感,在这个分类之前,我们并不存在所谓的儿童发育。更为重要的是,无论是此分类方式,抑或是另外系统的分类方式,它们本身是通过特定的历史进程来形成的,这个阐述就称作"历史本体论"。所以,首先,哈金的"历史本体论"表示在思维中形成某种分类及这种分类作用于被分类者之前,这些被分类者并不先验存在,只有被"分类"加以作用,这个被分类者才成为被分类者。其次,这种分类是在历史中形成并不断变化着的,并不是一成不变的。最后,这种分类对于其作用着的被分类者而言,产生一定的效应,改变着被分类者。

由此,哈金自认为是一个"动态唯名论者,对我们的实践与我们所命名的东西间如何的相互作用比较感兴趣——但是我同样可以被称作为辩证的实在论者,全神贯注于存在什么(产生什么)以及我们关于它的观念间的相互作用"①,并试图提出和发展了他自身的"动态唯名论"的理论,这是他现在很多研究的理论基础,涉及对于人类行为的分类、实践、可能性等。很多的情况下,事情并不取决于我们如何去描述他。相比之下,人类的行为取决于描述的可能性。当一个新的描述模式产生,紧接着就产生了新的行为可能性。在一般的哲学家看来,我们所有的有意向的行为都是在某种描述下进行的。哈金不反对这个观点,他认为我们可能的领域,以及我们自身,在一定程度上由我们的命名或描述所建构,所以,哈金这是在唯名论的立场上建构着我们

---

① Ian Hacking, *Historical Ontology*, Cambridge, MA: Harvard University Press, 2002, p.2.

自身。

而这些由我们所建构起来的分类模式直接影响着这些分类,改变着我们自我观念,以及同样改变着我们的行为。而且,这些改变经常反过来促使分类的修正。所以,存在着分类的"循环效应",或者可以称之为"回路效应"。分类的创造或变迁改变着社会现实,促使新的客体形成,这些新的客体及变化了的现实会反过来对分类产生影响。也就是说,被分类者并不是完全被动地接受,其也会对分类本身产生影响,就像精神创伤的研究,一旦精神创伤的分类被建构出,作为被分类体的精神创伤者才被聚集在一起,而在其聚集之后,这个群体的研究就获得了新的可能性,精神创伤的分类体系不断地被发展、完善,逐渐在历史过程中形成当下呈现在我们面前的状态。所以,分类与分类产生的人类及人类思维、行动产生互动,而正是在这个互动过程中,一方面该分类或类别自身的客观性得以建构,作为一个完整的体系或可能性的体系在现实世界中担任一定的角色;另一方面,互动会使被分类者自身发生变动(无论是产生了良好效应还是不良效应),而被分类者也不是简单被动地被建构,而是在自身变化的过程中又反过来引起分类本身的变化,这是一个"辩证的动态过程"。所以,"分类并不是一个完成的、终结的历史,而是随时处于辩证的动态演化过程"①。

(三) 区分与转向:人类建构与世界建构

哈金受福柯的"历史本体论"的影响,将历史引入了自身的动态唯名论中,形成具有自身特色的历史本体论,但需要注意的是哈金此处对于历史本体论研究本身并不构成其科学哲学思想的一部分。因为历史本体论首先是对人文社会科学领域中的人自身及其行为的研究,是对人类自身及其理性的建构,并不纳入科学哲学的研究范畴。哈金自身秉持的是人文社会科学哲学与自然科学哲学之间的传统二分:一方面是为了避免自然科学领域的简单历

---

① 邱大昕:《谁是盲人:台湾现代盲人的鉴定、分类及构成》,《科学、医疗与社会》,2003 年第 16 期,第 15 页。

史主义化，以防最终导致相对主义等；另一方面是为了避免人文社会科学领域的自然主义化，以防最终导致对历史社会的机械化认识。所以，哈金在自然科学与社会科学间寻找一个相互区分和联系的支点，在这基础上，其实验实在论与动态唯名论得到了最大程度的划分：：在自然科学哲学领域，也就是科学哲学思想领域，哈金自认为是实验实在论者，实验室研究是其哲学思想的基础；而在社会科学和人文科学哲学领域，哈金则自称为动态唯名论者。

在自然科学哲学领域，库恩的历史化的尝试是无意义。我们在思维方面的分类，对于整个世界及其运行并没有"真正"的改变或创造。即使我们创造了新的物理现象（这个现象在我们尝试前并不存在），但是这个现象本身并不是由思维分类或理论的实质性影响而得以产生的。这个物理现象是人类实践的产物，而不是对理论变化的弹性反应。故在自然科学方面，无论做出多大的尝试，理论层面的讨论永远也无法解决实在论与反实在论之争，只会局限在形而上学的思辨之中，只有实践、操作、干预，即深入实验生活和世界改造，才保证了科学实在论。当"操作"取代"思考"，"干预"取代"表征"，各种意义上的反实在论、非实在论亦或称作为唯名论都很难得以确证。所以，当自然科学背负其历史，其客观性和实在性就在"历史建构"的魔咒中消失殆尽。自然科学的客体，特别是实验设备，是恰当地完成的，在某种意义上他们不是历史构成的。就比如说，光电效应本身是不受时间影响的，只要我们去恰当地去实践，那么这种效应就会产生。因为它们本身就是实在的，只是还未出现而已，直到我们通过实验操作我们创造了这样的现象它才展示到人类面前，而无论社会环境、理论架构、思维方式等等发生了多大的改变，这个现象本身还是这个现象，并不是因为社会的进步发展或者退化而变化。

在社会科学领域则是另一番风景，我们会设计、创造出新的分类，由此形成了各种分类模式下的人类和各种各样的行为，而在这些分类模式出现之前，被分类的人类及其行为并不先验存在，其是在分类得以命名及实施之后才真正地存在着。它涉及历史，作为人文社会科学的客体，即人类及其行为，是由各个历史进程所建构的。也就是说，历史在客体建构的过程中扮演着最为基本的角色，其决定了人及其行为方式。所以，在历史中人类建构了人类本身及其行为,而在实验室中人类重构世界,而建构人类本身比建构世界可能具备更为深刻的意义。

正是在实验实在论的基础上,在实验室中的仪器操作实现了对世界的重构。首先,理论实体本身就是存在的,而不是在其产生各种效应或现象后才存在的,其不是人为建构的产物,所以,人无法实现对世界的建构。其次,人类通过干预、实践、操作等实现对世界的改造,理论实体的存在被凸现出来,即通过干预其存在得到确证,比如电子在被发射得以确定其存在,然后各种各样的仪器设备,各种各样的现象得以出现,其在改造世界,所以人在干预的过程中对世界实现重构。然后,在科学实在性的基础上,实验室科学通过十五种要素的互相作用,达到了相对于现象的稳定性,实验室科学本身的存在得到了辩护。更为重要的是,在实验哲学之外的历史的存在,在历史中人类自身及其行为得到建构,如人作为被分类者,与分类之间存在着相互作用的关系。人在其分类的方式中进行自我构建,然后规定自己的行动。归根结底,哈金的实验室研究重构了世界,而历史本体论强调人的思维对人自身及行为的建构,即人自身理性的建构。一方面,建构思想贯穿始末;一方面,三维度呈现互补和递进性。

此处的哈金似乎是一个社会建构主义者,似乎保持着这样的观点:没有事实被发现直到它被建构出来。而实际上,哈金将他自己的观点与“社会建构主义者”对科学的解释区分开来,并在这基础上对社会建构论者进行批判。哈金在一篇评论拉图尔和伍尔伽社会建构主义思想[①]的文章中表示到,拉图尔和伍尔伽试图通过对促甲状腺释放激素 TRH 案例的人类学分析勾勒出自身以实验为基础的建构主义理论,他们的社会建构理论与非实在论相联系,同时又以实验室科学作为基础。吉尔曼和沙利试图对促甲状腺释放激素(TRH)的化学结构进行测定,但是因为该物质的数量极少,其最后只能通过合成来发现其化学结构。

---

① Ian Hacking,"The Participant Irrealist at Large in the Laboratory," *The British Journal for the Philosophy of Science*, 1988(3), pp.277 - 294.

由此，拉图尔与伍尔伽认为，没有由事实建构起来的客观性的存在，科学就是描述世界或事实，而不具备实在性。甚至于他们认为所谓的"实在"根本不是某一陈述成为事实的动力和原因，只有在这个陈述成为事实之后，实在才得以出现。在一个事物被建构之前，我们无法断言它就是事实或自始至终是事实，只有在那以后，其才可能成为真理。所以，事实是由社会建构的。但合成的 TRH 并不一定等同于真实存在的 TRH，可能还存在其他形式的 TRH；世界上也存在着各种相互独立的陈述，吉尔曼和沙利仅选取了其中一种陈述而已，并未建构起整个社会事实。实质上，拉图尔和伍尔伽的反实在论仅是实在论的一种变体。他们试图阐释的并不是科学事实的建构过程，而是解释为什么在那么多逻辑进程中悬着了这一条轴进入知识体系。那么，哈金的实验实在论与拉图尔的建构实在论的主要分歧在哪里呢？在于"科学事实"本身是"实在的"还是"建构的"。所以，哈金还远远不是社会建构论者，其在自然科学方面，是坚定的实验实在论者。

两个科学哲学领域的详细区分，体现了实验室研究与历史本体论之间的区分与联系，将实验室研究与历史本体论研究更为紧密地逻辑联系在一起，两者侧重于两个不同的领域，也具有不同的本体论论证形式，两者之间并不矛盾，甚至于共同构成了广泛意义上的"科学哲学"中本体论的论证及对象的建构。由此，产生了两个问题：第一，既然人文社会科学哲学与自然科学哲学间会有本体论意义上的差异，那么复杂的自然科学哲学内部是否也会有本体论意义的各种差异，如物理科学、化学科学甚至于生物科学等等是否会有不同的本体论论证形式和结论？第二，历史只能局限在人文社会科学哲学领域，实现人自身（理性）的建构，而无法应用到自然科学哲学领域中，即一般意义上的科学哲学领域中吗？并非如此，哈金强调的是库恩意义上的历史对于自然科学哲学是没有多大意义的，福柯意义上的历史可以应用于自然科学哲学领域，即将传统意义上局限在人文社会科学哲学中的历史解放到自然科学哲学之中，但此处并不意味着自然科学哲学领域的实验实在论会因为历史的作用变成动态唯名论，世界本身也不会变成社会历史构成的产物。哈金此处强调的是方法论意义上的创新，即引用在论述历史本体论思想时的三轴线和动态唯名论的论证方式来论证自然科学哲学中的相关问题,即从人类理性的论证转向科学理性的论证。由此,哈金将研究视野转向推理风格,实现了历史与哲学间的相互统一。

三、推理风格:科学理性的历史建构

在近代西方科学哲学的发展过程中,科学与理性不断冲撞与交融,形成了一股科学理性的发展潮流。科学理性作为科学哲学界长期关注的研究主题,已成为各种讨论中绕不过的坎,每个致力于科学哲学研究的学者总会有意无意地关注于这个问题。哈金从实验实在论开始就关注于科学理性问题,但彼时科学实在性才是其关注的核心,随着自身科学哲学思想的发展,科学理性的研究也提上了日程,最终通过"推理风格",科学理性得以实现。推理风格在哈金整个哲学思想体系之中,一方面承担了各思想的集大成者,如概率统计思想,偶然性思想等都可以在推理风格中找到相关身影,另一方面更是作为哈金科学哲学中较为突出的两个哲学思想:实验哲学与历史本体论与认识论研究的桥梁和载体。所以,哈金推理风格的研究不仅能提供一种新型的哲学进路,还有利于全方面把握哈金整个科学哲学思想体系。

(一)理性与历史:福柯之"历史本体论"

理性自古以来就是西方哲学讨论的核心问题之一,自康德的三大批判以来,理性更是具备了先验属性,即理性不会随着具体时空、情境而变化,而是永恒的绝对的先验的存在。哈金所致力于的就是将康德先天的认知判断加以历史化,使理性具备历史性,不再先验存在,并将之引申到科学理性的维度。而科学理性的历史化实现是通过论述科学理性存在于不同的推理风格之中,存在于具体的时空之中而得以实现的。也就是说,科学理性并不是绝对的、静态的、规定的,而是历史的、动态的、叙述的。那么科学理性如何获得这种历史与叙述性的呢?这个需要追溯到福柯历史本体论中通过三轴线对人自身及其行为的建构,而在理性的维度解读,就是人类理性的建构。福柯认为普遍意义上的理性是已经从人类主体分离出来，发展成为悬挂在主体之上具主宰力量的客观存在，理性由此成为人类的思想束缚。故普遍意义上的理性是毫无意义的，我们需要讲述的是历史化的理性，这个理性是在历史的过程中通过知识、权利、伦理这三条轴线建构起来的，或者说建构人类成为理性主体：首先，道德主体是在特定的、具体的时空中建构自身的；其次，权利主体通过自身参与其中的权力机制（并不是强制性的权利机制）得以建构；最后，理论与实践等提供真或假的可能性，人类成为知识的客体。

哈金的历史本体论思想直接来源于福柯，但与福柯的思想还有着些许差别。首先，哈金不局限于人自身建构的探求，试图检验建构的主体、客体等所有形式，如社会领域中事物，分类，概念，各种各样的人，人类，体系等等，都包含在哈金进行本体论探求的标题下。其次，福柯仅诉诸人类及其社会的被建构，即历史本身也被规定，历史性本身被构成。当分类作用于被分类者，被分类者发生变化，但是分类本身的变化被忽视；而哈金强调主客体相互作用、偶然性，主客体都对社会制度等历史产生影响，这就跟哈金自认为的动态唯名论相关联。更为重要的是哈金对福柯思想的发展最大的体现是在"推理风格"之上，通过从福柯那发展而来的历史本体论与从克龙比那发展而来的推理风格的相互结合，构成了哈金推理风格研究的主要内容。

哈金将历史引入科学哲学，并不是将科学哲学中各对象变成历史的产物，而是为科学哲学提供科学史维度，即将谱系调查研究带入科学哲学中，使科学远离纯粹的形而上学的思辨论证。人类与生俱来的能力与社会制度的发展这两方面共同构成了令人满意的理智取向，在这基础之上，科学理性得以理解。而这个理解，是通过哲学论证"客体"在历史中是如何被发现的来实现的，这就是哈金称之为"推理风格"的东西，故科学理性的理解需要借助于"推理风格"。而推理风格自身具备历史的属性：首先，推理风格本身是历史发展过程中凝聚而成的，比如数学风格，几何运算和阿拉伯数字等都是在科学史中不断形成的，并为各种实践活动所建构，这些对象的不断引入使数学风格不断趋于成熟，最终达到一个相对稳定的状态。其次，推理风格一旦达到稳定状态就不再受历史的影响，而是作为一个可能性的判断标准，衡量该推理风格下的对象或语句的真与假。最后,历史的过程中存在过或存在着各种类型的推理风格,每一种推理风格自身形成、发展及成熟的独特方式。而这些推理风格最终也会趋于消失,这是科学发展的必然趋势。这些在历史中形成的推理风格为科学理性的思想提供了可能性,每一种科学理性的判断都是在某一种特定的推理风格之下的,其不能脱离具体的推理风格来谈论,因为一旦脱离,科学理性就会迈向普遍理性的不归路。所以,科学理性在具体的推理风格中得以实现,在具体的历史发展过程中得以实现,从而为科学理性问题的解答提供一种新的研究进程。

(二) 历史与哲学:克龙比之"思维风格"

哈金的推理风格直接来源于克龙比(A. C. Crombie)的"思维风格",即哈金对于推理风格类别的历史罗列直接参照于克龙比"思维风格"的列表。虽然"风格"这个词在西方思想界由来已久,它自然而然地就得以出现,但在那时它并没有专业的涵义。如它最早来自艺术评论家和历史学家,但是他们没有对这个词发展出具有统一性的内涵,他们所有关于风格的评论也不会整齐地转变为各种推理模式,更无法将其当作历史科学的分析工具。然后,某些科学史家提出了具体涵义的推理风格,但他们比不上克龙比全面,更多地局限在一门学科或一个领域之中。但是,相对于克龙比的"思维"(thinking),哈金更喜欢用"推理"(reasoning)来标注风格。首先,科学史不仅仅包括思维,还包括讨论、争论和展现等,"推理"能在公共和私人两个领域加以实行。其次,推理更能体现哈金从早期实验实在论中延续而来的干预思想,"克龙比在他书中的标题中的最后一个词是'艺术',而我的将会是'工匠'。"①最后,"推理"与康德的纯粹理性批判相关。康德致力于解释客观性何以可能的工作,并将先验性作为基本原则,而不是把科学理性当作历史和集体的产物。而哈金是在康德基础上的历史化,虽然风格是具有客观性,但这并不因为风格是

---

① Ian Hacking, *Historical Ontology*, Cambridge, MA: Harvard University Press, 2002, p.181.

客观的,即已发现达到真理的最好方式,而是因为风格已经解决了客观性的问题。

　　1978年,哈金在聆听科学史学家克龙比的系列讲座时,第一次遭遇了"思维风格",也是第一次开始接受并产生"推理风格"这个观念。虽然克龙比直到1994年才掏出针对"风格"的三卷本研究,但哈金在1994年前就读到或读懂了他风格中的很多内容。克龙比并没有明确地定义"欧洲传统中的科学思维风格",但他解释并详细描述了六种风格:在中世纪晚期和近代早期,科学方法得到积极的推广和多元化,它反映了整个欧洲社会中研究思路的进步,特别的是,这些思路不断地通过自身情景的约束与承诺来寻求问题的表达或解决,而不是通过一个普遍接受的无异议的共识。而古典科学运动中的六种科学探究方法和演示主要分为:数学科学中确立的假设(数学推论);实验探测和对于更为复杂的可观察关系的测量(实验探索);类比模型的假设建构(假说模型);比较法和分类法的种类序列(分类调查);群体规律的概率分析和概率演算(概率推理);基因进化的历史由来(历史传承)①。前三种风格在个别规律的调查中发展,另外三种风格在具体时空中的总体规律的调查中确定。但是哈金却认为他与克龙比在三个方面发生了分歧:

　　首先,克龙比的风格是"过去"的历史,而哈金关注的是"现在"的历史。其次,克龙比认为从第一个风格到最后一个风格本身就是一个历史进程,列表中每个风格都是在它的前任之后才发生的,以及每个依次下来的风格都比之前的风格更接近于现在。但是,哈金认为现存重要的可能不同于早期重要的,所有这六个风格都是现存的、正确的风格,所以这六个风格相互之间并不是一个历史发展的过程,这与历史无关。最后,克龙比转录了他在西方视野形成时期中发现的具备重要性与持久性的东西,而不是罗列所有互斥的类型。而哈金认为科学发现的风格也有其早期的形式,更会在克龙比叙述之后不断进化,就像新的推理风格可能在未来出现,甚至于有两个或两个以上的

---

　　① Crombie A. C.,"Styles of Scientific Thinking in the European Tradition,"*British Journal for the History of Philosophy*,1995,p.415.

风格相互融汇而成,就像克龙比的第二种和第三种风格的相互作用,产生了实验室风格。哈金认为克龙比呈现出了令人惊叹的符合他目的的分类和列表,而他所要做的就是在克龙比科学史分析的基础上进行哲学分析,或哲学批判。

故在克龙比的基础上,哈金将推理风格分为"数学的、假设的、实验的、分类的、统计的和传承的"①这六类。特别的是,实验室风格是哈金自身附加在上面的,作为实验探索与假说模型两者相互作用的结晶,当然实验室风格也是哈金最为关注的,或者说当下最为成熟的科学风格。而这六类推理风格是在当下同时存在着的,这些推理风格相互间并不具有历史逻辑的更替性,仅仅是在同一具体时空中存在的科学方式。而这些推理风格本身是一整套较为成熟的推理体系,这个推理体系构成了某类(针对性)命题的"真或假的候选人"②,或者称其为真或假的可能性空间(truth or falsehood),在这推理体系中,该命题才有可能被证实,成为真或假,在另一个推理体系之中这个真与假的可能性就不再相同。因此,命题本身无法独立于相对应的推理风格而存在,推理风格本身就是提供真或假可能性空间的科学体系。当然,在已经出现的推理风格的类别相比,还有着其他可能性的类别,但是相互之间的比较,我们也无法进行,只能从使用推理方式的过程中,推理命题获得相关的解释。由此,我们就可以理解为何哈金坚持"现在"的推理风格,如果各种曾经或当下的推理风格并存,那个其所提供的真与假的可能性空间就会重叠,后期完善性推理风格与早期不完善性的推理风格之间会出现包含的关系,由此,各命题的判断,各可能性的判断会出现各种问题。

虽然,哈金罗列出的是当下的六种推理风格,但"许多的推理风格在自身的历史中显现,他们在明确的时空点上出现,有着不同的成熟轨迹,但是有的消亡了,有的依然强劲"③,也就是说推理风格是有出现,成熟,消亡的演化过

---

① Ian Hacking, *Scientific Reason*, Taipei: Taiwan University Press, 2009, p.7.

② Ian Hacking, *Historical Ontology*, Cambridge, MA: Harvard University Press, 2002, p.160.

③ Ian Hacking, *Historical Ontology*, Cambridge, MA: Harvard University Press, 2002, p.175.

程中,所以随着时代的变化,必然会有某种新的推理风格出现。一方面伴随着新的推理风格的诞生,会引入了许多新奇事物,即新类型:对象、证据、作为真与假候选人的命题,法律及可能性;另一方面,这一连串新对象的出现是真正成为某种推理风格的必要条件。随着推理风格的确认,新型的实体得以确认,由此关于这一类实体的实在论与反实在论之争也会得以重新的确认,所以,在不同的推理风格之中,具备不同的实体,也产生不同本体论问题,如在数学推理风格中会考虑数学的抽象对象的存在性,而实验室风格则会考虑实验中无法觉察的理论实体的存在性问题。推理风格具有自我辩护的能力,其不需要通过外在的条件加以保障,只需要内在的自我发展就能不断保有自我辩护。真理与谬误可以仅仅在推理风格内部裁决,使他们自身"自我验证"(self-authenticating)以及"免于任何近似于反驳的东西"[1]。当然每一种推理风格也有其独特的自我稳定技术,如统计学、数学、实验室等都具备自身独特的自我辩护方式。这种自我验证保证了某种推理风格的内在稳定,但这并不说明这种风格不会消亡,当然在这哈金并没有深入阐述。这个推理风格在历史中形成,产生各种可能性,引入各种新对象或事物,并具备自我辩护能力,实现相对稳定性的过程,就是"结晶化"(crystallization)[2]。在这里"结晶"并没有外在的先验加以辅助,仅仅是自身的相互作用,当然这整个历史化过程是具有偶然性的,而不具备必然性,只是直到这个"结晶"得以实现,整个风格才具备客观性。

(三)实在与理性:实验室风格与推理风格

哈金的推理风格包含了六种现存的"推理风格",而在这六种推理风格之中,哈金显然最为关注实验室风格,一方面实验室风格是哈金实验室研究的延续和发展,另一方面,实验室风格是所有风格中目前为止最为成熟的风格,

---

[1] Ian Hacking, *Historical Ontology*, Cambridge, MA: Harvard University Press, 2002, p.192.

[2] Ian Hacking, *Scientific Reason*, Taipei: Taiwan University Press, 2009, p.16.

它既具备最强的论证方式又具备最成熟的自稳定技术。实验室风格与实验室研究更是密不可分,两者具有思想逻辑发展的特定脉络:从推理风格的视域出发,包括实验实在论、实验室科学在内的实验哲学都只是某种推理风格(实验室风格)下的本体论和认识论等方面的研究,脱离了这个推理风格,其本身的意义就不再具备,更无法讨论。推理风格有着自身的特色,有着自身独立的辩护体系,哈金试图通过推理风格将之前研究过的科学实在论与反实在论的传统争论等问题加以重新审视和解决,即将徘徊在科学哲学中的实在论与反实在论的传统争论,作为特定的科学推理风格的副产品,因为只有在特定的推理风格中才能进行特定的实在论或反实在论的讨论。如在数学风格中的实在论与反实在论之争与在实验室风格中的实在论与反实在论之争呈现出完全不同的过程和结论。

所以,基于实验的实体实在论是在实验室风格中的实在论与反实在论思考,实验实在论仅在实验室风格中具备自身的意义,在其他风格中它的论证及结论都毫无价值。通过自稳定技术,推理风格得以成为一个自治的微观社会事件,而实验室科学一方面是实验室风格中的自我辩护的形式,另一方面它还是推理风格中最为成熟的自稳定技术。实验室科学的自我辩护就是实验室风格中自稳定技术的实现,实验室中十五个要素的相互作用达到相对稳定性的过程就是自稳定技术作用的具体过程。由此,实验哲学与推理风格(实验室风格)相互联系,又相互论证。一方面,推理风格中的实验室风格具有了实验哲学的独特属性,如对实验、干预、实践的强调,实验室风格亦是干预的风格;实验室风格也具有了实验哲学的认识论、本体论或实在性、合理性等具体内涵,如坚持实验实在论,抑或通过实验操作论证理论实体存在的逻辑过程等;另一方面,实验哲学在实验室风格中得到自我辩护,与其他风格下的哲学论证获得了共同生存的机会,科学的多元文化(数学、实验测试、假说模型等)导致了科学哲学理论的多元化,从而在一定意义上化解了某些形而上学的争论,这是哈金从实验实在论到历史本体论一以贯之的核心,无论是通过干预抑或是通过推理风格。

在这里,我们也可以清晰地认识到,在哈金看来,历史起源于不同的推理风格,数学或实验等的对象是在思维风格之中的,各种实在论与反实在论之争也是在思维风格之中的,对象本身都是观念衍生出来的,如中国的气和西方的几何体等,它们针对同一问题却产生了不同的观念模式。那么,哈金是不是陷入了其竭力避免的相对主义之中呢? 通常地,相对主义者认为一个语句在一种风格中为真,而在另一种风格中为假,即针对不同的风格获得真假性;而哈金认为他针对不同的风格获得是真或假的可能性,一个语句在一种风格中具为真或假的可能性,但在另外的风格中根本不能为真或假,因为其根本无法讨论,不具备为真或假的可能性,甚至于不同风格间也不是不可通约,只是在不同的领域内而已。但哈金这种论证形式仍是相对主义的一种变形而已,即使是为真或假的可能性,它也是相对于某一种特定风格而言的,其他的推理风格被完全排除在外。真或假的可能性与真或假是不同,可能性赋予整个风格以偶然性与动态性,但是哈金对于各种风格之间的更替或影响等都未提及,只提到欧洲传统科学中的六种风格同时存在着,由此各种风格看似不能相互转换也不能相互影响,具备了绝对的独立性与封闭性,相互之间完全割裂开来。

以哈金的推理风格为视域,反观哈金整个哲学思想体系,以推理风格为汇总点,存在着三条历史与逻辑线索:第一,哈金的推理风格是从福柯的"历史本体论"发展而来的,即将人类理性的建构转化到科学理性的建构,将历史引入科学哲学领域;第二,哈金的推理风格是对克龙比罗的"思想风格"这一历史研究的哲学分析,由此哲学意义上的对象引入,自稳定技术,哲学技术等都得以阐释;第三,实验室研究中包含的实验实在论与实验室科学仅仅是在实验室风格之下的讨论,其他风格会有不同的风格研究,更有不同的本体论与认识论意义上的讨论。当然,并不是只有这三条逻辑脉络,只是这三条逻辑线索贯穿了哈金思想的始终,更刻画了哈金前后期思想转变的内在因素与外在影响,即推理风格思想的逻辑与历史来源。在这三条逻辑脉络的背后,还暗含着一些更为深层次的思考:

首先,这三条脉络对于干预、实践的强调贯穿始终,这与科学实践转向的社会大背景有关,也与其自身从《表征到干预》开始的新实验主义式的坚持有关。也正是对实践的彰显,哈金的推理风格从极具主观色彩的思维风格抽离出来,不仅仅局限于人自身思维层次的思考,更摆脱了形而上学意义上的本体论与认识论讨论,提供新型的独具意义的研究进程。其次,哈金的推理风格把握了空间性和时间性这两个维度,在推理风格内部,特别是实验室风格内部,保持着实验室的空间性和地方性,而推理风格在历史中的结晶化过程,又在一定程度上是时间性维度阐述,两者保持着一定的互动关系。最后,哈金借鉴了克龙比所罗列的思维风格类型,并在其基础上进行哲学分析,实现了科学哲学与历史的相互协调与统一;通过对福柯历史本体论的发展,将历史维度引入了科学理性,实现了理性与历史的统一;将实验实在论开始的本体论问题下沉到推理风格的认识论问题,或将科学实在性问题下沉到科学合理性问题,实现了实在与理性的相互统一。

(四)从实验室研究到推理风格

从实验室研究到推理风格,哈金的科学哲学思想沿着一定的思想脉络得以发展,这里强调三个层次:第一,实验室研究层次,从关注于科学实在性的实验实在论到自我辩护的实验室科学的历史和逻辑的演化过程;第二,推理风格研究层次,从福柯那继承而来的历史本体论到立足于克龙比思维风格的哲学分析的推理风格的历史和逻辑的演化过程;第三,从实验室研究到推理风格转向层次,即从诉诸科学实在性与科学稳定性的实验室研究转向诉诸科学理性的推理风格研究。这三个层次共同构成了哈金从实验室研究到推理风格脉络上的科学哲学思想的具体内涵。当然,第三层次是最为重要的,哈金后续发展的逻辑线索是将本体论与认识论意义上的在实验室中的科学哲学研究归结到某种特定的推理风格(实验室风格)之中,这种推理风格本身具有相对的稳定性和自我辩护能力,提供判断对象或语句真或假的可能性空间。

但是,实验室研究并不等同于实验室风格,一方面实验室研究包括了实验实在论与实验室科学两者的具体内涵与发展过程,但并不涵盖实验室风格中所有的要素和性质;另一方面,虽然实验室研究被诉诸实验室风格之下,但两者还是具有维度上的不同，实验室研究本身是观念、理论或体系与实验、干预或操作的相互作用的产物，虽然实验室风格也强调干预属性，但这是在思维层面对于干预的强调。也正是在这一思想进程中，我们可以清晰地看到从实验哲学到推理风格的主客间关系的变化：从强调主客间相互作用的干预、实践，转向了强调主体（推理风格）对客体的动态建构，尽管主客间仍存在相互作用。这两者存在着本质的区别：前者试图通过实验、干预、实践来消除主客二分，而后者在主体作用于客体的过程中强化了主体；前者强调客体的实在性而后者否认客体的实在性。这是哈金科学哲学思想中明显的变化，虽无法称之为思想的后退，但是也在一定程度上构成了哈金科学哲学思想中的一大冲突或矛盾。

哈金整个科学哲学思想体系中包含了实验、历史两个维度，其在哈金的思想体系中占据着重要的位置，正是对自然科学的实验分析，理论实体获得了科学实在性，实验室科学才获得了自我辩护；正是对历史的分析，人的思维与人类自身及其行为产生了互动，推理风格获得了历史性和自辨性。最后，实验分析与历史分析的结合，使哈金思想的发展脉络能得到崭新地认识，同时也更方便于发现哈金思想中可能存在着的矛盾或问题。

四、哈金科学哲学的生成论向度

伴随着科学—社会—技术的一体化，科学家不再停留于超越时空维度的普遍客观的真理追求，反而开始驻足在具体时空之中，进行具备地方性维度的认知和实践活动，由此科学从空洞的一般性问题中解放出来，深深植根于特有的、地方性的结构之中①。正是在这一实践语境中，哈金反对内在或外在于科学的超越者，这种超越者作为既有的规范来统摄科学的发展，相反地，科学的有效性是通过科学构成要素在具体时空范畴中相互契合来得以保证的，

---

① Peter Galison,"Ten Problems in History and Philosophy of Science,"*Isis*, 2008, 99(1), pp.111-124.

由此,科学对象、知识和现象都呈现出生成性(becoming)的哲学特征。具体来说,这种生成性并不表现为由包括社会和自然在内的外在因素所驱使的"建构主义式",而是表现为不借助于任何超越现象本身的力量,通过现象本身去说明现象的产生和消失的"自然主义式"①。基于此,哈金从本体论、认识论与合理性三个哲学向度来刻画一种生成性的科学哲学。

(一)本体论:从"实体"到"历史中的真实"

逻辑实证主义以来,科学哲学就不断驱逐形而上学,将科学哲学的视域局限在探知科学知识基础的认识论领域,从而实现近代西方哲学所诉求的语言学转向。由此,知识与实在、认识论与本体论被割裂开来,强调客体本身存在性问题的本体论研究被传统科学哲学所忽视。正是对本体论的祛除,导致科学实在性问题在表征层面争议不断,实在论与反实在论的争议更陷入了科学哲学家所极力排斥的思辨形而上学之中。

哈金的本体论工作主要包含两个层面:一方面,与传统科学哲学(逻辑实证主义和布鲁尔式的社会建构主义)将其工作限定在认识论领域的哲学进程不同,哈金将本体论重新引入到科学哲学之中。另一方面,哈金对传统本体论概念进行了改造,传统本体论的主要任务是寻求复杂多变的现象世界背后的那个永恒不变的本质,唯物论和观念论都是如此,而哈金则规避了对永恒本质的追问,主张新的本体论应该关注科学实验的真实展开过程。

那么,哈金是如何完成对本体论的改造的呢?哈金的主要工作是改变了对"实验"的界定。传统哲学认为实验仅仅是延伸或强化人类感知能力的手段,因此,科学家通过实验是在发现最初难以直接观察到的那些理论实体、效应或现象。最初这些实体、效应或现象本身的存在是本质性的,仪器或实验对它们的存在是没有作用的。而哈金则认为,实验是这些实体、效应或现象

---

① 哈金一方面作为自然化本体论的主要支持者之一,另一方面其自然论又是彻头彻尾的历史主义。Muhammad Ali Khalidi,"Historical Ontology by Ian Hacking," *Philosophy of Science*, 2003(2), pp. 449 - 452.

存在的条件，是主客体得以交织、科学实践得以发生的真实情境，更构成性地影响着这些实体、效应或现象的生成、演化或消亡。在此意义上，科学家在科学实验的过程中就不再只是一个旁观者，而成为创造者。由此，哈金的实在论也才能够真正成为一种实验实在论。进而，这些实体、效应或现象的存在就具有了生成性，接着也就具有了情境依赖性。当然，哈金对本体论的这种改造，也为他进一步讨论认识论问题提供了理论基础。

既然实体、效应等的本体论地位是在实验室中生成性地获得，那么，它们的存在也就具有了时间和空间特征：第一，时间性，具体表现为科学对象的历史化。哈金的历史本体论将福柯局限在人文社会科学领域的历史解放到自然科学之中，强调历史在科学对象的建构过程中扮演着基础性的角色。福柯的主要任务是理解"客体是如何在话语中形成自己的"①，在这意义上，哈金尝试着理解对象如何在科学推理风格中构成自身的。由此，科学对象在历史演化的过程中不断嬗变，由科学推理风格引入，并在风格之中逐渐产生、凝结，抑或消失，呈现出动态性的特征。以霍尔效应为例，"在霍尔天才地发现如何在实验室内隔离、纯化和创造霍尔效应之前，霍尔效应并不存在"②，一方面这一对象只有在波义耳彻底"结晶化"实验室风格之后，才有可能出现在科学家的视野之中；另一方面这一对象并非真理性的先验存在者，而是在真实的实践中机遇性涌现的产物。所以，在风格"结晶"（crystallization）之前，科学对象并不具备自身的意义。但这并不意味着思维风格之于新型的客体与推理方式具有优先权，思维风格本身亦是由推理方式以及处理对象所构成的，因而风格与对象是在互构的过程中共同生成的。同时，这种结晶化"就像水结晶一样，形成一种新的物质，即冰"③，这一阶段的突变或革命，在化学中是可逆的，但对我们这个所生成的世界而言，我们已经回不到结晶化之前的世界了，由此对象是在不可逆的时间中真实地涌现出来的。

---

① Ian Hacking, *Historical Ontology*, Cambridge, MA: Harvard University Press, 2002, p.98.

② 哈金：《表征与干预：自然科学哲学主题导论》，王巍等译，科学出版社，2010年，第181页。

③ Ian Hacking, *Scientific Reason*, Taipei: Taiwan University Press, 2009, p.16.

第二,空间性,具体表现为科学现象的情境化。传统科学哲学认为,存在着内在于或外在于科学的"实体",这个"实体"是普遍、客观、超越空间性和时间性的存在。在实验室中,符合"实体"本质的现象或事实,不断被发现,但是它是先于实验的先验存在,并不会因"发现"而发生变化。哈金反对这种追寻抽象"实体"的哲学诉求,他认为我们必须"尽可能地远离哲学家的现象主义、现象学以及私人、转瞬即逝的感觉材料"①。科学现象或事实并不是自然的馈赠,而是由科学家在实验室内创造出来的,其本身并不具备独立性。"那些用于阐释、表达及测试理论的现象在被我们创造前根本不会以一种纯粹、本质的状态而存在"②,在创造之后也不能脱离于实验室情境而存在。由此,哈金的实验室类似于劳斯所提到的,不仅是科学家进行实验操作的物质空间,更为重要的是"实验室是建构现象之微观世界的场所"③。这个被建构出来的与外界相隔离的实验室空间,是理论、仪器和标记等不同要素共同发挥作用的情境。科学家所要实现的不仅仅是将现象以简单化、程序化地在隔离的具体情境中显现,更多的是以某种方式被引入、操纵被约束在微观世界的实验对象,使其置于互动之中。进而,科学家在实验室这种特定的情境之下建构出在宇宙中并不存在的人工现象,如激光、冷原子等从未在宇宙中天然存在过的存在物。实验对象也在该情境中被建构出来的,由此所获得的实验对象是可把握的、可知的,如用标准发射器发射的正电子和电子来改变电荷等。所以,科学哲学所要关注的是现象层次的真实,即现象自身在情境之中的生成过程。

传统实在论赋予科学认知客观世界的重任,反实在论则试图解构科学之于自然的真理性地位,主张科学只是有用的工具或社会建构物。然而这些之于理论与世界关系的思考,都陷入了观念论的死胡同,因为在表征意义上,哲学家难以获得支持或反驳实在论的终极论证,更无法为"实在"提供有益的理

---

① 哈金:《表征与干预:自然科学哲学主题导论》,王巍等译,科学出版社,2010年,第177页。

② 哈金:《介入实验室研究的自由的非实在论者(下)》,黄秋霞译,《淮阴师范学报》,2014年第2期,第164页。

③ 劳斯:《知识与权力——走向科学的政治哲学》,北京大学出版社,2004年,第106页。

解。基于此,哈金认为如果一个电子枪,能发射极化的电子到铌球上,并最终改变了铌球的电荷,那么电子的实在性就不言而喻了[①]。因此,一方面哈金强调"'实体实在论的实验性论证'须依赖于使用实体来达成效果或深入研究现象的方法"[②],另一方面他的工作实际上对实在概念进行了改造。传统实在概念指向具体存在物背后的共性,指向那个大写的存在(Being);而哈金所认为的实在(reality)、"实在的"或"真实的"(real)则是指具体的存在之物(entity,being),而具体之物的存在显然是有条件的,因为它是在实验室的具体情境中科学诸要素的相互作用中生成的,进而,实在可以立足在生成性的维度获得阐释,实验实在论也具备了哲学的依据。由此,哈金科学哲学的生成性维度,在强调表征(理论实在论)转向干预(实体实在论)的基础上,使实体实在论摆脱本质主义的困扰,从而在一定程度上克服了传统实在论与反实在论的争论。

(二)认识论:科学走向实践

既然实在不再是那个永恒的存在(Being),反而成为具体存在之物,具有了生成性,那么,科学知识的基础也就不再超脱于实践之外,反而内在于科学实践过程。

传统科学哲学以自然与社会、主体与客体之间的截然二分为出发点,最终陷入了反应论意义上的表象主义科学观,它预设了一个外在的、独立的客观实在(自然或社会),视科学为超验存在的正确表征。这一表征传统主要源于赖欣巴哈关于"辩护的逻辑"与"发现的语境"之间的区分[③],这一区分界定了科学哲学的任务,即在辩护的语境中研究科学的逻辑结构,涉及利益、权力的科学发现过程应交给社会学家和心理学家。由此,科学哲学所研究的是作为知识和文本的科学,科学也因而被禁锢在理论层面,并排除一切非认知因

---

① 哈金:《表征与干预:自然科学哲学主题导论》,王巍等译,科学出版社,2010年,第18—19页。

② 哈金:《介入实验室研究的自由的非实在论者(上)》,黄秋霞译,《淮阴师范学报》,2014年第1期,第25页。

③ Reichenbach H., *Experience and Prediction*, Chicago: The University of Chicago Press, 1938, p.4.

素的介入。基于此,科学的实践活动被描述为行动者自觉遵循某种精心安排的方法和程序,并按照有意识、计算好的目的来运行的无私利性交易的集体活动①。

哈金则主张自然与社会、客体与主体之间边界的模糊性,并基于此强调两者在实验室内共生、共存与共演的历史过程。这种科学实践中的互构关系将科学解放到现实的生活世界,实在也得以重新进入科学哲学的视域,从而走向融贯论意义上的干预主义科学观。所以,哈金的科学生成论的认识论维度并不是透过复杂的科学运作机制去揭示背后所隐藏的本质,自然规律或社会结构,而是落实在干预之上,通过实验室内理论、仪器、数据等的相互作用来获取知识,通过实验操作论证理论间的选择,反对形而上学的思辨。如同拉图尔所认为的,知识是在实践之中被创造的,不能脱离于实践。所以,科学知识是人参与的知识,从而远离杜威所说的"知识的旁观者理论",实现既实践又推理的科学。

哈金将科学知识的生产过程描述为"实验室科学的自我辩护"②,在实验室内,各种层次的理论和实验,如"问题、背景知识、系统的理论、时事性的假说、仪器的模型化;对象、修正的资源、探测器、工具、数据制造器;数据、数据评估、数据归纳、数据分析、解释"③,在获得实验结果的过程中不断改变和修正,实验、理论和仪器所组成的可塑资源被陶冶着相互适应,一方面理论被构建来解释反抗性的实验结果,另一方面实验被铸造来捍卫理论,并最终"发展出了一个理论形态、仪器形态和分析形态之间可以彼此有效调节的整体,形成了一个相对封闭的体系"④。

在这一稳定化的过程中,实验室科学中所蕴含的理论最终都是针对某

---

① 布尔迪厄:《科学之科学与反观性》,陈圣生等译,广西师范大学出版社,2006 年,第77 页。

② 哈金:《实验室科学的自我辩护》,载于皮克林编著的《作为实践和文化的科学》,中国人民大学出版社,2006 年,第 33 页。

③ 哈金:《实验室科学的自我辩护》,载于皮克林编著的《作为实践和文化的科学》,中国人民大学出版社,2006 年,第 45—52 页。

④ 哈金:《实验室科学的自我辩护》,载于皮克林编著的《作为实践和文化的科学》,中国人民大学出版社,2006 年,第 32 页。

一特定的现象而为真的,没有绝对的真理,只存在针对不同的应用水平、不同的现象和不同的数据领域来说为真的理论。也就是说,理论不是对应着现实世界而被检验、被确证,而是在思想、行动、物质和标志的共识性活动中达到相对稳定。现象是由实验造就的,而非预先存在着,是包括观念、仪器和标记在内的十五种要素相互作用的结果,由此,科学知识是伴随着现象在实验室内的创造过程中产生、成熟和消亡的,彰显出生成性的哲学特征。无论是物质性,抑或是意识性的因素,两者在仪器运作、实验操作的过程中相互作用,致力于将物质世界与意识世界的"契合",在此基础上,科学的稳定性得以实现。最后,知识与现象的辩证作用,使得哈金破除了立足于静态自然现象的真理符合论,走向立足于动态实践过程的真理融贯论。

传统科学哲学认为有效性是与普遍性相伴随的,而相对性则与地方性相关,而哈金则将这四个概念统一起来。传统科学哲学认为知识是无条件的,哈金却认为知识是在具体情境中生成的,那么知识的拓展就是有条件,就像拉图尔所描述的火车必须借助铁轨行驶到全球一样,"实验室科学应用于世界上的某一部分时,这一部分就被转化为了准实验室"[①],从而通过准实验室的具体情境保证知识的再生成。正如拉图尔关于巴斯德炭疽病的案例研究所表明的,巴斯德在实验室中所培植的疫苗之所以能够在实际的农村情境中发挥作用,是因为巴斯德"与农民达成把农村转变为实验室的协议"[②],被改造为实验室的新农村通过重复实验室内现象创造的具体情境,保障了疫苗从实验室转移到农村后的有效性。可见,一方面,科学立足于地方性情境之中,另一方面,科学通过地方性情境的拓展实现普遍性(有条件的普遍性)。由此,科学知识的地方性与普遍性在生成论的基础上得以协调,科学的相对性和有效性也在现实的实践操作活动中得以保证。这样,有效性与相对性、地方性与普遍性就在实验或实践的基础上得以统一。

---

① 哈金:《实验室科学的自我辩护》,载于皮克林编著《作为实践和文化的科学》,中国人民大学出版社,2006年,第61页。

② 拉图尔:《科学在行动——怎样在社会中跟随科学家和工程师》,东方出版社,2006年,第402页。

（三）合理性：从方法论到推理风格

1962年，库恩发表的《科学革命的结构》①引起了科学合理性理论的危机，通过逻辑—经验的自我辩护来获得普遍性的科学合理性遭到挑战。理性主义所强调的科学的普遍标准或科学理论选择的绝对依据，与科学的历史变动性相矛盾，科学的研究对象、推理方式等在现实中都是发展变化的，因而他们的标准要么过于严格将某些科学排除在科学范围之外，要么过于宽松将某些非科学乃至伪科学囊括其中。但是，历史主义以格式塔的心理转换等非理性因素来阐释科学，在破除绝对标准的同时，陷入了相对主义。由此，传统的科学合理性问题陷入了理性主义和相对主义相对应的两难选择。

为了解决理性主义和相对主义之间的矛盾，中和规范性和相对性两种方法论，拉卡托斯提出了科学研究纲领方法论，通过科学史的理性重建实现逻辑和历史的一致性②。但是拉卡托斯的科学方法论还停留在超越性的规范之中，科学合理性成为普遍的预先设定的存在，独立于人类的认知和实践。这种祛情境的合理性概念过于严苛，将科学实践过程中非理性因素排除在外，因而仍为相对主义留下了足够多的可利用资源。所以，正如劳丹所提到的，"如果我们（如某些社会工作者轻易地所做的那样）接受对合理信念范围横加限制的朴素的合理性理论，那么不合理信念的范围——因而也就是社会学的范围——就会变得很大。相反，如果我们接受一个更为丰富的合理性理论，那么许多信念就成了'内在'了，因此不容许作社会学分析"③。

可见，第一，科学合理性不能以科学内或科学外永恒不变的基础、准则和方法为基础，它是内在于科学实践之中，随着具体历史的发展而不断演变的。第二，科学合理性不能停留于纯粹的认知维度上的可辩护性，还应满足社会维度上的需求性，利益、权力与修辞等社会因素在科学合理性的界定过程中

---

① 库恩：《科学革命的结构》，金吾伦等译，北京大学出版社，2012年。
② 拉卡托斯：《科学研究纲领方法论》，上海译文出版社，2016年。
③ 劳丹：《进步及其问题》，刘新民译，华夏出版社，1999年，第201页。

发挥着相当重要的作用,自然与社会的两种语境对科学理论选择标准的确定来说缺一不可。第三,科学理论的选择标准,不应是哲学家头疼的问题,而应交还给科学家,科学哲学仅仅从事于"在科学家对科学的辩护机制中寻求合理性的描述",考察科学家承认或接受某一理论的认知或社会根源,从而破除传统合理性的本质主义进程,坚持描述主义的哲学进路。

基于此,在横向维度,哈金以实验室内各种异质性要素的相互作用及其最终所达成的稳定关系来保障科学的合理性,这些异质性要素既包括了自然因素,也涵盖了社会因素,由此保证了科学合理性在认知上的可辩护性与在社会上的可接受性。在纵向维度,哈金的科学合理性立足于具体情境之中的科学推理风格,这种推理风格作为命题真或假的可能性空间,为知识和现象提供自身的判断准则,但这种准则并不是既有的,而是生成的,是在历史中结晶而成的。作为发现世界方法的科学推理风格包含了人类固有能力和社会组织机构两个方面,其发展依赖于推理能力的开发,而消亡依赖于社会机构对它的悬搁,两者的角逐呈现出数学、假设、实验、分类、统计与演变这六种科学推理风格[1]。所以,获得生成性特征的科学推理风格,展现出了历史主义所强调的历史发展的真实,又通过与科学家的认知和实践的互动关系,来保证科学的合理性,从而协调理性主义与相对主义的矛盾。

这种实践化的合理性概念,为科学哲学中的传统难题的解决提供些许新的洞见。第一,迪昂-奎因命题强调理论作为整体,依靠外在的证据无法简单地被证实或否证,因为科学家往往会通过增加辅助性假说来解释相矛盾的经验事实。因此,证据对科学知识具有不充分决定性,理论的判断和选择并不由证据所决定,而是寄托于社会、心理或利益等非理性因素,从而对科学合理性提出了挑战。但是,哈金认为迪昂-奎因命题的凸显,是因为他们只看到了科学合理性在形式推理上的意义,而没有看到其在物质层面的意义。实验室科学是一个充斥着理论、仪器、现象数据及处理等各种因素相互博弈的复杂世界,并不是简单的理论修正过程。由此,科学能够得以实现合理性,但是这

---

① Ian Hacking, *Scientific Reason*, Taipei: Taiwan University Press, 2009, p.6.

种合理性必须立足于意识和物质因素相互契合所达到的稳定性。而这个稳定性的达到,是一个生成性的实践过程,是各类行动者(物、理论、人)不断地磋商和再磋商过程。所以,科学合理性随着实验室科学的自我辩护,获得生成性的哲学特征,反过来,生成性保证了科学合理性在实验室科学中得以理解,也正是在这个意义上,迪昂-奎因命题得以在实践的意义上解决。

第二,科学实在论与科学合理性是科学哲学家致力探讨的两大传统议题,前者是关于实在、真理的研究,后者是关于推理、信念的问题。哈金就是在这两大传统争论上,提出新的研究进程:在科学实在论方面,提倡从表征转向干预,重视实验的作用,促使科学哲学研究从理论优位转向实践优位;在科学合理性方面,通过推理风格实现科学理性的历史建构,将历史引入科学哲学的研究范畴。但是哈金的实验实在论遭遇了诸多的质疑,如苏亚雷斯(Suarez)认为,哈金的实验实在论仍停留在形而上学的意义上,操作是实在性的充分条件[①]。彼得·克罗斯(Peter Kroes)同样声称,哈金所谓的实验创造现象完全可以在传统框架下进行解释,即,实验仅仅是为某些现象与效应的产生设定了初始条件,而对这些现象本身的本体论地位没有影响(现象在实验操作之前就已具备实在性)[②]。基于此,哈金将科学实在论的问题诉诸科学合理性问题的解决。他将困扰科学的实在论争议、反实在论所抵制的对象以及实在论所断言存在的对象,视作科学思维风格的副产品。也就是说,每一种风格都会引入新型的科学研究对象,新创造的客体又会招致本体论的争议,如数学推理风格之中,柏拉图主义与反柏拉图主义关于数学对象的本体论争议。哈金并不关心"一般性"的实在论与反实在论,反而关心发生在科学之中的"实在论们",其中"实体实在论是最强的论证,但仍不是最终的、确凿

---

① Mauricio Suárez, "Experimental Realism Reconsidered: How Inference to the Most Likely Cause Might Be Sound,"in Stephan Hartmann, Carl Hoefer and Luc Bovens(ed.). *Nancy Cartwright's Philosophy of Science*, New York, London: Routledge, p.140.

② Peter Kroes, "Science, Technology and Experiments: The Natural versus the Artificial," PSA.Vol.1994, Volume Two: Symposia and Invited Papers(1994),p. 431.

的论证"①。然而,尽管实际上哈金只是试图以悬搁的方式来解决该哲学问题,这似乎更增强了反对者对自己立场的信心。

(四)总结:生成论意义上的科学实践哲学

哈金在本体论、认识论和合理性等方面的工作为科学实践哲学奠定了一定的哲学基础,成为当代生成论科学哲学中的一种典型进路。生成性是科学实践哲学的重要特征,正是科学对象、知识和现象的生成性,导致科学哲学不能脱离于情境性和实践性。但是,哈金的生成论思想与科学哲学实践转向视域下的其他科学哲学家,如拉图尔,存在着哲学进路的差异。科学实践哲学强调在实验室中,科学实体通过各行动者的实践碰撞产生各种效应,那么该实体在产生确切效应之前是否具备实在性,或者说该实体在生成之前是否存在?拉图尔认为该实体在实践建构之前并不存在,只有内含了利益角逐过程的实体才能被称之为"实在"。哈金则认为最终所呈现出的现象只临摹了实体的一个侧面,存在着其他不同的侧面,表现为各种不同的实验现象,但是这一实体是确切"实在"的。所以,拉图尔保持着强版本的生成论向度,哈金坚持着弱版本的生成论向度,两个版本的差异也导致了拉图尔早期拘泥于建构主义,而哈金走向自然实在。尽管如此,科学实践哲学仍为我们刻画出生成性向度的科学哲学,他们通过梅洛庞蒂所说的"自我-他人-物"的体系的重构,使得"社会秩序和自然秩序以及行动者和环境之间的对称关系结构发生了变化"②,从而展现出自然与社会、主体与客体在本体论、认识论与方法论上相互交织,共同生成与演变的历史进程。

作者简介:黄秋霞(1991—),女,浙江嘉兴人。南京大学哲学系2010级本科生,本科毕业论文指导老师为刘鹏副教授。科学技术哲学专业2014级硕

---

① Ian Hacking, *Scientific Reason*, Taipei: Taiwan University Press, 2009, p.148.

② 卡林·诺尔、赛蒂纳:《实验室研究:科学论的文化进路》,载于《科学技术论手册》,北京理工大学出版社,2004年,第112页。

士生。现为科学技术哲学专业 2016 级博士生，指导老师为蔡仲教授，研究方向为科学哲学研究。

南哲感悟：过去八年的时光，我留在了南哲。回首本科四年，师长的教诲似乎仍在耳畔，我却从伊始对哲学的茫然无知，到终了义无反顾地踏上学术之路。究其缘由，或许是南哲浓厚的学术氛围，让我消除浮躁，静下心来做学问；或许是师友对专业孜孜以求、百忙之余仍笔耕不辍的治学态度，让我领略到真正的学术精神，心生向往；或许是师长不厌其烦的悉心指导，让愚笨而懒散的我倍感温暖，鞭策着自己励学敦行。我也许稚气依旧，南哲却为我留住了一份淳朴的坚守。

马克思历史发展道路理论的科学内涵及其中国意义[*]

赵 立

摘 要：马克思的历史发展道路理论是唯物史观的重要组成部分，但是长期以来都为西方学者所歪曲。他们将马克思指认为欧洲中心主义者，并且批判这一理论是"线性进步史观"。随着资本全球扩张引发的经济危机和中国社会的高速发展，西方学者对"中国道路"产生了浓厚的兴趣，并且对"中国道路"形成了三种针锋相对的理解范式。"中国道路"的理论基础是完全奠基于马克思的历史发展道路理论之上的，如何科学地回应这些观点就成为摆在我们面前的现实问题和理论问题。本文将在马克思历史发展道路理论的视域之下，从马克思的文本出发，深度梳理马克思对历史发展道路理论进行的科学诠释。具体来说就是通过细致地解读马克思关于资本主义的起源理论、落后国家的发展理论以及社会形态理论，破除西方学者对马克思理论的误读，厘清马克思对东方社会发展道路的真正看法，从而为我们深入理解"中国道路"提供新的理论空间。

关键词：资本起源；西欧模式；俄国农村公社；社会形态；中国道路

---

* 本文获 2016 年江苏省普通高校本科优秀毕业设计（论文）二等奖，2016 年南京大学本科优秀毕业论文特等奖。——编者注

一、起源：马克思对资本主义的历史认知

自从马克思对人类历史进行理论分析以来，国外学者就对这一理论进行了一系列批判性的解读，包括马克思在世时直接与之对话的米海洛夫斯基，以及当代学者安德烈·弗兰克、保罗·巴兰和安东尼·吉登斯等人，都进行过解读。在他们的理解话语之下，马克思被指认为"欧洲中心主义者"，马克思的历史观被称为"线性进化史观"。对于这些指责如何进行有力的回应？这就要求我们回到马克思理论的诞生地——马克思的文本中去细致探索马克思的历史发展道路理论的"原像"，通过这一方式我们才能够有理有据地反驳各种误解与批判，为马克思主义理论"正名"。

（一）以对"三种所有制形式"的理解为出发点

马克思在伦敦开始了他对政治经济学理论的独立研究，这一时期的著名成果就是《政治经济学批判（1857—1858 年手稿）》（以下简称《57—58 手稿》）。此时，马克思不仅仅实现了对政治经济学的深入批判，同时也建构完毕历史唯物主义的理论逻辑。[1]《57—58 手稿》通过对资本主义生产方式占据统治地位以前的三种所有制形式的回溯，开启了马克思对人类社会历史发展历程的探寻。

第一种所有制形式是"亚细亚的所有制形式"，这一所有制形式的代表有印度和部分拉美国家。因为此时马克思对原始社会的了解还不够深入，所以在马克思的设想中，这一时期的人们首先过着游牧的生活，随后以家庭和结合为部落的家庭自然形成了共同体这一实体。共同体的成员具有着血脉、习

---

① 埃里克·霍布斯鲍姆认为应当高度重视《政治经济学批判》一书，尤其是马克思对资本主义前史的历史演变问题的考察更应该被深入研究。马克思在这里首先确立了所有社会变迁的一般机制：首先，是生产力与生产关系的论述；其次，是对历史在最一般形式上的内容。参见 Eric Hobsbawm, *How to Change the World-Reflections on Marx and Marxism*, New Haven: Yale University Press, 2011, pp.127 - 130.

俗等的直接联系,共同占有和利用共同体的土地。共同体成员在这些公有地上面开展游牧、狩猎和耕种的生产活动,是共同体存在的物质基础。单个的人完全不具有独立性,更不拥有私有财产。单个的人以家庭为单位耕种分配的土地,在劳动的过程中占有而非拥有土地。共同体凌驾于单个的人之上,单个的人创造劳动成果来供给共同体,在这个过程中共同体实现了自身的再生产和扩大再生产活动。

第二种所有制形式是"古代的所有制形式",代表有古代地中海国家等,此形式又被称为"古罗马的所有制形式"。马克思认为随着历史运动的发展和对土地需求的扩大,自然性质的共同体开始解体。在全新的生产条件下,共同体的结构发生了改变,以军事方式组织起来的共同体保障了成员的生命、财产安全。成员以城市为依托组织起来,土地成为城市的固有领土,被平均分配给共同体的成员。在这个构成国家的实体中,成员以拥有私人的土地作为享有共同体成员身份的前提,个人所有制是以国家这个共同体为中介的。在这个基础上,成员之间享有自由、平等的关系,个人的能力得以在更高的程度上发展起来,但是成员依然只是共同体中的一员。这些都清楚地表明私有制在这个所有制形式中虽然已经逐渐发展了起来,共同体的财产和个人的私有财产有了明显的界限,但是共同体成员依然通过在自己私有土地上进行生产与再生产的活动来维系着国家共同体的存续。

最后讨论的所有制形式被称为"日耳曼的所有制形式",因为其在日耳曼人那里获得了发展。日耳曼人立足于乡村,只有在集会的时候才会会合成为一个集体。公社在这个时候只是表现为一种联合、一种统一,而不是表现为一种联合体、一种统一体。共同体的成员都是自由的土地拥有者,每个家庭都是一个完整的经济整体,共同体不再像古罗马那样个人必须以共同体为中介才能存在,主导形式是个人所有制,个人所有制是共同体存在的基础和前提。虽然依然存在着不同于私有土地的公有土地,比如林地、草地等生产用地,但是这些财产只不过是个人成员私有财产的公共附属物而已。

通过对这三种前资本主义所有制形式的历史梳理,马克思明确写出:在亚细亚的所有制形式中,共同体是至高无上的实体,成员只是共同体中的一员,在共同体中集体劳作;在古罗马的所有制形式中,共同体的统治地位有所下降,但依然是成员进行各种活动的前提;在日耳曼的所有制形式中,共同体不再是实体,个人所有是共同体得以存在的前提性条件。由此,马克思得出结论:资本主义生产方式只能够在日耳曼式的所有制形式中产生。但是因为此时马克思研究的程度还不够深入,掌握的历史材料还不够丰富,所以马克思在这里做出的判断带有"西方中心主义"思想的嫌疑。不过随着马克思对这一问题研究的深入展开并阅读了大量的历史资料,后来,在《资本论》中对这一问题进行了科学的阐释,使用历史唯物主义的方法论指引实现了科学的阐释。

(二)"血与火"的资本"原始积累"理论

在《资本论》第一卷第二十五章"现代殖民理论"中,马克思开门见山地说道:"政治经济学在原则上把两种极不相同的私有制混同起来了。其中一种以生产者自己的劳动为基础。另一种以剥削他人的劳动为基础。它忘记了,后者不仅与前者直接对立,而且只是在前者的坟墓上成长起来的。"[1]马克思在此区分出了两种私有制:一种是以个人劳动成果为基础的;一种是以占有为基础的。以个人劳动为基础的私有制恰恰是从日耳曼式的所有制形式中孕育出来的。资本主义生产方式则是以占有、剥削他人的劳动成果为标志的私有制,它在前者的坟墓上成长起来依靠的是资本家使用暴力手段完成了资本主义生产方式的"原始积累",这是一幅充满"血与火"的历史画卷。

马克思在《资本论》第一卷中详细地介绍了"原始积累"的概念,从中我们可以窥探资本主义生产方式起源的秘密。首先,马克思引入了"原始积累的概念","只有假定在资本主义积累之前有一种'原始'积累,这种积累不是资本主义生产方式的结果,而是它的起点"[2]。接下来的问题是"原始积累"是如何快速成长起来的?马克思通过对历史材料的分析与考察,勾勒出了真实历

---

① 马克思:《资本论》第一卷,中央编译局编译,人民出版社,2004 年,第 876 页。
② 马克思:《资本论》第一卷,中央编译局编译,人民出版社,2004 年,第 820 页。

史环境中资本主义"血与火"的生成史。通过"掠夺教会地产,欺骗性地出让国有土地,盗窃公有地,用剥夺方法、用残暴的恐怖手段把封建财产和克兰财产转化为现代私有财产——这就是原始积累的各种田园诗式的方法"①。马克思的描述撕开了政治经济学家盖在资本主义生成史上的温情面纱,告诉人们资本一旦产生,就充斥着各种罪恶行径与残酷剥夺。

但是正是通过这样的方式,资本家获得了对土地的占有权,失地农民丧失了全部的生产生活资料,走投无路,最终流入资本家的工厂。这一过程从15世纪最后的30多年开始,经历了"圈地运动""宗教改革"和"光荣革命"等划时代的历史事件,最终确立了资本主义生产方式在西欧的统治地位。因此,马克思总结说:"资本的原始积累……就只是意味着直接生产者的被剥夺,即以自己劳动为基础的私有制的解体。"②这段话直接说明了这种经过"原始积累"发展起来的资本主义生产方式是在日耳曼式的所有制形式的基础上产生出来的。"原始积累"让生产者获得了"人身解放",不过伴随这一过程的却是其私有财产被剥夺得干干净净,只剩下了自身的劳动力。没有任何准备,无产阶级就从"天堂"落入"地狱",从"黄金时代"陷入"黑铁时代"。

(三) 解读"西欧模式":"西欧范本论"还是"西欧特权论"?

马克思在《资本论》中的理论考察明确论证了在《57—58手稿》中得出的结论:资本主义生产方式只能从日耳曼式的所有制形式中产生。但是马克思随后对这一结论进行了更为科学的界定。马克思在《资本论》法文版这个具有"独立科学价值"的文本中和《给维·伊·查苏利奇的复信》中明确地提出:"在分析资本主义生产的起源时,我说过,它实质上是'生产者和生产资料彻底分离',并且说过,'全部过程的基础是对农民的剥夺。这种剥夺只是在英国才彻底完成了……但是,西欧的其他一切国家都正在经历着同样的运动……'可见,我明确地把这一运动的'历史必然性'限制在西欧各国

---

① 马克思:《资本论》第一卷,中央编译局编译,人民出版社,2004年,第842页。

② 马克思:《资本论》第一卷,中央编译局编译,人民出版社,2004年,第872页。

的范围内。"①这段话明确地表明了马克思对自己在《57—58 手稿》和《资本论》中所做结论的理论定位：从日耳曼式的所有制形式中产生的资本主义生产方式仅仅局限于西欧各国。

但是马克思的这一理论观点自从问世以来就被不同的学者所误解。具体而言主要有两种理解模式：第一种是以俄国学者尼·康·米海洛夫斯基为代表所提出的"西欧范本论"，他"肢解"了马克思在《资本论》中对于"原始积累"问题的讨论，将文中每一个可以支持他结论的地方都"片面"地加以引证，进而认为马克思在《资本论》中阐明的资本主义发展道路不仅仅适用于西欧社会，更重要的是应该推广到整个世界，作为其他地区产生资本主义生产方式的基本模式或者说一般模式，他将这一理论解读为普世性的历史发展道路理论。米海洛夫斯基想要通过这种方式来证明俄国社会必须完全摧毁农村公社，模仿"西欧模式"走上资本主义的"康庄大道"。但是这种观点实际上完全忽视了俄国的独特国情，也没有看到俄国当时已经发展出了资本主义生产方式。另外一种理解模式是以安德烈·贡德·弗兰克为代表的学者提出的，弗兰克在其著作《白银资本——重视经济全球化的东方》中将马克思的观点曲解为"西欧特权论"。"马克思认为，亚洲比欧洲更为倒退，欧洲自身的'封建主义'至少内生了'转为资本主义'的种子。作为对照，'亚细亚生产方式'依然还在等待着'转型'的欧洲将它拉出社会发展停滞的境地。"②他认为亚洲社会长久以来不仅没有前进，反而陷入"停滞"的境地，并且他将马克思在《资本论》中得出的结论错误地理解为资本主义生产方式的产生只能局限于西欧各国，从而指认马克思为欧洲中心主义者。弗兰克将资本主义生产方式的产生限定为西欧的特权，这一结论被今日资本主义生产方式在全球占据主导地位的实际情况所证伪。

马克思在《资本论》的研究中得出了从日耳曼式的所有制形式基础上产

---

① 马克思、恩格斯：《马克思恩格斯选集》第三卷，中央编译局编译，人民出版社，2012 年，第 820 页。

② Andre Gunder Frank, *Reorient-Global Economy in the Asian age*, Berkeley and Los Angeles: University of California Press, 1998, p.15.

生了"西欧模式"的资本主义生产方式,但是在这里的"西欧模式"并不能理解为"西欧范本"或者说"西欧特权"。因为马克思产生这一结论的前提是立足于西欧各国的历史事实:从以个人劳动为基础的私有制经过"原始积累"的过程转化为以占有为基础的私有制。马克思一直以来讨论的都是在这一过程中产生的"西欧式"的资本主义,而不能将其理解为人类历史中的资本主义一般模式。马克思在《给〈祖国纪事〉杂志编辑部的信》中就对米氏的观点进行了不留情面的批判:"他一定要把我关于西欧资本主义起源的历史概述彻底变成一般发展道路的历史哲学理论,一切民族,不管它们所处的历史环境如何,都注定要走这条道路……但是我要请他原谅。(他这样做,会给我过多的荣誉,同时也会给我过多的侮辱。)"①以米氏的祖国俄国为例,马克思在研究了大量的历史资料后发现俄国走上资本主义道路的途径并非是"西欧式"的"血与火的原始积累",而是对农村公社的土地进行"赎买"的方式。俄国统治者通过购买公社农民的土地,将农民从土地的"束缚"中解放出来,从而使俄国走上了资本主义的道路。在这里,俄国农村公社依然保留着亚细亚的所有制形式的典型特征。而今天的希腊、意大利等地中海国家纷纷走上资本主义的道路,这些事实明确地驳斥了"西欧范本论"。这两种所有制形式虽然产生不了"西欧模式",但是这并不是说明这两种所有制形式产生不了资本主义生产方式。对于弗兰克所指证的马克思为欧洲中心主义者的"西欧特权论"思想,我们可以看一看马克思在《哲学的贫困》一书中是如何说的:"这里谈的只是直接奴隶制,即苏里南、巴西和北美南部各州的黑人奴隶制。……直接奴隶制是资产阶级工业的基础。"②苏里南等地建立的资本主义生产方式向我们说明,马克思并非认为只有西欧各国才能走上资本主义的道路。《资本论》中的资本起源理论只是马克思对历史发展道路进行研究得出成果的一部分,我们决不能将两者简单地等同起来。弗兰克的观点实质上是一种打着反对欧

---

① 马克思、恩格斯:《马克思恩格斯选集》第三卷,中央编译局编译,人民出版社,2012年,第730页。

② 马克思、恩格斯:《马克思恩格斯选集》第一卷,中央编译局编译,人民出版社,2012年,第224页。

洲中心主义旗号的欧洲中心论思想。

从上面的讨论中我们可以发现,马克思认为资本主义的起源具有多样性。其中既有从日耳曼式的所有制形式中产生出来的"西欧模式",也有从以俄国农村公社、美国南部和苏里南为代表的其他所有制形式中产生的资本主义起源、发展模式。无论是"西欧范本论"还是"西欧特权论"都是欧洲中心论的观点,这两种思想都不能代表马克思的理论观点。我们应该完整把握马克思从对三种所有制形式的分析中建构出来的资本主义起源理论,正确理解"西欧模式"的真正含义,从而为我们准确理解马克思的历史发展道路理论打下坚实的基础。

二、发展:马克思对落后国家道路的认识转变

在马克思几十年的理论研究生涯里,对落后国家如何发展问题的思考是一个不断完善的过程。但是国外有一些学者仅仅依据马克思在 19 世纪 50 年代发表在《纽约每日论坛报》的社评和早期著作中的只言片语就认定马克思有一个关于落后国家发展的普遍理论——落后国家必须走上资本主义道路才能摆脱贫穷、落后的局面。但是实际上对于落后国家的发展问题,马克思的认识过程中发生过一个巨大的转变。以马克思在"人类学笔记"和"历史学笔记"中对落后国家发展道路的再研究为标志,我们可以大概将这一过程分成两个阶段,让我们从文本出发来厘清马克思对落后国家发展问题的思考路径,从而更好地认识资本主义生产方式在世界历史发展过程中扮演的角色。

(一)理论积淀期:从 19 世纪 40 年代到 19 世纪 70 年代中期

为了实现"人类解放"这一崇高理想,马克思自 19 世纪 40 年代进行理论探索以来就将自己的视野扩展到整个世界历史当中。要实现整个人类的解放事业,其中的关键问题就是探讨落后国家如何选择发展的道路。在这一时期,马克思对以东方社会为代表的落后国家的了解还不够全面、深入,获得相关信息的渠道也比较狭窄,对于遥远的东方社会只能从一些"上了年纪"的历

史书中获得只言片语的信息和官方报纸上带有偏见和误解的报道。再加上当时适逢西欧资本主义蓬勃发展，在全世界范围内进行扩张。这些因素叠加起来影响了马克思此时对世界历史发展进程的认识，对东方社会的发展前景做出的评价也蒙上了一层厚厚的阴影。

马克思对世界历史的研究首先萌芽于《德意志意识形态》一文，在此他认识到了人类历史的成果具有继承性，随着人类世代积累下来的生产力的进步，人类文明之间相互接触的可能性就大大增加了，各个民族、国家原有的封闭状态被发展起来的生产方式和随之而来的民族之间的不同分工定位所打破，人类历史开始真正走向世界历史大舞台。但是在马克思的早期研究中，他所认识到的波澜壮阔的世界历史的展开还仅仅只是资本主义生产方式在全球范围内单向度扩张的过程。大工业首次"开创了世界历史"，扩大再生产和殖民扩张活动催生了世界市场的发展，而美洲与东印度在马克思看来，只是西方进行商品倾销、原料掠夺和殖民扩张的场所。资本主义大工业通过美洲和东印度建立起世界市场。而反过来，世界市场又有力地推动了大工业的发展。工业、商业、航海业和交通运输业使整个世界联系更紧密，资本主义的强大生产力也随之蓬勃发展起来，一举将旧时代遗留下来的"僵化的关系"和"素被尊崇的观念"消解殆尽。资本主义作为主导的世界体系建立了起来，而所有落后国家则在这一过程中被席卷进来，充当资本主义发展的垫脚石。而且，马克思认为对于落后国家来说，如果不想在这一过程中灭亡的话，那就只能选择去接受资本主义文明，按照资本主义的要求去融入"新世界"。作为世界历史开创者、推动者的西欧资本主义社会引领着人类文明的前进方向，而被迫卷入的东方落后国家只能亦步亦趋地被迫学习这一"文明"，小心翼翼地改变自己以适应新的世界。

资产阶级使农村屈服于城市的统治，马克思认为："正像它使农村从属于城市一样，它使未开化和半开化的国家从属于文明的国家，使农民的民族从属于资产阶级的民族，使东方从属于西方。"[1]在这里马克思做出的判断是完

---

[1] 马克思、恩格斯：《马克思恩格斯选集》第一卷，中央编译局编译，人民出版社，2012年，第405页。

全符合当时的实际情况的。如果从历史事实出发,我们能够看到在这一阶段虽然资本主义的传播造成了落后国家历史上最大的浩劫——社会秩序崩溃、资源被大量掠夺、人口被集中贩卖。但是这一扩张活动也给落后国家指引了前进的方向,具有客观的历史进步意义。在马克思此时的视野中,如果说"西欧模式"下的西欧资本主义社会可以被形容为日新月异的话,那么属于落后国家的东方社会则是陷入了"停滞"的泥沼中不能自拔。马克思在《纽约每日论坛报》的社评中对印度社会进行了点评,字里行间透漏出些许欧洲中心论的味道。马克思认为印度社会从远古社会就产生了特殊的社会制度——村社制度,这一制度让每个村社都停留在了自给自足的水平上,直到 19 世纪初都没有在社会层面产生变革。马克思发现这个一成不变的社会环境让印度人开始服从于自然命运的支配。印度这一田园牧歌式的村社生活在马克思看来是东方专制制度的社会基础,虽然看起来温和无害,实际上却严重束缚了东方社会的前进,是导致东方社会停滞不前、从属于西方社会的罪魁祸首。

此时马克思对历史唯物主义在世界历史理论方面的思考还不够完善,在思维方式和话语系统的双重意义上处于欧洲中心论的立场。[①] 马克思此时认为对于东方落后国家来说,唯一能够将他们从社会发展停滞的泥沼中拯救出来的方案是"资本主义文明"的强势植入。英国的殖民活动就像是在一潭死水里面投入的石子,由此产生的社会波动成功地在亚洲社会造就了一场史无前例的社会变革。马克思虽然看到了英国殖民活动的残暴和血腥,但是马克思更加在意的还是这一活动对世界历史发展的客观意义。通过资本主义生产方式对东方社会原有结构侵袭,旧式的生产方式被彻底地淘汰出历史舞台,在原有社会废墟的基础上成长起来的是西方式的社会。马克思认为虽然新社会的在降临前会有"阵痛",但是对于落后国家来说这一切牺牲都是值得

---

① 叶险明:《马克思超越"西方中心论"的历史和逻辑》,《中国社会科学》,2014 年 1 期。在这里叶险明教授区分了三种意义上的"欧洲中心论":一、种族主义层面;二、政治立场和价值观念层面;三、思维方式和话语系统意义层面。叶险明教授认为第三层次上的"欧洲中心论"是受思维习惯的影响和话语环境的诱导,而与价值观念无直接联系。马克思虽然受到第三层面"欧洲中心论"的影响,但是他并不是站在"欧洲中心论"的立场之上的。

的。马克思此时判断落后国家无法内生出先进的生产力,唯一的可行途径就是按照资本主义生产方式的现状来描摹自己未来的"蓝图"。马克思在《资本论》序言中如此说道:"工业较发达的国家向工业较不发达的国家所显示的,只是后者未来的景象。"①

马克思虽然对殖民活动进行了道义上的谴责,可是却认为殖民活动对落后国家在发展层面上有着实质性的帮助。马克思一直到19世纪70年代中期所认识的世界历史都是资本主义在全球范围内的单向度拓展的历史,落后国家只是在旁边扮演着追随者的角色。他在这一时期的这一认识无论是在理论层面还是在事实层面都有着相当大的局限性。随着对历史发展道路理论和世界历史理论的研究向纵深拓展,马克思开始转变原有的具有"欧洲中心主义"嫌疑的思想,重新认识落后国家在世界历史中的地位、作用和发展途径。

(二)理论成熟期:从19世纪70年代中期到1883年马克思逝世

19世纪70年代中期,随着马克思对政治经济学批判的深入和历史唯物主义理论的完善,他在东方落后国家的发展道路问题上产生了新的认识。这一时期的研究成果集中体现在马克思的晚年笔记中。马克思进行这一研究最为直接的原因就是为了回应俄国"民粹派"和资产阶级经济学家的争论,而争论焦点就在于俄国作为落后国家是否必须沿着资本主义的道路进行发展。此时马克思大量地阅读了有关俄国农村公社的资料,对整个世界历史进行了更为细致的梳理,在《给维·伊·查苏利奇的信》中体现了马克思的研究成果。

之前马克思认为以自给自足为经济基础的农村公社是东方社会体制僵化、发展停滞不前的罪魁祸首,需要一场"毁灭性的革命"来重建新的社会基础。但是随着马克思对俄国农村公社的深入了解,他对于其必然解体的命运产生了怀疑。"西欧模式"作为一种走上资本主义道路的途径,实质上不过是私有制形式的转换。而俄国农村公社并未将土地分给农民私人占有,所以俄国并不能走上"西欧"式的资本主义道路,而是以让农民"赎买"土地的方式走

---

① 马克思:《资本论》第一卷,中央编译局编译,人民出版社,2004年,第8页。

上了发展资本主义生产方式的道路。但是资本主义生产方式发展到当时那一阶段已经产生了许多恶果，而俄国作为"在全国范围内把'农村公社'保存到今天的唯一的欧洲国家"①，是否还需要重蹈西欧国家的覆辙就很值得讨论了。

俄国农村公社作为从原始公社发展起来的社会形态，它的天然生命力可以为两个事实所印证：首先，即使经历了种种波折，农村公社依然在各个地方零零散散地分布着，整个俄国境内都有村社保存下来；其次，农村公社的基本特征也得以保留。虽然原始公社已经在历史的发展中逐渐被淘汰，但是作为这一形态的最后阶段的农村公社依然凭借自身发展出来的新特征保留到现在，避免了消亡的命运。农村公社不再像原始公社那样只是依靠血缘关系连接起来的集体，扩大了的社会关系联结让农村公社的存在基础更为稳固。公有的房屋成为农民的私产，包括园地。虽然土地依然是公有财产，但是不再进行集体生产，而是定期进行分配，生产成果归社员所有。这些新特征赋予了农村公社强大的生命力——"一方面，公有制以及公有制所造成的各种社会联系，使公社基础稳固，同时，房屋的私有、耕地的小块耕种和产品的私人占有又使那种与较原始的公社条件不相容的个性获得发展"②。由此出发，马克思认为农村公社并不是自然衰亡的，而是受到了残酷的剥削才衰落。俄国统治者的剥削，导致地力消耗殆尽、农民困苦不堪，统治阶层的利益诉求得不到满足转而采用资本主义的生产方式来获取更大的利益。

此时，资本主义制度已经暴露了自身固有的缺陷，陷入危机之中。马克思认为此时俄国农村公社完全不需要经历资本主义所遭遇的各种问题就能够享受其发展带给人类的丰硕成果，从而跨越资本主义的"卡夫丁峡谷"。马克思分析了其得天独厚的优势：一方面，俄国土地先天的优势使得使得土地集中得以可能；农民也在历史中养成了集体劳作的习惯；俄国社会也有义务

---

① 马克思、恩格斯：《马克思恩格斯选集》第三卷，中央编译局编译，人民出版社，2012年，第824页。

② 马克思、恩格斯：《马克思恩格斯选集》第三卷，中央编译局编译，人民出版社，2012年，第824页。

扶持俄国农村公社向更高阶段发展。另一方面,与已经发展起来的西方社会同时存在,可以通过世界市场来帮助自己获得发展的外部助力。马克思在1882年俄文版的《共产党宣言》序言中再次着重提出了这一结论:"假如俄国革命将成为西方无产阶级革命的信号而双方互相补充的话,那么现今的俄国土地公有制便能成为共产主义发展的起点。"①此时马克思视野中的东方社会虽然仍然是落后国家,但是已经不再是原来马克思视野中那个发展停滞、缺乏内生动力的社会了。马克思认为东方社会具有自身独特的优势,在原有的社会形态中已经蕴含着新社会的生长点了。落后国家可以借助自身所处的社会环境,依靠"后发优势"实现对资本主义的超越,而不必走上资本主义的"老路"。事实上,在20世纪风起云涌的东方国家民族解放运动和反帝反封建运动中都充分地展示了东方国家的发展潜力和民族复兴的宏伟蓝图,这充分印证了马克思对世界历史理论进一步拓展的科学性。

更进一步的是,马克思也改变了对落后国家所处地位问题的看法。② 资本主义虽然依靠自身的扩张本性推进了世界历史进程,但是资本主义自身具有不可克服的内在矛盾和局限性。当世界历史进程发展到更高阶段的时候,资本主义将会无可挽回地走向危机和衰落。当资本主义不再能够推进世界历史进程的时候,马克思认为只能依靠资本主义的"掘墓人"——无产阶级才能继续这一历史使命。或者更具体地说,落后国家不再只是被动跟随资本主义的发展脚步,而是依靠西方无产阶级革命和东方民族主义革命的"相互补充"从而成为世界历史进程中真正的主导力量。1911年俄国十月革命率先实现了马克思的这一伟大设想,继而"阿芙乐尔"号巡洋舰的炮声响彻东方落后国家。虽然马克思这一理论设想在现在看来可能过于乐观,但是在这一思想

---

① 马克思、恩格斯:《马克思恩格斯选集》第一卷,中央编译局编译,人民出版社,2012年,第379页。

② 参见姚顺良:《马克思晚年东方社会发展道路新思想的实质——"人类学笔记"和〈历史学笔记〉在研究》,《江海学刊》,2013年03期。姚顺良教授指出马克思晚年在"世界历史"理论方面取得三大方面的突破:其一是世界历史的形态发生了根本的改变。资本主义只是世界历史的原初推动力,而不再是最终的完成形式。其二是东方落后国家的作用发生了改变。东方落后国家成为世界历史形成中的主导力量。其三是世界历史的主导阶级由资产阶级变成工人阶级和农民的联盟。

转变的背后是马克思对"欧洲中心论"思想的扬弃和对历史唯物主义原则的贯彻,这一思想时至今日依然具有强大的理论生命力,值得我们认真体会与研究。

三、社会形态:马克思对历史进程的科学理解

马克思通过不懈的理论研究,最终实现了对落后国家发展道路的准确认识。但是既然马克思已经认识到了落后国家不通过资本主义"卡夫丁峡谷"的可能性,那么从这一逻辑出发,摆在我们面前的一个迫切的问题是如何科学地理解马克思的社会形态理论。从资本主义起源理论和落后国家发展理论的科学解读出发,有助于我们更好地思考社会形态理论的真正内涵与本真意味,澄清西方学者对马克思社会形态理论的误读,更好地指导我们认识世界历史的发展图景和中国社会的具体发展道路。①

(一)社会形态理论:"荣誉"或是"侮辱"?

我们必须承认,马克思在进行政治经济学批判研究的思想实验过程中并没有用专门的篇章来讨论人类社会的历史发展过程,而是在对资本主义生产方式进行批判分析的过程中穿插了一些自己的理解。在这一过程中为后世最为熟悉的则是著名的"五大社会形态理论",那么首先我们就来看一下究竟什么是"五大社会形态理论"的理论。

"形态"一词本来是地质学上的名词,是用来说明在不同的时代形成的地质情况的不同特征,马克思借用这一概念来表达人类社会经历的不同阶段。其对于人类社会经历阶段的认识大致是从《黑格尔法哲学批判》开始的,但是那时只是做了一个粗浅的历史分期,具有受黑格尔历史哲学影响的痕迹。通过在巴黎和布鲁塞尔对政治经济学的深入研究,马克思对人类社会的历史发

---

① 参见张一兵、周嘉昕:《资本主义理解史——马克思恩格斯资本主义科学批判构架的历史生成》,江苏人民出版社,2009年,第509页。

展开始有了比较深刻的认识,体现在《德意志意识形态》中就是马克思开始第一次真正从历史进程中来把握社会的前进方向。从分工和所有制关系出发,马克思将人类社会划分为分工不明确和生产力不发达的部落所有制、古典古代的公社所有制和国家所有制、封建的或等级的所有制,以及分工和所有制的最终形态——资产阶级所有制。马克思随后在《雇佣劳动和资本》中讨论了生产关系与社会关系的联系和区别。马克思认为无论是古代社会还是资产阶级社会都通过自身生产关系的总和体现人类历史发展的某一阶段。到了马克思写作《资本论》手稿的时候,通过对资本主义生产方式的细致考察,他逐渐明晰了人类社会历史发展的线索,说明了未来社会的发展走向。之后在《〈政治经济学批判〉序言》中写下了这句著名的话:"亚细亚的、古希腊罗马的、封建的和现代资产阶级的生产方式可以看作经济的社会形态演进的几个时代。"①

后世学者根据马克思这一系列思想的演进历程,总结出了"五大社会形态理论"。马克思站在人类历史的高点回溯了历史发展的进程并提出了未来方向,深化了对资本主义生产方式的批判。但是西方学界对马克思的社会形态理论存在着一定程度上的歪曲和误读,其中影响力最大的是将马克思的观点理解为目的论式的线性进步史观。

(二)西方学者的批判解读:线性进步史观

出于各种各样的原因,马克思的社会形态理论被某些学者僵化诠释为一种目的论式的发展道路。他们将马克思的观点理解为人类社会的发展只能按照社会阶段依次更替,前一个社会阶段必然只能走向下一个社会阶段,人类社会的彻底变革道路被非法"取缔"了。

美国著名的马克思主义经济学家保罗·巴兰在其代表作《增长的政治经济学》一书中以"经济剩余"为核心概念,开创了激进的发展经济学理论,对落后国家的发展问题进行了新的诠释。保罗·巴兰以马克思在《资本论》德文

---

① 马克思、恩格斯:《马克思恩格斯选集》第二卷,中央编译局编译,人民出版社,2012年,第3页。

第一版第一卷序言中提到的"发达工业国家向不发达工业国家显示了其未来的发展前景"为依据,认为马克思的观点只是一种受到欧洲中心论影响的线性发展观,"西欧社会的发展程度把世界其他地方远远地抛在后面……实际上这只是由于西欧发展的本质所决定的"[1]。落后国家只能模仿西方国家的社会发展进程,每个社会阶段依次发展,既不能跳跃也不能取消。进而保罗·巴兰提出应该在新的历史条件下修正马克思的历史发展观,通过社会革命的方式建立社会主义体制,摆脱经济社会发展落后的境况。

法国哲学家让·鲍德里亚将马克思关于人类社会历史发展的理论称为"理性主义的末世论",认为历史唯物主义理论建构在"积累和揭露的线性时间"这一不可逆的基础之上。鲍德里亚认为在以前的社会形势下,人类只是在盲目地生产物质财富和社会关系,只有发展到资本主义生产方式的阶段,人类才意识到这一"双重生产",并试图依靠理性来对其施加控制,从而通过建立理论理性和普遍实践、生产力与生产关系的辩证法以及矛盾理论来达到消解资本这一最终目的,进而进入共产主义社会的发展阶段。鲍德里亚如此说道:"马克思主义地努力进而从激进的要求转为对历史发展规律地研究。无产阶级不再跳出这个阴影,而是在资本的阴影下茁壮成长。革命被置放在不可代替的进化进程之上,在进化的终点处,历史规律要求人们将自己作为社会创造物解放出来。"[2]鲍德里亚在这里将马克思的社会形态理论解释为"赤裸裸"的进化论观点,严重歪曲了马克思的理论。

英国社会学家安东尼·吉登斯将马克思的历史论述理解为一种线条式的"社会演化图景"。吉登斯认为马克思"虽然在其晚年著作中修正了一些关于社会发展理论的观点——尤其值得注意的是引入了'亚细亚生产方式'这一概念。但是马克思对于在《德意志意识形态》中得出的社会演变理论终身都不曾放弃。"[3]吉登斯将马克思的人类社会发展阶段描绘成从亚细亚生产方

---

① Paul A.Baran, *The Political Economy of Growth*, London:Penguins Books,1962,p.273.

② Jean Baudrillard, *The Mirror of Production*, St. Louis:Telos Press,1975,p.161.

③ Anthony Giddens, *A Contemporary Critique of Historical Materialism*, Berkeley and Los Angeles:University of California Press,1981,p.69.

式到部落社会、古代公社所有制、封建主义到资本主义再到社会主义这样一个"社会演化图景"。所以吉登斯认为马克思的这一历史进化观过于陈旧,历史唯物主义存在着"根深蒂固"的缺陷,需要对其进行"实质性的修正"才能被接受。

保罗·巴兰等人虽然从不同的角度对马克思的社会形态理论进行批判,试图建立一种新的对历史发展进程进行解读的理论框架,但是这些观点无一不是将马克思的理论理解为线性进步史观,这些观点实质上可以说是"得胜的资产阶级意识形态"或者说是"辉格史观"。他们不过是依据自身的需要来摘取马克思理论的某一片段,从而图绘出他们心目中马克思的理论样貌。如果我们不加批判地接受这些学者的理论学说,那么我们将与马克思的理论原貌失之交臂,收获的只是一个"任人打扮的小姑娘"。

(三) 回到历史中去:社会形态是"抽象"还是"道路"

通过对马克思资本主义起源理论和落后国家发展理论的再认识,我们能够清楚地理解马克思的社会形态理论。首先需要强调的是,马克思并非是西方学者所指认的欧洲中心主义者。从资本主义的起源理论来看,马克思并没有将资本主义视为西欧的特权,也没有认为世界各国都应该走上西欧模式的资本主义道路。从落后国家的发展道路理论来看,落后国家完全可以依靠自身蕴含的新社会生长点来实现"跨越",走向新的发展阶段。我们可以毫不怀疑地认为马克思的理论探索实现了对欧洲中心论的拒斥。

西方学者对马克思社会形态理论的线性发展观的解读也是站不住脚的。如果将社会形态理论理解为社会阶段的线性发展模式的话,那么其实是犯了教条主义的错误。

首先,马克思仅仅只是将社会形态理论看作一种科学抽象,而不是设立一个社会发展的模板,我们不能将其理解为历史发展的一般道路。认为一个国家必须按照社会形态的模板实现社会阶段的依次更迭而不能实现社会的急剧变革的这种想法仅仅只是一种理论上的美好设想,不符合历史发展的现实。举个例子来说,亚细亚的生产方式就不曾在英国出现,但是我们不能说英国不可能发展到资本主义的社会阶段。我们更不能将这一抽象曲解为社会发展的具体道路，将西欧模式生搬硬套到落后国家的发展上来。马克思在《给〈祖国纪事〉杂志编辑部的信》中以古罗马的情况为例，说明各个民族、国家的发展要依托自身的历史积累和现状等具体情况。古罗马曾经发生过生产资料和生存资料相分离的运动，这一情况和西欧的资本主义起源时期有很大的相似之处，但是古罗马并没有走上资本主义的道路，而是产生了奴隶制社会。"极为相似的事变发生在不同的历史环境中就引起了完全不同的结果。"①任何民族、国家的具体发展道路都要取决于本民族、国家的具体情况，尊重不同民族、国家的差异。各个民族、国家在世界历史进程中会呈现出不同的面貌，表现为历史发展道路的多样性。而人类社会发展作为一个整体进程，是由生产力与生产关系之间的基本矛盾运动所决定的，这又是社会发展的统一性。社会形态理论绝不是目的论式的线性发展理论，而是统一性与多样性的辩证统一过程。在这个过程中马克思强调的是对"具体的历史条件"的把握，比如说俄国农村公社的发展就离不开内因与外因的相互作用。②

其次，在马克思的理解中，无论是亚细亚的还是古罗马的生产方式，它们都并非是线性取代关系，而是在世界历史中以时间和空间并存的关系。对于西欧国家来说，资本主义从封建制度中产生，但是这并不是说所有的资本主义都要从封建制度中产生。在《哲学的贫困》中马克思已经说明了，对于苏里南、巴西和北美南部来说，它们是从黑人奴隶制中发展出来的资本主义。所以我们并不能说马克思理解的社会形态更替是线性发展的，亚细亚的所有制形式并非不能产生资本主义生产方式。近代以来的东方国家，比如日本就通过自身的"明治维新"并借助世界历史发展的大潮走上了资本主义的道路。只有我们真正理解了马克思对社会形态的科学解读，才能避免落入西方学者构建的意识形态陷阱，在新的世界历史条件下把握社会发展的前进方向，毫

---

① 马克思、恩格斯：《马克思恩格斯选集》第三卷，中央编译局编译，人民出版社，2012年，第730页。

② 吴晓明：《马克思的历史道路理论及其具体化承诺》，《哲学研究》，2013年7期。吴晓明教授指出对马克思历史道路理论的理解，首先是关于世界历史进程各个阶段的概说；其次是要坚持贯穿始终的具体化承诺。前者是必要的一些抽象，而后者则是使这些抽象成为"科学"的根本。

不动摇地坚持走中国特色社会主义道路。

四、结语

综上所述,对马克思历史发展道路理论的解读需要我们正面回应三个问题:第一个是如何理解资本主义的起源问题,如何正确定位"西欧模式"? 第二个问题是落后国家是否必须走上资本主义道路? 最后一个问题是马克思的社会形态理论真的是线性进步史观吗? 通过上文的讨论,我们可以在这里以结论性的方式对这三个问题进行回答:马克思通过对三种所有制形式的分析,明确地指出"西欧模式"的资本主义只能在日耳曼式的所有制形式中产生,"西欧模式"既不能理解为"西欧范本论",也不能理解为"西欧特权论"。但是其他所有制形式也能产生资本主义,资本主义的起源具有多样性。对于落后国家来说,资本主义并非必经之路。以俄国农村公社为例,依靠内因和外因的联动,俄国可以实现"跨越"以进入新的发展阶段。后世的历史发展证明了马克思这一论断的科学性。对于西方学者的"线性进化史观"指责,我们必须坚决地予以反驳。马克思在资本主义起源理论和落后国家发展理论中已经向我们说明,他提出的是一条尊重民族差异、国情差异的具体的发展道路,而不是教条化的"线性进化"道路。马克思在这一思想实验的过程中实现了统一性和多样性的辩证统一。

通过对马克思历史发展道路理论的全面梳理、分析,我们已经能够厘清这一理论。西方学者对"中国道路"的理论误解一方面是不能准确地把握中国社会发展的准确情况,在理论判断上脱离实际;另一方面则是由于他们没有能够理解马克思历史发展道路理论的科学内涵。从他们理解"中国道路"的三种理论范式来看:1."彻底否定"论无视中国特色社会主义建设的伟大成就,否定中华民族复兴的可能,这不仅仅在理论上站不住脚,在现实层面上更是无稽之谈。2."赞同—批判"的观点又可以细分为两种不同的理解路径:其一是以大卫·哈维、兰兹伯格等人为代表的观点,他们将"中国道路"理解为国家资本主义的模式,认为其不过是"政府与市场经济相勾结的国家垄断资本主义"[1]，从而将"中国道路"的开创意义消弭于无形之中；其二以齐泽克、巴迪欧等人为代表，他们认为"中国道路"是"威权主义资本主义模式"，在中国共产党的领导下，由政治精英主导中国社会的"资本主义模式"发展，他们认为这种模式带来的不是复兴而是灾难。3. 以美国著名左翼学者阿里夫·德里克为代表的观点认为"中国道路"不仅仅能够带来中国的复兴，更是有着深远的世界历史意义。回应这些西方学者的观点要求我们必须立足于马克思历史发展道路理论的科学内涵，真正理解马克思对历史发展道路多样性的解读，从而更好地把握"中国道路"的现实与世界历史意义。在资本主义全球扩张的今天，资本主义的经济、社会危机和中国社会的高速发展形成的鲜明对比有力地佐证了"中国道路"的科学性。深入研究马克思的历史发展道路理论能够为我们全面深化对"中国道路"的解读开拓新的理论空间，进而使我们把握资本主义发展带来的优秀成果，在"中国道路"的发展历程中准确把握机遇与挑战，早日实现中华民族的伟大复兴。

作者简介：赵立（1993—　），男，河南永城人。南京大学哲学系哲学专业2012级本科生，本科毕业论文指导老师为张亮教授。南京大学哲学系马克思主义哲学专业2016级硕士。现研究方向为马克思主义哲学史。
南哲感悟：在南哲的数年里，幸得传道授业解惑的师长指引前行，有赖旨趣相同的同学砥砺向前，也算没有虚度过往的时光。唯望在之后的路途中，亦能无愧初心，继续走好人生路！

---

① David Harvey, *A Brief History of Neoliberalism*, Oxford：Oxford University Press, 2007.

自我与现象学还原

—— 一种发生学的考察*

李林蜜

摘　要：本文通过阐明胡塞尔现象学还原的基本内涵，指明"纯粹自我""习性化的自我"与"原—自我"之间的事态关联，揭示先验现象学在自我问题上的基本线索与内在突破，最终，先验主体性将在发生学的视角下显示为持续自身构造着的统一体。上述考察，试图回应传统学界对胡塞尔先验现象学的主观主义回溯以及唯我论的批评，为理解胡塞尔先验现象学提供较为清晰的图景。

关键词：自我；现象学还原；先验主体性；发生；胡塞尔

胡塞尔认为，近代哲学在其发端就蕴含着一个"隐秘的憧憬"，即先验哲学的确立。[①] 笛卡尔将"我思"（ego cogito）作为哲学的第一原则，暗示了先验哲学的开创，但他囿于客观主义的先见，最终只能在"唯一真正彻底的哲学之门前，停步不前"[②]。而康德的批判哲学又缺少了从整个近代哲学源头所取得的意识的最终意义，即绝对的、具体直观的主观性的意义，因而与进入"母亲之邦"的道路擦肩而过。[③] 因此，胡塞试图在承续主体性哲学的基本脉络的同时，对此传统进行批判与重建。

＊　本文获南京大学第十七届"基础学科论坛"一等奖。——编者注

① 胡塞尔：《纯粹现象学通论》，李幼蒸译，商务印书馆，2012年，第185页。
② 胡塞尔：《第一哲学》（上卷），王炳文译，商务印书馆，2006年，第112—113页。
③ 胡塞尔：《第一哲学》（上卷），王炳文译，商务印书馆，2006年，第304页。

自 1900—1901 年出版了《逻辑研究》两卷之后,以胡塞尔 1907 年在哥廷根大学任教时的讲稿(后集结成《现象学的观念》一书予以发表)为标志,胡塞尔从描述心理学转向了先验现象学;此后的三十年,胡塞尔所进行的大量工作都是围绕先验现象学而做的基础准备。胡塞尔将先验现象学的创立视为对近代哲学自提出以来就悬而未决的理想的真正实现。然而,这个通过现象学还原而达成的先验突破却遭到学界的诸多质疑。因此,本文试图基于发生学的视角,以胡塞尔现象学还原方法的深化运用与自我问题的内在突破为线索,揭示胡塞尔思想中诸自我的现象学意蕴及其事态关联,展现先验主体性的自身构造成就。

一、"先验悬置"与"纯粹自我"

1913 年《逻辑研究》再版时,胡塞尔曾在序言里写道:"《逻辑研究》是一部突破性著作,因而它不是一个结尾,而是一个开端。"随着现象学研究领域的扩展,胡塞尔坦言,原初的研究存在许多模糊性与多义性,甚至"连原初的阐述顺序也显得不十分妥当"①。因此,对胡塞尔而言,从描述心理学向先验现象学的突破是必然的,后者不是"作为事实的科学而是作为本质的科学(作为'艾多斯'科学)被确立;作为这样一门科学,它将专门确立无关于'事实'的'本质知识'"②。在《纯粹现象学和现象学哲学的观念》(后文简称《观念Ⅰ》)中,上述现象学的先验转向是借由"先验悬置"实现的。

胡塞尔在《观念Ⅰ》的第一编中,首先对本质与直观概念进行了现象学说明,并提出要以本质直观来揭示现象学本质领域的任务。然而,这一本质领域似乎总是掩盖着一层朦胧的薄纱,这层阻碍常常使人错将孤立的抽象的直观之物看作本质。胡塞尔认为,在日常生活中,遮蔽本质直观的正是一种"自然主义态度"的设定。因此,胡塞尔提出"先验悬置"作为"使属于自然态度本

---

① 胡塞尔:《逻辑研究》(第一卷),倪梁康译,上海译文出版社,2006 年,前言第 1 页。
② 胡塞尔:《纯粹现象学通论》,李幼蒸译,商务印书馆,2012 年,第 52 页。

质的总设定失去作用"的可行方法，来为现象学获得新的存在区域。①

"先验悬置"采取了与笛卡尔哲学相同的出发点。面对自然态度设定下的实在世界，我们可以采取试图普遍怀疑（即普遍悬搁）的姿态。这一行为的本质使得"我们并未在任何方面改变我们的信念……我们却可以说，'使其失去作用'，我们'排除了它'，我们'将其置入括号'"②。因此，将"先验悬置"理解为全盘否定世界继而得到一个过滤后缩小的区域，显然是一种误读。一个形象的比喻可以对此表示回应：假设存在这样的眼镜，即每戴上一种眼镜都向人们呈现同一个世界的不同设定情态，如几何眼镜下的几何世界、化学眼镜下的化学世界等，而所谓的自然世界也是其中之一；而"先验悬置"就是一个摘下眼镜的动作，即让一个可能自出生起就混沌无觉的人意识到自己戴着眼镜并尝试摘下它，去体验充满可能性的"真实的"的世界本身。而在诸多可能的态度转变中，所有变动中唯一真实不变的，就是被给予方式本身。胡塞尔明确地指出"当已经认识一个改变态度的可能性……由于这种新态度，从这类体验范围本身中产生了新的领域"，即作为世界之显现场域的纯粹意识的绝对特殊领域，也即纯粹体验流。③ 至此，"先验悬置"消解了一种自西方哲学认识论转向以来便被确立的主—客二元对立的思想框架，从而彻底地推进了康德的"哥白尼式的革命"。因为，自然主义态度下的存在设定，不再被前提性地接受为世界中的普遍实存之物，也不再是康德为理性划界后被悬搁的物自体，而是作为纯粹意识的相关项，"被给予方式原初地展现了意向显现的维度，在这个维度中，意识和世界在所有主体—客体的分裂之前就已经相通了"④。

不同于《逻辑研究》的第五研究将各个心理个体的实项意识的聚合视作体验流，《观念Ⅰ》克服了块片式体验复合的机械性，强调体验的流动性与关联性，指明"非实显的体验的'晕圈'围绕着那些实显的体验；体验流绝不可能

① 胡塞尔：《纯粹现象学通论》，李幼蒸译，商务印书馆，2012年，第113页。

② 胡塞尔：《纯粹现象学通论》，李幼蒸译，商务印书馆，2012年，第107页。

③ 胡塞尔：《纯粹现象学通论》，李幼蒸译，商务印书馆，2012年，第116页。

④ 胡塞尔、黑尔德：《现象学的方法》，倪梁康译，上海译文出版社，2005年，第37页。

由单纯的实显性事物组成"①。胡塞尔曾在对觉醒的自我的体验流的本质进行描述时,提示了一种实显性与非实显性之间的倾向性渗透。② 同时,借助对心理主义的反驳与"先验悬置"的实行,在本质直观的洞见下,意识不同于世界中的超越对象的内在被揭示出来,即"它在本质上不需要任何'物'的存在……超验'物'的世界是完全依存于实显的意识的",纯粹意识或体验流在此意义上成为纯粹的与绝对的。③ 而"先验悬置"也是在此意义上,即作为借以达到纯粹意识的方法,被谈作现象学还原。④

还原进行到这里,一个富有兴味的问题暴露出来:作为一种特殊的体验,实行"先验悬置"的主体,在还原后该如何把握自身,进而使得诸现象在现象学意义上成为"我的"统一的体验而不至于溃散? 胡塞尔强调完成还原之后,我们在先验剩余物的体验流中根本未遇到纯粹自我。然而对直接显现给我们的每一个体验进行考察,可以发现伴随每一体验的都有这样一道目光射线,"这种目光射线是随着每一我思而改变的,它随着每一新我思重新射出,又随其一道消失",而发出目光的正是作为某种同一物而被揭示出的,作为意向行为之先天结构因素的自我极——纯粹自我。⑤ 这个自我同样作为现象学剩余物,呈现出一种独特的非被构成的超验性(内在的超越性),而实在的事项,"它在任何意义上都不可能被看作体验本身的真实部分或因素"⑥。

与此同时,在对纯粹自我和体验的讨论中,另一重自我,即使纯粹自我的目光得以在具体的体验中指向对象的"每一实显的我思",也随之浮现。胡塞尔这样描述,"在特定意义上的每一行为都具有自我行为的特征,它'从自我发生',自我在行为中'实显地生存着'"⑦。作为伴随每一个体验而存有的每

---

① 胡塞尔:《纯粹现象学通论》,李幼蒸译,商务印书馆,2012 年,第 121 页。
② 胡塞尔:《纯粹现象学通论》,李幼蒸译,商务印书馆,2012 年,第 122 页。
③ 胡塞尔:《纯粹现象学通论》,李幼蒸译,商务印书馆,2012 年,第 154 页。
④ 胡塞尔:《纯粹现象学通论》,李幼蒸译,商务印书馆,2012 年,第 117 页。
⑤ 胡塞尔:《纯粹现象学通论》,李幼蒸译,商务印书馆,2012 年,第 174 页。
⑥ 胡塞尔:《纯粹现象学通论》,李幼蒸译,商务印书馆,2012 年,第 174 页。
⑦ 胡塞尔:《纯粹现象学通论》,李幼蒸译,商务印书馆,2012 年,第 232 页。

一个"实显我思",与结构性的纯粹自我不同,前者有其丰富的实项体验内容。因此,我们可以在笛卡尔普遍怀疑后的意义上称"实显我思"为笛卡尔式"我思"。值得强调的是,通过双重自我的区分,胡塞尔已然挣脱了笛卡尔道路的束缚,开辟了全新的先验主体性领域。

不过,上述区分仍面临一个难以回避的矛盾:作为纯粹意识的先天结构因素的纯粹自我能够确保意向行为的统一性问题,即体验流的每一个体验都蕴含意向行为之本质结构;然而纯粹自我的这种空洞规定性,仅作为行为结构因素的一极(pole),无法展现纯粹体验流中每一个体验的多样性与丰富性,也就是说,纯粹自我无法拥有实显自我当下化的具体体验内容。反之,对应于诸体验的不同的实显我思,又无法承担意向行为的统一性的要求。同时,更深刻的质疑指出,虽然胡塞尔在《观念Ⅰ》的某些章节中断言我的意识存在一个统一性,但这一洞见不应该被归于作为意向行为之本质结构的纯粹自我。[①] 意向行为之本质结构的同一性与意识存在统一性是截然不同的两个概念,前者无法真正承担作为纯粹体验流之基础的任务。胡塞尔先验现象学克服该问题,则还有待《观念Ⅰ》后续对先验主体性展开的研究。

仍需指出的是,在《观念Ⅰ》中,胡塞尔将现象学还原与"先验悬置"等同起来,他还未意识到"先验悬置"不能通达先验主体性之确实的基底。伴随现阶段先验主体性内在发展的困境的暴露,这个局限性也将随着胡塞尔现象学还原内涵的深化而得到突破。

二、"原真还原"与"习性化的自我"

胡塞尔在《笛卡尔式的沉思》(后简称《沉思》)的第 9 节中明确提出了笛卡尔式还原所揭示的先验自我的确然明见性之领域还未被开启,这个先验自我

---

① 迪特尔·洛马尔:《自我的历史——胡塞尔晚期时间手稿和〈危机〉中的"原—自我"》,载《中国现象学与哲学评论(第 10 辑)》,上海译文出版社,2008 年。

在何种程度上仍可以对它自身产生错觉。① 事实上,对于"先验悬置"之后纯粹自我自身所遭遇的问题,胡塞尔一直有着清醒的认识。他在进行《纯粹现象学和现象学哲学的观念》第二卷(后简称《观念Ⅱ》)的写作时,已经尝试从一个新的视角来谈及这个问题。实显自我与纯粹自我之间的断裂被转释为"醒意识"被某一种休眠的、完全迟钝的意识所截断时所区分的自我样态,也即纯粹自我在其流动统一体内可以出现——成为一道实显的我思目光,也可以不出现——沉入行为的晦暗领域,胡塞尔强调纯粹自我相较于其体验流是同一的,并在数量上是唯一的,指出"没有什么能阻止我们认为,我们在醒意识中断时所熟悉者,可以无限延伸下去"②。因此,这种自我的一致性必然要求对纯粹自我的持续性意指作用展开讨论,而后,胡塞尔提出的"习性"一词,也提示先验主体性超出仅作为行为的极轴的全新内涵。③

胡塞尔对自我困境的回应已经显示出他的发生现象学的方法论思路:胡塞尔对先验自我的考察从静态的、描述性的转变为动态的、发生性的。将对意识与体验的讨论置于内时间维度,使得作为意向行为之本质结构的自我极摆脱了康德式的先验统觉的功能性意味,成为具有历史性的习性化的自我。而胡塞尔在《沉思》中,则基于上述研究成果与思路,继续对先验主体性的自身构造问题展开了讨论。

面对《观念Ⅰ》中将自我与对象视作意向行为之先天结构的两个极轴,胡塞尔在《沉思》中进一步指出这个作为纯粹意识先天结构的纯粹自我极"并不是一个空洞的同一性极,而是由于'先验发生学'的某种合规律性,伴随着每个从自我发出的具有某种新的对象意义的行为,所获得的一种新的持久的属性",也即纯粹自我在自己能动的发生中,把自己构造成了一种固定的持续的

---

① 胡塞尔:《笛卡尔式的沉思》,张廷国译,中国城市出版社,2002年,第31页。
② 胡塞尔:《现象学的构成研究——纯粹现象学和现象学哲学的观念(第2卷)》,李幼蒸译,中国人民大学出版社,2013年,第90页。
③ 胡塞尔:《现象学的构成研究——纯粹现象学和现象学哲学的观念(第2卷)》,李幼蒸译,中国人民大学出版社,2013年,第93页。

人格自我。^①这种持续的自我规定性表现为：在当下的意向行为中持此样态与风格的我并未消失在第二个当下的意向行为到来之时；相反，如此行事的我将作为我的一个信念在纯粹意识流中沉淀下来成为习性的我，除非之后有新的样态与风格将其推翻或否定。因而，纯粹自我摆脱了作为行为之极轴的空洞规定性，获得了意向体验的丰富性与多样性；实显我思的当下发生则建基于作为同一极与习性之基地的人格自我的动机引发。如此一来，意识的统一性与体验的多样性之间的张力问题就被转化为作为同一极和作为习性之基地的自我（Ich）如何充分具体化的问题。

而自我的具体化（胡塞尔将在充分具体化中被看待的自我称作"单子"）的构造，表明体验的诸对象"持续存在和如此存在的每个特征，都是自我执态的那种在自我极中构造自身的习性的相关项"，换句话说，也就是我拥有一个诸对象都是为我存在着的世界。^②胡塞尔指出单子本身包括了"全部现实的和潜在的意识生活"^③。至此，具体化的尝试展现了一个单子所能达到的最大成就，即拥有这样一个世界——它的构造，来自我自身、我的意识、我的经验的明见性。反对的声音指出，是否存在不属于我的陌生经验以及此陌生经验所构造的世界？"先验悬置"后的我如何面对同样具有自身体验流的另一个自我（alter ego）？这一问题所蕴含的更深刻的理论危机是先验主体性何以能够作为世界的构造性起源。对他我问题和唯我论质疑的回避，必然会造成胡塞尔先验现象学内在发展与先验主体性自身构造的模糊性。

随后，胡塞尔就在《沉思》的第五沉思中，对先验主体性的世界构造问题进行了考察，据此回应上述指责。胡塞尔认为，构造的世界必然要超出唯我的局限而达到一种客观性。这种客观性并不是在先验态度中属于"客观世界"的对象意义上谈论的，而是指"作为某种可为每个人经验到的东西等等的一切现世之物的'客观'意义"^④。在此，胡塞尔已经将世界的超越性与客观性

---

① 胡塞尔：《笛卡尔式的沉思》，张廷国译，中国城市出版社，2002年，第90页。

② 胡塞尔：《笛卡尔式的沉思》，张廷国译，中国城市出版社，2002年，第92页。

③ 胡塞尔：《笛卡尔式的沉思》，张廷国译，中国城市出版社，2002年，第93页。

④ 胡塞尔：《笛卡尔式的沉思》，张廷国译，中国城市出版社，2002年，第132页。

的意义奠定在各单子化主体可共同经验到的意味之上，即建基在交互主体性（或主体间性）的基础之上。因为，作为能被他人经验到的东西，其本质上不是纯粹属于我的意向相关项；这种他人经验的获得实际上已经超出了仅仅属于我的世界。然而，这一洞见并不能在"先验悬置"后的纯粹体验流中获得，因为这种还原所显现的领域仍然是晦暗不明的，我们无法在体验流中区分出本己之物与事实上可以作为交互主体性的成就而显现的陌生之物。现有的现象学领域尚不能为陌生经验的构造的可能性论证提供稳固的立脚点。因此，现象学还原作为先验现象学的核心方法的内涵必须加以深化。

在此背景下，"原真还原"作为"在先验的普遍领域内部实行一种独特的主体性的悬搁"的新方法而被提出。① 进一步地还原将具有上述客观意义的、被先验构造给予出来的可能的成问题的陌生者都加以抽象，使"自我就在它的本己性中构造出了自身，并构造出了与它的本己性密不可分、从而它本身可以被看作它的本己性的综合统一体"②。这样一种在"先验悬置"内部，向我的先验的本己领域的再次还原，为胡塞尔澄清和揭示先验主体性的构造问题做好了准备。③

具体的操作是通过"原真还原"，在我的本己性的"自然"的基础层发现了我的躯体（Körper），并借助一种我对躯体的权能性从而在一种本源的关联中确立我的身体（Leib）。扎哈维指出，由于胡塞尔认为有关他者的具体经验总是一个对于他者的身体性显现的经验，因此，具体的主体间性就被理解为肉身化的主体之间的关系。④ 之后的论证，将借助对共现和结对等概念的深入阐明探讨移情的复杂结构，而笔者局限于时间与撰文主旨就不在此加以详述。这个经由原真还原第二次构造出来的世界，"它必然是作为从原真的东西出发可通达的并有序地开启的存在视域而被给予的。因而它已经取代了

---

① 胡塞尔：《笛卡尔式的沉思》，张廷国译，中国城市出版社，2002年，第126页。
② 胡塞尔：《笛卡尔式的沉思》，张廷国译，中国城市出版社，2002年，第127页。
③ 胡塞尔：《笛卡尔式的沉思》，张廷国译，中国城市出版社，2002年，第129—130页。
④ 扎哈维：《胡塞尔现象学》，李忠伟译，上海世纪出版集团，2007年，第120页。

那个我们称之为体验之流的最初的、'内在的世界'"①。新世界的开启方式，进一步澄清了自我作为"我的多样性的'纯粹'体验的同一的自我极，是我的被动和主动的意向性的自我极，并且是一切由此所引起的和将要引起的习性的自我极"确是在我的精神本己性中，并且将使体验之流的一切可能性得以发生的"权能性"意味，作为我的本己本质被揭示出来。② 到此，对先验主体性的构造问题的探明，为单子的习性化生成提供了可靠的依据。

但仍需要指出，胡塞尔在对他我与世界构造问题进行论述时仍存在诸多疑难，如基于主体间的躯体相似性而提出的移情与结对是否合理等。但这一切发问并不能否定胡塞尔就先验现象学后续发展提出的关键思路，即将世界构造的基础从主体性过渡到主体间性之中。这一过渡并非是对其先验现象学体系的矫正，也不是对《观念Ⅰ》以来先验主体性的构造成就的放弃；相反，它恰是先验主体性显现自身、构造自身、实现自身的内在要求，可以说陌生经验以及世界的构造，正是先验主体性在交互主体性中的自身展开。

三、"绝对普遍悬搁"与"原—自我"

一个建立在先验交互主体性之上的客观的世界被构造起来。然而，胡塞尔在《欧洲科学的危机与超越论的现象学》（后简称《危机》）中批判性地提出了人的主观性的悖论：自我作为世界的构造性主体，又将自身视作被构造的世界的一部分。胡塞尔认为该困难将影响到先验现象学"整个任务设定以及这种任务设定的结果的意义"③。同时，胡塞尔继续在《危机》§54（b）节中指明了在对先验共同体展开的论说中，作为共同体成员的一个我，忘却了自身的优越性而泯于众多的他我之中。这种作为实行"先验悬置"而发现真正彻底哲学的我的优越性，也在交互主体性中成为一种他人的现象。这种朴素

---

① 胡塞尔：《笛卡尔式的沉思》，张廷国译，中国城市出版社，2002 年，第 183 页。
② 胡塞尔：《笛卡尔式的沉思》，张廷国译，中国城市出版社，2002 年，第 136 页。
③ 胡塞尔：《欧洲科学的危机与超越论的现象学》，王炳文译，商务印书馆，2008 年，第216页。

性,即完全以先验共同体来言说先验主体性,掩盖了原本世界首先纯粹作为我的世界而有意义的内涵。上述问题,实际上也就是处于不同奠基层次的自我之间的张力问题。

关于先验现象学中自我的各个样态问题的讨论,从现象学转向先验维度时就已经产生。胡塞尔在《危机》中为了彻底消解自我悖论并克服上述朴素性,将普遍悬搁进行有意识的改变,并声称"这一点从今以后就决定着整个超越论现象学的方法"①。与之前的还原相对,"第二次实行悬搁,或更确切地说,需要通过向作为一切构成最终唯一起作用的中心的绝对的自我还原",被称为"绝对普遍悬搁"②。彻底地还原创造了一种独特的哲学上的孤独状态,而在这样的状态中,"原—自我",也即实行我的悬搁的自我,向我们显现。③这种彻底的还原与其说是一种操作性的方法,不如说是要求以一束目光统摄性依循构造的步骤进行系统的回溯,从而在其具体性与复杂的奠基有效性的活动中将原—自我揭示出来。

这一个实行我的悬搁的自我,不同于作为意向行为之同一极和作为习性之基地的自我。胡塞尔曾提及,"从某种意义上说,哲学家在进行悬搁时也必然会'自然地体验到'自然生活"④。可以说,原—自我还未在彻底的还原中被把握到时,是潜在地伴随各意向体验而发生作用的。因此,最初在"先验悬置"中被把握的纯粹自我相较原—自我是第二性的。同时,这一自我也不同于在交互主体性中作为"我们大家"当中的一个具体的单子的自我。他我与单子的我享有几乎同等的权利和地位,然而原—自我却是作为世界—现象的唯一构造源泉而享有特权。胡塞尔指出,"原—自我永远不会失去自己的唯一性和人称上无格变化的特性",原—自我作为非数量化的匿名的自我,消解了所有人称代词的意义,因此也就能够以最低的规定性而享有最高的能动

---

① 胡塞尔:《欧洲科学的危机与超越论的现象学》,王炳文译,商务印书馆,2008 年,第 226 页。
② 胡塞尔:《欧洲科学的危机与超越论的现象学》,王炳文译,商务印书馆,2008 年,第 226 页。
③ 胡塞尔:《欧洲科学的危机与超越论的现象学》,王炳文译,商务印书馆,2008 年,第 224 页。
④ 胡塞尔:《欧洲科学的危机与超越论的现象学》,王炳文译,商务印书馆,2008 年,第 214 页。

性。① 诸奠基层次之间的自我矛盾事实上是原—自我特有的构造成就的展现方式。

这种以原—自我的变格解释胡塞尔各个不同奠基层次的自我样态转换，不免会使得部分期待胡塞尔在先验主体性问题上有卓越性突破的人感到失望。然而，洛马尔评价，原—自我概念的这种灵活性正是许多作为现象学之概念工具的描述性概念的一个优点。② 而笔者则赞成李楠麟对先验主体性的理解。李楠麟在其《主动发生与被动发生——发生现象学与先验主体性》一文中提道："先验主体性不是某种点状的东西，而是一种在发生上被层级化的、各种先验功能的主观统一体。"③在笔者看来，先验主体性作为一个统一体，其整体性正是由原—自我加以统摄的。原—自我潜在地伴随在诸事态层次，传统意义上的反思的目光所捕捉到的只能是被对象化的自我。因此，胡塞尔对原—自我的发现看似是老生常谈，实则是以一种全新的现象学方法指明了一个不能被对象化的当下的活生生的自我。

四、结语

至此，文章以概述的方式梳理了胡塞尔先验现象学中先验主体性内在发展的基本逻辑。通过厘清由"先验悬置"到"原真还原"，直至最后提出"绝对普遍悬搁"的内在逻辑必然性，来澄清现象学还原的不同内涵，进而逐步揭示诸自我之间的事态联系与内在张力。原—自我融贯于先验主体性的统一体中，其变格表现为：作为同一极与习性之基地的人格自我在当下的意向行为中显现为实显我思，而每个意向行为的成就反过来也持续构造着人格自我；这种不断构造着的具体化的单子在主体交互中达成移情，最终完成对共主体

---

① 胡塞尔：《欧洲科学的危机与超越论的现象学》，王炳文译，商务印书馆，2008 年，第 224 页。

② 迪特尔·洛马尔：《自我的历史——胡塞尔晚期时间手稿和〈危机〉中的"原—自我"》，《中国现象学与哲学评论（第 10 辑）》，上海译文出版社，2008 年。

③ 李楠麟：《主动发生与被动发生——发生现象学与先验主体性》，载《中国现象学与哲学评论》第八辑，上海译文出版社，2006 年。

的客观世界的超越构造。胡塞尔在《危机》中写道："这个我,包含所有一切。"①这个"我们的世界"所谓的主观性,并非是在心理主义的意义上谈论的,而是基于被给予的显现方式。因此,胡塞尔先验现象学已经在自身意义上摆脱了主观主义与唯我论的质疑。

对先验主体性问题的讨论,显示了胡塞尔对日常生活与科学发展的深刻反思与对人性的深切关怀:自然主义设定中能摆脱任何视域中的置身状态,从而被彻底中立化了的世界是非人性的;人的因素在绝对的客观性的规范下被泯灭。② 胡塞尔借助现象学还原将一个被给予的充满可能性与潜在性的世界揭示出来。最终,我们意识到,作为世界构造性源泉并持续自身构造着的自我对本己生命、他人与世界负有绝对的责任;并且,只有通过承担自身不可逃避的责任,人才能够在真正意义上配享自由。

作者简介:李林蜜(1993—   ),女,浙江温州人。南京大学哲学系 2012 级本科生。现为南京大学外国哲学专业 2016 级硕士研究生,指导老师为马迎辉副教授,研究方向为法国现象学与现当代西方思想运动。

南哲感悟:我在南大哲学系接受了系统的学习与学术训练。在南哲,哲学的讨论由问题本身及其内在线索牵引,我惊叹于每个天才式的观念构想,也清楚地看到其背后精妙绝伦的论证。对问题意识的启发性与论证的严格性的要求,贯穿我的学习生涯。此次系里编选论文集,让我有机会重新阅读自己在本科二年级时写的文章。虽然,这篇文章在现在看来行文生涩,文献不充分,甚至部分思路都需要进一步讨论,但它是我对自己至今仍切身关怀的问题的最初尝试。感谢南哲为一个初窥哲学门径的人展开了哲学思考的迷人图景并使其持续保持着开放与生机,并让我有能力朝着自己感兴趣的方向继续前进。

---

① 胡塞尔:《欧洲科学的危机与超越论的现象学》,王炳文译,商务印书馆,2008 年,第 224 页。
② 胡塞尔、黑尔德:《生活世界现象学》,倪梁康等译,上海译文出版社,2002 年,第 39—40 页。

"真如"与种子

——慧沼与法宝的佛性论争*①

许　伟

摘　要：唯识宗以"理性—行性"说调和《涅槃经》等经论中"悉有佛性"的圣言并建立"五性各别"："理性"即真如，平等皆有；"行性"即法尔无漏种子，众生或有或无，依据行性建立五性。持"一切皆成"观点的法宝作《一乘佛性究竟论》破唯识宗之"三时教""三乘究竟"与"法尔五性"，窥基弟子的慧沼作《能显中边慧日论》捍卫自宗。法宝通过大量教证，对佛性进行了"法尔—新熏"的区分，指出法尔区域只有平等的真如，无须另立法尔无漏种，且"法尔"与"种子"自相矛盾；法宝进而以"如来藏"统摄唯识之"理性—行性"，以证成"若有理性，定得作佛"。慧沼对"理性—行性"说进行了调整，将阿赖耶识建立为有漏行性，强调其与真如的区别，并将烦恼法建立为"隐密性"。法宝又将《瑜伽师地论》中的"真如所缘缘种子"诠释为"真如种子"，论证真如能亲生出世间法，并以五性"依障建立"破法尔无漏种；但是其在以《摄大乘论》的"闻熏习"说解释"所缘缘"时，又将闻熏习建立为出世亲因。慧沼批驳法宝的"真如为种"，谓"真如所缘缘种子"是假说真如为种；又批驳法宝的"漏生无漏"，谓出世亲因是法尔无漏种。唯识宗以"法尔无漏种子"取代"毕竟障种子"建立五性，并区分"有漏闻熏"与"无漏闻熏"，显示了护法唯识学的特色。论争

---

　　* 本文获 2017 年南京大学本科优秀毕业论文（设计）一等奖。——编者注
　　① 本文第 1—3 节部分内容的改写稿将于 2019 年出版的《唯识研究》第 7 辑上，以"真如与出世间法之关系——慧沼与法宝的佛性论争"为题发表，在此仅做概述。

双方最终未达成共识，而随着唯识宗的三代而衰以及台、贤、禅、净的兴盛，"一切皆成"最终成为汉传佛教不可撼动的教义。

关键词：真如；种子；佛性

绪　论

南北朝时期初，佛性问题成为汉传佛教的重要问题，隋代三论祖师吉藏在《大乘玄论》卷三中谓"今正出十一家以为异解"[①]，记录了南北朝以来十一家佛性义，可推知论争之激烈。所谓"佛性"，本为佛之体性，后引申为"成佛之因"，有佛性之众生被认为可以成佛。问题大致包括两个方面：一是佛性为何，吉藏所记得十一家佛性义，即是分别以"众生""六法""心"等作为佛性；二是佛性有无，据此有众生有性与一分无性、本有与始有、当常与现常等论争。

而关于"众生有性"与"一分无性"，"吉藏与南北朝时的人一样，都毫无疑问地相信一切众生具有佛性"[②]，这显然是由于其依《涅槃经》论佛性。吉藏在论及佛性本有与始有的异说时，虽指出了《涅槃经》前、后分别有佛性本有与始有的两种说法[③]，但无疑是将本有、始有都置于"定有"的前提之下。这样一种据《涅槃经》断定悉有佛性的态度，亦和竺道生据六卷本《涅槃经》"孤明先发"提出"阐提成佛"相关。对于道生的这一标志性事件，赖永海谓："以此为契机，中土佛学转入一个以众生悉有佛性的佛性思想为主流的新阶段。"[④]或者说，关于佛性有无的论争其实自竺道生已经画上句号，后面的本有始有、当常现常等论争，大多已经预设了佛性总会"有"与"常"。后来，玄奘因对佛性等问题抱有困惑而西行，但因汉地流行"悉有佛性"风气，对戒贤所传的"一分无性"义仍抱有"若至本国必不生信"[⑤]的忧虑。不过，玄奘归国后，还是密授

---

① 《大正藏》第四十五册，《大乘玄论》卷三，第 35 页。

② 廖明活：《嘉祥吉藏学说》，学生书局，1985 年，第 252 页。

③ 《大正藏》第四十五册，《大乘玄论》卷三，第 39 页。

④ 赖永海：《中国佛性论》，江苏人民出版社，2012 年，第 45—46 页。

⑤ 《大正藏》第四十二册，《瑜伽论记》卷十三，第 615 页。

了窥基的"五性各别"之教,并嘱咐"五性宗法,唯汝流通,他人则否"①。因唯识宗"五性各别"等论义与中土流行的"一切皆成"说相悖,故引发了围绕唯识宗的佛性论争。

玄奘弟子圆测记录当时的情况:"然此一乘圣教甚多,译者非一,意趣深远,是故新旧竞兴净论。一真谛等一类诸师,依《法华》等诸经及论,皆作此说:一切众生悉有佛性"②,"大唐三藏,依诸经论,立有五性,无性有情无涅槃性,定性二乘必不成佛"③。由此,论争的主题是关于《法华经》等的"一乘"问题,以及与《涅槃经》相关的"佛性"问题。并且圆测将分歧归于真谛旧译本与玄奘新译,这也与论争最初爆发于被视为摄论师的灵润相合。论争大体分为两个阶段:第一阶段的主力是持"一切皆成"观点的灵润、义荣与玄奘弟子神泰的论争;第二阶段是初为玄奘弟子、后主"一切皆成"的法宝与窥基高足慧沼的论争。

本文将从"真如"与"种子"的角度,评析慧沼与法宝的佛性论争。此论争是初唐佛性论争的高峰,亦是结局。此后,随着台、贤、禅、净的繁荣与唯识宗的三代而衰,"悉有佛性""一切皆成"成为汉传佛教不可撼动的论义。而近代以来,民族危机推动了国人对中国文化特质的反思,学界与教界陆续展开对汉传佛教这种"一切皆成"思想的反思。如吕澂指出,佛教有"性寂"与"性觉"两种思想传统,汉传佛教的主流是"性觉",而"性寂"与"性觉"的一个重要差别就是,"性寂"思想以真如为解脱之所缘缘,"性觉"思想以真如为解脱之亲因缘④,这一分判正对应了慧沼与法宝的论争。同时,20 世纪末日本批判汉传佛教,汉传如来藏思想与唯识宗则被指出都具备"基体论"的特征,

---

① 《大正藏》第五十册,《宋高僧传》卷四,第 726 页。

② 《续藏经》第二十一册,《解深密经疏》卷四,第 268 页。

③ 《续藏经》第二十一册,《解深密经疏》卷四,第 269 页。

④ 可参见傅新毅:《试析吕澂先生对'性寂'与'性觉'义之抉择——以吕澂与熊十力的论学函搞为中心》,《宗教学研究》,2001 年第 1 期。

引发争议。^① 这些论争,本质上与慧沼与法宝论争中佛性的有无、佛性有为还是无为、真如能否为种等问题密切相关。故而对此问题的讨论,有助于对汉传佛教的思想特质进行思考,并能为汉传佛教的现代发展提供有益启示。本文希望通过对此论争的分析,探究唯识宗坚持"五性各别"之理由,以及汉传佛教走向"一切皆成"的原因。

正文分五部分,力求展示此论争的全貌与核心问题。第一部分,介绍论争背景与涉及的基本问题,简要分析双方在判教、权实和佛性问题上的分歧。第二部分,主要论述法宝对佛性"法尔—新熏"的区分和如来藏思想,以及慧沼如何通过对理、行二佛性说的诠释来卫护自宗。第三部分,分析二人在《瑜伽师地论》的"真如所缘缘种子"诠释方面的论争,以及由"所缘缘"引出的《摄大乘论》的闻熏习问题。第四部分,介绍慧沼与法宝在"回心"方面的分歧,即"增寿变异"等问题。最后,分析二人思想的差别以及唯识宗坚持五性各别说之理由。对此问题,国内研究成果不多。一方面,虽然慧沼的《能显中边慧日论》中以"有义"的方式保存了法宝的大量论义,但法宝方面的一手文献《一乘佛性究竟论》在《卍续藏》中仅存田中光显氏所藏的第三卷,这是研究未能开展的一个重要原因。另一方面,论争第一阶段中,灵润、神泰、义荣三人的论争资料,仅存于日本僧人最澄的《法华秀句》卷中,目前国内未有深入的研究,这在一定程度上影响了对慧沼、法宝论争的研究。

20 世纪 80 年代,日本石山寺发现《究竟论》第一(卷一首缺,无第一章、第二章)、二、四、五卷的古写本,浅田正博整理发表了《石山寺所藏〈一乘佛性究竟论〉卷第一、卷第二的检出》(《石山寺所藏「一乘仏性究竟論」卷第 1・卷第 2

---

① 日本的"批判佛教"思潮发起于驹泽大学教师松本史朗与袴谷宪昭,最初是批判天台、华严的思想,后来扩大到对整个汉传佛教的批判。"基体说"(dhātu-vāde,"界论")是松本史朗根据梵语词 dhātu(华严"法界"之"界",引申为"本质""基体")和 vāde("学说""理论")所造,用以批判带有本质主义色彩的本觉思想。松本这种思想引发了一系列争论。此思潮可参见杰米·霍巴德、保罗·史万森主编的《修剪菩提树:批判佛教的风暴》论文集。日本学者山部能宜为瑜伽行派的辩护:"真如原则上不会成为一种生起(发生)因。这意味着,将'基体说'模型作为'发生的一元论'对瑜伽行著述的适宜性是可疑的。"(氏著《瑜伽行与如来藏文本中的"基体说"观念》,周贵华译,收于《修剪菩提树:批判佛教的风暴》)此即涉及"真如"的性质问题。

の検出について》）与《法宝撰〈一乘佛性究竟论〉卷第四、卷第五两卷》（《法宝
撰「一乘仏性究竟論」卷第 4・卷第 5 の両卷について》）两文，后附依据写本格
式整理的《究竟论》文本。此后日本学界展开诸多讨论，如浅田氏等对《究竟
论》的共同研究以及两篇关于《究竟论》问题的研究。此外，日本亦有法宝《一
乘佛性权实论》（下称《权实论》）的残本，久下升的《〈一乘佛性权实论〉研究
（上）》（《一乘仏性権実論の研究（上）》）对《权实论》进行了整理注释，书后附
写本图版。关于《究竟论》与《权实论》之间的关系，日本学者曾有多种不同的
观点：第一，二者同本异名（《究竟论》是旧名，后在写本传承过程中改名《权实
论》）；第二，《究竟论》是法宝以《权实论》与慧沼几次论争之后的整理本；第
三，《权实论》是《究竟论》的草稿本。① 目前看来，最后一种情况的可能性最
大。由于《究竟论》较为完整，且与《慧日论》对应情况良好，故本文对法宝的
讨论以《究竟论》为主，以《权实论》作为补充参考。

　　汉语学界对慧沼、法宝论争介绍最为全面的是廖明活的一系列专题论
文，后收于《中国佛性思想的形成与开展》，廖氏广泛利用了日本学界的研究
成果，并有意识地运用思想史方法，对论争中"理佛性—行佛性"等关键概念
的源流进行了考察。国内学界，张志强的论文《初唐佛性净辩研究——以窥
基、慧沼与法宝之辩为中心》是目前国内对此问题介绍最为详细的文献，被诸
多研究引用，但是张文并未用到《法华秀句》和《究竟论》卷一、二、四、五等资
料，对灵润、神泰的论辩以及法宝的佛性思想分析都较为简略。史经鹏的硕
士论文《论法宝的一乘与判教思想》对法宝的判教与权实理论进行了较为全
面的研究，但基本没有触及佛性义。张文良的《法宝的"真如种子"与"真如所
缘缘种子"说》以法宝对"真如所缘缘种子"的诠释为中心，指出法宝对"真如"
与"种子"的关系进行了创造性解读，并对法宝的"新熏"思想进行了一定探
讨。日本学者吉村诚对初唐佛性论争有一系列研究论文：《唯识学派的五姓
各别说》（《唯識学派の五姓各別說について》）详细论述了玄奘所传五性各别

---

　　① 参见寺井良宣：《〈一乘佛性究竟论〉与〈一乘佛性权实论〉的对照检讨》（《「一乘仏性究竟論」と
『一乘仏性権実論』との対照検討》），载《印度佛教学研究》第 35 卷 2 号，1987 年，第 657—660 页。

说之样态,并涉及了五性各别论争中的几个重要问题,最后论述了圆测、窥基的五性各别说;《唐初期的唯识学派与佛性论争》(《唐初期の唯識学派と仏性論争》)一文全面介绍了论争之发展,并从佛性义的角度讨论了窥基、神泰、慧沼一系的"理性—行性"框架的变化。吉村氏另有数篇论文,分别论述唯识宗之法界概念、如来藏、闻熏习等内容。

法宝研究方面,由于法宝对真如与种子的关系的特殊诠释,以及对真谛所译经论的大量使用,学界颇有将其思想视为唯识古学或如来藏思想的研究,如日本学者寺井良宣的《法宝〈一乘佛性究竟论〉的"如来藏唯识"说》(《法宝『一乘仏性究寛論』の「如来藏唯識」説》)与小野嶋祥雄的《作为"真谛系一乘家的著作"的〈一乘佛性究竟论〉》(《「真諦系一乘家の著作」としての『一乘仏性究竟論』》)。

慧沼研究方面,虽然慧沼建立了"理性—行性—隐密性"的三佛性理论,但研究主要集中于其"理性—行性"的架构,这源于过去对窥基的研究。传统研究多以为,窥基以"理佛性—行佛性"解决"五性各别"与说"悉有佛性"的经论的矛盾,即谓"理性皆有,行性不定"。故此,对慧沼的"理性—行性"的解读,包括前引文献在内的传统研究,多是在沿袭窥基解读的基础上,指出慧沼丰富了"行性"的内容。

综上,学界对慧沼、法宝的佛性论争,主要关注的是法宝在诠释"真如所缘缘种子"时提出的"真如"与"种子"关系的问题。法宝在诠释"真如所缘缘种子"的时候,论述"真如"为能生之"种子","真如即种子";慧沼对"理性"(真如)与"行性"(有漏、无漏万行,即一切种子)的区分以及对法宝"真如为种"的批判,即意味着其认为"真如不能为种"。若真如即种,则普遍的真如即可保证众生生起出世间法,从而"一切皆成";若真如本身虽是遍在,但仍需由本有的无漏种子生起的无漏智去亲证,则无本有无漏种子的一类众生就不能亲证真如,从而不能成佛,即是"一分无性"。此即慧沼、法宝论争的核心差别。

但是,这种简单的对比中还存在诸多问题。比如,《究竟论》中多处显示出法宝也认为真如不是生起出世间法的亲因缘(真如不生),甚至在讨论"闻熏习"问题时指出出世间法的亲因缘是《摄大乘论》(下称《摄论》)的闻熏习所得无漏种也可作为出世间法的亲因缘，这一矛盾被慧沼攻击。再如，慧沼要守护的唯识宗义不仅是"一分无性"，而是"五性各别"，为何"决定声闻""决定缘觉"不能成佛，这本身也是问题。仅以"本有无漏种子"的有无只能确立"一分无性"，不能证成"五性各别"，还需要进一步涉及"二障有无""增寿变异"等问题。因此，一方面不能简单地给法宝贴上"如来藏"或"唯识古学"的标签，另一方面也不能将唯识宗之"五性各别"简化为"一分无性"。本文希望在展现慧沼、法宝论争原貌的同时，对这类问题进行解答。

说明：

1.《究竟论》卷一、卷二作为资料附于浅田正博文献《石山寺所藏〈一乘佛性究竟论〉卷一、卷二的检出》（《石山寺所藏「一乘仏性究竟論」卷第1·卷第2の検出について》）①之后；卷四、卷五，附于浅田氏《法宝撰〈一乘佛性究竟论〉卷第四、卷第五》（《法宝撰「一乘仏性究竟論」卷第4·卷第5の両卷について》）②之后。浅田氏之整理，每页分上下两栏，每栏收录写本20行的内容，标注竖排行数，每卷重新编行号，并无点校，亦未附图版。文中所引《究竟论》卷一、卷二、卷四、卷五之内容，标注其在浅田氏二文之页数与竖行号。同时，包括《究竟论》在内的所引经论，原文皆由笔者改为简体字，并作标点。

2. 文中直接引用的日文文献，若未标注译者，皆系笔者自译。

3. "种性"与"种性"，汉文经论中区分并不严格，使用也较为随意，在本文分析的问题中也无特殊意义，统一使用"种性"。

一、第 1—2 节概述

初唐围绕唯识宗的佛性论争分为两个阶段：第一阶段，始自曾参与玄奘译场的灵润。灵润作《一卷章》以"十四门义"破唯识，其一便是批判"众生界中存在无佛性的众生"；其后，在玄奘译场的与灵润同任证义的神泰，作《一卷

① 《龙谷大学论集》，429号，1986年。
② 《龙谷大学佛教文化研究所纪要》，25号，1986年。

章》反击灵润;再后,新罗僧人义荣又作《一卷章》卫护灵润之说。上述论争资料,今见于日本僧人最澄的《法华秀句》卷中①。窥基分立"理佛性""行佛性",以"理性皆有","行佛性"亦即护法唯识学建立"法尔无漏种子",这正是论争的关键。第二阶段,始自曾师事玄奘的法宝。法宝作《一乘佛性究竟论》(下称《究竟论》)破《成唯识论》。其后,窥基弟子慧沼作《能显中边慧日论》(下称《慧日论》)——破《究竟论》义,论争至此也发展至顶峰。故此,《究竟论》与《慧日论》是研究本次论争的核心文献。

依据二论,论争所涉及的问题大体可以分为三类,即"判教""一三权实"与"佛性"(主要是"五性")。第一部分的判教是法宝论证的基础,将支持自己的经论判为"高级""后分",是中国佛教中解决经论之间异论的重要手段。法宝所判教时即"前三时依《解深密经》,谓小乘、大乘、三乘时别;后二依《法花》《涅槃》,一乘、一性"②,把唯识成立三乘五性的《解深密经》列为非究竟,以《法花》《涅槃》为究竟。如此,法宝指出一乘高于唯识宗的三乘五性。以判教为基础,法宝可以通过教证的方式直接攻击唯识宗的佛性义,如其指出唯识宗《成唯识论》《瑜伽师地论》《摄大乘论》三个重要论书所明的二种性是"根本依《善戒经》也"③,以此批判"《成唯识论》限己见闻,贬量大圣"④。从《慧日论》的回应中也可看出,慧沼明白判教之争意义不大,故而将主要精力放在佛性义理上。不过,慧沼其实也采取了罗列教证的方法,在《慧日论》卷四的"依文显正"尤为明显。这或许是由于要——破法宝的教证,但也确实造成了"双方各据经论却仍各执一词"的局面。

直面双方争议的佛性或种性义理,可以发现双方的论争仍然围绕着"理性"与"行性"的基本理论架构。易言之,双方都承认在"理性"(真如)的层面,

---

① 此论争可参见吉村诚《唐初期的唯识学派与佛性论争》、杨剑霄《日本佛教〈法华秀句〉卷中研究》、廖明活《理、行两种佛性说法的形成和演变》(收于廖明活:《中国佛性思想的形成与开展》,文津出版社,第 280—304 页)。

② 《一乘佛性究竟论》卷一,第 84 页。

③ 《一乘佛性究竟论》卷四,第 124 页。

④ 《一乘佛性究竟论》卷四,第 123 页。

众生是平等的。论争的真正问题在于：是否有理性就能成佛？法宝所持的观点不只是"悉有佛性"，而是"一切皆成"，乃至于"若有理性，定当成佛"。故此，对于唯识宗将"行性"视为"本有无漏种子"并进一步由"行性"证成"五性各别"，法宝提出了批判。慧沼对法宝的批判主要包括两条线索：一是通过诠释《瑜伽论》的"真如所缘缘种子"，指出真如为所缘缘，不能为种；二是通过诠释《摄论》的"闻熏习"说，指出"有漏不能生无漏"，故需建立本性住性的法尔无漏种子。这两条线索不仅是对法宝而发，也是护法唯识学建立过程中对唯识古学的抉择。除了双方论争的内部问题之外，还需要提出一个问题：佛教以反婆罗门的面目出现于印度，其反婆罗门最重要的一点即反婆罗门之种性说[①]，为何更接近印度佛教的唯识宗反而要坚持"法尔五性"？

二、如来藏与法尔无漏种

法宝首先通过罗列一系列符合"法尔—新熏"模式的概念的教证，来攻击唯识宗"本性住种性—习所成种性"与"理佛性—行佛性"的二分，指出法尔的佛性不需区分"理"与"行"，五性差别是"新熏"而非"法尔"，并指出唯识宗误读经论。

慧沼的破斥十分具体，但论证主线还是引向批驳法宝在法尔领域通过"如来藏"完成的"真如为种"，以及新熏领域的"漏生无漏"。其中，慧沼在窥基建立的"理佛性—行佛性"之上又加入了第三种"隐秘性"。"依诸经论，所明佛性不过三种：一，理性；二，行性；三，隐密性。"[②]"理性"仍是的真如。"行

---

① 如唯识重要论典《瑜伽师地论》中以两条理由破斥认为婆罗门种性最高贵的"妄计最胜宗"：一是婆罗门同其他种性一样，从父母而生，先天非最胜；二是以二难推理，否定婆罗门自称的"从胜类生"而胜与"由戒闻"而胜，对后者的追问是"若由戒闻等者，汝先所说'诸婆罗门最胜，余是下劣，不应道理'"，亦即如果由后天持戒闻熏故称为最胜，任何种性都能进行，不应说婆罗门最胜。一方面，否定先天的种性差别，另一方面，认为后天修习对所有种性平等，这即是《瑜伽师地论》破婆罗门种性的思路，亦是下文法宝破唯识的思路。参见《大正藏》第三十册，《瑜伽师地论》卷一，第 311 页。

② 《大正藏》第四十五册，《能显中边慧日论》卷四，第 439 页。

性"则从"本有无漏种子",扩充为"通有漏、无漏一切万行"①,其用意一方面或是为了将法宝区分的"法尔—新熏"区分纳入自己"行佛性"的框架,另一方面是强调阿赖耶识与真如的区别。"隐密性",慧沼没有直接给出定义,不过应"指一切烦恼法"②。慧沼对"理性—行性—隐密性"的划分,或许是进一步参照了《成唯识论》的转依理论。

在这部分的论争中,双方都回避了一个重要问题,即为何要有"法尔能生"的无漏种或如来藏。确实,佛教中真如、法尔无漏作为常住法,必须是无因的,有因则符合缘起原则,必非常住。但是这里的无因,本身就有靠近外道的倾向,这也是唯识宗"法尔无漏种子"与"五性各别说"最大的理论问题。

法宝在论争法尔区域只有真如后,又通过《宝性论》"无始时来界"之偈,进一步将"本性"区域对应于"如来藏",进而通过《密严经》的末尼宝珠、金与指环二喻,强调"真如""如来藏""阿赖耶识"的"不一不异",并强调"不异"才能保证法尔领域的完整统一,破斥唯识宗建立的"理性—行性"区分。进而法宝引入了"理能生法"的理论,即作为理的如来藏能生出世间法,把《起信论》的如来藏"能生一切世、出世间善因果"等同于《瑜伽师地论》卷五十二的"诸出世间法从真如所缘缘种子生"③,但并未涉及《起信论》的"真如内熏"论,反而强调《摄论》的闻熏习理论。

慧沼的反驳,首先反对法宝将作为有为法的"阿赖耶识"混同于作为无为法的"真如",指出无为的真如不能生起出世间法;进而,慧沼指出闻熏习所生长的只能是法尔无漏种子。慧沼的思路与《成唯识论》所记护法破斥难陀的思路相似。但法宝与难陀不同,可以说其选择了另一个思路,即不建立本有无漏种子,而直接以皆有的真如为见道位正智的生起因,从另一个角度看,法宝不是不立本有无漏种子,而恰恰是以真如为本有无漏种子,亦即"本有无漏种子"是一切皆有的。故前述其"法尔—新熏"的区分,本质上是另一个角度

---

① 《大正藏》第四十五册,《能显中边慧日论》卷四,第439页。
② 廖明活:《中国佛性思想的形成和开展》,文津出版社有限公司,2008年,第163页。
③ 《大正藏》第三十册,《瑜伽师地论》卷五十二,第569页。

的"本新并建"。

综上,慧沼与法宝都划分了"法尔—新熏"的区域,都选择以"本新并建"的方式解决唯本有与唯新熏的问题。争议主要集中于法尔区域:法宝认为法尔区域是单一的,只有等同于真如的遍在的"如来藏—阿赖耶识",故而一切众生法尔平等都可成佛,五性只是新熏导致,可以改易;慧沼则认为法尔区域包括遍有的作为"理佛性"的真如,与不定的作为"行佛性"的法尔无漏种子,五性是由法尔区域的无漏种子导致,不可改易。此即"真如为种"与"真如非种"的对立,亦即真如是否为出间世法亲因。在新熏区域,法宝认为闻熏习能够促成无分别智的生起,因为法尔领域的如来藏保证了众生皆有生起出世间法的能力;慧沼认为真如不能成为出世亲因,如果没有本有无漏种子,见道位前的闻熏习不能生出无漏的无分别智。此即"漏能生无漏"与"漏不能生无漏"的对立,此问题则主要围绕《摄论》的"闻熏习"。

三、真如、种子与闻熏习

（一）种子与所缘缘

《瑜伽师地论》卷五十二讨论出世间法因的"真如所缘缘种子"问题是论辩的核心问题。法宝与慧沼对真如所缘缘种子(梵文对应为"tathatālambanapratyayabija")

法宝论述了护法以真如所缘缘种子为"缘真如智"的"智种"、难陀以真如所缘缘种子为"闻熏习种"两种解释,并同时进行破斥。其中,法宝破斥护法"智种释"时指出了《瑜伽师地论》到《成唯识论》的理论变化:《瑜伽师地论》卷五十二以"真如所缘缘种子"为出世间法因,而《成唯识论》以"本有无漏种子"为出世间法因。这一转变或许正是因为"就障建立"本身存在的问题:《瑜伽师地论》的"真如所缘缘种子",即便不被解读为真如生种子,也很容易在"就障分性"处将五性各别解读为"唯新熏"。可以说是自世亲始,瑜伽行派对《瑜伽师地论》的文本就有所诠释与调整。

对此,可能由于此内在问题,《慧日论》"真如为种谬五"虽然引了上述法宝论争的全文,但是仅以一句话破之,即"若以真如为种生法,过失如前,不平等因"①,真如为种生法,是无为法生有为法的不平等因。再以唯识论典为教证,调和据"行性不定"分五性与"就障分性"的矛盾。进而慧沼以"四过"集中攻击"真如为种,亲生出世间法"。

但是法宝的逻辑也很简单明了:"界"为"因"义,"种子"本身亦是"因",在将"真如"解释为"成佛之因"的时候,真如确实也具备种子义。由此,法宝对《成唯识论》确立的种子六义、能熏四义、所熏四义进行概念攻击,指出"本有无漏种子"在唯识宗中本是自相矛盾的概念。如前所述,法宝论义其实即许一切众生皆有真如为无漏种子,故而此论将真如与法尔无漏种子等同,使得唯识宗的一切批驳都有伤及自宗的危险。义荣也曾以"果言行者,云何法尔?果言法尔,云何是行"②来攻击神泰,这是唯识宗难以直接回应的问题。

唯识宗特别建立"本性住种"解决"有漏不能生无漏"的问题,为众生解脱提供根据。但是颇为戏剧性的是,这个为保证众生能够解脱的"本有无漏种子",却指出了理论上有一类众生不能解脱。上述问题,其实仍与唯识宗将"法尔无漏种子"建立为"有为(不同于无为的真如)、无漏(不同于唯有漏的熏习)"的性质有关。法尔无漏种子最终生出亲证真如的无分别智,是能,本身是有为;作为出世间法,是无漏。但慧沼没有从此角度,《慧日论》接下来的内容仍是在教证中纠缠,指出了几处谓法尔性别的教证,由此亦可看出慧沼卫护五性各别的一个重要原因是:"有无相违、钝利相违、渐顿相违、定(不定)相违,岂可一生普俱成熟?"③亦即众生无始时来就存在的、现实的、复杂差别性,导致绝不能用一个空洞的理论说众生全都能成佛,否则无法显示佛法的完备与殊胜。不过这里强调众生现实差别性与理论的殊胜性,更多是出于实践考虑,距离"本有无漏种子"就有些距离了。其中一个教证是真谛译《摄论》:"又梁《摄论》出世净章,初二乘正见,以闻他因及自思惟为增上缘,方始得生。故

---

① 《大正藏》第四十五册,《能显中边慧日论》卷二,第428页。
② 《传教大师全集》第2册,《法华秀句》卷中末,第210页。
③ 《大正藏》第四十五册,《能显中边慧日论》卷二,第429页。

三乘性无始本有。"①又将问题导向"闻熏习"。慧沼此节最后再次重复:"若唯新熏,五性差别,现能熏因,无种何起?"②二者结合,可见慧沼在强调新熏的有为有漏种不能成为出世间法的依据。

(二)闻熏习的性质

最后,法宝在关于"初无漏因"的论述中破斥了"有漏不能生无漏"的唯识教法。二人论争的焦点也是《摄论》的"闻熏习"。

何谓"闻熏习"? 此涉及前文所引慧沼屡次用以批驳法宝的"若无本有无漏种子,见道前不能熏成无漏"。依据唯识修行位次,经历资粮位福、慧资粮的积累,以及加行位的修习,众生在通达位迎来转凡入圣的关键时刻,即在通达位由根本无分别智亲证真如,断分别二障。就在此阶段以无分别智亲证真如而言,通达位亦被称为见道位。故此,见道位时生起的根本无分别智就成了出世间法的第一步。如此,"诸世间法从真如所缘缘种子生",此生的第一步就应该是在见道位生起无分别智。而不论是法宝与慧沼,都许见道位无漏智的生起都与闻熏习相关。而"闻熏习"又和《摄论》相关。

法宝引玄奘译《摄论》:"入所知相云何应见? 多闻熏习所依,非阿赖耶识所摄,如阿赖耶成种子;如理作意所摄,似法似义而生似所取事有见意言。"③法宝依据无性释"非阿赖耶所摄者,谓此依从清净法界流故,对治彼故,非彼性摄"④将其解读为"从最清净法界等流者,即是佛智从法身生也"⑤。闻熏习因为要对治阿赖耶识,故非阿赖耶识所摄,而只能是清净法界的等流,其实推论至此,唯识宗也并不反对。问题在于,法宝将其解读为"佛智从法身生",则是在以真如为法身的前提下,将"佛智"解读为从真如而起。

据此,法宝认为:"阿赖耶识得与有漏作亲因缘,闻熏习种亦与无漏为亲

---

① 《大正藏》第四十五册,《能显中边慧日论》卷二,第429页。

② 《大正藏》第四十五册,《能显中边慧日论》卷二,第430页。

③ 《大正藏》第三十册,《摄大乘论》,第142页。

④ 《一乘佛性究竟论》卷四,第131页。

⑤ 《一乘佛性究竟论》卷四,第131页。

因缘,无别法尔有为无漏。"①如阿赖耶识是有漏亲因,闻熏习种亦是无漏亲因,故此不需要别立"法尔有为无漏"亦即法尔无漏种子。至此,法宝以闻熏习种为无漏亲因,成了难陀的"唯新熏义"的思路。法宝还特别用了譬喻:"地如理、心,草药种子如闻熏习,起三乘法后遇天雨,药草种子根茎生长。"②这里又出现了问题:不一不异的理、心在"法尔—新熏"的划分中是法尔领域的全部,此外都是新熏的,以地喻之,并无不可;但是此处以草药种子喻闻熏习,以天雨喻其余外缘,则明显使得闻熏习处在了一个尴尬的位置。

一方面,法尔领域是纯粹的理、心和合体,没有闻熏习的位置,闻熏习本来亦非法尔;另一方面,闻熏习又被解读为生长三乘的亲因,这又恰恰也是法尔的区域。此时法宝的"无别法尔有为无漏"颇为讽刺,因为他的本来具备草药差别的"闻熏习种"恰恰像是唯识宗所立"本有无漏种子"了。

据此,《慧日论》最后"漏生无漏谬七",慧沼指出法宝有"十相违",第一,"前云是缘,今云亲因";第二,"前云闻熏习是亲因,今缘说为缘因,非是本性";第三,"前云熏习同《瑜伽》说为缘因,非是本性";第四即"前云熏习同《涅槃》缘因,正因即佛性,今复说本性,如地翻作缘因";第六,"今说闻熏习为亲因缘"。有五条都是针对法宝以闻熏习为出世间法亲因,可见此问题之严重。当然,慧沼的另外五个批判:五是"今者说地亦作亲因";七是"今说为种",是说"真如为种"的问题;八是"今唯说新";九是"决邪乖证",十是"自许无种说当果起名为成熟,乖《瑜伽》之文",这些都是说法宝违背了《瑜伽论》《成唯识论》等经论的圣言,执无本有种③。其实法宝的这一模糊也显示了"闻熏习"与"真如"的混合,很容易推导出唯识宗的"本有无漏种子"。

那么"闻熏习"在慧沼捍卫的唯识宗义中是什么情况?

闻熏习种,是有漏的眼识见分以清净法界等流正法为疏所缘缘、以正法在耳识上的相分为亲所缘缘而熏成的种子,其所缘虽是无漏,但能缘是有漏,

---

① 《一乘佛性究竟论》卷四,第131页。
② 《一乘佛性究竟论》卷四,第131页。
③ 《大正藏》第四十五册,《能显中边慧日论》卷二,第430页。

故熏成的种子本质上仍是有漏的。正是因此，慧沼认为见道位前仅仅靠闻熏习，不可能生出作为出世间法的无漏种子，这也是对难陀"唯新熏义"的批判。故而护法唯识学本有无漏种子，以之为见道位生起根本智的亲因缘；而闻熏习能促进本有无漏种子增长，故而只是生起根本智的增上缘，即"说有漏熏习成出世心者，据增上缘说"①。由此，吉村诚指出唯识宗建立了两种闻熏习："有漏的闻熏习，是修所断，成为出世法的增上缘，此闻熏习只会新生有漏种子，并未成为出世法的亲因缘。与此相对，无漏的闻熏习，是非所断，成为出世间法的亲因缘。具体而言，依据闻熏习，本有无漏种得到增长，生出出世心。"②如此，在见道位无漏智亲证真如时，法尔无漏种为正智的亲因缘、真如为正智的所缘缘、有漏闻熏为正智生长的增上缘。

慧沼最后对"真如所缘缘种子"作结时说："云'真如所缘缘种子生'者，似所缘缘，说为种子，真如实非所为法种。"③即就真作为根本智的所缘缘来说，其虽非根本智的亲因缘，但也是所缘缘，故而也是其生起之因，由此，"真如所缘缘种子"是假说作为所缘缘的真如为"种子"，并非实说真如即种子。前文之所以说慧沼的理解不同于"仅仅把真如视为种子产生的'所缘缘'"，正在于慧沼不是把"真如所缘缘种子"当成（由真如所缘缘产生的）种子，而是将其当做被假说（为种子）的真如，亦即本质上还是真如。所以，慧沼其实也是"以真如假说为种"，将所缘缘假说为根本智的种子。如杨维中所言："所缘缘'假名种子'，是因为真如虽非生灭法，原非种子，但当如见道位的圣智显前时，此智以真如为所缘缘而生起，因此将真如所缘缘假定为种子。"④

不过要注意的是，这里其实有两组不同的关系：第一，有漏闻熏，见道位前，有漏耳识见分为能缘，无漏正法为疏缘，耳识上正法影像相分为亲缘，熏成有漏种子，增长本有无漏种子；第二，无漏闻熏，见道位，本有无漏种子所亲

---

① 《大正藏》第四十五册，《能显中边慧日论》卷四，第 448 页。

② 吉村诚：《中国唯识的闻熏习说》（《中国唯識における聞熏習説について》），《印度佛教学研究》58 卷 1 号，2009 年，第 247 页。

③ 《大正藏》第四十五册，《能显中边慧日论》卷四，第 448 页。

④ 杨维中：《中国唯识宗通史》，凤凰出版社，2008 年，第 717 页。

生的根本智亲证真如,无漏根本智为能缘,无漏真如所缘。耳识上"见分—相分"的能所,与"根本智—真如"的能所,被唯识宗区分开来。这一区分的实质,其实是正是对《摄论》"闻熏习"与《瑜伽论》"真如所缘缘种子"的调和。如前所述,难陀许可从闻熏习直接产生出世间法,以此可以将"真如所缘缘种子"解读为由真如闻熏熏成的无漏种子(闻熏习种)。护法唯识学对有漏闻熏的建立,否定将"真如所缘缘种子"解读为"新熏成的无漏种子"的可能,由此,最终能够生出世间法的,就只剩下"本有无漏种子"。

综上,可以看出慧沼与法宝关于"真如所缘缘种子"的解释,分歧在于对"真如"与"种子"的关系的理解("真如是否为种"),以及对"闻熏习"的性质的的界定("漏能否生无漏")。

法宝一方面认为真如本身就能生出世间法,即将"真如所缘缘种子"解读为"真如种子",这是如来藏的思路;另一方面认为《摄论》的闻熏习能生起佛智,即将"真如所缘缘种子"解读为"以与真如等流的正法为所缘缘而熏成的无漏种子",这是难陀"唯新熏义"的思路。但是,由于法宝之前将"闻熏习"划归为"新熏"领域,不认为其是出世间法生起的亲因,故而这里就出现了自相矛盾的问题。究其根源,法宝所依据"真如所缘缘种子",在只坚持"真如种子"的理解的情况下,难以面对确实"所缘缘"的问题;而如果要引入"所缘缘",又会陷入将原本划分的"新熏"混入法尔的问题。易言之,法宝虽然通过教证,拒绝了护法唯识学"漏不能生不漏""无为不能生有为"的限定,却陷入了自己划分的"本有—新熏"的限制。

慧沼依据护法唯识学对法宝的"真如为种"与"漏生无漏"进行了批判。其实,从法宝面对的问题也可看出,护法唯识学之所以设定"无为不能生有为""有漏不能生无漏",并设立本有无漏种子,正是为了回避上述如来藏思想与难陀代表的唯识古学的问题。在慧沼的解读中,将《摄论》的闻熏习建立为"有漏闻熏",才能遵守"漏不能生无漏";将《瑜伽师地论》的"真如所缘缘种子"诠释为"将作为所缘缘的真如假说为种子",以此表达真如在正智生起过程中发生了作用;乃至进一步将"根本智以真如为所缘缘而起"解读为"无漏闻熏",以防止将"真如所缘缘种子"视为"真如为种"或"闻熏生无漏种"。

四、回心向大

在法宝"一切皆成"的视域中,并不承认五性差别的必然性,故而前文其主要是论证不存在"无性众生"。但是,对于慧沼而言,根据"法尔无漏种"有无能区分出的只有有性、无性两类众生,如何能证成"法尔五性"呢? 即便回到《瑜伽论》"就障分性"的立场,也只是进一步区分了无毕竟二障的佛乘,与有毕竟所知障、无毕竟烦恼障声闻、缘觉二乘,但声闻和缘觉在"本有无漏种子"的理论中如何区分,仍旧是个问题。当然,慧沼仍可依据"无始时来有种种界"这类教证,指出五性差别本来自尔,但未免是回避了"法尔无漏种子"的问题。法宝也发现了这一问题,故在《究竟论》卷五"增寿变异章第九"对"定性二乘"的问题提出异议。此外,《究竟论》卷五"对妄通经第十""通释外难十一"(今佚,《慧日论》保存了几条论义)中,法宝还就一些关于一阐提的具体问题向唯识宗发起攻击。其实,法宝的这些问难都是指出五性有情、定性二乘都因为具有佛性,故而可以回心专向大乘,最终成佛;故此,慧沼则要对经纶中涉及的几种回心向大的模式进行回应。

(一)无性有情之回心

"回心向大"关于无性有情的回心理论,最具代表性的是一切皆成论者对"一阐提不得成佛"教法的诠释:说一阐提不能成佛,乃是为了诱导一阐提舍弃旧行,回归正道,如此,无性有情的建立,只是为了使之回心向大的方便教法①。

对此,玄奘所译的《佛地经论》中有不同的说法:"虽余经中宣说'一切有情之类皆有佛性、皆当作佛',然就真如法身佛性,或就少分一切有情,方便而说。为令不定种性有情,决定速趣无上正等菩提果故。"②亦即,宣说"悉有佛

---

① 教证如前引《佛性论》卷一:"若憎背大乘者,此法是一阐提因,为令众生舍此法故。"
② 《大正藏》第二十六册,《佛地经论》卷一,第298页。

性"的经论有两个理由：一是就"真如法身佛性"而言，相当于窥基传统中的
"理性"①，这也是后来唯识宗创立"理性—行性"二佛性说的最有力根据；二是
为了使得"少分一切"的不定种性趣向大乘涅槃而说.故"悉有佛性"本身是一
种方便说。

从一切皆成的角度看，经论说"一阐提人无佛性、不能成佛"，是为了使一
阐提舍弃旧有恶行，回心向大的方便说；从五性各别的角度看，经论说"悉有
佛性"，乃是为了使得具足大乘种子的不定种性回心向大的方便说。双方都
依据各自经论，以对方为方便说，以己说为究竟说。

窥基曾对一阐提进行区分："然第五性合有三种……一阐底迦，是乐欲
义，乐生死故；阿阐底迦，是不乐欲义，不乐涅槃故；此二同不断善根人，不信、
愚痴所蔽覆故。阿颠底迦，名为毕竟，毕竟无涅槃性故，此五性人亦得前二名
也。前二久久当会成佛，后必不成。"②慧沼在《慧日论》卷四"明阐提异类三"
中也沿用了这种分类，用以调和《涅槃经》《无上依经》《佛性论》等"悉有佛性"
与"一阐提可成佛"的圣言，即将"有佛性"与"能成佛"的阐提确定为未断善
根，其只是因为乐生死、不了涅槃等后天缘因不去发心成佛，故而许说其"可
成佛"；但是，仍有一类毕竟无性的"阿颠底迦"，终不得成佛，这也是唯识经论
种所说的阐提。易言之，能够回心向大的阐提，就仅仅是未断善根的阐提，这
在唯识宗的理论中应当被诠释为具备法尔无漏种子、无毕竟二障种子的众生。

对此，法宝给出了关于阐提的新解："阿颠帝迦，此云毕竟，第五性收。阐

---

① 吉村诚认为："圆测并不将'真如法身佛性'视为与理行二佛性说的'理佛性'相当的东西。"参
见氏《唯识宗的五姓各别说》，239 页。

② 《大正藏》第四十三册，《成唯识论掌中枢要》卷上本，第 610 页。此外，窥基还就因位果位、能
不能成佛作四句分别，将定性二乘和毕竟无性归于"因果俱不成"，将断善阐提作为"果成因不成"，另
加一类悲愿救世的"因成果不成"的大悲阐提。吕澂指出，"一阐底迦"(aicchāntika)与"阿阐底迦(aty-
antika)"，"依梵文前二名异实同，皆乐欲阐提"，此误源于《庄严论释》的"但求生死不了涅槃人也"，但
原本无此句，乃译者新加，而译者可能是持本有义的亲光，即顺应亲光的《佛地经论》中"五性本有，而
无姓皆不成佛，欲以此显佛德之无尽"的思想。参见吕澂：《种姓义》，载《吕澂佛学论著选集》卷一，齐
鲁书社，1991 年，第 432—433 页。

提人非定位第五性,五性断善名阐提。前四断善名暂时,第五断善名为究竟。"①一阐提并非是第五性,而是五性断善者皆名一阐提;同时,法宝又通过《楞伽经》《佛性论》《涅槃经》等教证指出毕竟的阿颠底迦并不存在②。如此,阐提就被完全界定为断善而非毕竟,也就是五性都可回向的了。

对此"通经"的批驳,慧沼的回应也多是援引教证,会通《楞伽经》《庄严论》《佛性论》和《涅槃经》等的阐提义,证成有毕竟无性,此在《慧日论》卷四"明阐提异类三"有所总结:"《涅槃经》《无上依经》《大庄严论》《宝性论》等皆通说二,《楞伽经》中唯说有性,《瑜伽》《显扬》《地持》《善戒》所说无性唯毕竟无。由此应知,《涅槃》第三十三云'一阐提人能生善根,生善根已相续不断得阿耨菩提'者,此说有性。"即将对自宗最有威胁的《涅槃》后分义限制在前二类断善阐提中,此仍是唯识旧义。

综上,在双方各自"通经"的基础上,一阐提能否回心仍旧没有答案。只能说唯识宗确实做出了让步,通过对阐提的分类,确立了两类能够回心成佛的一阐提,但也保留了毕竟无性的阿颠底迦,维护自宗宗义。

(二)定性二乘之回心

五性中除了无性有情,定性缘觉、定性声闻也被视为不能成佛,由此形成三乘之差异,《法华经》这类一乘经典是其最好的教证,法宝正是以此论证了"一乘真实,三乘方便"。对此,唯识宗采取了一切皆成者对"一阐提"的处理方式,即认为一乘的建立是为了引导不定种性回心向大,故而"一乘方便,三乘真实"。在此问题双方仍是各据教证,并无结果。

法宝除了在"一三权实"问题中破斥定性二乘,还特别就唯识宗所立的"增寿变异"问题发起攻击。

所谓"增寿",出自《瑜伽》卷八十:"问:若一切阿罗汉皆得心自在,何因缘故,不舍寿行入般涅盘,虽苦所逼而久住耶? 答:功能有差别故。所以者何?

---

① 《一乘佛性究竟论》卷五,第249—251行。

② 《一乘佛性究竟论》卷五,第254—262行。

有一分阿罗汉能舍寿行,一分不能;有一分阿罗汉能增寿行,一分不能故。"①
问者追问为何有一类阿罗汉仍然有寿住于世间为苦所逼而不入涅槃久住,答
者就此提出了能增、舍寿行的阿罗汉。

《佛地经论》做出了更详细的解释:"问:若唯住有余依涅槃界中发趣无上
正等菩提者,云何但由一生便能证得无上正等菩提?阿罗汉等尚当无有所余
一生,何况有多生相续?答:由彼要当增诸寿行方能成办,师尊多分依此回向
菩提声闻密意说言:'若有善修四身足已,能住一劫或余一劫。'余一劫者,此
中意说过于一劫……彼既如是增寿行已,留有根身别作化身,同法者方便示
现于无余依涅槃界中而般涅槃。"②即,住有余依涅槃的辟支佛果阿罗汉如果
回心向大趣向无上正等普提,应仍要长时修习,但辟支佛果并无来生,更不要
说留有多生长时相续了,那如何得无余依涅槃?答者谓要,通过增寿一劫或
过于一劫,留下根身作为化身,于无余依涅槃界中般涅槃。由此,本应灰身灭
智住于有余依涅槃的二乘,可以通过增寿的方式回心向大,亦即二乘亦可成
佛。但是,此处"回向菩提声闻"在唯识宗的解释中当然是"不定种性","密意
言说"更被解释为"方便教法",即只有得二乘果的不定种性,才能增寿回心向
大,而定性二乘一向趣寂,不能增寿。

《佛地经论》进而引出"变异生死"的问题:"复次,回向菩提声闻……若在
无学位中回向菩提,由定愿力数数资昔感现身因,令于长时生果相续,渐渐增
盛,乃至成佛,功能方尽。此报虽亲有漏因感,然由无漏定愿资助,名不思议
变异生死,无漏定愿不思议故。若有学位回向菩提……诸用无漏定愿资助非
烦恼者,皆不思议变异身摄。若烦恼力所感异熟,分段身摄。"③亦即回向菩提
声闻之增寿,乃是由回向菩提的无漏定愿力所资助,因此增寿所受的是"不思
议变异生死",而非世俗由烦恼所得的"分段生死"。由此,变异生死即增寿的
形式。

---

① 《大正藏》第四十五册,《瑜伽师地论》卷八十,第747页。
② 《大正藏》第二十六册,《佛地经论》卷二,第299页。
③ 《大正藏》第二十六册,《佛地经论》卷二,第299页。

法宝反对"增寿而变异"的说法,对"变异生死"做了全新的诠释:"夫迷为生死,悟为涅槃。由迷人空,受分段生死;由迷法空,受变异生死。悟人空故,得二乘涅槃;悟法空故,得大般涅槃。有迷之因,必有生死;无极悟业,实无涅槃。"①亦即,"变异生死"不是因增寿而有,而是一切未悟法空者必受。

依据唯识学中烦恼障障人空、所知障障法空的理论,即消灭了烦恼障的二乘虽舍弃异生的分段生死,但仍必有变异生死,而非一类二乘因无漏定愿力增寿才有变异生死。亦即,在法宝一切皆成的思路中,不存在毕竟所知障,一切都能灭除所知障,故二乘不究竟,都必须接受变异生死,至成佛方了:"定性二乘,既有妄无漏业,未断无明住地,故知定受变异生死,未得真灭。"②由此,众生受变异生死之因是有漏的烦恼障未除,即以未断的所知障为缘、引招新业为因,受变异生死。

但是,在唯识五性各别的思路中,定性二乘灰身灭智后不受生死,不定二乘要通过定愿力增寿受变异生死,最终成佛。③ 由此,变异生死即是不定二乘的增寿,此是以成佛的定愿力为缘,亦即以可断的有漏烦恼为因缘、无漏愿为助缘受变异生死。

所以双方的争议,本质上还是有无唯住二乘涅槃的定性二乘。法宝谓"不可释云'有变异死唯不定性'"④,可见其破斥的核心仍是:由于没有毕竟所知障,所以一切种性只要未解所知障,都非究竟,都要受变异生死,唯识宗所说的"增寿"不同于"变异生死"。所谓"不同",当然仍要借助他的判教:"第四、第五时教,二乘无无实涅盘,五性皆当成佛,无断灭也。后说为了,如前已释。故知留身变易,前说为权,后说为实。既定性二乘无实减度,一乘佛性决定了。"⑤廖明活总结了法宝列举的"增寿"与"变异生死"的七种差别,最后

---

① 《究竟论》卷五,第2—6行。
② 《究竟论》卷五,第166—168行。
③ 《佛地经论》:"决定种性声闻、独觉……先业烦恼所感身心,任运灭已更不受生……不定种性声闻、独觉……由定愿力留身相续,修大乘行,乃至获得金刚喻定,一切障灭,证佛三身。"
④ 《究竟论》卷五,第12—13行。
⑤ 《究竟论》卷五,第240—243行。

指出"法宝特别重视变异生死为'非三界摄'"①,亦即受变异生死者虽未断尽烦恼障,但唯有菩萨能察的微细烦恼,非受异生所受的三界烦恼。此理论应是为了调和"旧时经"对二乘涅槃境界的描述,亦即指出二乘虽对异生高妙,但仍未及菩萨。

对此,慧沼主要也是在教证上针锋相对。他做了两方面的论证:第一,有"一向趣寂"的声闻、缘觉,即趣寂二乘,故而不是所有二乘都受变异生死。对于法宝所谓未断所知障故招引新业故受变异生死,慧沼指出二乘果位以上无漏行不能感召新生死:"若造新业为亲感因,譬如须陀洹以上,但用故业,不生新业。"②由此,即便是有究竟所知障未断的二乘,只要得果,亦不会因新业受生死。第二,"二乘圣果回心向大,俱容得受变异生死"③,亦即受变异生死的只能是能回心的不定种性,这是《佛地经论》以来确定的唯识宗旧义。

故而此关于的变异生死的论争其实是法宝站在"一切皆成"的立场上指出"二乘不究竟,必受变异生死,由此能够成佛",而慧沼说"定性二乘不能感召新业故不能受变异生死,只有回心向大的不定种性能够通过定愿力增寿受变异生死"。此论争和"一阐提是方便说还是究竟说"一样,在唯识宗举出"不定种性"的情况下,不可能获得定论。

(三)不定种性与五性各别

综上,唯识宗中有三类不能成佛的众生,即决定声闻、决定缘觉与无性有情,一切皆成论者则认为此三类众生都可回心向大最终成佛。对此,唯识宗成立"不定种性",将一切"悉有佛性"经论中的圣言都转化为对不定种性的方便说:能回心向大的一阐提,只有一阐底迦和阿阐底迦,而非毕竟无性的阿颠底迦;能回心向大而增寿受变异生死的二乘,只能是不定种性的回向菩提声闻和回向声闻缘觉,而非趣寂声闻与趣寂缘觉。

---

① 廖明活:《中国佛性思想的形成与开展》,文津出版社有限公司,2008年,第241页。
② 《大正藏》第四十五册,《能显中边慧日论》卷三,第434页。
③ 《大正藏》第四十五册,《能显中边慧日论》卷三,第433页。

如前文言,法宝其实欲以一切皆有的真如作为法尔无漏种,亦以一切众生为能回心向大的不定种性。或者从唯识的角度看,唯识则是要把"一切皆成"限定在"不定种性"之内,这样自己"五种性"的论域就大于仅谈论"不定种性"一切皆成论者了。

其实,虽然唯识宗设定了不能成佛的定性二乘和一阐提,但是也并未对现实的众生有太多刁难,毕竟大多数人或许并非定性二乘与一阐提,而是能成佛的决定菩萨与不定种性。只是,一切皆成论者认为,要都能成佛才能显示佛教的慈悲与功德,故即便是理论上的不能成佛也不能容许。

这种极端的"一切皆成"面对的最大的问题,就是许"无性有情"能成佛时带来的"无情"能否成佛的问题。第一期论争中,灵润即遭遇此问难:"若有理性即有行性,草木无情,有理性故,应有行性。"①而《慧日论》卷三亦载法宝云"非佛性者,墙壁瓦石无情之物。离如是等无情之物是名佛性者,与'一切众生皆当成佛'文皆大同",是对此问题的回答,即将无情之物视为"非佛性",此是法宝与许"无情有性"者的不同之处。但是,如果非要许真如遍在,且"若有理性定当作佛",则此是一切皆成论者无法回应的问题。对此,法宝没有回答,灵润则是以"草木唯心量,心外一向无"②这样一种唯识的说法,否定了"无情"的存在。

从上述关于阐提分类与二乘增寿的问题都出以《佛地经论》为教证也可看出,确实如吕澂所言,护法唯识学深受本有义影响。护法唯识学成立本有无漏种子,源于要保证有一类众生能够成佛,也因此产生了不能成佛的众生。但是,不同于一切皆成者要借由"悉有佛性"显示佛教之慈悲,唯识以"一分无性"显示佛教之殊胜。只有确立了不能成佛之众生,佛陀教法才是完整的,才有殊胜之处,此是唯识成立不能成佛的三类众生的重要原因。

此外,虽然佛教通过"箭喻"回避了时间始源的问题,但是四圣谛第一的苦谛是不可忽视的。现实中有种种差别与苦,此是众生不得解脱之因。但是

---

① 《法华秀句》卷中本,《传教大师全集》第 2 册,佛学书局,1926 年,第 167 页。
② 《法华秀句》卷中本,《传教大师全集》第 2 册,佛学书局,1926 年,第 167 页。

苦难究竟如何安立与众生之中,这是必须回答的问题。在"心性本净"的思路下,烦恼、无明被视为与心无关的客尘,即苦难被安立为。而唯识宗对不能成佛众生的安立,或许是安立苦难(烦恼障、所知障)的另一种方式:烦恼不是外在的,而是与我们共在的众生。此或是唯识宗成立五性各别的另一重要原因。

五、结语

此场论争,可以看作身承如来藏思想与唯识古学两条思想路线的法宝,与慧沼代表的护法唯识学的冲突。

法宝思想的双重性体现在:一方面认为,法尔领域只有众生皆具真如(这是慧沼亦许的"理佛性"),亦即与如来藏本身即能生出世间法,不需另立"本有无漏种子",这是如来藏思想的特征;另一方面认为,新熏领域的缘因、客性产生了五性差别,故而五性新熏而非法尔,并非不可改易,故无无性众生,乃至于以闻熏习亦能为出世间法的亲因,这显然是难陀新熏思想的特征。法宝对慧沼攻击主要集中于两点:一,唯识缺乏教证;二,"本有无漏种子"的设定中"本有"与"种子"本身也违反了唯识宗严格的"有漏"与"无漏"的限制,是个多余且不必要的概念。但是,由于两条思想线路本身的冲突,法宝难以处理"真如所缘缘种子"中的"所缘缘","真如"与"闻熏习"同时成为出世间法的亲因,这也成为其最大的问题。两个亲因,本质上两条路线的冲突,即如来藏思想以真如为出世亲因与难陀"唯新熏义"以闻熏习为出世亲因。

慧沼回避了大量法宝借教证发起的攻击,以唯识宗义攻击法宝。一方面,慧沼坚持"理性—行性"的区分,并进一步扩大"行性"的范围,并加入隐密性,都是在针对法宝区分的"本有—新熏"领域;另一方面,慧沼对法宝的破斥,体现了护法唯识学对唯识古学的取舍(为防难陀"唯新熏义"无出世因),以及如来藏思想的"真如为种",最终建立"本有无漏种子",保证因果、法性不乱。

论争中最重要的"五性各别"问题,双方并未达成一致。仅就佛性论争而言,法宝确实出现了自相矛盾,但是这一矛盾完全可以通过走向纯粹的如来藏或唯识古学来解决,因为二者都可建立"五性新熏"建立"一切皆成"。就现实而言,如来藏一系也最终成为汉地佛教的主流;强调新熏否定本有的难陀唯识学,在今天的学术界,因其契合现代哲学"反本质主义""关系主义"的特征,而有复兴之趋势。

反观慧沼捍卫的唯识宗义,其中出现了从常识看来颇具讽刺意味的情况:护法唯识学为防"唯新熏义"无出世因而建立"本有无漏种子",而这一为了保证有众生能成佛的东西,却也成了有众生不能够成佛的依据。不过,从窥基、慧沼对一阐提的区分,亦即对定性二乘的解读来看,这样一种"五性各别"也有充足的理由:佛陀说法中有颇多关于众生有种种界的教证,故而必须在理论上存在不能成佛的众生,"定性二乘"与"无性有情"则是对这些众生不同情况的进一步区分。其实,唯识宗虽然建立了"无性有情",但通过一步步限定减少了其范围,毕竟无性的"一阐提"几乎只能算一个理论设定。而从慧沼"既执一切众生同有理、心为正因,既许理心一切平等,如何得有染净善恶、三界六道、三乘性种"的追问中可看出,"五性各别"即是对现实苦难与差别的肯认,即对四圣谛最初之"苦谛"之强调。

在《阿含》"此有故彼有"的缘起教理下,"悉有佛性"确实难以解释佛陀最初对世间之苦的注目。《起信论》等将苦难缘因划归于外在无明,但不可解释来由的外在无明,其实与唯识建立的"法尔无漏种子"有着相似的面貌。面对"有漏不生无漏"和"有漏世界的出世因"的共同问题,唯识宗为防众生无出因不能解脱建立"法尔无漏种";如来藏系的"一切皆成论"者,则直接将有漏驱逐出法尔本性。

如此,唯识宗既然为说明众生出世因建立的法尔无漏种,则在理论上此法尔无漏种未必是有漏世间的众生遍有的,故必然要建立无性有情。如来藏系的"一切皆成"论者虽未在理论中留下"无性有情",但神秘的外在无明却难以被解释,另外还面对"无情"的问题。在此意义上,可以说唯识宗把无性有情以"有情"的形式留在了有情的本性内部,一切皆成论则把无性有情以"无明"的方式驱逐出了法尔本性。

故此,可以说唯识宗的"五性各别",其实是将世界的苦难留在世界中,使之成为和我们共在的"有情"。但是,在唯识的立场之下,"其他的有情"这一概念又仅仅是第六意识根据五识所缘的外境而建构的结果。如果我们通过与其他有情的"总报"(即第八识)去理解他者,仍要面对这样的问题:完成了第八识的转依之后,此第八识变现的无性有情、定性二乘是否仍旧存在? 如果存在,怎么能说第八识完成了转依? 如果不存在,怎么能说他们未入涅槃? 此亦揭露了五性各别的内在问题:在一切唯心、万法唯识的立场上,如果有一个众生能成佛,那么其阿赖耶识转依完成后应当不能再执受一切有情,在其世界中应当一切皆成。这也是言说个体的"唯识"与言说存在不同主体的"五性各别"之间存在的根本问题。

作者介绍:许伟(1995—),男,山东济南人。南京大学哲学系 2013 级本科生,本科毕业论文导师为傅新毅副教授,现为中国人民大学 2017 级中国哲学专业硕士研究生,目前研究兴趣为玄奘唯识学、宋明理学。

南哲感悟:成为"中国哲学专业"研究生后,我才感受到本科在南哲的学习对我之影响。本科四年可以漫游在中、西、马、宗教、科哲等不同方向之中,自由地思考令我惊奇的问题,应该会是我哲学生活中最美好的回忆。

栖霞寺与三论宗、三论学之研究[*]

栖霞寺与三论宗、三论学之研究[*]

栖霞寺与三论宗、三论学之研究[*]

林雪妮　　邓尧文　　刘逸佳　　刘雪阳

摘　要：本文围绕作为三论宗祖庭的南京栖霞寺与三论宗、三论学的关系，通过结合寺庙和思想史两个视域，沿着栖霞寺的寺史以及摄山三论一系的僧史两条线索，对摄山三论的发展重新进行了考察，同时为三论宗主要思想注入了阐释。论文主要由三部分构成：栖霞寺建寺与三论宗的渊源；栖霞寺摄山一系僧人与三论宗师承的关联；以吉藏大师为代表的三论宗核心思想的概述。

关键词：栖霞寺；三论宗；摄山僧；神圣空间；中国佛教

南京栖霞寺坐落于南京郊区的栖霞山上，是中国三论宗的祖庭所在。三论宗作为中国最早的宗派之一，却在隋朝立宗之后迅速没落，在中土早已难觅其迹。本文试图探究栖霞寺与三论宗的联系，主要有以下三大部分：第一，栖霞寺建寺与三论宗的渊源；第二，栖霞寺摄山一系僧人与三论宗师承的关联；第三，以吉藏大师为代表的三论宗核心思想的概述。目前学界虽不乏对三论宗和三论学的研究，但鲜少有学者从一个寺庙的僧人及其历史入手，配合思想史的研究方式来呈现其宗派学系的发展脉络。因此，本文试图结合寺庙发展史和思想史两个视域，以栖霞寺本身的历史和摄山三论一系的僧人生平和思想为着力点，进而由点及线，运用这两条线索勾勒出摄山三论的思想图景，尽可能还原一

---

* 本文为 2016 年国家级大学生创新创业训练计划的结项成果。——编者注

个真实生动的三论宗。

一、栖霞寺史

（一）栖霞寺的建立

一般说来，公认的栖霞寺建立时间为南齐年间，建寺人为明僧绍。明僧绍，字休烈，一字承烈，因多次征召不就被世人尊称为"明征君"，生平事迹主要见于南梁萧子显的《南齐书》（卷五十四列传第三十五高逸）、唐人李延寿的《南史》（卷五十列传第四十），以及现栖霞寺门前竖立的两块石碑——南朝陈江总所撰《摄山栖霞寺碑铭》（以下简称《江总碑》）与唐高宗撰文，唐代著名书法家高正臣书、王知敬篆碑的《明征君碑》。① 明僧绍于南齐建元年间游历至南京栖霞，在山中立"栖霞精舍"，与禅师法度交好；死后舍宅为寺，请法度居之，由此为栖霞寺。这其中有几个时间点有所存疑：一是明僧绍的卒年；二是明僧绍舍宅为寺的时间；三是无量寿佛像的修建时间。下文将从建寺前栖霞山的情况、明僧绍的生平与栖霞寺的建立两个方面进行论述，力图勾勒栖霞寺建寺前与建寺初期的基本图景。

1. 建寺前栖霞山的情况

关于栖霞山的具体地理位置，南朝陈江总所撰《摄山栖霞寺碑铭》中记载为"南徐州琅琊②郡江乘县界"，与南京城的位置关系在明代葛寅亮《金陵梵刹志》中具体描述为"在都城东北，南去所统灵谷寺三十里，太平门四十里，东城地"，查阅陈代行政区划图可知这里的"琅琊郡"应为"南琅琊郡"，而"南徐州"正位于南陈与北齐国境交界处，虽梁末侯景之乱致使陈朝疆土只得"三峡以

---

① 南朝陈江总《摄山栖霞寺碑铭》、唐高宗《明征君碑》与下文所引旧（摄山）志《记形胜创立建置》皆选自明葛寅亮撰、何孝荣点校：《金陵梵刹志》，天津人民出版社，2007年，第175—238页。

② 原文中为"琅牙"，今为"琅琊"，下文皆用"琅琊"。

东大江以南"①之地,然再往前查阅宋、齐、梁时期行政区划图,也能发现"南徐州"一直以来都与南北朝分界线相距不远。且前文已陈,"南徐州"与"南琅琊郡"中的"南"字即意味着这是北地郡县在江南的侨置地,据吉川忠夫在《五、六世纪东方沿海地域与佛教——摄山栖霞寺的历史》一文中考证所言,南琅琊郡是由北方琅琊郡在江南侨置而来,是"以多数旧临沂县民为中心的北来流寓者居住的地方"②。这一点说明栖霞山所处的地区有浓厚的北方背景,这一点与后文将要论及的明僧绍的生平有密切联系。

栖霞山在明僧绍游历至此之前,只是一不起眼的普通山丘,由于林木茂盛、山如伞形而名为"伞山",又因山中盛产草药,可以摄取而得名"摄山"。对于"摄山"与"伞山"名字的由来,最早见于陈江总所撰《摄山栖霞寺碑铭》:"有摄山者,其状似伞,亦名伞山。尹先生记曰:'山多草药,可以摄养,故以摄为名焉。'"后世在《明征君碑》《金陵梵刹志》《南朝佛寺志》也都有提及,这一点应无疑问。除此之外,《摄山栖霞寺碑铭》还在描写明僧绍入山之后的行迹中提到,有居住在此地的山野乡民向明征君提醒此地"久绝行践",原因是"山多狼虎毒蛇",可知栖霞山在明僧绍入山整顿之前一直保持着猛兽横行、少有人迹的状态,虽有自然美景也无人问津,又因为"其地僻处深山,虽北军渡江,兵火不及"(《南朝佛寺志》),所以最大限度地保持了原始的自然山水风貌,是一块未受俗世凡尘之气沾染的世外之地。另外,摄山在佛教信仰随明僧绍入驻之前,本身就有神怪传说流传于世,此事在《江总碑》中记载为:"南瞻旧落,顾悌镇戍之坞;北望荒村,扈谦卜筮之宅。此山西南隅有外道馆地,俄而疫疠磨灭",经程章灿先生考证,顾悌与扈谦分别为东吴时期的名士与晋末术士,后者通卜筮预言之学。"《晋书》卷二十八《五行志》、《宋书》卷三十一《五行志》曾载其事迹,《云笈七签》卷一百一十一有传曰:'扈谦者,魏郡人也,性纵诞,

---

① 谭其骧主编:《简明中国历史地图集》,中国地图出版社,1991 年,35—36 页,"陈齐周时期全图"后"陈齐周时期图说"。

② [日]吉川忠夫:《五、六世纪东方沿海地域与佛教——摄山栖霞寺的历史》,王维坤译,《敦煌学辑刊》,1991 年第 2 期(总第 20 期)。

不耻恶衣食，好饮酒，不择精粗。'"①可知，摄山曾在东晋末有卜筮之学的民间信仰传统，也被作为道教信仰的一个据点，与《江总碑》所述"山西南隅有外道馆地"相符。然而据"俄而疫疠磨灭"，可知道馆建成之后并未留存多久，便因为疫病而衰亡，摄山的道教信仰也就未能发扬光大。

2. 明僧绍的生平与栖霞寺的建立

明僧绍本为平原郡鬲县（即现山东德州一带）人。明家自僧绍曾祖起三代为官，明僧绍的兄弟也都在朝从政，据此推测，明氏家族应是当地有名的世家，明僧绍作为不出仕的次子，才学也扬名于天下。《南史》与《南齐书》中都称他"明经有儒术"，《明征君碑》更是称赞其"早植净因，宿苞种智"，即小时就种下了慧根，颇有灵智；又"加以学穷儒肆，该综典坟，论极玄津，精通老易"，可谓是儒、道、释三家皆通，与南朝佛教"三教合流"、士大夫大多三家同修的特点吻合。由于良好的家世与本身的才学，明僧绍得以隐居不仕，在长广郡崂山聚徒立学。崂山的位置大约在现今的山东青岛，也就是说，在南渡之前，明僧绍主要活动于青岛崂山一带，他已经是当时有名望的学问渊博之人。在青岛时，明僧绍曾屡征不就，因而被尊称为"明征君"。"征君"也作"征士"，据《陔余丛考》记载："有学行之士，经诏书征召而不仕者，曰征士，尊称之则曰征君"，这几次征召的史实在《南史》和《南齐书》中皆有记载且无太大出入，在此不做赘述。

宋泰始二年（公元466年），北魏攻宋，于十二月占领宋国的"淮北四州及豫州淮西地"，此"淮北四州"即包括明僧绍籍贯所在的平原郡与他长期活动的长广郡，因而明僧绍于泰始二年十二月之后同全家一起南渡，据程章灿先生所言，他南渡后先居住在建康，后因"乏粮食"，跟随时任青、冀二州刺史的弟弟明庆符至郁州，在弇榆山筑"栖云精舍"，"欣玩水石，竟不一入州城"。其后齐建元二年（公元480年），明庆符罢任，僧绍才又跟随他来到了南徐州江乘县，游历了摄山。前文已经说过，摄山在此时是一个人迹罕至又山清水秀的

---

① 程章灿：《明僧绍与栖霞立寺史实考——重读〈摄山栖霞寺碑〉与〈明征君碑〉》，载《南京理工大学学报（社会科学版）》，2003年第2期。

山丘,具有宗教信仰背景,还有着一些流传于世的神怪传说,与明僧绍此前居住的弇榆山、南渡前活动的崂山有相似之处,这也许是明僧绍选择定居摄山的主要原因之一。另有一个原因也在前文已经提过,南琅琊郡为山东临沂县侨置江南而成,居住在此地的住民多为原本北地临沂县的流民,与从平原郡南渡而来的明僧绍有着相同的文化背景。吉川忠夫甚至认为,摄山是明氏家族在江南找到的"新的据点"。

明僧绍到摄山之后,首先是对荒草丛生的摄山进行了一番整理。他"刊木驾峰,薙草开径,披拂薆梗,结构茅茨,廿许年不事人世",与在崂山时一样在摄山聚众讲学,只是此时的讲学内容已经不再像崂山时一样只讲儒道。关于明僧绍此时的交游情况,《江总碑》记载为法度禅师,《明征君碑》则记载先有一位僧辨禅师游至栖霞山与明僧绍交好,僧辨圆寂后才有法度禅师前来。吉川忠夫据与明家有亲缘关系的《释僧询传》认为僧辨是明氏家僧一样的人物,程章灿先生则对此没有论及,笔者认为该僧辨与《高僧传》中记载的建康何园寺、安乐寺的僧辨并非一人,但该僧辨是否真的就是吉川忠夫先生所言明氏家僧,据现有文献较难做出判断。

明僧绍在栖霞山首先修建了"栖霞精舍"作为自己的住宅,这在《明征君碑》中记载为"邻岩构宇,别起梵居",并在《南史》中以"既而遁还摄山、建栖霞寺而居之"一笔带过。值得注意的是,《南史》这里说他"建栖霞寺"是不准确的,更切合的说法是他"建栖霞精舍",并在其后"舍宅为寺"让法度居住,这才正式创立了栖霞寺。关于栖霞寺建立的过程,关键事件有三个:舍宅为寺;僧绍去世;修建无量寿佛像。

对于这一段的说法,《南史》《南齐书》《明征君碑》《江总碑》四份史料所述不尽相同。《南史》《南齐书》载明僧绍逝世时间分别为"永明中"和永明元年(公元483年)征国子祭酒不就之后。而《江总碑》记载,明僧绍与法度禅师在栖霞精舍讲《无量寿经》,在某夜"忽见金光照室,光中有如台馆形象",明僧绍由此"舍本宅,欲成此寺,即齐永明七年(公元489年)正月三日,度上人之所构也",后又梦见"此岩有如来光彩",明僧绍"有怀创造,俄而物故",造像的工作由其子明仲璋完成,即舍宅为寺是在永明七年,逝世当在此之后。《明征君碑》则描述为明僧绍"尝梦法身,冠于层巘",又"睹真颜于岩之首",于是"将于岩壁造大尊仪",可惜此项工程还没开始,明僧绍就于"永明二年(公元484年),奄迁舟壑",具体工作也是由其子明仲璋完成,此处"舍宅为寺"也是由明仲璋在造像完毕之后进行的,与《江总碑》记载不符,其"永明二年"的逝世时间也与《江总碑》不一致。对此,程章灿先生已经给出了澄清:据《高僧传·齐琅琊摄山释法度传》载,法度"待(明僧绍)以师友之敬","及亡,舍所居山为栖霞精舍,请度居之",也即舍宅为寺和逝世的时间是永明七年是一个误读,明僧绍并不是在生前就将栖霞精舍赠予法度禅师居住,而是在死后由其子明仲璋舍宅为寺,"永明七年正月三日"是舍宅为栖霞寺的时间,《明征君碑》的记载是符合史实的,《江总碑》"舍本宅,欲成此寺,即齐永明七年正月三日,度上人之所构也"一句也并无史实上的错误,只是后人断句理解上出现了差错。由此,明僧绍卒年的疑问也已解开,"永明中""永明元年后"和"永明二年"并无逻辑上的矛盾,明僧绍先在摄山建了栖霞精舍,与法度在此讲学,梦见法身现于西崖壁之后于永明二年逝世,后其次子明仲璋承父遗愿,修建佛像,舍宅为寺让法度居住,正式创立了栖霞寺。

(二) 栖霞寺神圣空间的构建

在法度建立栖霞寺之后,栖霞寺开始成为南朝佛教的重要组成部分。在法度去世后由僧朗从北地带来"关河三论",自此栖霞寺开始成为三论义学的中心地;僧朗后是僧诠,再后传给"全公四友"——慧布、法朗、慧勇、智辩,四人中慧布留守栖霞寺,法朗、慧勇、智辩则分别前往建康其余寺庙,栖霞寺的三论义学也由此以栖霞寺为轴心,放射式笼罩了整个京师。在这个过程中,栖霞寺不再是明僧绍与法度时期那个讲授无量寿佛信仰的文人隐士精舍,随着义学的发扬与发展,它逐渐成为一个独立的神圣空间——南朝佛教的重要坐标点、佛教流派三论宗的祖庭。为透彻地理解栖霞寺神圣空间的建构过程,纵观栖霞寺在建立之后最辉煌的这段历史,下文将以宗教神圣空间的分析作为一个核心视域,对两个问题进行关照:第一,栖霞寺的宗教性质自明僧绍建寺以来发生了怎样的转变;第二,在这个过程中,栖霞寺如何被建构为

"三论宗祖庭"这一神圣空间,其又对三论宗的发展产生了怎样的作用。由于栖霞寺与栖霞山是一个有机的整体,下文将不对这两者特意进行区分。

1. 栖霞寺宗教性质的转变

前文已陈述过,栖霞山在明僧绍游历至此之前,曾是"扈谦卜筮之宅",也曾修建过道观,可惜建成不久之后就因为疫病而人丁灭绝、道馆荒废。由此可知,栖霞山道教信仰虽停留不久,但的确是栖霞山宗教背景的组成部分。后明僧绍由北地南渡而来,因其本身玄儒兼阐、三教皆通,加以法度禅师的无量寿佛信仰,这里又变成了明僧绍与法度的个人讲学之地。

关于明僧绍的信仰背景,程章灿先生曾论及明家三兄弟皆以"僧"为名,查阅《说文解字》可得"僧"字释义为"浮屠道人也",即在佛教初传的汉代,"僧"字就具有了佛教徒的含义;再查阅《康熙字典》,解得:"沙门也。梵音云僧伽,从浮屠教者,或称上人。梵语僧伽邪三合音,俗取一字,名曰僧",可知在清代"僧"依旧只有佛教出家人这一个释义,且词源来自梵语,本就为佛教用语。由此两点可以推知,明僧绍及其兄弟以"僧"字为名很可能是因为其家族有信佛传统,这也与《明征君碑》中所述"早植净因,宿苞种智"相印证。明家有佛教信仰,这个信仰具体到宗派应该是"无量寿佛"信仰,因明僧绍二子仲璋根据父亲夜梦西崖壁发光、面佛颜于石壁后所凿佛像即为无量寿佛像,《江总碑》中记载为"首于西峰石壁,与度禅师镌造无量寿佛,坐身三丈一尺五寸,通座四丈";该信仰与法度是一致的,《齐琅琊摄山释法度传》中记法度"(尝)愿生安养,故遍讲《无量寿经》,积有遍数",这里"安养"是指《无量寿经》中的"必超绝去,安养国得往生,横截五恶种,恶种自然闭,升一道无穷极"。因此,栖霞寺在僧绍—法度时期虽已是佛教信仰,却是与三论义学截然不同的《无量寿经》信仰。

栖霞寺讲学内容从无量寿佛到三论义学的转变,发生在法度去世之后、僧朗接任栖霞寺主持的时期。僧朗,辽东人,南渡前在北地学习鸠摩罗什"关河三论",后游历至栖霞寺师从法度,在南京一地弘扬三论学说。虽学界关于僧朗在南渡前的师承关系仍旧存疑,但僧朗从北地带来的三论学说无疑是栖霞寺信仰向三论义学转变的关键点。后人称僧朗为"摄山大师",在僧朗以栖霞寺为讲学之地传扬三论义学之时,栖霞山就与三论宗成为一个同一的整体性存在。在僧朗之后,僧诠于齐末梁初承其法门,居摄山内止观寺与栖霞寺,因而被称为"止观僧诠",在山中专讲《般若》《中观》。僧诠有四名出色的弟子,即法朗、智辩、慧勇、慧布,合称"诠公四友",这四人所讲据汤用彤先生所载为《智度论》《中论》《百论》《十二门论》并《华严》《大品》等经,且"当甚有声于时"①。四人中只有慧布留在栖霞寺,法朗往兴皇寺、慧勇往大禅众寺、智辩往长干寺,由此三论之学"出山林而至京邑",栖霞寺的三论义学传统辐射至京师佛教圈,到法朗弟子嘉祥吉藏时,栖霞寺彻底转变为"三论宗祖庭"。此时虽法朗与吉藏皆离开了栖霞寺,但二人道统皆来自摄山,栖霞寺依旧在三论宗的鼎盛时期占据至关重要的地位。

2. 栖霞寺神圣空间的建构

正如伊利亚德所言,"对于宗教徒而言,空间并不是均质的。宗教徒能够体验到空间的中断,并且能够走进这种中断之中",对空间体验的重构是神圣空间建构过程中的核心环节。神圣空间本身仍然带有物理空间的属性,但毫无疑问其特异性并不在于此,而是基于神圣空间能够摆脱物理空间的束缚,完成由凡而圣的空间意义转换。借用段玉明先生的说法,我们可以从世俗立场和宗教立场两个角度对空间意义的建构进行剖析,前者的基础是凡俗意义上的自然地理环境与人文社会活动,后者则一般假借于诸如佛像显灵等宗教传说而完成,也唯有后者对神圣空间的建构起着举足轻重的作用。

与神圣空间相比,在凡俗空间中一种有层次差异与断裂的结构是付之阙如的。用伊利亚德的话来说,即世俗空间是均质和中性的,能够被任意地切割与界划。一般而言,自然地理与社会人文的特殊性都会促进世俗立场上的空间意义建构。如前文所述,摄山在明僧绍到来之前就已经是山清水秀的隐居之地,《明征君碑》中载其"神谷仙岩,特符心赏",而且它虽地处偏僻远离战火,但在东吴时却是"镇戍之坞",兼具了自然美景与人文历史内涵的双重特殊性,得以成为一个独立的空间。在建寺后,都城郊区的栖霞寺为朝中文人

---

① 汤用彤:《汉魏两晋南北朝佛教史》,上海人民出版社,2015年,第532页。

贵族提供了一个游玩赏景的文化场所。《江总碑》云："涧风长泻，崖溜悬抽。花台似雪，夏室疑秋。名僧宴息，胜侣薰修。三乘谓筏，六度为舟。金幢合盖，宝驾驱辒。地祇来格，天众追游。五时无爽，七处相侔。辞题翠琰，字勒银钩。贤乎乐饵，过客宜留。"

然而，宗教立场上的空间意义建构与世俗立场是截然不同的，宗教立场上建构的神圣空间中充满了非均质性与断裂。神圣空间的建构一般可以追溯到显圣物、禁忌以及种种宗教传说的共同作用。栖霞寺最早也是最著名的圣显即僧绍"尝梦法身，冠于层巘"，又"忽见金光照室，光中有如台馆形象"，据此僧绍二子仲璋舍宅成栖霞寺，开凿西崖壁铸无量寿佛并二菩萨像，遗迹至今犹存。无量寿佛像的建造对栖霞寺的神圣空间建构来说是一个标志性的事件，佛像具有直接、显明地传达宗教教义、彰显宗教庄严性的作用。《江总碑》中还记载了该佛像的第二次圣显："大同二年，龛顶放光，光色身相，晃若炎山，林间树下，焜如火殿。"

圣显之外，宗教传说也有所流传，最著名的当为《齐琅琊摄山释法度传》中所记法度与山神靳尚的故事。在法度住进栖霞精舍之前，当地曾有道士欲建道馆，然"住者辄死"，到后来僧绍建立精舍后，也"犹多恐动"，法度一住进来却就"群妖皆息"；几年后有名为靳尚的山神访法度，称"法师道德所归，故舍以奉给，并愿受五戒，永结来缘"，并依照法度所说禁绝杀戮，"庙中荐止菜脯"。此故事虽旨在彰显法度的德行，但结合法度栖霞寺住持的身份来看，对于栖霞寺神圣空间的建构也有一定帮助，且《江总碑》中载靳尚山神曾显于栖霞寺，"大同元年（公元 535 年）二月五日，神又见形，着菩萨巾，披袈裟，闲雅甚都，来入禅堂，请寺众说法"。

但对于所有具体的宗教场所而言，不存在纯粹的神圣空间或世俗空间。与之相反，所有具备神圣空间特质的宗教场所都彰显着物理空间与神圣意义之间的张力。尤其是对栖霞寺而言，神圣空间从来就不是完全纯粹的，其中也掺杂着政治与社会的因素。

栖霞寺所在的金陵城一直是国家的政治重镇，所以栖霞寺也与国家政治等有较密切的交集。南朝佛法盛行，皇室诸多王子都有佛教信仰，其中最有名望者如齐竟陵王与齐文惠太子、梁临川靖惠王与梁武帝。竟陵王萧子良为齐高帝宰相，敬信甚重，喜好佛法义理，常与文惠太子一并招揽名僧宣讲佛法，并"数于邸园营斋戒，大集众僧，至赋食行水，或躬亲其事"①，自己也多有著述，"平生所著弘法文字，梁时集为十六帙，一百六十卷"。竟陵王与当时众多名僧都有所交游，其中包括栖霞寺法度禅师，《略成实论记》中载齐永明七年十月文宣王曾"招集京师硕学名僧五百余人，请定林僧柔、谢寺慧次法师于普弘寺迭讲"。"永明七年"乃法度改栖霞精舍为栖霞寺的时间，或可猜测法度参与了此次讲坛；即使并无证据证明，也可推出法度与齐竟陵王相交甚笃，因而栖霞寺虽遁迹山野，也在早期就已经与皇室建立了联系。除却学理上的交流，竟陵王与文惠太子也参与了栖霞寺的建设，《江总碑》及《明征君碑》皆有记载："齐文惠太子、豫章文献王、竟陵文宣始安王等慧心开发，信力明悟，各舍泉贝，共成福业"，"文惠太子及竟陵王或澄少海之源派，朝宗于法海；或茂本枝之颖发，萌柢于禅枝。咸舍净财，光隆慧业"，关于他们"共成福业"的具体行为在《南朝佛寺志》中记为"齐文惠太子、豫章文献王、竟陵文宣王等，雕琢营饰，遂成亿万化身，是为千佛岩"，可知栖霞寺千佛岩始建于此。

无量寿佛与千佛岩是南朝时栖霞寺修建的规模最大的两处佛像圣迹，至今犹为胜景，在栖霞寺的神圣空间构建过程中发挥了重要的作用。无量寿佛引人朝拜，而千佛岩在梁、陈二朝也成为王公贵族表达虔诚信仰的渠道，除了王公贵族之外，也有政府官员为其出资。《江总碑》中记载："宋太宰江夏王霍姬蕃闺内德，齐雍州刺史田奂方牧贵臣，深晓正见，妙识来果，并于此岩阿广抽财施，琢磨巨石，影拟法身。"由此可知，千佛岩是栖霞寺与世俗空间中的朝廷官场缔结联系的桥梁与标志，是神圣空间向世俗空间敞开的一个缺口。

梁取代齐之后，与栖霞寺有关的皇室成员有四名：临川靖惠王萧宏、梁武帝萧衍、梁元帝、宗室成员兰陵萧晊素。根据《江总碑》记载，靖惠王曾出资修缮过栖霞寺，将栖霞寺与千佛岩藻饰一新，形成了栖霞寺在南朝三论复兴时期的基本建筑格局，固定了栖霞寺神圣空间的边界与形制。梁武帝十分崇尚

---

① 汤用彤：《汉魏两晋南北朝佛教史》，上海人民出版社，2015年，第319页。

佛法,是一名身体力行的宗教实践者,在实践之外也重义理,曾"遣中寺释僧怀、灵根寺释慧令等十僧,诣山咨受三论大义"。据汤用彤先生考证,这一事件即梁武帝于天监十一年(公元 512 年)集名僧二十人注《大品经》一事。《大品经》序中曾写道:"此外或据关河旧义",该"关河旧义"出自时任栖霞寺主持、复兴三论义学的僧朗,由此"三论"之学的复兴已闻名于皇室。梁武帝此举等同于肯定了栖霞寺三论义学的当世存在价值,不仅使三论走出栖霞、弘扬于京师,也使栖霞寺进一步与三论学结合在一起,构成了栖霞寺"三论宗祖庭"的神圣空间。及至梁元帝,其为湘东王时所作《摄山栖霞寺碑铭》一文,文笔典丽,更使栖霞寺佛教义学圣地与世俗游览胜境这两种空间身份显扬于天下。兰陵萧眹素,《江总碑》记为萧眹,可能是因为碑文几经磨灭拼凑漏脱"素"字。萧眹素与僧朗亲厚,"幽栖抗志,独法绝群,遁世兹山,多历年所。临终遗言,葬法师墓侧",此法师也为僧朗。由此,僧朗时期栖霞寺神圣空间已基本形成,僧诠与"诠公四友"的时期则可以算作栖霞寺的神圣空间臻于完善、扩展辐射范围的阶段。栖霞寺在陈朝也与皇室和朝廷保持着联系,撰写了《摄山栖霞寺碑铭》的江总即是一例。《南朝佛寺志》云陈朝江总"则叙事,详备过之,又侍陈后主同游,赋诗不下数十首",陈朝几经战火,南京佛寺焚毁不少,唯栖霞寺居于深山,未受战火波及,慧布接任主持,照常致力于佛教义学的讲学与发扬,江总于此时数度游历摄山,深闻佛法并与慧布禅师交游甚笃。《陈书·江总传》载其自序,云:"总弱岁归心释教,(年二十余,入钟山),受菩萨戒,暮齿官陈,与摄山布上人游款,深悟苦空,更复练戒。"除慧布之外,江总也十分尊敬兴皇法朗的义理,在数位摄山禅师去世后皆为其作墓志铭。

"诠公四友"离开栖霞寺之后,三论义学的中心实际上就从栖霞寺转移了。但由于正式确立"三论宗"这一宗派的嘉祥吉藏尤重法统,将三论宗祖庭归于栖霞寺,所以栖霞寺的影响力直到唐初会昌灭佛时才真正衰败。南朝至隋年间,栖霞寺以其作为神圣空间的深厚佛学渊源与作为世俗空间的秀丽自然山水双重魅力扬名于天下,宗教徒与非宗教徒纷至沓来,《江总碑》中以"是以王公缙绅之辈,郎吏胥史之属,步林壑,陟皋壤,升精舍,拜道场,莫不洗涤无明,瀚濯器暗,非直心之砥路,孰能如斯者乎"描述其盛况,持续至唐初,唐高祖将栖霞寺改名为功德寺,添置四十九处建筑,一时间"楼阁延袤,宫室壮丽,与山东灵岩、荆州玉泉、天台国清并称四大丛林"。后唐高宗将其改名为"隐君栖霞寺",御制《明征君碑》立于寺前。唐武宗会昌灭佛中,栖霞寺遭到毁灭性打击,三论宗此时也已衰落,因而后世虽屡有重建修缮,盛况终不复前。

(三)本小组对栖霞寺实地探访的情况总结

为了解栖霞寺的现有情况,更好地理解栖霞寺神圣空间与世俗空间的双重性,我们小组于 2016 年 3 月和 10 月两度前往栖霞寺进行实地探访,下文以3 月在栖霞寺静寂法师带领下探访所得为主,10 月为辅。

栖霞寺现存文物遗迹不多,庙宇形制是几经战火毁坏后由近代宗仰上人所建。寺门处立有哼哈二将,两侧有钟鼓楼,为明清时建造。《明征君碑》在盛时泰《栖霞小志》中曾被记载"碑久在蓁莽中,无知者",可见亦曾荒废于草野之中。许是因唐高宗御制缘故,《明征君碑》保存完好,现今以小亭置之立于庙前。南朝陈江总《摄山栖霞寺碑铭》原碑已成残片,现立于《明征君碑》对侧的《江总碑》是根据残片重铸而成,盛时泰《栖霞小志》云:"其原石毁于会昌,宋时有僧捐赀,购模本而重刻之。"碑文与《金陵梵刹志》所收录者一致,恐以其为蓝本也未为可知。静寂法师云此碑碑身布满海藻化石,碑后有赵朴初先生题写的《重修摄山栖霞寺记》。绕过前殿即是舍利塔与千佛岩,舍利塔即为前文所提隋文帝仁寿元年(公元 601 年)《立舍利塔诏》所立之塔,原阿育王式木塔在会昌灭佛时遭到焚毁,此系南唐高越、林仁肇复建。密檐式的石塔呈五级八面,上层刻有四大天王,四大天王对面一侧破坏较严重,主要在战争时期损毁,然由于不同历史时期的石料不同,而无法修补。千佛岩位于石塔后方,每一窟内壁均记载有雕刻时间,寺中有拓本保存。多窟佛像头部缺失,亦为战争时破坏。诸石窟中仅有一窟内壁绘有对称式飞天纹样,石窟外壁上多处刻有大明咒符文。三圣殿为最早的一间石窟,建寺僧人运用小孔成像原理,在三圣殿中间佛像额前点上宝珠,每年冬至前后落日时分,余晖恰至佛像眉心,洞窟内可盈满佛光。该洞窟内供奉西方三圣——中间为阿弥陀佛(即前文无量寿佛),左边为观世音菩萨,右边为大势至菩萨。佛窟左侧供奉关公造像,其后方水潭上方的石头上刻有星云大师手书。星云大师少时在栖霞寺出家,因此一直与栖霞寺交流密切,此皆为近现代文化遗产。

除两块石碑、千佛岩与舍利塔之外,栖霞寺还存有古今名人题写的石刻若干、供奉佛宝的双塔及"摄岭遗芳"(栖霞寺历代主持舍利存放地)等遗迹,其中名人石刻与《明征君碑》碑文皆有拓本存于寺内,凤凰出版社出有《南京栖霞山贞石录》一书尽数收集。关于栖霞山与栖霞寺历史的文献,清陈毅《摄山志》、清张怡《摄山志序》、清楚云上人《摄山志》皆不存,现今留存的只有民国时期朱洁轩所著《栖霞山志》详细记叙了栖霞山的风土人情,以及《金陵梵刹志》《南朝佛寺志》中关于栖霞寺的专门章节。另,朱洁轩所著《栖霞山志》中提到的萧梁诸碑(梁安成康王萧秀碑、梁始于忠武王萧憺碑、梁侍中吴平忠侯萧景神道阙、临川靖惠王萧宏道石柱)现分散于仙林各处,并未集中于栖霞山;江总《入摄山栖霞寺并序》中提到的"朗诠二师、居士明僧绍塑像图"已不存于世。

综上所述,现今栖霞寺已与南北朝三论复兴时期的栖霞寺有很大差别,其于当时形成的神圣空间几经毁灭与重建,留存至今已所剩无几;反而是作为世俗空间的山水名胜一直流传不绝,现今也是南京城中踏秋的好去处。欣慰的是,通过询问静寂法师我们了解到,现栖霞寺内僧人正致力于三论的复兴,新的《栖霞寺志》也在编纂当中,栖霞寺道统垂坠未绝,神圣空间有再复兴的可能。

二、三论宗在中土的僧人谱系

(一)关河三论的师资传承问题

鸠摩罗什于后秦弘始三年(公元 401 年)入长安,在姚兴所组织的宏大译场主持译经,译传经论中为三论学奠定理论基础的是龙树一系大乘学说,即龙树《中论》《十二门论》《大智度论》和提婆的《百论》。在译经与说法的十余年间,罗什纳弟子众多,号称三千,其中僧碧、僧肇、僧睿、道融、道生、昙影,慧严、慧观、道恒、道标以其突出成就被称为"十哲",前八人合为"八俊",其中又以僧肇、僧叡、道融、道生"四圣"为最。众弟子中因解悟之深被称为"解空第一人"①
的僧肇继承罗什学说,进一步阐发不真空义。

三论宗清晰的宗系脉络至此中断,而对于僧肇至僧朗一段的传承关系学
界的争论主要集中在对此间师资脉络的廓清以及对这一段系谱为师资相承
或学统相承的论断。

1. 有关僧肇至僧朗一段的传承关系的中日学界观点集要

三论宗在中土的师资传承世系问题,由僧朗至吉藏的摄山一系传承有据
可依,学界已达成普遍共识,而暧昧不清的关河相承则是自问题产生之初便
众说纷纭。

在日本学界,十三世纪的日本僧人凝然在《八宗纲要钞》中认为三论宗在
鸠摩罗什至吉藏的传承是:鸠摩罗什——道融、僧叡、道生、僧肇并肩相
承——昙济(道生传昙济)——道朗——僧诠——法朗——吉藏。② 此说流行
于日本、韩国,这一谱系突出了昙济的地位,凝然大师将四圣并举或出于此
虑。日本净土真宗的前田慧云在《三论宗纲要》中则提出异见:鸠摩罗什——
道融、僧叡、道生、僧肇四杰——昙济——河西道朗——僧诠——法朗——吉
藏。③ 其中,昙济和道朗之间的具体传承则不明朗。现代日本学者境野黄洋
则认为:鸠摩罗什——僧嵩——僧渊——法度——僧朗——僧诠——法
朗——吉藏。

而国内佛教界对这一问题最早做出论述的为杨仁山,其在《十宗略说》中
认为传承顺序为:鸠摩罗什——道融、僧叡、道生、僧肇四哲并称——昙济(道
生传昙济)……——吉藏。这继承了日本佛教界的传统看法,这一观点完整
体现在《三论宗源流系谱》。太虚法师的观点与杨仁山无太大差异:鸠摩罗
什——道生——昙济(或僧肇)——道朗——僧诠——法朗——吉藏;但又有
另外一个观点:鸠摩罗什——僧朗——吉藏。④ 印顺法师在 1937 年《三论宗

① 韩廷杰:《三论宗通论》,文津出版社,1997 年。
② 凝然:《八宗纲要钞》,载蓝吉富主编《大藏经补编》(第 32 册),华宇出版社,第 70—71 页。
③ 前田慧云:《三论宗纲要》,载《现代佛学大系 32》,弥勒出版社,1983 年,第 2、19 页。
④ 《太虚大师全书》第四册,"佛教各宗派源流"一章。

史略》中确定的三论宗世系是：鸠摩罗什——僧肇与僧叡——高丽朗——止观诠——兴皇朗——嘉祥藏。[①] 他没有完全采用日本的看法，而突出了僧叡的地位。近现代学者黄忏华的观点基本上代表了中国佛教界的立场，他认为的传承顺序为：鸠摩罗什——僧肇……——僧朗——僧诠——法朗——吉藏。[②] 这个世系被收入了《中国佛教》，也被《中国佛教百科全书》"三论宗"条收录，影响比较大，刘常净居士全面继承了他的观点。现代学者华方田认为，如果一定要替三论宗厘定一个理论上的继承，这条线索应该是：鸠摩罗什——僧肇……——僧朗——僧诠——法朗——吉藏[③]，至于僧肇到僧朗之间则传承无可考。

2. 争论焦点廓清与本文立场陈述

由此可见，日本学界与国内佛教界对这一问题的主要争端集中在对昙济地位的判定。追溯其师承关系，昙济为僧导门下弟子，僧导虽从师鸠摩罗什并兼学三论，然而其南下在徐州彭城白塔寺研习传授的主要是《成实论》。据吕澂先生观点，《成实论》虽为鸠摩罗什所译，但并不代表罗什本人见解，相反，"罗什译此书的目的，原不过以之与龙树、提婆学说对照一下，借以说明小乘讲空，以空为终点，无所得为究竟，到《成实论》，已叹观止矣。而大乘讲空，则为利他，以空为用，不以空为止境，即所谓'以无所得为方便'义，这是《成实论》所根本想象不到的"[④]。因此，僧导昙济一派无法归入三论学统中，学界以成实师统之。凝然大师出于对师资传承的直系性考虑将昙济列为四祖，"昙济大师继踵弘传，以授道朗大师"，而道朗入吴土，从师法度，与凝然大师的观点不符。就国内学界观点而言，僧朗入吴土之前的师承关系至今尚有疑议，这也导致了关河旧说与摄岭诸师之间是师资相承还是学统相承的不同观点。

① 张曼涛主编：《现代佛教学术丛刊47》之《三论宗之发展及思想（三论宗专集之一）》，大乘文化出版社，1978年。

② 黄忏华：《三论宗》，载中国佛教协会编《中国佛教》第1辑，知识出版社，1980年，第279页。

③ 华方田：《中国佛教宗派——三论宗》，载《佛法春秋》，2005年第76期。

④ 吕澂：《印度佛学源流略讲》，上海人民出版社，1979年，第151页。

依据吉藏记僧朗"从北地学三论,远习什师之义"①一句对"北地"的不同解释生发出关于僧朗师承关系的不同理解。第一种理解是将三论学中"北地"解释为长安。有学者认为此处即指出僧朗之学远承罗什的传承关系,但质疑者认为吉藏在此有出于创立宗派需要而寻求正统源流的嫌疑;另一方学者如理净认为高丽朗(僧朗)传关河旧说之前,是从长安听闻当时佛学界对三论思想的讲述后,前往江南弘扬三论学。此属学统相承。第二种对"北地"的解释则是将其理解为"僧朗直接到北方去习三论义",如安澄引《述义》:"昔高丽国大朗法师宋齐始往敦煌郡昙庆法师所学三论,而游化诸方。"②另外,亦有学者沿袭日本学者对三论宗世系的划分,认为僧朗师事昙济,此则具有明显的师资相承意味。论争中,学界目前接纳度较高的论断是吉藏出于宗派需要的学统建构与僧朗师资传承的实际情况混淆在了一起,因而僧朗入吴地之前的理论学习背景仍有待进一步考证。可以确证的是,吉藏有对三论宗师承脉络的清晰理解与可能的学统建构。据其所著《大乘玄论》(卷三)载"若肇公名肇,可谓玄宗之始",可见吉藏对师承正统的重视,讲摄山一系与关河时期勾连,因此吉藏说僧朗"从北地学三论,远习什师之义"实际上反映出了他对僧朗的学统定位,即僧朗是摄山三论继承关河旧说的关键一环。由此可得,认为僧朗从昙济就学的观点是可以被否定的,原因在于吉藏并未将昙济归入三论学正统,吉藏判《成实论》为小乘,而三论学与成实师的二谛观有根本区别:吉藏针对成实师"一切法空"提出"说有说无为俗谛,非有非无是真谛"③,以中观思想驳成实师。如前所陈,昙济研习《成实论》,承成实学。因此,将昙济归入三论学统之举实与吉藏建构学统正宗的初衷相违。

这一时期,也即僧肇之后南北朝南齐(公元 441—480 年)期间,三论学不仅在师资传承方面丧失了明晰的线索,中观思想本身也在此时学界讨论中时隐时现。因此有学者以"渐隐时期"称之。而此后南北朝梁陈(公元 481—580

---

① 《大正藏》第四十五册,No.1854,《二谛义》卷下。
② 《大正藏》第六十五册,No.2255,《中论疏记》卷二(之末)。
③ 闽南佛学院编著:《闽南佛学第 6 辑》,宗教文化出版社,2009 年,第 88 页。

年)之间三论学则呈复兴之势,其学术重镇也随僧朗至摄山弘法而转移至栖霞寺,自此发展的三论学说被称为摄山三论,师承关系再度明晰,显示出由僧朗、僧诠、法朗至吉藏的清晰脉络。前三位所组成的摄山三师构建了摄山三论之学统,嘉祥吉藏则将三论宗推至鼎盛。

(二)摄山三论的师承问题

1. 僧朗入关前的师承关系之争

依上文所陈观点,将昙济归于三论宗师资传承之外,则僧朗为三论宗三祖。据《高僧传》记载:"度有弟子僧朗,继踵先师,复纲山寺。朗本辽东人,为性广学,思力该普,凡厥经律,皆能讲说,《华严》《三论》最所命家。"①日本有学者境野黄洋将法度归入三论宗僧人谱系中,应是鉴于僧朗入关后师从法度而出于重师资上的直系性的考虑。如前所陈的学界主流观点中,并无与之相印证的说辞。在史书及碑文对法度禅师的记载中亦罕有对其思想的阐述,仅对其遍讲《无量寿经》这一段中有所提及。此外,关河三论时期三论学中心在关中一带,此后虽随鸠摩罗什弟子在各地得以流传,但由于成实师的兴起逐渐沦为其附庸,加之基于上文中对僧朗于北地学三论的争论,可以判定僧朗习三论学应在南渡之前。因此,在直系师承关系外将法统统一性纳入考量范围,则法度不应归入三论宗谱系。据《高僧传》载:"释法度,黄龙人。少出家,游学北上,备综众经;而专以苦节成务。宋末游于京师,高士齐郡明僧绍,抗迹人外,隐居琅邪之摄山。挹度清徽,待以师友之敬。及亡,舍所居山为栖霞精舍,请度居之。"②由此可见,法度虽未在三论宗传承谱系之列,但实为栖霞寺开山祖师。栖霞寺前身主人明僧绍去世后,法度将栖霞精舍向栖霞寺转变——"沙门法度为智殿栋梁,即此旧基,更兴新制,又造尊像十有余龛"③。

2. 僧诠的身世考证

梁武帝所遣十人中唯有僧诠得三论法要,"习学成就"。僧诠,因其住止

---

① 《大正藏》第五十册,No.2059,《高僧传》卷八。
② 释慧皎:《高僧传》,中华书局,1992年。
③ 唐高宗李治:《摄山栖霞寺明征君碑铭》,见《全唐文》卷十五。

观寺又称止观诠。南朝梁代人，籍贯、生卒年均未有记载。接梁帝敕令前习《成实论》，之后随僧朗学三论学。由《续高僧传》卷七《法朗传》载，"初，摄山僧诠受业朗公，玄旨所明惟存中观"①。继承僧朗法统后，因"自非心会析理，何能契此清言"②而保留僧朗隐于山林的特点，于山中开讲《大智度论》《中论》《百论》《十二门论》及《华严经》《大品经》等经论，因此声名远播。因此，吉藏称其为"山中师"，其弟子法朗、再传弟子吉藏经常标举僧诠的"山门义"。其不仅对三论学本身进行继承阐释，继踵先师僧朗弹他家学说，亦针对当时随三论学的广播而产生的种种曲解进行回应。在此过程中，三论学的立场得到了澄清，可见其学统内部已有树立山门正义的意识。这种意识不仅仅出于学派思想的纯粹性考虑，亦是僧诠个人研习佛法态度的彰显。从其对弟子的要求中可见一斑："及后四公往赴，三业资承，爰初誓不涉言，及久乃为敷演。故诠公命曰：此法精妙，识者能行，无使出房，辄有开示。故经云：计我见者，莫说此经；深乐法者，不为多说。良由药病有，以不可徒行。"其门下弟子中杰出者被称为"诠公四友"，即"四句朗"法朗、"文章勇"慧勇、"领语辩"慧辩、"得意布"慧布，在僧诠化往之后，四人才踏足山林之外，在南京各寺开设讲坛。据载，惠勇居禅众，慧辩住长干，法朗在兴皇，慧布仍摄领（岭）。四人的讲学"各擅威容，俱禀神略"③，从此之后三论宗走出山林而入京邑。

3. 僧诠弟子对僧诠法派的传承情况分析

诠公四友所学各有所长，对三论义学旨归理解亦有所别。"领悟辩"慧辩"胜业清明，定慧两举，故其讲唱，兼存禅众，抑亦诠公之笃厉也"，其定慧兼运的修行方法与其后天台宗的主张相契。有学者认为正是摄山三论学系在南方的盛行转变了当时兴成实、涅槃学说的义学风尚，为天台宗智顗学说奠定了基础："若论南齐至隋江东佛学之变迁，则首为摄山夺《成实》之席，次为天台继三论之踪。前者为义学之争执，后者因定学而契合也。"④然而，在僧诠所传

---

① 《大正藏》第五十册，No.2060，《续高僧传》卷七。
② 《大正藏》第五十册，No.2060，《续高僧传》卷七。
③ 《大正藏》第五十册，No.2060，《续高僧传》卷七。
④ 汤用彤：《汉魏两晋南北朝佛教史》，上海人民出版社，2015年，第561页。

弟子内部关于三论学的理解,慧辩对三论的讲说被法朗讥斥为"中假师",认为其不得二谛旨趣,此论断其后为吉藏所继承。慧辩由是不得入三论正宗。"得意布"慧布出身将门,先投入建初寺琼法师门下习成实论,"通假实之旨,物议所归"①。然其认为成实师未得究竟之理,而摄山止观寺僧诠名声正盛,于是慧布从僧诠学三论学。《续高僧传》评慧布"至于洞达清玄妙知论旨者,皆无与尚"②,为最得学说要义者。但慧布发愿"誓不讲说,护持为务"③,与僧诠的禅定功夫相似,十分重视实证修行,其后期与禅宗交往甚深。也正因其向禅宗的转向,慧布无法作为僧诠三论学说的传承者。"文章勇"慧勇受业经历了从"依止灵曜寺则法师为和上,随方受业不事专门"至"从静众寺峰律师,游学十诵"再与僧诠"义兼师友"的三个阶段。④ 此后慧勇住大禅众寺,所讲说内容除中、百、十二门论外还包括华严、涅槃、方等、大品等。有学者认为慧勇之所以未能承僧诠法派是由于他定执"非有非无为中,而有而无是假"⑤,不能解中假实为互通之理,属兴皇法朗门下所称"中假师";另有一说认为吉藏并未明确判慧勇为中假师。而《三论玄义钞》与《中论疏记》中均有"禅钟融长干辩俱是诠法师学士"的记载。结合慧勇住禅众寺的事实,笔者认为或许出于谐音问题的字词偏差,即"禅钟融"实为"禅众勇"。由此,慧勇亦无法继承学派传统。"四句朗"法朗早年自青州入道,先从大明寺宝志禅师,同时听此寺象律师讲律本文,后"又受业南涧寺仙师成论、竹涧寺靖公毗昙"⑥,而后投入僧诠门下,研习智度中、百、十二门论以及华严、大品等经文。永定二年(公元558年)十一月,法朗奉旨住兴皇寺。《续高僧传》记载时人评论诠公四友另三人:"皆莫高于朗焉。"加之前文所陈三人的不同领悟与讲说,由此,继承僧诠法派者唯有法朗一人,为三论宗第五祖。其于陈武帝永定二年(公元558年)

---

①　释道宣撰、郭绍林点校:《续高僧传(上)》,中华书局,2014年,第238页。

②　释道宣撰、郭绍林点校:《续高僧传(上)》,中华书局,2014年,第238页。

③　印顺:《中国禅宗史》,团结出版社,2010年,第76页。

④　释道宣撰、郭绍林点校:《续高僧传(上)》,中华书局,2014年,第228页。

⑤　刘峰编著、中国佛学院研究部主编:《刘峰著作全集》中卷,社会科学文献出版社,2013年,第492页。

⑥　释道宣撰、郭绍林点校:《续高僧传(上)》,中华书局,2014年,第225页。

奉敕入京宣讲,由于"华严、大品、四论文言,往哲所未谈,后进所损略,朗皆指摘义理,微发词致,故能言气挺畅,清穆易晓"①,受陈武帝推崇、常众千余,据载,法朗门下人才济济,被称为"朗门二十五哲",西至巴蜀,南极吴越,北到河北。当时三论一派风靡华夏者,莫非兴皇门下之学士,在陈代,三论学成为佛教中的显学而盛行于江南。法藏评价:"三玄旨……虽复译在关河,然盛传于江表,则兴皇朗之功也。"②法朗门下"朗门二十五哲"中影响力最大的一位便为吉藏,他后来创立了三论宗,成为摄山一系三论的集大成者。

4. 吉藏的身世考证与当时三论宗传播情况

吉藏七岁时随法朗出家,受戒之后学解日进,声望随之日高。陈隋之际,吉藏三十岁时其师法朗圆寂,时局动荡,寺庙荒废,僧众四散,吉藏于废寺内广阅文书,见识精进。隋朝平定百越之地(浙江、福建一带地区)后,吉藏于会稽嘉祥寺宣讲,听者问者甚众,后世尊之为"嘉祥大师"。隋炀帝大业二年(公元606年),吉藏受晋王杨广邀请移住扬州慧日道场。开皇十九年(公元599年),吉藏随晋王至长安,被安置在京师日严寺。唐代武德初年,吉藏被朝廷选为十大德之一,后于武德六年(公元623年)五月圆寂,世寿七十五岁。在其五十余年的弘法过程中,培养诸多俊才,门下以慧远、智凯、智命、寂师、知命最有名,被称为"藏门五英"。此外还有高丽硕法师、慧灌等。慧灌东渡日本首传三论学说。慧灌的再传弟子日本道慈入中国求法,拜入元康门下,此后吉藏大师的思想学说在日本传承不绝。吉藏大师的著述也自隋唐时期始陆续翻译流传至朝鲜和日本,成为学人广泛研究的材料,并被反复翻译刻版。三论宗自此随吉藏思想的流传不仅名声闻于南北,而且走入了国际佛学研究的视野。

吉藏的学说虽渊源于摄山学系,但一生学问有三变:最初宗承法朗,深究《三论》和《涅槃》;继而摄取天台思想;最后,倾其全力于"三论"的宣扬,撰著《三论玄义》,建立了自己的宗要。隋唐时期,佛教仿世俗封建宗法体系建立

---

① 释道宣撰、郭绍林点校:《续高僧传(上)》,中华书局,2014年,第225页。
② 董群:《中国三论宗通史》,凤凰出版社,2008年,第193页。

自己的传法世系成为主流趋势,各派纷纷创立宗派。从吉藏本人的叙述来看,确有明显的师承谱系意识。他在《大乘玄论》卷三说:"学问之体,要须依师承习。"①自此,三论宗作为一个宗派正式进入隋唐佛教话语体系。

三、三论宗思想概述

尽管三论宗是一个存世不长的中国佛教宗派,但是其思想较于许多宗派更为接近印度的本土思想。三论宗其名自然与三论有关,但又不限于三论。三论指的是印度中观学派的《中论》《百论》《十二门论》,也有加上龙树菩萨《大智度论》成四论说的。但是三论宗思想并不单纯是对三论的阐述,正如印顺法师所说:"研究三论的学者,先要认识清楚:学三论,还是学三论宗。如果学三论,那三论宗的思想只可作参考,因为它的思想是融合了真常的。若学三论宗,这就不单是三部论,其他如《净名》《法华》《胜鬘》《涅槃》等大乘经,都是三论宗的要典。"②本文主要论及的三论宗主要思想包括八不与二谛学说、判教理论、佛性思想,并简要谈谈三论宗思想的影响。

在明确了摄山一系三论宗所依据的经典之后,我们还要明确摄山一系的基本师承关系。三论之学始于鸠摩罗什的传译,其门下亦有传承,史称关河三论,但是关河一系师承关系并不明显。而摄山三论较于关河三论,有明显的师资传承,摄山的师资传承以法度为奠基,法度传僧朗,自僧朗始,即僧朗、僧诠、法朗一系属于摄山三论三代传承,构成摄山三师,此后法朗再传吉藏,便进入了隋朝的三论宗创宗时期。③吉藏大师可谓集大成者,其著作中也提及了前师的思想,这为我们进行研究提供了便利,因此三论宗思想的概述基本上是以吉藏的思想为主。一来,三论宗的实际创始人是吉藏。三论宗的建立,是以吉藏思想体系的成熟和完成为标志的,主要体现为《三论玄义》《中

---

① 汤用彤:《汉魏两晋南北朝佛教史》,上海人民出版社,2015年,第535页。

② 释印顺:《中观论颂讲记》,中华书局,2011年,第26页。

③ 董群:《中国三论宗通史》,凤凰出版社,2008年,第174页。

论《十二门论》以及《百论》注疏的完成。而在吉藏之后，三论宗便逐渐走向衰微，甚至在中国本土销声匿迹。吉藏既吸取了前人的思想，又有自己对经典的理解，所以自然最具有典型意义。二来，摄山一系的三论师如僧朗、僧诠等史料记载有限，而吉藏大师则著书颇丰，吉藏大师现存著作二十六部，已佚著作十部。这也是我们将吉藏的著作作为三论宗思想概述依据的客观条件。

（一）八不与二谛

三论宗思想的源头是印度本土的空宗，其理论基础是缘起性空，也就是中道思想。"众因缘生法，我说即是空，亦为是假名，亦是中道义"，龙树菩萨的三是偈是整个中观思想的概括。吉藏在《大乘玄论》如是说道："初就八不明中道。后就二谛明中道。"①

龙树菩萨的《中论》第一品《破因缘品》也是在开篇就提到了八不。八不指的是"不生亦不灭，不常亦不断，不一亦不异，不来亦不出"。八不所破除的正是有实在自性的生灭，常断，一异，来去（出）。这八者含有现起、时间、空间、运动四种含义，是一切法所具备的必然条件。所以破除八不，也就破除了实有的法。中观学派说"不生不灭，不常不断，不一不异，不来不去"不是简单地否定现象的生灭、常断、一异和来去。恰恰相反，空宗从缘起性空角度出发，是承认现象生灭、来去等现象的，他们所反对的是有部等教派认为生灭、常断、来去等是实体有。在印度空宗和中国三论师们看来，倘若承认是实有，那就会出现许多自相矛盾的谬论。比如说，假如说有生，那不外乎就是有因生和无因生。有因生又可以分为从自生，从他生，从共生。《中论》对此进行了一一破斥。倘若万法自生，生本身就要有能生和所生，如果是自生，那么能生和所生就不能被区别，因此自即不生，生即不自。况且，万法自生的话，则自体无须依待其他条件就能无穷生。这显然是说不通的。而自生是与他生相对的，没有自生就没有他生。因为他生对应他体就是自生了。自生他生已破，自他共生自然也就站不住脚了。而果法如果是无因生的话，无因怎么会

---

① 《大正藏》第四十五册，No.1853，《大乘玄论》卷一。

有果呢。再者与现实也实在相违背。如果无因而能生果,那么人生的一切作业就毫无意义了,善业不能结善果,恶业也无法结恶果。这是不符合佛教基本教义的。而且在实际生活中,如果说无因而能生果,那么此地起火,为何别地不起火。所以生灭,常断是现象,是缘起幻有,不是实有,其本质仍然是无自性空。三论宗也是基于这样的理论基础,从一切法自性空的观念出发,说一切法唯是假名,不从自他等生,这与上述的三是偈所表达的含义是一致的。

中观学派重二谛观,二谛分别是世俗谛和胜义谛,也有称为俗谛和真谛的。通俗地讲,俗谛是在世间现象的层面上看待万物,而真谛就是在真理层面上理解世界。三论宗的二谛观是在传承之中发展的。比较具有代表性的就是"三种二谛"和"四重二谛"了。

首先提出的是"三种二谛",吉藏是这样记载的:"自摄岭相承有三种二谛。一以有为世谛,空为真谛。次以空为有皆俗非空非有为真。三者二不二为俗非二非不二为真。二谛既有三转约谛发智亦具三矣。初照有为俗照空为真。次照空有为俗照非空非有为真。三者照二不二为俗照非二非不二为真。"①可见摄山一系传承的"三种二谛"说是层层递进的,前一层次的真谛是后一层次的俗谛,不断深入,引导众生对中道的理解从低层次不断提升到高层次,最终达到"非二非不二"的高级认识。另外,"三种二谛"说是具有针对性的,破斥了当时外家的思想。第一重二谛是针对毗昙师所说的以事为俗,以理为真,但都是有。第二重二谛破斥的是讲一切法空的成实师。而第三重二谛则是针对一般大乘师有所得而言。② 到了吉藏时期,三论宗为了维护本宗地位,积极与外家进行辩论,破斥的外家就更多了。

吉藏以第三重联系"依他""分别""圆成"三性来讲,在"三种二谛"的基础上又增加了一重,成为"四重二谛"说。当时,摄论师认为,"依他""分别"为二,这是俗谛,"圆成"为不二,这是真谛。三论宗认为说二或不二都是俗谛,非二非不二才是真谛。地论师则认为三性是俗,三无性是真。三论宗认为三

---

① 《大正藏》第三十四册,No.1720,《法华玄论》卷四。
② 吕澂:《中国佛学源流略讲》,中华书局,1979 年,第 179—180 页。

性或三无性都是俗,"言忘虑绝为真"。因此吉藏所增加的第四重二谛就是"非二非不二,三无性非安立谛,皆是我俗谛。言忘虑绝方是真谛"。当然,"言忘虑绝"并不是说不要言虑,而是说不是一般言虑所能理解的,超出了言虑的范畴,这是涅槃的状态。而前面三重的讲空,讲不二,讲非二非不二都是为达到无所得涅槃境界的方便之说。

这样,吉藏既破斥了各外家思想,又将二谛观深化了,直接达到了无所得的高度。因此,吉藏的四重二谛观是这样概括:第一重以有为俗谛,空为真谛。第二重以空有为俗谛,以非空非有为真谛。第三重以二(空有)与不二(非空非有)为俗谛,以非二非不二为真谛。第四重则认为前三者皆是俗谛,言妄虑绝方为真谛。三论宗在论述八不和二谛的时候运用了单复横竖的手法。印顺法师说:"若能理解单复,就不会受圆融的牢笼,才能博而能约。有无是单句,亦有亦无、非有非无是复句。一方面看,亦有亦无是有无的综合,而非有非无又是前三者的否定,或亦有亦无的另一说明。但在另一方面看,复句只是言辞的变化,内容并不见得奇妙。"①也就是说,有就包括有有,有无,有亦有亦无,有非有非无,而无则是对一切的否定。有有有无还是有,非有非无还是无。同样的道理也可以以单复去理解前文的八不,这样更能彻底理解不生不灭,不常不断,不一不异,不来不去的"不"的深刻内涵。而横竖呢,横是相待假立,竖是超情。比如说有要与无相待,常要与断相待,这是在横的意义上说的。但是性空的空,八不的不,还有无自性的无并不是要在相待的意义上理解的,而是要因指望月,不能执着在指上,是要离执超越,离去自性,这是"破二不著一",这就是竖义了。"无差别中作差别说:横的是假名,竖的是中道"②。

吉藏大师还将二谛与三论结合起来。中论以二谛为宗,二谛是佛法根本。二谛生二智,这属于自行层面;依二谛教化众生,这属于化他层面。十二门论则以识二谛故,即得自利,他利及以共礼。中论以所申为宗,所申即二

---

① 释印顺:《中观论颂讲记》,中华书局,2011年,第37页。
② 释印顺:《中观论颂讲记》,中华书局,2011年,第38页。

谛。百论则以能申为宗,意为权智,实智二智。中论百论二谛二智相成。十二门论以境智为宗,境智即空,"由实相境发生般若,由般若故万行得成,即是境智之义"①。

关于八不和二谛之间的关系,向来有不同的意见。有人认为,八不是依胜义谛,观察缘起而知八事不可得。清辨论师则认为不生不灭是依真谛,不断不常、不一不异是依俗谛,不来不去是依二谛。其实,中论讲缘起性空,按照这个思路来理解二谛和八不的关系,那么二谛无碍,二谛皆说八不。无论是世俗谛还是胜义谛,都将缘起无自性,也就是说都有八不的内容。在世俗法中观万法无自性可得,即能观入胜义空性。区别在于世俗谛是讲缘起幻相无实,胜义谛则是讲缘起本性空寂,世俗谛和胜义谛二者是无碍的,都是要达到中道的境界。中,就是不落两边,也就是正。中观,即正见。吉藏大师说:"理唯一正,为方便说,开立二正。"故而区分了体正和用正。体正为"非真非俗",指的是诸法实相言妄虑绝。但是众生根有利钝之别,为了方便众生理解,因此有用正,"真之与俗目",也就是上文所述的真、俗二谛。龙树菩萨说:"众因缘生法,我说即是空,亦为是假名,亦是中道义。"根据三是偈,三论宗也讲即中,即假,即空。吉藏大师在《三论玄义》中说"一切法假"有四种情况:因缘假,随缘假,对缘假和就缘假。所谓因缘假,就是指万法因缘和合而成,有不自有,空不自空,是无自性的。随缘假,就是随三乘根性说三乘法门。对缘假的"对"是对治的意思,比如为了对治众生对常的执着则说无常。就缘假就是就彼推求。

至于空义,吉藏大师认为大小乘空义是有区别的。在吉藏大师看来,小乘说空,是拆法空,对万法进行一一拆解,如有部的极微。通过拆解从而得到法空的理解。小乘这样理解空,仅在三界之内,空义即短,容易对空本身产生执着。大乘说空,是本性空,不可得空。在说空的同时,也说不空,也就是涅槃。这样大乘的空义包括三界内外,空义即长。吉藏在《三论玄义》中将中道也划分成了四种:对治断,常二见的对偏中;灭尽断,常二见的尽偏中;境界本

---

① 吉藏著、韩廷杰校释:《三论玄义校释》,中华书局,1987年,第220页。

寂,强名为中的绝待中;为说非有非无,假名有、无的成假中。尽管对空假中进行了细致的分类,但是其本质都是一致的,三论宗强调要破除一切执着,达到究竟清净的境界。以破为显,世俗谛层面,生灭不可得;胜义谛层面,假有如幻。与此对应,性空层面上离世俗则能显胜义;幻有层面,缘起假名,缘起本性空寂。这就是三论宗中道思想的重要内涵了。

(二) 判教

佛教典籍浩如烟海,佛陀涅槃之后佛教内部又产生了教派的分化,各家所信奉的经典有所侧重。后来的法师们认为在这纷繁的经典中应当有一定的内在条理,这与佛陀随缘教化众生有关,所以就出现了所谓的判教,也就是对佛说经教的判释。

在中国,判教理论并非是三论宗的首创,其最早出自南北朝时期的慧观。他把全体佛说的经教总分为两类:"顿教"和"渐教"。慧观判教的思路被后世所继承,后来各家判教的思路大抵没有超过这个范围。到南北朝隋唐时期,正值中国佛教各大宗派创立,因此为了提高自家所信奉的经典在全体佛说经典体系中的地位,判教理论甚为盛行。天台宗的智者大师就认为合理的判释应当是"五时八教"。佛陀说法如同日出先照高山,后照大地,众生根机有利钝,因此说法可分为五时。八教是从形式和内容上划分为化仪四教和化法四教。化仪四教在慧观分渐顿教的基础上说"顿""渐""秘密""不定"。化法四教又被称为天台四教,"藏""通""别""圆"。"藏教"是说小乘只懂三藏,所以指的是阿含。"通教"是说三乘共通,如《般若经》。"别教"是指《维摩经》,是大乘经典。"圆教"是指《华严经》《涅槃经》和《法华经》。而天台宗认为在圆教当中,只有自家推崇的《法华经》才是纯圆。吉藏大师对这类五时判教提出这样的看法:"教虽五时,不出二谛,三假(因成假,相续假,相待假)为俗,四忘(非有,非无,非亦有亦无,非非有非无)为真。"①

南北朝时期,成实师的学派势力很大,其判教大体不离慧观五时判教的

---

① 吉藏:《三论玄义校释》,中华书局,1987年,第102页。

思路。但是,法朗在他的主要著作《中观疏》里面根本反对成实师的判教理论,特别反对将般若看作三乘通教置于第二时,因为在三论师看来,般若是大慧,是菩萨乘所得,而不是通于三乘。而吉藏大师也是通过批判成实师和地论师,才提出自家的判教理论的。① 吉藏大师是这样总结的:从人上说,可以分为大乘和小乘;从法上说,可以分为菩萨藏和声闻三藏。另外,吉藏又根据《法华经·信解品》中的穷子喻,认为大乘经典中又分别可以分为这样三类:"显教菩萨,不密化声闻",这一类的属于《华严经》;"显教菩萨,密化声闻",这类经属于对小乘说有共有不共的《般若经》;"显教菩萨,显教声闻",这是《法华经》类。三论宗将《涅槃经》放在《法华经》之后,认为《法华经》是对于利根人而说的,而对于钝根人,还需要对他们讲《涅槃经》才能达到极致。

吉藏判教主要是认为佛陀说法,法理是没有差异的,但是众生根机不同,为了对治众生见执,法门自然出现差别。但是,三论宗讲求要破一切有见,因此为了防止"二藏"判教堕于有所得,他又分判为"三轮":"言三种者,一者根本法轮,二者枝末之教,三者摄末归本。根本法轮者,谓佛初成道花严之会,纯为菩萨开一因一果法门,谓根本之教也。但薄福钝根之流,不堪于闻一因一果故,故于一佛乘分别说三,谓枝末之教也。四十余年说三乘之教,陶练其心,至今法花始得会彼三乘归于一道,即摄末归本教也。"②由此可见,根本法轮就是佛最初讲的《华严经》,为菩萨乘讲一因一果,而枝末法轮就是从《华严经》以后到《法华经》之前一切大小乘经,由一乘开而为三乘。而"摄末归本法轮"就是指会三乘归于一乘的《法华经》和《涅槃经》。总之,三论宗认为,各种大乘经典所说无不归于究竟,只是义理有正明,有傍明。像《般若经》广破有所得、正明无依无得、佛性、一乘等义都属傍明。《法华经》正明一因一果的一乘,而无所得和佛性都归傍义。同样地,《涅槃经》正明佛性常住,而傍及一乘和无得。并且这些经对机不同,还有意地互相开辟,这就无碍于它们的会归一趣,等无高下了。

---

① 吕澂:《中国佛学源流略讲》,中华书局,1979 年,第 177 页。

② 《大正藏》第三十四卷,No.1722,《法华游意》。

（三）佛性

关于佛性的讨论,是佛家向来就有的。因之关系到信众解脱的问题,故而在佛教理论体系中佛性问题是十分重要的。吉藏在《大乘玄论》卷三中专门阐述了他对佛性问题的理解。在破斥其他各家的说法之后,吉藏大师笔下逐渐显正。他首先说:"第一义空名为佛性。不见空与不空。不见智与不智。无常无断名为中道。只以此为中道佛性也。"吉藏的第一义空是中道的含义,是将境智视为非二非不二。只有明白了中道的真正含义,才能说是识了佛性。

在历史上佛教一直存有关于佛性本有始有的争论,佛性是本有呢,还是始有呢? 地论师甚至提出把佛性分为理性和行性从而调和了本有和始有两种观点。地论师认为,因为理性所以是本有,因为行性所以是始有。吉藏大师认为,表面上看起来地论师的学说解决了争论,但是事实上并非如此。佛性应当是非本非始的。只是佛陀为了对众生解说方便,因此才说本有始有。"问若言佛性非本始者。以何义故说本始。答至论佛性理实非本始。但如来方便。为破众生无常病故。说言一切众生佛性本来自有。以是因缘得成佛道。但众生无方便故。执言佛性性现相常乐。是故如来。为破众生现相病故。隐本明始。至论佛性。不但非是本始。亦非是非本非始。为破本始故。假言非本非始。若能得悟本始非本始。是非平等始可得名正因佛性。"①为了破除众生对无常的执着,发起对佛法的信心,佛陀对众生说佛性本有。但是众生认为佛性本来具备,又会走向另一个极端,因此佛陀就讲说佛性始有。对了对治佛性本有始有,这里说非本有非始有。其实非本非识也只是假说,只有了悟佛性本始非本始,一切都是平等中道,这就是正因佛性了。

（四）结语

三论宗的思想体系是十分博大精深的。一者,三论宗主要是继承了大乘空宗的思想,所谓中道,本身就是一门很高深的学问。二者,摄山一系三论是

---

① 《大正藏》第四十五册,No.1853,《大乘玄论》卷三。

经过不断传承与发展的,既有师承关系,又与当时的宗派论战相关,因此其思想得到不断完善。本文主要是以创立三论宗的吉藏大师的思想为论述依据,概述了三论宗思想的几大方面,主要包括其理论基础——二谛中道思想、判教及佛性学说。三论宗在创立之初的隋唐时期影响力不容小觑,吕澂先生在谈到天台宗创立的时候就曾指出:"由于他(智顗)在金陵接触了三论师,成实师以及南方的涅槃师等的说法,扩大了眼界,吸收了各方面的精义,遂使他所得于文,思以来的综合思想,日渐充实丰富,逐渐具备了可以构成一个宗派的规模。"①但是在吉藏大师之后,三论宗作为一个宗派却逐渐黯淡,并最终退出中原大地,后来只能在日本寻觅到三论宗的踪迹。我想,这其中的缘由也是值得我们后人去思考的。

作者简介:林雪妮(1995—),女,广东汕头人。南京大学哲学系 2013 级本科生,中国哲学专业 2017 级硕士生,研究方向为东方哲学与宗教。

邓尧文(1996—),男,广东深圳人。南京大学哲学系 2014 级本科生,大三全年赴美国宾夕法尼亚大学交换学习,计划赴北美攻读社会科学硕士项目。

刘逸佳(1996—),女,上海人。南京大学哲学系 2014 级本科生,2018 年 9 月前往英国圣安德鲁斯大学攻读 Art History MLitt。

刘雪阳(1996—),女,山东青岛人。南京大学哲学系 2014 级本科生,2018 年秋季前往英国伦敦大学学院攻读教育哲学硕士学位。

小组成员感想:我们小组共同开展的这份三论宗、三论学研究,是打磨我们学术和团队合作能力的难得挑战,给我们留下了一段美好的回忆。我们最终项目成稿近四万字,因为这次出版有字数要求,所以删减了三分之一。回想当初,我们整个研究团队为这份项目投入了大量的心血,在项目进行过程中,负责不同方向的小组成员常常相互印证对方的观点或者对结论提出反驳,每次讨论我们都获益颇多。总之,这段经历对我们每个人的学术成长史来说都具有非常重要的意义。

---

① 吕澂:《中国佛学源流略讲》,中华书局,1979 年,第 163 页。

集合与流形:意向性的两种模式

——论胡塞尔从数学哲学向超越论现象学的转变[*]

王知飞

摘 要:在胡塞尔之前,"流形"(Mannigfaltigkeit)概念至少有三种不同的含义:康德意义上的"杂多",黎曼意义上的"流形",以及康托意义上的"集合"。后两种作为数学中思考同一的不同方式,引导着胡塞尔确立了描述心理学与超越论现象学的意向构架:前者试图在整体与部分的关联中把握"多"所聚集成的"统一",而后者则在形态学的无限变换中呈现内蕴"同一"的"流形"。从胡塞尔的思想进程来看,康托的集合论帮助他克服了前现象学阶段的实在的代现论,但同时他在整体与部分的关联问题上又陷入了一种实项的代现论,并最终导致"范畴代现"的困境。尽管在《逻辑研究》中已经隐含了通过流形论克服难题的可能,但只有通过形式化的本质直观才能真正走出代现论模式,从时间性上揭示出纯粹意识的流形结构。

关键词:流形;集合;意向性;代现论;时间性

绪　论

众所周知,19 世纪以来几何学与分析学的新进展是胡塞尔现象学直接的

---

* 本文获 2017 年江苏省普通高等本科优秀毕业设计(论文)一等奖,2017 年南京大学本科优秀毕业论文(设计)特等奖。本文中约 1 万字已发表于 2018 年第二十二辑《中国现象学与哲学评论》。——编者注

思想资源。从 1887 年的教授资格论文《论数字概念》到 1900—1901 年标志着现象学诞生的《逻辑研究》，胡塞尔早期的工作致力于澄清数学的哲学基础，不仅他关于"严格性"的观念起源于当时的数学严格化运动，①其纯粹逻辑学与流形论的构想、形式存在论的规划乃至时间与空间的构造分析都与现代数学有着紧密的关联。同时，他与弗雷格、希尔伯特及布劳威尔的关联使他直接置身于 20 世纪的数学基础之争中，②甚至在胡塞尔逝世之后，其思想仍然引起哥德尔的强烈共鸣。③

在现象学与现代数学的交错发展中，"流形"（Mannigfaltigkeit）概念具有特殊地位。它最早由黎曼在 1854 年《论作为几何学基础的假设》一文中提出，用以表示空间的多维构造；在康托早期的研究中，它又成为集合论的最初表达。这一几何学与分析学的基础观念随即被胡塞尔引入现象学中，流形论不仅被胡塞尔视为纯粹逻辑学的最高任务，④在超越论现象学中，这一概念更承担着建构形式本质学与形式存在论的重任。⑤

因此，本文旨在考察流形概念对现象学的建构作用。这里的现象学不仅指《逻辑研究》（1900—1901）时期的描述心理学，也包括由《观念Ⅰ》（1913）所开启的超越论现象学，而关于建构作用的讨论则将围绕意向性模式展开。根据索科罗斯基的总结，在意向分析中有三种形式结构：空乏与充盈，部分与整体，同一与流形。⑥ 如果说空乏与充盈是意向分析的一般模式，那么整体与部分、同一与流形则是具体刻画意向关联的描述工具。通过考察，我们将发现流形概念的两种含义，更为明确地说是集合与流形，作为数学中思考同一的

---

① 参见钱立卿：《数学：胡塞尔"严格性"观念的起源》，《中国社会科学报》，2014-03-17（A06）。

② 参见倪梁康：《二十世纪数学基础论争中的现象学——从胡塞尔、贝克尔与外尔的思想关联来看》，《中山大学学报（社会科学版）》，2016 年第 4 期。

③ 参见刘晓力：《哥德尔的哲学规划与胡塞尔的现象学》，《哲学研究》，2006 年第 11 期。

④ 参见胡塞尔：《逻辑研究》，倪梁康译，商务印书馆，2015 年，第一卷，第 69 节。

⑤ 参见 Donn Welton, *The Other Husserl*：*The Horizons of Transcendental Phenomenology*, Indiana University Press, 2000：53-55.

⑥ R.Sokolowski, "Identities in Manifolds：A Husserlian Pattern of Thought,"*Research in Phenomenology*, 1974, 4(1)：63-79.

两种基本方式,引导着胡塞尔确立描述心理学与超越论现象学的意向构架:前者试图在整体与部分的关联中把握"多"所聚集成的"统一",而后者则在形态学的无限变换中呈现内蕴"同一"的"流形"。在此基础上形成了代现论的立义意向性模式与纯粹意识的意向流形模式。这不意味着胡塞尔简单地将数学模型引入现象学内部,而是在"意向学—流形论"模式中,新型的数学对象作为先天导引必然指向更深层次的意识区域,意向学或意向流形单向地为数学流形论奠基。

文章结构上,对数学史和哲学史上流形概念多重含义的澄清构成本文的逻辑起点。第一章将围绕着康德、黎曼以及康托三人对 Mannigfaltigkeit 一词的使用展开,通过观念史的梳理,辨析康德"杂多"概念与现代数学的"流形"概念间的根本区别,这并非源于后天与先天的差异——康德体系中也可以找到"先天杂多"的表达,而是有限和无限、度量与拓扑的区别,由此胡塞尔才能在范畴直观、意向流形等关键问题上突破康德为理性所划定之界限。

胡塞尔首先遭遇的无疑是康托意义上的流形,这构成本文第二章的内容。在《算数哲学》中,胡塞尔本希望通过计数行为的心理联结给予数的起源一种心理学解释,但康托的流形论(即集合论)关于无限的研究,迫使胡塞尔放弃了心理主义的立场。在《逻辑研究》中,胡塞尔提出了一种新的代现论,在质料先天综合中实现了康托集合论中整体与部分的观念关联。但这一工作仍然隐含了实质的困难:在范畴直观问题上,总体化的代现论与"共形变异"并不兼容。

第三章将指出,这一困境的成因在于胡塞尔没有贯彻他在黎曼影响下关于流形论的思考。只有放弃整体与部分的代现关系,才能进入纯粹意识的形式关联,本质学的问题域才得以敞开。胡塞尔绝非简单地将数学流形论引入意识结构内部,而是以意向学为流形论奠基。胡塞尔通过对质素时间相位的敏锐把握揭示了体验流内部的横纵意向,由此刻画出纯粹意识的多维流形结构。

在结语处,笔者将整体勾勒胡塞尔早期的思想进路。若失去现代数学的背景,胡塞尔从数学哲学向超越论现象学的曲折转变将充满断点,补充上这一内容我们才能顺利地走到超越论现象学的起点。而超越论现象学的完整建构，仍有待我们去发现和诠释。

文献回顾

（一）关于胡塞尔的数学哲学

关于胡塞尔的数学哲学，学界存在着两种解读思路[①]：立足于胡塞尔的早期数学哲学，指认其对现象学的导引作用；或者从超越论转向入手探索胡塞尔的直观建构主义的数学意义。第一种思路以莫汉蒂（J. N. Mohanty）"The Development of Husserl's Thought"[②]一文为代表，认为胡塞尔关于数学基础的哲学研究支撑着他从心理主义到反心理主义、从关于数的经验抽象论到先天观念论的转变。这一说法无疑是基于胡塞尔本人的表述："在我《算术哲学》的第一卷（也是唯一发表的一卷）中，心理学的研究占据了极大的篇幅。我对这种心理学的奠基从未感到过完全的满意……以至于我最后被迫决定，完全终止我的哲学-数学研究，直到我能够在认识论的基本问题上以及在作为科学的逻辑学的批判理解上达到更可靠的明晰性为止。"[③]但这一思路内部仍是存在分歧的[④]，例如弗莱斯达尔（D. Føllesdal）[⑤]倾向于认定胡塞尔的决定性转变来源于弗雷格对《算术哲学》的批评，甚至胡塞尔的意向性概念也近乎是弗雷格"中介意义论"的翻版，我们不难在所谓的"胡塞尔标准解读"中发现这

---

① 在这一论题本应包含胡塞尔关于"几何学起源"及"自然数学化"的思考，但由于它们与本文的关联不大，所以暂不讨论。

② Mohanty，"The Development of Husserl's Thought," in *The Cambridge Companion to Husserl*, edited by Barry Smith and David Woodruff Smith，London：Cambridge University Press，1995.

③ 胡塞尔：《逻辑研究》，倪梁康译，商务印书馆，2015 年，第 5 页。为了同一术语的需要，笔者对本文所涉引文有一定的修改，下不赘述。

④ 这一问题亦可参见《胡塞尔现象学概念通释（增补版）》（倪梁康著，商务印书馆，2016 年，第412—416 页）"心理主义"词条。

⑤ Føllesdal，"Husserl and Frege：A Contribution to Elucidating the Origins of Phenomenological Philosophy," *Mind，Meaning and Mathematics*，1994，pp.3 - 47.

一观点①；而莫汉蒂②、哈多克（Haddock）③、威拉德（D. Willard）④等则强调这一转变源于胡塞尔在数学-逻辑学领域中的思考，作为魏尔斯特拉斯（Weierstrass）与布伦塔诺（Brentao）的学生，胡塞尔试图给予数学分析学一个心理学基础，但数学对象特殊的存在性质与意动心理学的方法本质上不兼容，这一困境将胡塞尔引向了现象学之路。但问题在于，莫汉蒂同样将弗雷格式的意义概念带入了胡塞尔意向性内部，区别仅在于这是胡塞尔的独立"发现"，还是受到弗雷格之影响后的产物。⑤ 在笔者看来，对于胡塞尔数学基础的单一化理解是这种"中介意义论"产生的主要原因，这种解读更多了考虑了胡塞尔与集合论（康托）、逻辑主义（弗雷格）的关联而忽视了其在流形论（黎曼）、公理论（希尔伯特）方面的思想动机。⑥

这里还需要特别提到的是米勒（J.P. Miller）于 1983 年出版的 *Numbers in Presence and Absence：A Study of Husserl's Philosophy of*

---

① D.威尔特恩：《另类胡塞尔——胡塞尔现象学的"标准化"和"非标准化"的解读》，靳希平、郑辟瑞译，《世界哲学》，2008 年第 3 期。

② J N. Mohanty, "Husserl, Frege and the Overcoming of Psychologism", *The Possibility of Transcendental Philosophy*. Springer Netherlands，1985：143‐152.

③ C.O. Hill, Rosado Haddock, "Husserl or Frege? Meaning, objectivity, and mathematics," *Open Court*，2000.

④ DallasWillard："Husserl on a Logic That Failed", *Philosophical Review*，1980，89(1)：46‐64.

⑤ "中介意义论"在解释《逻辑研究》中的意向性概念具有一定效力，而若未经检讨地用以解读胡塞尔全部的意向性理论则未免过于草率，参见马迎辉：《胡塞尔论能意-所意——一种基于"显现"之先天可能性的研究》，《哲学分析》，2014 年第 6 期，第 3—19 页。

⑥ 在 19 世纪中后期，德国至少存在两支相对独立的数学学派，以魏尔斯特拉斯与克罗内克（Kronecker）为首的柏林学派以及以黎曼为首的哥廷根学派，后者在克莱因与希尔伯特的努力下发展为 20 世纪数学的主流学派。塔彭登（Tappenden）指出，弗雷格尽管出身与哥廷根学派，但其工作更为贴近魏尔斯特拉斯的传统，有趣的是，作为魏尔斯特拉斯亲炙弟子的胡塞尔，从 1894 年接触黎曼的流形概念后，就逐渐与柏林学派分离。实际上，弗雷格受制于前—黎曼的思维方式与成熟时期的胡塞尔有着根本的差异。参见 Tappenden, 'The Riemannian Background to Frege's Philosophy," *Erkenntnis*,2006.

*Mathematics*①一书，他在书中划分了胡塞尔数学哲学的三个阶段：首先是《论数字概念》与《算术哲学》时期，将分析学视为数的学说；1890—1900年是胡塞尔思想的转渡时期，胡塞尔逐渐将分析学等同于形式逻辑学与工艺论（Kunstlehre）②，形式系统的基本构想已经出现；最后是从《逻辑研究》至《形式逻辑与先验逻辑》的时期，分析学进一步形式化为流形论，此后其立场再未发生显著改变。③

在新近的研究中，这一思路被证明是存在缺陷的，例如伯特·霍普金斯（Burt Hopkins）在《胡塞尔的心理主义及对心理主义的批判》④一文中认为，《逻辑研究》中所批评的心理主义并未成为《算术哲学》的核心，并建议我们将胡塞尔数学论点的转变视为对柏拉图"理型数"（arithmoieidetikoi）的哲学重构，后一观点也在谢利民⑤的研究中得到印证。哈蒂莫（M. Hartimo）的"The Development of Mathematics and the Birth of Phenomenology"⑥一文则指出，正是由于胡塞尔敏锐地把握到从魏尔斯特拉斯的算术化到希尔伯特的公理化的数学范式转变，他才放弃了对数与计数的讨论转而采用了现代公理论的观点，这一论断显然更贴近现象学突破的内在动机。

蒂斯兹（R. Tieszen）则是第二种思路的代表，他认为我们应该基于超越论转向重新解读胡塞尔的数学哲学——它本质上是一种"构造的柏拉图主

---

① Phillip Miller，*Numbers in Presence and Absence：A Study of Husserl's Philosophy of Mathematics*，M. Nijhoff Publishers，1982.

② 不同于米勒强调这一时期的转型意义，《胡塞尔思想概论》（贝尔奈特、耿宁、马尔巴赫著，中国人民大学出版社，2011）一书所持的观点为：胡塞尔"工艺论"思想仍然局限于对逻辑学的布伦塔诺式理解，尚未达到形式系统与纯粹逻辑学的层次。

③ 严格地说，数学哲学的外延大于数的哲学，它由算术哲学与空间哲学两部分组成，前者涉及数的形式，而后者涉及广延形式。直到第三阶段，胡塞尔才通过流形论将二者融贯。

④ 伯特·霍普金斯：《胡塞尔的心理主义及对心理主义的批判》，朱光亚译，《社会科学》，2016年第1期。亦可参见 Burt Hopkins，*The Philosophy of Husserl*，Durham：Acumen，2010。

⑤ 谢利民：《论胡塞尔早期数学哲学与现象学突破——以亚里士多德与柏拉图关于数的争论为背景》，南京大学学报（社会科学版），2014年第1期。

⑥ MirjaHartimo，"The Development of Mathematics and the Birth of Phenomenology，" *Phenomenology & Mathematics*，2010，195：107 – 121.

义"(constituted platonism)。根据何浩平的总结,这一理论的核心意涵为:"先验自我作为单子,以一种由受理性引动的方式,在经典数学实践中,建构了数学对象的存在性意义。这些对象被意向为理念的或抽象的,以及非心智的。先验自我将这些对象或概念建构为超越的,或独立于心智的对象。"①例如,在"Mathematical Realism and Transcendental Phenomenological Idealism"②一文中,蒂斯兹认为通过现象学还原可以反思到数学对象如何在视域中被给予,数学对象的实在性质是超越论构造的结果。迪特·洛玛(D. Lohmar)在"Intuition in Mathematics:On the Function of Eidetic Variation in Mathematic Proofs"③则试图利用胡塞尔的本质直观、无限变更等操作性概念为数学对象的存在与数学定理的证明提供现象学奠基。倪梁康先生的两篇近文《二十世纪数学基础之争中的现象学——从胡塞尔、贝克尔与外尔的思想关联来看》④和《现象学的数学哲学与现象学的模态逻辑——从胡塞尔与贝克尔的思想关联来看》⑤都还原了胡塞尔超越论现象学与同时代的数学-逻辑学之间的紧密关联,其中涉及胡塞尔直观理论与数学对象的复杂关系。在贝克尔看来,欧式几何的空间形态可以通过感性直观所把握,而非欧几何、直觉主义构成的算术-分析学对象则可以在范畴直观、本质直观中呈现,问题在于形式主义的超穷对象(例如射影几何的无穷远点)似乎在挑战直观主义的极限。

第二种思路似乎与第一种思路构成冲突。后者逐渐从对比胡塞尔与弗雷格的逻辑主义的相似性转向强调胡塞尔与希尔伯特形式主义的亲缘性,例

---

① 何浩平:《对数学对象"理念性"意义的现象学建构分析》,《江苏社会科学》,2016 年第 5 期。

② R. Tieszen, "Mathematical Realism and Transcendental Phenomenological Idealism," *Phenomenology and Mathematics*, Springer Netherlands, 2010:1 - 22.

③ D.Lohmar, "Intuition in Mathematics:On The Function of Eidetic Variation in Mathematical Proofs," *Phenomenology and Mathematics*, Springer Netherlands, 2010:73 - 90.

④ 倪梁康:《二十世纪数学基础论争中的现象学——从胡塞尔、贝克尔与外尔的思想关联来看》,《中山大学学报(社会科学版)》,2016 年第 4 期。

⑤ 倪梁康:《现象学的数学哲学与现象学的模态逻辑——从胡塞尔与贝克尔的思想关联来看》,《学术月刊》, 2017 年第 1 期。

如希尔(C.O. Hill)在"Husserl on Axiomatization and Arithmetic"①一文中着眼胡塞尔与希尔伯特的同构,同时否认在胡塞尔与布劳威尔间建立思想关联的可能性。但是既然胡塞尔坚持直观是一切原则的原则,形式存在领域当然也不能例外,在这一意义上胡塞尔与布劳威尔的直觉主义不谋而合,例如倪梁康先生在《二十世纪数学基础之争中的现象学》中就持有这样的立场。实际上,这种悖谬正是源于胡塞尔的超越论现象学在形式主义与直观主义之间的奇谲立场,多特(James Dodd)在"Husserl between Formalism and Intuitionism"②中对这一点进行了较为详尽的阐发。一方面,这预示我们必须超越描述心理学阶段的"逻辑现象学",因为只有超越论现象学才彻底揭示了构造性的纵向本质直观③,从而赋予直观主义以全新内涵;另一方面,则提醒我们超越论现象学必须回到它的现代数学基础,它所面对的是全新的形式存在(如康托集合论中的"无限"),唯此它才能真正地区别于近代观念论。

(二) 关于胡塞尔的流形论与流形概念

在现代数学中,流形一般被认为是几何学的研究对象。根据《普林斯顿数学指南(第一卷)》的总结:"流形是例如球面这样的几何形体在高维的推广,流形的每一个小部分看起来都是平坦的,但整体上看起来可以弯曲得非常复杂"④,同时,如果两个流形"可以连续地相互变形,或者说,可以用某种'态映射'把一个变为另一个,拓扑学家就认为它们是同样的"⑤。

---

① C. O. Hill, "Husserl on Axiomatization and Arithmetic," *Phenomenology and Mathematics*, Springer Netherlands, 2010:47-71.

② James Dodd, "Husserl between Formalism and Intuitionism," in *Rediscovering Phenomenology: Phenomenological Essays on Mathematical Beings, Physical Reality, Perception and Consciousness*, edited by LuicanoBoi, Pierre Kerszberg, FrédéricPatras, Springer,2007.

③ 倪梁康:《纵意向性:时间,发生,历史——胡塞尔对它们之间内在关联的理解》,《哲学分析》,2010年第2期。

④ 《普林斯顿数学指南(第一卷)》,Timothy Gowers 主编,齐民友译,科学出版社,2015年,第6页。

⑤ 《普林斯顿数学指南(第一卷)》,Timothy Gowers 主编,齐民友译,科学出版社,2015年,第6页。

倪梁康先生在《胡塞尔现象学概念通释(增补版)》[①]中对流形论与流形概念进行了如下解释：1. 胡塞尔关于流形论的思考首先源于康托，尽管康托后来放弃了"流形"这个术语转而使用"集合"(Menge)；2. 胡塞尔从《算术哲学》到《逻辑研究》的转变与流形论有关；3. 胡塞尔在几何学与哲学的两种意义上使用流形与流形论，而在意向分析中也涉及与"意识统一"相对的"意识杂多"问题。本文可视为对观点 1、2 的具体展开，而受到观点 3 的启发，笔者将进一步探寻意识流形的确切含义及其数学背景。

Numbers in Presence and Absence：*A Study of Husserl's Philosophy of Mathematics*[②]一书中，米勒也总结了胡塞尔对"流形"这一术语的使用：在《算术哲学》中，胡塞尔在技术层面上使用流形，数是赋予了确定概念的一个流形，此时流形的含义与多样性(Vielheit)、集合(Menge)等并无实质区分；而在成熟时期，流形意味着一个"区域"，它并非是对象的结集，而是由形式系统中的诸关系组成，换言之，它是"理论形式的对象性相关物"[③]。对于《逻辑研究》时期的胡塞尔而言，形式语义学与形式存在论分别探究意识行为的"含义"与"对象"，流形论位于形式存在论一侧，它首先意味着对象一般所必须符合形式法则，在此基础上它更意味着由诸形式法则及其关系组成的完备(complete)[④]系统。

戈捷(Yvon Gauthier)在"Husserlandthe Theory of Multiplicity(Mannigfaltigkeitslehre)"[⑤]一文中对流形论的前史——黎曼的 n 维空间中自由变

---

① 倪梁康：《胡塞尔现象学概念通释(增补版)》，商务印书馆，2016 年，第 304—306 页。

② Phillip Miller：*Numbers in Presence and Absence*：*A Study of Husserl's Philosophy of Mathematics*，M. Nijhoff Publishers, 1982.

③ Phillip Miller：*Numbers in Presence and Absence*：*A Study of Husserl's Philosophy of Mathematics*，M. Nijhoff Publishers, p.115.

④ 关于完备性在胡塞尔流形论中的含义，参见 C.O Hill，"Husserland Hilberton Completeness,"in *Husserl or Frege? Meaning*，*Objectivity and Mathematics*，edited by C.O Hill and G.E. Rosado, Open Court，2000；179 - 198.

⑤ Yvon Gauthier，"Husserl and the Theory of Multiplicity(Mannigfaltigkeitslehre)," in *Husserlandthe Sciences*：*Selected Perspectives*，edited by Richard Feist, University of Ottawa Press, 2004，121 - 127.

量理论与格拉斯曼(Grassmann)的延展理论进行梳理,并进一步分析了胡塞尔从《逻辑研究》到《危机》中对流形论的运用,特别是"限定的流形"(definit-Mannigfaltigkeiten)概念对于胡塞尔科学论(Wissenschaftslehre)的意义。戈捷认为,"胡塞尔的'科学论'规划发展成为一门超越论现象学,流形论在这一发展中占据了中心地位"[①]。流形论最终被纳入超越论现象学的规划之中。在"'Tertium Non Datur':Husserl's Concept of a Definite Multiplicity"[②]一文中斯坎伦(John Scanlon)也通过对《逻辑研究》与《形式逻辑与先验逻辑》的分析,指出胡塞尔"限定的流形"概念来源于胡塞尔在想象数(imaginary number)问题上遇到的困境,这使得如何扩展形式系统的特定内涵成为胡塞尔的当务之急。

钱立卿在《弗雷格与希尔伯特的几何学基础之争——兼论胡塞尔对几何学起源的分析》[③]一文中指出:"胡塞尔的'流形论'有两种基本含义:作为纲领的流形论应该涵盖一切可能本质之间的结构关系;而作为某种局部理论形态的流形论则是考察从对象中直观到诸本质之间的高阶关系。"换言之,前者是形式存在论上的流形论,而后者则是质料层次的流形论。

单斌《胡塞尔的流形概念——以空间流形为中心的考察》[④]一文梳理了胡塞尔从前现象学时期到超越论现象学时期对空间流形问题的思考,作者指出,对于黎曼流形的思考是胡塞尔空间现象学突破的核心动力之一。

博伊(Boi)的"Questions Regarding Husserlian Geometry and Phenome-

---

① Yvon Gauthier,"Husserl and the Theory of Multiplicity(Mannigfaltigkeitslehre)," in *Husserlandthe Sciences: Selected Perspectives*, edited by Richard Feist, University of Ottawa Press, 2004,125.

② John Scanlon,"'Tertium Non Datur':Husserl's Concept of a Definite Multiplicity," in *Phenomenology and the Formal Sciences*,Kluwer Academic Publishers,1991;139-148.

③ 钱立卿:《弗雷格与希尔伯特的几何学基础之争——兼论胡塞尔对几何学起源的分析》,《世界哲学》,2015年第2期。

④ 单斌:《胡塞尔的流形概念——以空间流形为中心的考察》,《安徽大学学报(哲学社会科学版)》,2014年第5期。

nology. A Study of the Concept of Manifold and Spatial Perception"①一文与米勒科夫（Milkov）的"The Formal Theory of Everything：Exploration of Husserl's Theory of Manifolds"一文②分别将胡塞尔的流形概念置入19世纪末20世纪初的几何学和分析学发展传统中考察。本文试图还原几何学与分析学、哥廷根学派与柏林学派的流形概念的差异，以期更完整地呈现胡塞尔的数学背景与思想谱系。

第一章　流形的多重含义

胡塞尔之前的 Mannigfaltigkeit 概念，至少有三种不同的含义：首先，在康德那里，它是意识借以综合地表象客观对象的感觉与料；其次，它在黎曼几何中意味着一个局部与欧氏空间同构的空间，因而将非欧空间、高维空间包含在内；最后，它被康托借以表述元素和集合的关系，成为集合论的最初表达。胡塞尔是在后两种意义上借用这一概念，并且呈现出从康托回溯到黎曼的趋势。但若不先行澄清 Mannigfaltigkeit 作为"杂多"和"流形"的根本区别，则仍有混淆二者之虞。

（一）康德的杂多概念

Mannigfaltigkeit 作为哲学术语首先出现在《纯粹理性批判》中，意指隶属于直观形式之下的杂多，它为综合提供可能素材，"我所理解的综合在最广泛的含义上是指把各种表象相互加在一起并将它们的杂多性在一个认识中加以把握的行动"③。在先验感性论中，康德认为杂多源自感官的被刺激，它作

---

① Boi，"Questions Regarding Husserlian Geometry and Phenomenology. A Study of the Concept of Manifold and Spatial Perception," *Husserl Studies*，2004，20(3)：207 - 267.

② Milkov，"The Formal Theory of Everything：Exploration of Husserl's Theory of Manifolds," *Logos of Phenomenology and Phenomenology of the Logos*，*Book One*，Springer Netherlands，2005：119 - 135.

③ 康德：《纯粹理性批判》，邓晓芒译，人民出版社，2013年，第69页。

为被给予物进入感性直观中。杂多自身是无序的，只有在直观形式的整理下才形成显象。而在先验要素论的起点，杂多是领会的综合的起点，最低程度上知性的排序、贯通功能已经介入其中。

在这里，康德做出了先天的杂多与后天的杂多的区分："如果杂多不是经验性地，而是先天地被给予的（如空间和时间中的杂多），这样一种综合就是纯粹的。"①前者"由感性在其本源的的接受性中"②呈现，而后者在一个经验性的直观中复合，这一区分从领会的综合中剥离出了一种特殊的先天杂多的"领会的纯粹综合"。在图型法中，康德进一步指出："时间作为内感官杂多的形式条件、因而作为一切表象联结的形式条件，包含有纯粹直观中的某种先天杂多"③，它与范畴和显象双方都同质，因而可以支撑先验想象力的纯粹综合。但杂多明明是直观中的感觉与料，在什么意义上它可以先天地被给予，它与先天被给予的时空形式有何关联？如果它支撑着一种纯粹的综合，那么综合的结果是什么？

关键在于数学与直观形式的关联。④ 时间与空间是独立于知性范畴之外的感性纯形式，但数学则必须是作为先天综合判断之结果的知识；时空在形而上学的和先验的双重阐明中获得了为感性杂多奠基的优先地位，而数与空间则起源于同质杂多在直观中的综合统一。作为形式的时空可以与质料无关，而作为知识的数与空间不仅必须有质料内容，而且以"量"的概念为前提，因为数是的量的纯粹图型。在这个意义上，纯粹的直观形式无法直接构造数学知识，它必须以一种形式的直观或图型为基础。这种直观中如果存在内容，那必然是同质杂多或者先天杂多。特纳克直接指出，在康德学说中"数学

---

① 康德：《纯粹理性批判》，邓晓芒译，人民出版社，2013 年，第 70 页。这一区分可参见海因里希·纳特克《康德〈纯粹理性批判〉术语通释》，高小强编译，四川大学出版社，2013 年，第 124 页；亦可参见黄裕生从纯粹概念的起源角度对"先天杂多"的考察，黄裕生：《康德论证自由的"知识论进路"——兼论康德文本中关于范畴起源问题》，江苏社会科学，2009 年第 6 期。

② 康德：《纯粹理性批判》，邓晓芒译，人民出版社，2013 年，第 115 页。

③ 康德：《纯粹理性批判》，邓晓芒译，人民出版社，2013 年，第 139 页。

④ 关于康德数学哲学的先验基础，参见钱立卿：《康德的先验感性论对数学的奠基意义》，《哲学分析》，2015 年第 6 期。

的综合是空间与时间的先天杂多的纯粹先天综合"①。

这样,在直观的先天形式与后天杂多之间,似乎存在着"先天杂多"这种兼具二者性质概念。它是先天的,但并非时空纯形式,因为时空形式是无限的,而作为数学所综合的时空表象是有限的;它是质料的,但亦优先于感性杂多,它源于感性本源的领受能力并使对时间形式的划分成为可能——无此感性杂多"就不会被表象为杂多"②;特别的,它与范畴的构型相关,范畴的联结功能必须"按照感性直观形式所可能给予它的杂多而言来规定感性"③。

但这种先天的、同质的杂多将会带来实质的困难,内感官与外感官仅具有接受印象的能力,只能通过被刺激而生成表象,那么先天杂多的刺激来源是什么? 在康德的术语体系中先天与形式、杂多与内容基本同义,这种一来,难道在纯直观中存在着一种"形式的内容"吗? 如果放弃先天杂多概念,又将损失"空间作为对象被表象出来"④的可能,时空为数学奠基的过程似乎缺失了一个关键环节。鉴于此,先天杂多概念始终没有获得独立的地位,杂多之间不存在先天的关联性。一种"形式的内容"或者"质料先天"概念在康德哲学中仍然付之阙如。

(二) 黎曼几何与空间流形

随着现代数学的新进展,康德在直观形式与数学间取得的统一性至少面临这两个方面的挑战。首先,是非欧几何的发展为人们提供了全新的几何学经验;其次,有关"无穷"的数学学说使得康德基于"量"的概念的数学观岌岌可危。前者促使黎曼重新思考几何学的基础假设,而后者则归功于康托集合论的卓越研究。有趣的是,二者都将自己的成果归于流形论名下,流形的两种含义也自然地被转渡胡塞尔的思考中。

流形概念的数学使用始于黎曼,伴随而来的是现代数学的重要转变。数

---

① 纳特克:《康德〈纯粹理性批判〉术语通释》,高小强编译,四川大学出版社,2013年,第23页。
② 康德:《纯粹理性批判》,邓晓芒译,人民出版社,2013年,第115页。
③ 康德:《纯粹理性批判》,邓晓芒译,人民出版社,2013年,第102页。
④ 康德:《纯粹理性批判》,邓晓芒译,人民出版社,2013年,第107页。

与空间似乎是数学的两个独立对象，前者是形式的、离散的，后者是直观的、连续的。而在高观点下，它们被统一于对抽象结构的研究，算术、代数与几何学等不同的数学分支作为特例都是抽象结构的实现，黎曼正是这种被胡塞尔称之为"无量的数学"①的重要先驱。在其就职演说《论奠定几何学基础之假设》的开篇，黎曼就反对将直观中的空间视为几何学的起源，毋宁说"空间只不过是三重延伸量的一个特殊情况"②。真正的几何学需要通过代数化扩展到直观之外的领域，而这势必要重新澄清"多重延伸量"这一概念。

在黎曼看来，最一般的量意味着"存在更一般的概念并且许可有不同的具体确定方式（Bestimmungsweise）"③，所有可能确定方式构成一个结构，即流形。例如，在红的概念下所有可能的具体红色构成一个流形。根据不同具体确定方式之间的关系，流形可以进一步划分为连续流形与离散流形，前者奠基了几何学的对象。黎曼试图突破三维的限制以递归的方式构造 n 维流形，这意味着以一个点为基准，空间中所有的点都可以用 n 个量来表示，从而可以赋予连续流形以度量关系。黎曼此时使用的是含混的"量块"概念作为度量叠加覆盖流形，而在希尔伯特规划中这个度量可以由邻域或开集来担当，即在一个足够小的局部中使 n 维流形与 n 维欧氏空间同胚。

但在整体层面，度量的标尺是任意的，甚至有弯曲的可能，必须寻找到一个数学工具刻画"预定形式的全部流形的真正差异性"④。随着非欧几何的发展，罗氏几何，欧式几何，黎曼几何成为并列的几何学类型，如何奠定不同的几何区域间的形式统一性成为此时的迫切任务，为此黎曼引入了曲率作为内在度量。曲率作为三维流形的第四个量刻画了流形上的点之间距离的精确本性，从而将三种几何纳入了内涵曲率的黎曼流形。胡塞尔对此无疑是熟

①　胡塞尔：《逻辑研究》，倪梁康译，商务印书馆，2015 年，第 4 页。

②　黎曼：《论奠定几何学基础之假设》，载《数学在 19 世纪的发展（第二卷）》，高等教育出版社，2011 年，第 247 页。

③　黎曼：《论奠定几何学基础之假设》，载《数学在 19 世纪的发展（第二卷）》，高等教育出版社，2011 年，第 248 页。

④　黎曼：《论奠定几何学基础之假设》，载《数学在 19 世纪的发展（第二卷）》，高等教育出版社，2011 年，第 251 页。

知的,他声称"只要一位哲学家对黎曼-黑尔姆霍尔斯理论有初步的了解,他便可以大致地想象出,规律性的纽带是如何把不同类型的纯粹理论联结在一起的"①。

如果要建立一种更普遍的"无量"的数学,则需要寻找到流形更内在的性质。除去内蕴曲率的新型度量关系,亦可从延伸关系(Ausdehnungsverhältnisse)或区域关系(Gebietsverhältnisse)来考察空间或几何体的整体性质。区域关系与度量关系有着实质的区别,它意味着同态映射的不同流形间具有相同的拓扑结构,在度量关系中看似杂多的个体形态都可以被还原到基本的结构类型。

在哲学意义上,黎曼流形首先放弃了整体与局部传统模式:在康德的直观理论中,局部与整体是同质的,局部的时空表象是时空形式分化的结果,而流形在局部地、在足够小的尺度上同构于欧氏空间,却在整体上因为曲率的存在而根本区别于欧氏空间,真正的形式存在不应该通过整体与部分的同构关系来捕捉。其次,它在拓扑的意义上揭示了"一"与"多"的辩证:在康德的范畴学说中,一与多作为量的范畴是知性的刚性结构,而拓扑流形使得不同的数学形式间可能具有内在的勾连,同胚变换使它们成为"流动的一"。

(三)康托的流形与集合

黎曼的流形思想本身并不限于几何学,毋宁说,所有可赋值的变量总体都可以被称为一个流形,它是抽象的数学结构而非直观的空间对象。在这个意义上,流形被康托用来作为自己集合论的最初表达:"我一般将流形或集合理解为每个可以被思考为一的多,每个可以通过一个规律而联合成一个整体的特定要素之总和"。他在1883年出版的《一门普遍流形论的基础》(Grundlagen einer allgemeinen Mannigfaltigkeitslehre)中系统地论述了关于无穷集合的理论,现代数学再次撼动日常经验:

首先,在整体与部分的关系上,康托的集合论颠覆了"整体大于的部分"的传统信念。无穷集合(例如自然数集)与可以与它的某些子集(例如偶数

---

① 胡塞尔:《逻辑研究》,倪梁康译,商务印书馆,2015年,第249页。

集）构成双射，这意味着有限集与无限集有根本的区别，后者中整体完全可以与部分等势（Mächtigkeit），在无限领域，整体与部分的关联亟待重构。传统偏见的根基在于混淆了基数与序数的概念，基数是一种共存关系，而序数是一种后继关系，二者各自引进了一种无穷概念——分割的"极限"与序列的"无限"①。在有限集中，序数与基数是相等的，可以通过计数活动来定义序数进而定义数；但在无限集中，无限的基数不依赖于计数序列，从而在心理图像意义上思考无限的努力必然失败。

其次，在无限问题上，康托的超限数理论直接探究无限本身，突破了康德对于知性界限的限制。康德允许一种可以在现象界展开，但不可以实现的潜无穷概念，而康托则承认实无穷的存在，若非如此无理数将成为一种不可抵达的虚构。在康托通过超限数的势与良序化对其结构进行了测定，这样一来无限理论就从 R（实数集）与 R²（实数平面）扩展到更广的集合概念，康托在此意义上从点流形（Punktmannigfaltigkeit）概念转向"集合"（Menge）②。

与黎曼流形致力于通过形式化显示"一"与"多"的内在关联相比，康托的流形论或集合论显然更加侧重整体与部分的蕴涵关系，前者是哥廷根学派公理化的思想先驱，而后者则是柏林学派算术分析化传统的继承者。总体而言，康德"杂多"与现代数学的"流形"有着根本的区别，这并非源于后天与先天的差异——康德体系中也可以找到"先天杂多"的表达，而首先是度量与拓扑（康德与黎曼）、有限与无限（康德与康托）的区别。

在整体与部分的关系上，现代数学已经给出了新的思考范式，据此胡塞尔得以在《逻辑研究》中通过整体与部分的质料先天综合根本地推进康德的思考。而在流形概念的内部，仍存在着黎曼流形与康托集合两种使用方式，他们的对立可以在一与多的问题上清晰的显示，"流动的一"与"联结为一"之间有着明显的差异，实际上，胡塞尔对此区别是了然于心的："康托将流形完

① 郭贵春、殷杰主编：《爱思唯尔科学哲学手册——数学哲学》，康仕慧译，北京师范大学出版社，2009 年，第 305 页。

② 郭贵春、殷杰主编：《爱思唯尔科学哲学手册——数学哲学》，康仕慧译，北京师范大学出版社，2009 年，第 498 页。

全理解为了任意具有统一性的诸要素之总体……但(康托的)这一概念与黎曼对此的使用以及在几何学理论中的使用并不一致,根据后者流形不单纯是具有统一性的诸要素之总体,更是任意具有有序性的诸要素之总体,另一方面不单纯是统一的诸要素,而是连续的、连通的诸要素。二者不是没有联系,因为在连续统的概念中具有最宽泛意义上的序(Ordnung)"[①]。在流形论的名义下,这两重含义自然地转渡到胡塞尔的思考中。

第二章　集合论与现象学突破

(一) 基数、多与集合的起源

在 1891 年出版的《算术哲学》中,胡塞尔试图以心理学的方式考察数的概念的起源,即回到"奠基抽象概念的具体现象"[②]。他继承了布伦塔诺对直观表象行为和符号代现行为的基本区分,将《算术哲学》划分为两部分:对本真表象的直观起源的探究以及对非本真表象/符号方法的逻辑阐明。以魏尔斯特拉斯为代表的分析学传统业已将几何通过解析化还原到算术,胡塞尔试图延续这一努力,通过对数的概念阐明彻底澄清数学的哲学基础。实事上,不仅将基数作为数的基本概念的观念来自魏氏的理论,通过计数活动来澄清正整数的起源也是他的基本构想[③]。

在胡塞尔看来,数字起源于多(Vielheit),只有在我们试图区分不同的多、回答"是多少"的发问时,才需要一个精确的数,因此:"对基数概念的分析以对多的分析为前提"[④]。而多的本真概念起源于具体现象,它依赖于将任意的

①　Edmund Husserl, *Studienzur Arithmetik und Geometrie*, M. Nijhoff Publishers, 1983, S.95 - 96.

②　Husserl, *Philosophy of Arithmetic：Psychological and logical Investigation*. Springer Netherlands, 2003, p.16.

③　C. O. Hill, "Did Georg Cantor Influence Edmund Husserl?," *Synthese*, 1997, 113(1)：145 - 170.

④　Husserl：*Philosophy of Arithmetic*, p.16.

对象聚集为一个集合。集合的任意性意味着其中个别元素的物理特性并不重要，只要它们有着某种联结，就可以将特殊元素归入一个整体①。

于是数的问题被还原为集合的问题，这种从集合到基数的构造序列明显得益于康托集合论的研究。关键问题在于这种"集合联结"（kollective Verbindung）的特性。在排除了集合联结其他还原可能、例如时间相续与空间综合关系后，胡塞尔认定唯一能够承担建立集合联结使命的只有心理计数活动。不同于初阶内容不独立的物理联系，例如颜色无法独立于广延、红色暗示着颜色等——它们基于元素的内在性质的关联，心理联系中元素之间没有必然的伴随关系，是心理行为将它们互相关联，在内容上元素本来就相互独立。集合联结只涉及后者，在日常语言中，这种联结就体现为连接词"和"。它所联结的两项不再是经验性的物，而是在反思中被抽象出的"某物"（Etaws）。

这样，在计数行为中就出现了双重的目光。首先是对初阶内容或物理现象的直观，即所谓的"具体现象"的总和，它是实在的物感知，充当着数在意识活动中的代现者；但在计数行为中，能计之数与所计之物有根本的区别，只有通过将经验物抽象为"某物"的反思，"某物"与集合联结相合，集合与多的概念才会出现。从初阶内容到集合联结再到抽象反思，似乎由此数的概念就呼之欲出了。

问题在于，集合联结的实质是什么。一方面"无论何种特定的个别内容都在集合联结中被给予"②，它似乎在初阶的意识活动中自发的形成，在某种内在的图像中成为意识的内容。而在高阶的反思活动中，"集合联结只有通过对心理行为的反思才能被理解"③，它又仿佛是意识的对象，在此基础上进一步抽象出数的概念。

另一方面，为了成为集合中的"一"，物理现象需要丧失所有的规定性，才可被视为心理联系中的同质要素，似乎抽象活动发生在集合联结之前，正如

---

① Husserl：*Philosophy of Arithmetic*，p.19.

② Husserl：*Philosophy of Arithmetic*，p.83.

③ Husserl：*Philosophy of Arithmetic*，p.77.

贝纳特指出的:"作为多样性与数的整体只有通过使诸如'任意一物'或'某物一般'的抽象对象相互地联、综合统一的联结活动才能被给予"[1];而为了保留数的"多",尽管个别内容可被抽象,但它必须保留基底才能在集合联结中占位,正如"某物"加"某物"的心理联系才能奠基"2"的概念,集合联结应该保留物理现象间的差异,否则抽象活动会将使所有的"多"划归为一[2]。

如果我们无须在思维的内容与思维的对象间做出区分,那么这一矛盾并不凸显。我们完全可以把意向对象在图像论的意义上理解成意识的实在内容,根据代现论的经典观点,一个对象的存在与否取决于它是否能在意识活动中找到自己的代表图像。那么,为什么胡塞尔不满这种奠基模式,反而转向纯粹逻辑学的探究呢?

(二)想象数的困境

根据胡塞尔自己的回忆,他早年从哲学上澄清数学基本概念的努力在对流形论的逻辑探究中"遭遇了特别的困难"[3],即"思维的心理联系如何过渡到思维内容的逻辑统一(理论的统一)上去,在这个问题上我却无法获得足够的连贯性和清晰性"[4]。同时,他在对基数的起源的研究中还过早地遇到了范畴的统一性问题,即集合联结的性质,此时依赖于布伦塔诺描述心理学方法的胡塞尔还无法处理这种高阶的意识现象:"我在这里初次遭遇了综合的-多束的意识的一个基本形式,这个意识归属于'范畴'意识[5]。这种不连贯性在基数领域还可以通过混淆意向内容与图像对象而被掩盖,但它将在想象数(负

---

① Rudolf Bernet, Iso Kern and Eduard Marbach, *An Introduction to Husserlian Phenomenology*, Northwestern University Press, 1993:17.

② 弗雷格正是在这一意义上对抽象论提出了严厉的批评:如果抽象使得差异消失,那么最后将只剩下一个计数块,计数不会超过"一"。参见弗雷格:《胡塞尔〈算术哲学(Ⅰ)〉书评》,刘靖贤、温艳玲译,《世界哲学》,2017年第4期。

③ 胡塞尔:《逻辑研究》,倪梁康译,商务印书馆,2015年,第4页。

④ 胡塞尔:《逻辑研究》,倪梁康译,商务印书馆,2015年,第5页。

⑤ 胡塞尔:《〈逻辑研究〉第二版"序言"草稿的两个残篇》,倪梁康译,收入《中国现象学与哲学评论》第十四辑,上海译文出版社,2014年,第242页。

数、有理数、无理数等）的领域暴露无遗。

根据胡塞尔的设想，本真表象只包含 12 以下的正整数，而非本真表象需要通过本真数的表象和后继关系来表征。如果说本真表象为符号奠基的话，那么符号的一切操作必须源于对形成数的概念的集合联结所进行的变更，这一联结中只包含两个元素，"和"与"某物"，以此为基础可以不断进行"添加"和"分离"操作从而得到整个自然数列。当然，每一个数的特有符号一旦生成，我们便可以一劳永逸地通过符号来进行保真的数学运算，在这个意义上，数学也可以被视为一种计算的"工艺论"。

问题在于，至此胡塞尔所设想的集合联结是一种心理图像式的存在，例如无理数、0 等数学对象则根本无法在意识中找到可以表象自己的图像，而它们已经在现代数学中取得了独立的地位，认为这种对象不存在的立场必将遭到现代数学的非难。如果抽象的概念必须回到奠基性的具体现象上来理解，那么对应着这些想象数的具体现象是什么呢？我们是否能够在意识的对象与内容间做出更切近实事的区分？

更重要的是，康托的研究令人信服地证明，无限本质上不可以通过有限数来表征，在前者中基数与序数分离，以集合联结为基础的添加与分离注定是序数性质的操作，它不可能逼近高阶无限的势。如果说在康托在揭示超限数之前，寻找数的心理现象起源还是一种可能的思路，毕竟有限的数目可能对应于一些物体的总和。但无限显然没有现成的心理现象可以与之对应，同时它奇异的性质严重违背日常直观——如果不能提出一种新的直观概念的话。通过集合联结的共存性质来构造本真的基数、通过添加与分离的后继性质来构造非本真的表象，这一思路只能建立在基数与序数意义同构的意义上。这样，寻找数在意识中的实在的代现者的心理主义必然失败，"无论通过何种巧妙的设置和何种非本真的表象，负数、有理数、无理数和各种复杂的数都不能从基数中产生"[①]。

---

① 陈志远：《胡塞尔直观概念的起源》，江苏人民出版社，2009 年，第46 页。

（三）代现论的意向模式：从实在到实项

为了解决这些困难，胡塞尔从数的哲学探究转向了纯粹逻辑学。在 1894 年的《基本逻辑的心理学研究》中，他开始严格区分内容与对象。一方面想象数作为对象，在意识中的代表应该是体验内容或意义，而非某种实在（real）的图像；另一方面，在心理图像意义上的集合联结已经是意识的对象，而非意识的实项（reell）内容。如果说《算术哲学》中胡塞尔陷入了心理主义的话，首先在于他沿用了心理主义的代现论模式，并且误解了代现的关系项。

在《逻辑研究》中，胡塞尔对意识行为进行了本质性的研究，建立起了一种新型的代现论。在破除了实在的图像代现论后，胡塞尔将一种实项代现关系置于立义意向性的内核：意向对象是超越的，它基于实项的感觉内容而被指向。静态的分析中，意识的要素被划分为体现性的感觉内容、意识行为与意识对象，只要意指能够获得体现性内容的充实，对象自身便在一种拓展了的直观中显示自身；而在动态的考察中，意向质料与体现性内容要首先从连续-融合的体验流中突显出来，由二者的本质关联确定客体化立义的方向，构成意识的代现过程。这种新型的代现论的基础在于，实项的感觉内容本身必须先行负载着种属观念，在此基础上根据种属先天关联才能指向对象。从康托关于整体与部分的集合论角度，不难理解这种新型的代现论：元素到集合、子集到母集要依据特定的性质，即概念间的种属关系，实际上，联结作为部分的感觉内容和作为整体的意向对象正是先天种属观念。既然观念是一种无限的存在，那么观念和观念的部分可以等势，而如果感觉内容本身被观念——例如最小种差所贯穿，那么它先天地有资格作为意向对象的在意识中的代表，无须再通过图像的中介。

具体而言，胡塞尔在第三研究中重新检讨了整体与部分的先天关联[①]，这

---

① 关于胡塞尔在"第三研究"中所提出的整体-部分论（mereology）的专题研究可参见 Dallas Willard,"The Theory of Wholes and Parts and Husserl's Explication of the Possibility of Knowledge in the *Logical Investigations*," in *Husserl's Logical Investigations Reconsidered*, edited by Denis Fisette, Kluwer Academic Publishers, 2003：163 - 182.

"是充分理解以后各项研究的一个根本前提"①。胡塞尔首先区分了体验中的独立与不独立内容:独立内容是已经成为现成的块片,例如对象的特定形状或颜色,我们可以将它复合或分割,由此出现"飞马"等没有实在对应的表象;而不独立内容则是感觉质之间的内在关联,如颜色与广延之间的关系,尽管它们可以"互不倚赖地变更"②,但这种变更性只是属下同种的变更,例如在广延不变时色泽的变更,广延与质则是不可分的,这些不可分的因素联结成为一个"感性-直观的整体"③。

但另一方面,即便是在不独立的感觉质性的意义上,它仍然是负载着种属划分并被严格限定的,当我们能够区分出颜色的某个种时,这已经是基于融合的间断,换言之,"只有当一个间断性通过被覆盖的因素创造出来,而且只有当那个与此变更的一个块片相符的整体随之而被划分出来,这个变更的块片才能自为地受到注意,并且首先在意识中得到突出"④。内容在意识中的突出必须处于一个它在其中得以现身的整体,若非间断性对连续融合领域的先行划分,则突出和独立都是不可想象的。间断性植根于种属观念之中,"间断性本身与在同一个仅高于它的属(在亚里士多德意义上的)中的最低的种差有关"⑤,感觉内容的在意识中的出现受到一个先天规律的支配,它必须通过"自身直接具有最终种差之流形的种"⑥对的补充才能产生。这样一来,种属观念从意识的起点处就已经贯穿了感性行为,使得感觉内容具有了最低的种属性质,质料先天综合的进程以此为基础:"被奠基内容属依赖于奠基性内容的特定被标识出来的属"⑦。对胡塞尔而言,"我们无法指明一个附加的、不含有质的概念的规定性;就像对这样一个问题:什么东西附加到'颜色'之上

---

① 胡塞尔:《逻辑研究》,倪梁康译,商务印书馆,2015 年,第 23 页。
② 胡塞尔:《逻辑研究》,倪梁康译,商务印书馆,2015 年,第 553 页。
③ 胡塞尔:《逻辑研究》,倪梁康译,商务印书馆,2015 年,第 555 页。
④ 胡塞尔:《逻辑研究》,倪梁康译,商务印书馆,2015 年,第 570 页。
⑤ 胡塞尔:《逻辑研究》,倪梁康译,商务印书馆,2015 年,第 569 页。
⑥ 胡塞尔:《逻辑研究》,倪梁康译,商务印书馆,2015 年,第 574 页。
⑦ 胡塞尔:《逻辑研究》,倪梁康译,商务印书馆,2015 年,第 612 页。

才能使得'红'这个种类产生出来,我们对此只能再回答说:是'红'"①。

在这里我们似乎已经获得了质料先天综合的完整形式:从不独立内容的融合状态到最小种差介入后种属化方向的确立,再到作为块片的独立内容之间的综合,无论是对个体的意指还是对种类的意指都生成于此。胡塞尔进一步将代现模式扩展到范畴直观内部时,却遇到了意外的困难。

(四)范畴代现与共形变异

按照第三研究第二章的构想,在这种质料先天综合之上,还应该存在一种"纯粹范畴思想对质料思想的替代"②,胡塞尔甚至提到了一种不同于对不独立内容因素的突出作用的形式化③。这样看来,范畴作为形式关联应该超越于种属的总体化,它无须在种属观念内部寻找自己的代现者,正如他在《逻辑研究》第一卷中关于纯粹逻辑学的构想。但在第六研究中,胡塞尔再次从代现论的角度展开对范畴直观的考察,范畴代现问题成为一段现象学公案。

在感性直观领域,基于整体与部分的先天种属关联,感性对象乃至普遍对象都可以找到自己本真的代现者④。这种代现者并非图像,而是在内感知中可被反思所觉察的感觉素材。如果通过直观概念的扩展,超感性的范畴也能够因其可充实性而被纳入直观,它是否也需要遵循代现论的一般模式呢?在何种反思行为中,范畴对象,例如"和"、"与"等逻辑范畴乃至"2"等数型个体能够找到自己本真的代现者呢?

为此胡塞尔在《逻辑研究》中诉诸于某种"心理纽带"中行为质料间的相

---

① 胡塞尔:《逻辑研究》,倪梁康译,商务印书馆,2015年,第573页。
② 胡塞尔:《逻辑研究》,倪梁康译,商务印书馆,2015年,第614页。
③ 胡塞尔:《逻辑研究》,倪梁康译,商务印书馆,2015年,第614页。
④ 对于普遍直观,我们无须理解的太过神秘。从语言现象出发,西语中天然就有定冠词与不定冠词的区别,a/ein强调类指,而the/das-der-die强调特指,它们指称相同而含义不同,从"这个红"向"红一般"的目光转向在我们语言表达中可以自然的发生,只是在汉语中表现得不明显。

合统一①，胡塞尔将之称为"共形变异"（konformeModifikation）②。这一思考有着强烈的数学背景，"共形变异"作为数学术语，也称为"保角变换"，意味着从一个曲面到另一个曲面的同胚映射，在其中向量间夹角保持不变，它就源于 1851 年黎曼的博士论文对黎曼映射定理的证明，胡塞尔借以表示范畴就是这一相合中的不变量。这一概念首先出现在第五研究在对"称谓化"（Nominalisierung）和称谓的综合构形的讨论中③，它的基本含义是行为质料不变的前提下行为其他方面，例如行为质性的设定性的改变。实际上，称谓的综合构成已经是一种范畴行为，例如"A 与 B"这一表达作为组合行为，是对基本的称谓行为进行范畴综合的结果，这一联结的前提是，"A"与"B"的称谓行为必须发生"共形变异"，"一个陈述行为永远不可能在未变异的形式中成为一个建立于其上的综合行为的基础"④。进而胡塞尔指出，范畴行为是一种奠基在感性行为之上的高阶行为，"本质上有所范畴形式都是在被奠基的行为中构造起自身的"⑤。在第六研究中，胡塞尔专题探讨了不同于感性联结（即质料先天综合中感觉质的内在关联）的范畴联结，它联结感性行为本身，这同样是基于"共形变异"的构形作用："我们不是在作为对象的行为中，而是在这些行为的对象之中找到实现这些概念的抽象基础；而这些行为的共形变异当然也

---

① 胡塞尔：《逻辑研究》，倪梁康译，商务印书馆，2015 年，第 1054—1055 页。

② 在《逻辑研究》中，胡塞尔有 5 次集中使用"共形变异"这一概念。分别见于第五、第六研究的如下讨论中：称谓环节的统一合取（第 840—843 页）；感知与想象的质性过渡（第 851—852 页；第 892 页）；范畴形式，例如联言判断（第 1022 页）；感知的联合（第 1042 页）。

③ 在《逻辑研究》中，胡塞尔有 5 次集中使用"共形变异"这一概念。分别见于第五、第六研究的如下讨论中：称谓环节的统一合取（第 840—843 页）；感知与想象的质性过渡（第 851—852 页；第 892 页）；范畴形式，例如联言判断（第 1022 页）；感知的联合，第 843 页。

④ 在《逻辑研究》中，胡塞尔有 5 次集中使用"共形变异"这一概念。分别见于第五、第六研究的如下讨论中：称谓环节的统一合取（第 840—843 页）；感知与想象的质性过渡（第 851—852 页；第 892 页）；范畴形式，例如联言判断（第 1022 页）；感知的联合，第 1038 页。

⑤ 在《逻辑研究》中，胡塞尔有 5 次集中使用"共形变异"这一概念。分别见于第五、第六研究的如下讨论中：称谓环节的统一合取（第 840—843 页）；感知与想象的质性过渡（第 851—852 页；第 892 页）；范畴形式，例如联言判断（第 1022 页）；感知的联合，第 858 页。

会为我们提供一个同样好的基础。"①在不同的感性行为中,感觉内容是相互异质的,它已经负载了特定的种属观念,而范畴行为的特点在于:"范畴行为形式与其基础的感性内容在实事上的无关性表现在,这些属的内容是无限可变更的"②,只有标识对象性关系的行为质料才有综合的可能,"在所有的范畴行为中,被奠基行为的质料都奠基于奠基性行为的质料中"③。事实上,感觉内容已经是最小种差中断流形后的产物,它无力承担为范畴行为奠基的使命;相反,行为质料间存在着同胚变换的可能,这种同胚就是"在集合综合中涌现出来的共同之物。恰恰这个共同之物可能就是我们所寻找的被代现者"④,也只有基于此我们才能真正区别感性内容与质料,前者是康托集合意义上的部分,它预设了整体本身,而后者是黎曼流形中"流动的一",它通过行为质料间的同胚映射确认了范畴行为的相合性。

问题在于,胡塞尔将这种共形变异重又置于整体与部分的代现论关联中,将共形变异的结果——质料间的相合同一,视为范畴对象在意识中的代现者,"整个综合直观……将奠基性行为加以联合的心理内容被立义这些被奠基对象的客观统一,被立义为它们的同一性关系、它们的部分与整体的关系"⑤。这样一来,胡塞尔又一次从黎曼流形回到了康托集合。根据马迎辉在

---

① 在《逻辑研究》中,胡塞尔有5次集中使用"共形变异"这一概念。分别见于第五、第六研究的如下讨论中:称谓环节的统一合取(第840—843页);感知与想象的质性过渡(第851—852页;第892页);范畴形式,例如联言判断(第1022页);感知的联合,第1022页。

② 在《逻辑研究》中,胡塞尔有5次集中使用"共形变异"这一概念。分别见于第五、第六研究的如下讨论中:称谓环节的统一合取(第840—843页);感知与想象的质性过渡(第851—852页;第892页);范畴形式,例如联言判断(第1022页);感知的联合,第1056页。

③ 在《逻辑研究》中,胡塞尔有5次集中使用"共形变异"这一概念。分别见于第五、第六研究的如下讨论中:称谓环节的统一合取(第840—843页);感知与想象的质性过渡(第851—852页;第892页);范畴形式,例如联言判断(第1022页);感知的联合,第1057页。

④ 在《逻辑研究》中,胡塞尔有5次集中使用"共形变异"这一概念。分别见于第五、第六研究的如下讨论中:称谓环节的统一合取(第840—843页);感知与想象的质性过渡(第851—852页;第892页);范畴形式,例如联言判断(第1022页);感知的联合,第1052页。

⑤ 在《逻辑研究》中,胡塞尔有5次集中使用"共形变异"这一概念。分别见于第五、第六研究的如下讨论中:称谓环节的统一合取(第840—843页);感知与想象的质性过渡(第851—852页;第892页);范畴形式,例如联言判断(第1022页);感知的联合,第1058页。

《范畴代现与实显性问题》①中的总结，这一模式至少存在两个裂隙：首先，实项的体验因素在内感知中无法被范畴化；其次，在范畴代现内部两种代现方式及其相合性也各不相适。其根源就在于胡塞尔将质料的"共形变异"带回了代现论，共形变异本应生成范畴本身，而无须再经历实项的代现论为中介。感性表象的认识问题上代现论是可取的模式，但对于范畴形式而言，代现关系本身就是需要被质疑的。代现预设了整体与部分的关联，尽管胡塞尔已经澄清，这一关联并非实的图像，而是先天的观念。但何种种属关联可以支撑范畴对象与范畴的充实内容间的代现关系呢？根据范畴的形式本性，它本就应该分离于代现内容——后者受制于种属关联的规整，无法真正地充实范畴形式，而"和""与"等范畴形式是超越种属的，毋宁说它们具有联系不同种属的先天可能性。

胡塞尔最迟在 1891/92 就开始意识到康托与黎曼间的流形概念的区别②，他在 1900/01 年关于流形论的思考也是在黎曼而非康托的意义上③。共形变异实际上是纯粹流形论的延伸，但遗憾的是，胡塞尔的失察将它重新置于代现论模式之下。描述心理学或本质心理学就建立在这种整体与部分的观念关系之上，它掩盖的形式化的可能。如果坚持显现-显现者的先天平行关系，那么此时这种无力澄清范畴对象、无法真正为纯粹流形论奠基的意向学是不可接受。摆脱这一窘境的可能性在于借助黎曼之思重新激活形式化概念，将描述心理学真正深化为意向本质学。

---

① 更为详尽的考察可参见马迎辉，《范畴、现象学还原与被给予性》，《南京社会科学》，2014 年第 9 期。

② E. Husserl, *Studien zur Arithmetik und Geometrie*, Martinus Nijhoff Publishers, 1983 S.95 – 96.

③ Bachelard, "A Study of Husserl's formal and transcendental logic", *Kant-Studien*, 1990, p.55.

第三章　流形论与超越论现象学

（一）形式化与本质学

从黎曼流形来看,范畴本来就不应被置于整体与部分的关系中考量,无论是从欧氏空间向非欧空间和高维空间的扩展,还是从自然数向复数系统的扩展,所依据的都是流形论内在的运作法则。在 1906/07 年的《逻辑学与认识论讲座》中,胡塞尔通过对运算程序(rechnerishes Verfahren)与数和量(Zahl und Grösse)的严格区分,重新激活了流形论的作为理论的形式系统的真正意涵,"流形是一个仅仅通过形式被规定的区域"[1]。事实上,胡塞尔试图在流形论的名义下建立关于对象一般的完备理论,从而将范畴放置在本质学中。这样一来,不仅范畴作为意向对象获得了新的阐释,范畴直观也得以深化为形式的本质直观。

立足于流形论的思考,在《观念Ⅰ》第一编中,胡塞尔重新开启了对于形式化真理的讨论,他重新区分了作为普遍化两种途径的总体化与形式化。总体化与特殊化,或者说质料先天综合中整体与部分本质上不同于"逻辑形式和事物化(Versachlichung)"[2],前者处于实质领域之中,依附于种属观念,而后者是形式真理与其"充实"之间的关联。二者有各自的构造序列:形式化序列从本质单一体到作为最高属的意义一般;总体化则从作为最低种差的实质单一体到作为最高属观念本身,如果"把'本质'看作实质性本质属,其错误也许正如把一般对象(某种空的东西)错误地解释成与各种对象相关的属"[3]。胡塞尔还告诉我们,本质形式(范畴)与普遍项有根本的区别,"严格来说它们根本不'在'实质的单一体之'内'——即绝不是与通常狭义的部分关系

①　Husserl,*Einleitung in die Logik und Erkenntnistheorie* (1906/07),herausgeben von Ullrich Melle,Martinus Nijhoff Publishers,1984:82.

②　胡塞尔:《纯粹现象学通论》,李幼蒸译,商务印书馆,2012 年,第 78 页。

③　胡塞尔:《纯粹现象学通论》,李幼蒸译,商务印书馆,2012 年,第 78 页。

(Teilverhältnis)相同"①。本质直观并不意味着"对本质(Wesen)的直观",仿佛本质是现成之物,有待于某种直观的发现,这极易返回种属的本质观念;而是意味着这种新型直观本身是本质性的(eidetishe)、形式化的,如此才能保证直观中的所予对象是纯粹的艾多斯(Eidos),从而建立本质学或本质存在论。

从奠基关系上,事实科学依属这门本质学。它一方面受制于"一般对象的本质的法则"②,即必须服从形式存在论的法则,另一方面它"包含一种实质性的本质组成因素"③,即服从于区域存在论中各自的"综合的"本质真理。前者"严格地说它并不是一个区域,而是区域本身的空形式……包含着一切可能的存在论本身的各种形式,并为质料存在论规定一种它们共同具有的形式组合"④,而后者则"展现了该区域内一切对象的一种必然的实质的形式"⑤。质言之,形式存在论关涉贯穿所有区域的形式一般,而质料存在论则探讨相同质料区域的构造过程⑥。在此意义上,《逻辑研究》中的范畴困境无法再钳制超越论现象学,在重新确立范畴的形式本性的基础上,问题方向不再是范畴对象有怎样的代现关系,而是如何在形式一般和事物化、形式存在论与质料存在论的充实关联中实现个体化构造,从而为现象学赢得了全新的问题域。

那么,当胡塞尔借助现代数学的克服描述心理学的疑难时,是否存在着一种将数学结构不加反思的引入意识结构的危险呢? 从《逻辑研究》开始,意向学-流形论的关系就一直是单向奠基。流形论中新型的数学对象是意向学的先行导引,它是意向学建构成败的试金石,如果不能给出现代数学的意向基础,那么胡塞尔哲学严格化的努力也将付诸东流。在《观念Ⅰ》中,胡塞尔明确拒绝将现象学建构为一门体验的"几何学"⑦。一方面,现象学哲学作为

---

① 胡塞尔:《纯粹现象学通论》,李幼蒸译,商务印书馆,2012年,第79页。
② 胡塞尔:《纯粹现象学通论》,李幼蒸译,商务印书馆,2012年,第69页。
③ 胡塞尔:《纯粹现象学通论》,李幼蒸译,商务印书馆,2012年,第69页。
④ 胡塞尔:《纯粹现象学通论》,李幼蒸译,商务印书馆,2012年,第73页。
⑤ 胡塞尔:《纯粹现象学通论》,李幼蒸译,商务印书馆,2012年,第70页。
⑥ 对于形式存在论与区域存在论更为详尽地研究,参见钱立卿:《现象学哲学作为严格的构造性科学体系》,第二章,《观念Ⅰ》对本体论纲领的形式研究,复旦大学,2013。
⑦ 胡塞尔:《纯粹现象学通论》,李幼蒸译,商务印书馆,2012年,第203页。

严格的、描述的科学,对立于与作为精确的、演绎的科学的数学,不能仿照数学来建构现象学的体系①;另一方面,体验流中不存在类似于数学流形论的公理系统。事实上,现象学是内容的本质科学,而数学流形论则是纯形式的本质学②,后者依赖于公理演绎系统,而前者只能通过本质直观和描述性方法。换言之:"精确科学和纯描述科学虽然联合在一起,却不能相互取代。任何精确的,即在观念的基础结构之上进行的科学,不论发展程度有多高,都不能解决有关纯描述问题的那种原初的和正当的任务"③。事实上,流形论是超时间的数学建构,而意向本质学则要建基于时间性之上,笔者将在下一节展开这一判断。

(二) 时间性

在确立了本质学的方法与实事的基础上,胡塞尔在《观念Ⅰ》中通过悬隔与现象学还原揭示了纯粹意识的内部结构。这里并不存在康德意义上的"杂多"——杂多没有综合自身的先天可能,它只能被动地听从直观形式与知性范畴的规整④。而在超越论现象学中,杂多概念被彻底深化为了"流形",感觉材料在必须嵌入客体化立义之前,必须原初地在意向关联的融合状态中显示自身。为此胡塞尔在《内时间意识现象学》中重新开启了对感觉材料的考察,"我们现在排斥所有超越的立义和设定,并把声音纯粹地当作质素素材(hyletisches Datum)"⑤,正如拉瓦纳克指出的,"质素可以不再被理解为一种'窗

---

① 胡塞尔:《纯粹现象学通论》,"我们从将本质和本质科学区分为实质的和形式的开始。我们将删除形式的科学,因而也就删除了整个形式数学科学,因为现象学显然数学实质的本质科学",同上书,第128页。

② 参见 Nikolay Milkov, "The Formal Theory of Everything: Exploration of Husserl's Theory of Manifolds", *Logos of Phenomenology and Phenomenology of the Logos*, *Book One*, Springer Netherlands, 2005:119 - 135.

③ 胡塞尔:《纯粹现象学通论》,李幼蒸译,商务印书馆,2012年,第209页。

④ 实事上,胡塞尔在《逻辑研究》中已经揭示了这种杂多出场的先天可能性——它必须是质料先天综合的产物,否则无法在意识流中独立和突出。

⑤ 胡塞尔:《内时间意识现象学》,倪梁康译,商务印书馆,2009年,第62页。

口'，而是关联作用本身内的要素"①。着眼于质素的流动，胡塞尔获得内时间意识分析中最重要的明见：只有当曾在的被给予性同时与当下的被给予性被一同被把握时，对流动的直观才是可能的。胡塞尔用"滞留"来标识这样一种特殊的意向关联，非实项的滞留既不同于当下具有的实项性的余音（Nachklang），又本质地区别于对声音当下化的回忆（Erinnerung），毋宁说：只有基于滞留性意识对质素的持留，以及对当下对已逝片段的动机引发，再回忆才是可能的。"滞留是一个可以用来标识意识相位与相位之意向关系（一个根本不同的关系）的表达，在这里不可以将意识相位和意识的连续性本身重又看作时间客体本身。"②如果说意向性的本质是"内在性中的超越性"的话，那么滞留作为特殊的意向性，本身就是一种时间性的原初超越性。

质素在滞留的持续变异中生成滞留连续统或滞留链，随着逐渐远离时间充盈的核心③，其触发力渐渐减弱并在一种缩聚中承载习性的综合，这一连续-流形的复杂进程既"以映射序列的形式在自身中承载着过去的遗产"，同时又"作为一个现在而自身映射"④。胡塞尔进一步指出，滞留的流逝具有构筑内时间客体（横意向性 Querintentionalität）和维系体验流自身同一（纵意向性 Längsintentionalität）的双重意向功能，这构成了现象学反思的基础⑤。前者为客体化行为奠基，支撑着瞬时性的实显性意识；后者则持续地沉入过去的深度，承载着历史的维度。横意向性的实项块片已经是纵意向性自身生成的意向构成物，基于横纵意向性的先天关联，"目光可以穿越那些在持续的河流

---

① L. R. Rabanaque, "Hyle, Genesis and Noema," *Husserl Studies*, 2003, 19(3):210.相似地，科斯腾也提醒我们注意质素概念异于现成感觉内容，具有时间性形式并处于被动性领域，Frederick Kersten, "Husserl's Doctrine of Noesis-Noema," *Phenomenology*：*Continuation and Criticism*, Springer Netherlands, 1973:114 - 144.

② 胡塞尔：《内时间意识现象学》，倪梁康译，商务印书馆，2009 年，第 387 页。

③ 值得注意的是，在胡塞尔对时间"流逝"现象的描述中，并非是"当下"作为不动点同时时间客体逐渐远离中心，而是随着"当下"的一再更新，时间客体在意识流中呈现出"透视"现象。参见《内时间意识现象学》，倪梁康译，商务印书馆，2009 年，第 38—39 节。

④ 胡塞尔：《内时间意识现象学》，倪梁康译，商务印书馆，2009 年，第 69 页。

⑤ 倪梁康教授将这种新型反思成为"纵向的本质直观"，参见《纵意向性：时间、发生、历史——胡塞尔对它们之间内在关联的理解》，《哲学分析》，2010 年第 2 期。

进程中作为对声音的意向性而彼此'相合'的相位。但目光也可以朝向这河流,朝向这河流的一个片段,朝向这个流动的意识从声音-启动到声音结束的过渡"①,换言之,现象学的双重目光既可以朝向横意向性上现存滞留的彼此相合,也可以朝向纵意向性上滞留化的流逝样式。从而既可以凭借横意向性的现存块片与感知立义的亲缘性揭示实显性的基础,又可以跟随横意向性现存滞留追溯纵意向性的自身生成。进而,前摄、原印象与滞留的刚性结构与流淌样式是一切意识活动的奠基要素,实显的感知生成于这种横纵交织的动态关联。

而时间性的根基处是原被动的时间化,正是活的当下构造了纵意向性、或者说原-质素(Ur-hyle)奠基了质素。活的当下的起源点中,"一下子"存在诸原感觉或原质素从尚未(Noch-nicht)向现在、从现在向不再(Nicht-mehr)整体性地涌现为具体当下,而后自身转变为滞留意向流逝出活的当下的领域,此时活的当下内会有"一再更新的原感觉的聚合本原地产生出来"②。纵意向性就产生于从具体当下向滞留链的流淌过程中,它是"同一个原质素消退的彼此重叠序列"③,这样一来滞留链"自身变异"的说法才有意义:"自身"意味着它仍与活的当中的原质素下有着观念同一性,而"变异"则表明在时间构造阶段上已经与后者有着不可还原的距离。或者更准确地说,滞留的功能不仅是对原印象的持留,同时也是对于原印象的超越,滞留的综合功能保证了意识流的同一性与时间客体的统一性,而滞留的变异功能则使新的原印象一再地涌入。在后期的时间研究中,胡塞尔曾用"去-当下化"(Entgegenwärtigung, de-presentification)或"贰-壹性"(Zwei-einigkeit)来标明这种"在场化"与"空场化"的双重运作。④ 事实上,胡塞尔在《贝尔瑙手稿》中已经直接使用"流形"概念来刻画这一最终的时间构造:"原河流是一条河

---

① 胡塞尔:《内时间意识现象学》,倪梁康译,商务印书馆,2009 年,第 127—128 页。

② 胡塞尔:《内时间意识现象学》,倪梁康译,商务印书馆,2009 年,第 124 页。

③ 胡塞尔:《关于时间意识的贝尔瑙手稿》,肖德生译,商务印书馆,2015 年,第 301 页。

④ 参见 Nicolas de Warren, *Husserl and The Promise of Time*, Gmbridge: *University Press*, 2009, pp.170 - 172.

流，是一自身在各方面未被限制的一维连续中被建造为其相位的连续统。但是，这个总体上双重的连续统（一个双重持续的点流形）在两个'半平面'中自身构造为双重河流，其中的每一条都在一个被一维流形单一限制的两维连续统中构造自身。两个连续性在这个一维流形中相交接。"①换言之，时间性的意向流形就是从构造河流的一维流形向前摄-滞留的二维连续统的时间化的发生过程。

凭借对质素时间性的考察，胡塞尔可以在数学流形与意向流形间做出根本的区分，前者是超越时间性的公理-演绎体系，是引导着超越论现象学诞生的形式理论；而后者则是奠基超越论现象学的意识河流本身，这种构造着时间的河流是绝对的主体性②。建基于这种内时间的意识流形，胡塞尔赋予了意向性概念以新的含义。

（三）意向分析：同一与流形

在《观念Ⅰ》中，胡塞尔指出，"现象学的存在流具有一个质素层和一个能思（noetish）层"③，能思"通过使质料活跃化和使自身与流形-统一连续体及综合体相交织，以此来产生对某物的意识"④。能思对质素的呈现与把握作用是"所思的构成"问题，即作为现象学核心的"功能问题"。胡塞尔如此描述超越论现象学与描述心理学的根本差异："我们不再仅限于在单一的体验上的分析和比较、描述和分类，而是从其能形成'综合统一体'的功能的'目的论'角度来考察单一意识。"⑤

根据贝奈特的总结，《观念Ⅰ》中的所思概念包含有"所意指的对象性"

---

① 胡塞尔：《关于时间意识的贝尔瑙手稿》，肖德生译，商务印书馆，2015 年，第 72 页。本段的翻译采用了马迎辉：《意向与原进程》一文中的译法，因而与中译本语序上有一定区别。

② 参见胡塞尔：《内时间意识现象学》，第 36 节。

③ 胡塞尔：《纯粹现象学通论》，商务印书馆，2012 年，第 251 页。

④ 胡塞尔：《纯粹现象学通论》，商务印书馆，2012 年，第 251 页。

⑤ 胡塞尔：《纯粹现象学通论》，商务印书馆，2012 年，第 253 页。因此，这种构造的意向性梅洛-庞蒂称之为功能意向性，以区别对象性的行动意向性。梅洛·庞蒂：《知觉现象学》，姜志辉译，商务印书馆，2012 年，第 14 页。

"贯穿诸层级的意义统一体""抽离出一切谓词后的纯 X"三重含义①,如果坚持显现-显现者的普遍先天原则,那么对应于三种所思应该存在着三种能思。马迎辉对《观念Ⅰ》的考察揭示了这一点:三种能思应分别奠基于横意向性、纵意向性与活的当下②。

在第一层事态上,能思一侧是对质素的侧显流形的直接把握,而对应的所思一侧则是"在所思的组成中首先突出地涌现出一个中心核,即'所意指的对象性本身'"③。或者可以简单标识为:"所思是统一体领域,能思是'构成性'的流形领域"④,换言之,意指对象就是在质素的流形中被认定的同一,它可以在空间的拓扑变换上得到类比的理解。仅在这一层面,胡塞尔就已经不同于描述心理学的意向构架。

第二层事态中胡塞尔则将外感知的流形-同一模式奠基于内在时间的连续流形。"在能思与所思中的诸意向关系以层级方式互为根基,或者不如说是以独特方式彼此套接的"⑤。对此,胡塞尔从所思层面作出如下说明:自我的目光可以贯穿诸层级序列的所思,也可以在层级间迁移,指向某一层级的所与物并固定于其上,"这种可能目光方向的多样性,本质上属于彼此关涉的和互为根基的意向流形"⑥。不难发现,这正是胡塞尔在内时间意识分析中所使用的现象学的目光⑦,能思与所思彼此套接的平行关系应该来源于纵意向性的自身生成。体验流中不仅存在横纵的意向交织,在横、纵意向性上更存在各自的能思-所思交织,构成双重意向性上能思-所思的本质双侧性。

第三层事态则应该回到时间化的最初构造,即一维流形对河流本身的生成。在前两层事态中,意义已经负载了具体的规定性,因而也可以通过谓词

---

① 贝纳特:《胡塞尔的 Noema 概念》,倪梁康译,载《论证》,赵汀阳主编,辽海出版社,1999 年。

② 马迎辉:《胡塞尔论能思-所思——一种基于"显现"之先天可能性的研究》,《哲学分析》,2014 年第 6 期。

③ 胡塞尔:《纯粹现象学通论》,商务印书馆,2012 年,第 272 页。

④ 胡塞尔:《纯粹现象学通论》,商务印书馆,2012 年,第 289 页。

⑤ 胡塞尔:《纯粹现象学通论》,商务印书馆,2012 年,第 293 页。

⑥ 胡塞尔:《纯粹现象学通论》,商务印书馆,2012 年,第 295—296 页。

⑦ 参见胡塞尔:《内时间意识现象学》,倪梁康译,商务印书馆,2009 年,第 39 节。

来指涉。抽离出一切谓词后，我们仍然剩下纯 X 的形式基底，只有基于这种原对象的纯粹可规定性才有贯穿诸层级的意义统一体的生成。它是为流形奠基的同一性本身，如果没有内涵无限的可规定性、又不负载具体谓词的纯 X，就没有"意义"的生成。

因此，纯粹意识的流形结构可以被具体地刻画为双重意向性上能思-所思的本质双侧性（两种平行性）以及作为其平行性源泉的活的当下对纯 X 的构造。胡塞尔甚至表示，纯粹意识是"一种绝对存在的联结体，没有东西可以撞入其内和溢露其外"①，在这种对自身的思义中，可以达到一种绝对的知。在这一意义上，纯粹意识依然具有了绝对存在的性质，而这是意识的"原范畴"或"原区域"，才是超越论现象学真正的领域。

结　语

至此，本文的考察告一段落，我们可以简单地勾勒一下胡塞尔早期的思想转变：

首先，胡塞尔早期数学—哲学的工作围绕着基数的本真表象与想象数的符号行为展开，胡塞尔试图通过对集合起源的心理学说明完成这项工作，在过程中却陷入了实在的代现论，即是说，胡塞尔希望为数的概念提供某种心理图像作为支撑。康托在流形论名义下对集合论的思考指出，无限不可能被实在地代现出来。实际上，意识中的心理图像已经是意识的对象，而非意识的代现内容，胡塞尔误识了代现关系中的代现项。

其次，康托集合论揭示出无限集合中整体与部分的奇特关联，胡塞尔在描述心理学阶段的质料先天综合实际上就是这种观念关系的翻版，从而成就了一种实项的代现论：感觉内容早已被整体观念所渗透，从而成为代现整体的部分。而在范畴直观问题上，胡塞尔已经发现感觉内容无力支撑范畴行为，它隐含了康托意义上的集合观念，而只有作为对象性关系的质料间的"共

---

① 参见胡塞尔：《内时间意识现象学》，倪梁康译，商务印书馆，2009 年，第 155 页。

形变异"才能为范畴行为奠基。这种"共形变异"已经突破了整体与部分观念的钳制,实际上是黎曼流形的另一种表达,只有通过行为质料间的同胚变换,集合综合中的同一之物才会凸显,范畴行为的相合性才能得到确认。但胡塞尔重又将"共形变异"的结果当作了范畴对象的代现者,从而在范畴问题上回到了代现论的立义模式。这一进路导致范畴代现理论存在着的两个无法回避的裂隙,它们促使胡塞尔进一步反思代现论本身,走出《逻辑研究》的意向性模式。

最后,在流形论的运思下,胡塞尔找到了以形式化操作作为依托的本质直观,它是对"共形变异"的进一步深化,共形变异描述的是块片相合的可能性,而本质直观则涉及河流深层的构造问题。胡塞尔彻底地放弃了代现论的思考模式,建构起形式的与区域的本质学。不仅如此,胡塞尔将数学流形论奠基于意向的流形之中,时间性是意向流形与数学流形的根本区别。不同于作为公理-演绎体系的后者,前者是从构造河流的一维流形向前摄-滞留的二维连续统的发生过程。就纯粹意识的意向性本身而言,胡塞尔提出了能思-所思的三重结构,对应于所思"所意指的对象性""贯穿诸层级的意义统一体""抽离出一切谓词后的纯 X"的三重含义,能思也奠基在横意向性、纵意向性与活的当下之上,呈现为质素的侧显流形、时间的连续流形与最终的一维流形。

作者简介:王知飞(1995—),男,江苏徐州人。南京大学哲学系 2013 级本科生,本科毕业论文指导老师为马迎辉副教授。南京大学哲学系外国哲学专业 2017 级硕士生,宾州州立大学访问学者(2018/08—2019/08),现研究方向为德法现象学。

南哲感悟:本科四年,大半时间都在与胡塞尔现象学打交道。它将清晰赋予深邃,将思赋予生命,使我在初次相遇便被它吸引。现象学与其说是一门定型的学说,不如说是思所凭借的方法,提供了一种追问与描述显现的可能。这一路上不仅得到了南哲诸位老师,尤其是我的导师马迎辉老师的悉心指导,更是在南大现象学研究所的历次活动中开阔了视野,在哲学系的各项实践中与诸友共同砥砺前行,这些经历都是我在南哲的宝贵回忆。

"生产者"的快感与微观政治

——约翰·费斯克大众文化理论的起源、解读与比较*

沈　立

摘　要：约翰·费斯克被认为是伯明翰学派后期的重要人物，他的大众文化理论典型地体现出当代文化研究的"葛兰西转向"。他延续并完善了霍尔的研究，将后现代理论资源融入文化研究，创见性地提出双重焦点的分析方法，重视快感、意义与社会认同的流通，强调大众的抵抗性、辨识力与生产力，明确提出了大众文化在微观层面具有的政治潜能，充分发展了伯明翰学派积极能动的受众理论。本文进一步讨论了费斯克作为当代美国学者的"学院化"的代表，并在此意义上认为他与伯明翰学派有着"同源异流"之关系。

关键词：伯明翰学派；文化研究；大众文本；文化经济；微观政治

引　言

在当代文化研究领域，美国大众文化学者约翰·费斯克（John Fiske）无疑是不容忽视的人物。1939年，费斯克出生于英格兰，自剑桥大学毕业后到了伯明翰大学当代文化研究中心（The Center for Comtemporary Cultural Studies，简称CCCS），在霍尔的领导下工作，此后又先后教于澳大利亚、新西兰和美国的大学，其代表作有：《传播符号学理论》（1982）、《电视文化》（1987）、《理解大众文化》（1989）、《解读大众文化》（1989）等。费斯克自述其

---

* 本文为2017年国家级大学生创新创业训练计划的结项成果。——编者注

理论源于欧洲，以布尔迪厄（Bourdieu）、米歇尔·德赛都（Michel de Certeau）、巴特（Barthes）、霍尔（Hall）、巴赫金（Bakhtin）为理论支点，①他继承并充分发展了英国文化研究的思想路径，被学界认为是伯明翰学派后期重要人物。②

20 世纪 60 年代，霍加特（Richard Hoggart）、威廉斯（Raymond H. Williams）、汤普森（E.P.Thompson）等英国左翼批评家开启了英国伯明翰学派的文化研究历程，他们关注底层工人阶级的文化和青年亚文化，力图从利维斯主义传统中脱离出来，希望通过阶级变革社会。这个阶段的英国文化研究仍采用马克思主义的文化研究方法，虽然不支持经济决定论，但经济依然是他们思考的一个重要出发点。80 年代之后，英国实施新自由经济政策，伯明翰学派第二代学者霍尔明确反对经济决定论，他综合了阿尔都塞（Louis Pierre Althusser）和葛兰西（Antonio Gramsci）的理论，打破了以往文化研究路径上"结构主义"与"文化主义"的局限。从此，文化研究开始更强调大众在消费中的抵抗因素，而对宰制性力量的讨论，则更倾向于怀疑其收编与整合大众的成效，这一关注点的变化被称为文化研究的"葛兰西转向"③，也称"后现代的文化研究转向"④。费斯克则是文化研究这一转向在霍尔之后的继承人，他将后现代主义的新锐理论和话语资源融入大众文化研究，把大众文化看作宰制性力量与大众抵抗的斗争性场所，给予大众的抵抗性、辨识力与生产力前所

---

① 约翰·费斯克：《理解大众文化》，王晓钰、宋伟杰译，中央编译出版社，2001 年，第 2 页。

② 伯明翰学派由聚集在伯明翰大学当代文化研究中心（CCCS）周围的一些知识分子组成。其成员构成主要有两类：第一类是在 CCCS 工作、学习过的成员，包括 CCCS 历任主任理查德·霍加特、斯图亚特·霍尔，也包括那些被称为"伯明翰帮"的在 CCCS 毕业的硕士和博士，如菲尔·科恩、安吉拉·麦克卢比、戴维·莫利。第二类是虽然没有在 CCCS 学习、工作过，但与伯明翰学派有很深学术渊源的学者。他们或极大地影响了伯明翰学派，如雷蒙·威廉斯；或曾经参与过伯明翰学派的学术活动，如约翰·费斯克等。参见陆道夫、胡疆锋：《浅谈伯明翰学派文化研究的学术传统》，《学术论坛》，2006 年第 3 期。

③ 约翰·斯道雷：《文化研究：一种学术实践的政治，一种作为政治的学术实践》，和磊译，载陶东风主编《文化研究精粹读本》，中国人民大学出版社，2006 年，第 85 页。

④ 道格拉斯·凯尔纳：《批评理论与文化研究：未能达成的接合》，陶东风译，载陶东风主编《文化研究精粹读本》，中国人民大学出版社，2006 年，第 140 页。

未有的积极评价。当前,文化研究已成为后现代主义之后学术发展的主流之一,全面剖析费斯克的大众文化理论,分析其与伯明翰学派的源流关系,为文化研究的未来发展探明方向,无疑具有重要的理论意义。

一、文化商品与抵抗的大众

费斯克是一个大众文化迷,他穿梭于英国、澳大利亚、美国等不同国家,体验文化的"游牧生活"。正如费斯克所说,"商城、内设投角子电视游戏机的游乐中心、海滩、摩天大楼与麦当娜现象等,都是在美、澳两国流通其意义的,但我是用欧洲人的眼光解读它们的"①,他以一种独特的颠覆性的方式理解"大众",关注到消费中的双向权力,将快感、意义与身份认同在社会中的流通作用带入了文化研究的视野。

(一)"大众"——是消费者也是生产者

霍克海默(Horkheimer)、阿多诺(Theodor W. Adorno)在《启蒙辩证法》中尖锐地指出启蒙破除了专制神话,却最终走向其对立面的悖论,站在文化精英主义立场上展开了对瓦解大众反抗意志的"文化工业"的批判。阿多诺清晰地表达了原子化的群众概念,描绘了个体如何在整合操纵下消失个性并退化为"非个体化的社会原子"②。本雅明(Walter Benjamin)认为人变成了构成现代城市的基本元素,街道上的人只是"无定形的过往的人群"③。商业性的文化使人拜倒在物的面前,失去了批判性和创造力,马尔库塞(Herbert Marcuse)将他们称作"单向度的人"。法兰克福陷入了彻底的悲观马克思主义观点,视文化工业为操纵和收编受奴役者的工具。同样的,他们对"大众"(popular)的理解中带有贬义的"群众"(mass)含义,赫伯特·甘斯(Herbert

---

① 约翰·费斯克:《理解大众文化》,王晓钰、宋伟杰译,中央编译出版社,2001年,第2页。

② 威尔海姆·赖希:《法西斯主义群众心理学》,张峰译,重庆出版社,1990年,第4页。

③ 本雅明:《发达资本主义时代的抒情诗人》,张旭东、魏文生译,三联书店,2007年,第140页。

Gans)曾指出："群众(mass)一词暗指一个未分化的集群,甚至指的是乌合之众(mob),而不是群体中的个体和成员。"①

费斯克是站在与法兰克福学派完全不同的反精英主义立场来看待"大众"的,他反对原子化和同质性的理论,充分肯定大众的创造性与辨识力。他认为,大众并不是一个固定的社会学范畴,而是"一组变动的社会效忠从属关系",在不同的时间内可以属于不同的大众层理,并时常在不同的社会层理间流动,他们具有"游牧式的主体性"(nomadic subjectivities)②,大众可以根据年龄、性别、阶级、种族等因素重组自身的效忠从属关系,这种关系取决于实践而非结构。在《电视文化》中,费斯克多次用"读者""观看者"这样的术语取代"观众",表达对社会多样性的关注:"'读者'这个术语的含义是'文本的生产者,意义与快乐的制造者'。"③大众社会层理的变动与社会权力分布的不均衡,使费斯克意识到政治经济学对大众文化消费解释的局限性,他提出大众有能力从文本的符号资源中获取快乐与意义,并且这些意义要确认的是受支配者的社会体验,而非他们的受支配地位。

按照鲍德里亚(Jean Baudrillard)的看法,后现代社会中消费者只是生产力的构成要素,消费社会中的所谓选择和需要,不过是资本主义实施社会控制的方式。费斯克同意对商品社会的这一分析思路有其价值,但如果仅重视政治经济学,以金融经济系统的运作方式为唯一焦点,就只能看到被动的"商品消费者",文化工业整合下麻木的大众。费斯克发展了德赛都(Michel de Certeau)的日常生活实践理论来阐述他对消费的看法:大众对社会资源的用法并不会完全按照权力制定的战略规则,鼓励消费的同时,也鼓励了消费者的"花招"与"偷袭"。他说:"日常生活由大众文化实践组成,其特征是,弱势者通过利用那剥夺了他们权力的体制所提供的的资源,并拒绝最终屈从于那一权力,从而展现出创造力。"④德赛都通过"游击战""偷袭""诡计与花招"等

---

① Herbert Gans ,*Popular Culture and High Culture* ,New York: Basic,1974,p.10.

② 约翰·费斯克:《理解大众文化》,王晓珏、宋伟杰译,中央编译出版社,2001年,第29页。

③ 约翰·费斯克:《电视文化》,祁阿红、张鲲译,商务印书馆,2005年,第27页。

④ 约翰·费斯克:《理解大众文化》,王晓珏、宋伟杰译,中央编译出版社,2001年,第58页。

一连串隐喻,形容弱势者怎样采用游击战术偷袭强者,对资本主义体制玩弄花招。大众文化是大众在社会体制内部,利用现有资源进行创造性活动的活生生的实践过程,大众的艺术是"权且利用"的艺术(the art of making do)。①消费者"并没有自己固定的产品,它也不是用自己的产品来证明自己的'生产',相反,这个证明来自消费者如何使用支配性的经济秩序提供给他的那些产品"②。通过此类抵制战术,工业产品成为消费者手上的某种生产资料,可以被随意改装、改制、组合,来达到自己的使用目的和消费意图。费斯克举例说,澳洲商城里不许喝酒,一些年轻人就把酒装在苏打罐里,消费的同时,径直在警卫的监视器下喝酒,当警卫到来时却发现他们实际上好像在喝苏打水,这样一来,权力就中了游击者的诡计。

(二)文化商品的两种流通:金融经济和文化经济

在分析大众、大众文化与商品经济、社会权力之间的关系时,费斯克说,我们需要"双重焦点",他引用福柯(Michel Foucault)的论述,提出权力不是从上到下的单向力量,对权力的抵抗本身就属于权力的多元内涵:"它只能在对立中发挥双向的作用"。③ 费斯克将电视作为文化工业的范例,通过经济权力与大众文化的"双重焦点",发现了以往许多只聚焦于文化工业的理论家所忽视的大众抵抗性、辨识力与生产力。

费斯克认为:"文本是为意义而斗争的体现,而这些斗争则再现了文化商品生产者与消费者之间的利益冲突。节目是由电视业生产的,而文本则是由解读者生产的。"④电视文本作为对节目进行解读的产物是不稳定的,也是无法完全被限制的。在工业化社会中,电视不仅是带来经济利润的物质资源,也是符号学意义上的文化资源,大众极少可以生产和流通自己的文化商品,

---

① 约翰·费斯克:《理解大众文化》,王晓钰、宋伟杰译,中央编译出版社,2001年,第34页。

② Michel de Certeau, *The Practice of Everyday Life*, Berkeley: University of California Press, 1984, p.31.

③ 约翰·费斯克:《电视文化》,祁阿红、张鲲译,商务印书馆,2005年,第453页。

④ 约翰·费斯克:《电视文化》,祁阿红、张鲲译,商务印书馆,2005年,第22页。

却能"权且利用"资本主义提供的资源,创造日常生活的文化。文本想要流行,不仅要符合制作人的利益,还要符合各种观看者的不同利益。对于制作人来说,越多的消费者意味着产品在常规化流程中被再生产的可能性越大,获得的利润也越高,所以必然要否定社会差异,关注大众的共同体验,即服从宰制性力量的社会体验。文化工业的经济需要是中心化、同质化和霸权式的,完全符合主流意识形态的规训。大众的文化需要则抵抗着文化商品的霸权力量,积极生产属于他们自己的意义、快感与身份认同。在费斯克看来,这些矛盾和多样性的利益能够得到满足,因为作为电视文本、作为一种商品在两种平行的、半自主的经济中生产与销售——这就是金融经济与文化经济(见图1)。

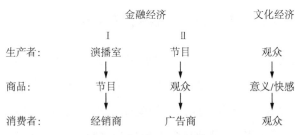

图1　金融经济与文化经济

金融经济为文化商品提供了第一种流通模式:节目作为直接的物质商品,被制作者卖给发行者,在金融经济中交换和流通的是货币和财富。然而这并没有结束,文化商品不像微波炉或牛仔裤这样的物质商品,它除了实用价值,还有文化意义。文化经济提供了第二种流通模式:电视节目从商品变为生产者,它所生产的是观众,观众又作为商品被卖给经销商或广告商,在文化经济中流通的是意义与快感。金融经济向文化经济的转变还涉及第三个从商品到生产者的角色转换,那就是观众从电视节目生产的商品,变成意义与快感的生产者。费斯克以《希尔街警事》为例说明了金融经济与文化经济的相互依存:米高梅(MTM)公司拍出这部系列剧,并将它卖给全国广播公司播放,全国广播公司分析认为该剧的观众比一般观众经济地位要高,将观众卖给了广告赞助商奔驰公司。节目的收视率一般,米高梅(MTM)公司本可以调整节目内容以增加观众数目,但可能增加的观众大多来自社会底层,他们并不是奔驰公司想购买的商品,因此节目最终没有调整。

尽管在金融经济的角度上,电视工业力图将利益最大化,我们却无法否认文化经济中作为生产者的观众拥有相当大的权力。"意义的消费不像物质产品那样是一次性消费,意义的生产和再生产并不完全取自电视台和制片人。"①没有了直接的货币交换,观众从金融经济的被支配地位中解放出来,消费的数量和内容不再受购买力的限制。因此,费斯克说:"在文化经济中,消费者的角色并不是线性经济交换的终点。意义与快乐在交换中流通,在生产者和消费者之间没有明确的区分。"②换一个角度说,要把电视工业商品体系中的东西转变为文化,这个过程只能由使用者而不是生产者来完成。诚然,电视文本的物质生产者也想创造并出售意义和快乐,但这种尝试多以失败告终。所以,我们会看到儿童调侃啤酒广告,并将广告词改编成顺口溜;许多电影斥巨资宣传却还是票房惨淡。费斯克强调,文化工业总是力图控制社会的差异,使之符合文化和产品的差异,但近两个世纪的经济宰制却无法对其主体的文化和思想进行同质化,社会的多样性超出了资本主义宰制需要的程度,父权制不需要女性主义,种族宰制也不需要黑人独立运动。"后期资本主义社会是由很多不同的社会群体和亚文化群体组成的,这些群体和文化被包容在社会关系网络中,最重要的因素就是权力的不同分布"③,阶级、种族、性别、年龄等,每一个差异轴都构成了权力的不同向度,经济体制永远无法把社会多样性控制在资本主义的需要之内,文化产品的接受状况很多时候是由亚文化决定的。

二、文本的辨识与意义的生产

大众生产意义时的各种快感,围绕的是社会体验与认同感,这形形色色

---

① 王卓慧:《伯明翰学派的电视观》,中央编译出版社,2013 年,第 156 页。

② 约翰·费斯克:《电视文化》,祁阿红、张鲲译,商务印书馆,2005 年,第 451 页。

③ 约翰·费斯克:《电视文化》,祁阿红、张鲲译,商务印书馆,2005 年,第 445 页。

的快感驱动着大众与权力集团的利益冲撞,他们"权且利用"资本主义提供的文本资源,从中创造自己的文化,同样也有力量拒绝文化工业的商品。那么,究竟什么样的文本可以成为大众文本？换言之,是什么决定了大众选择或抛弃某一文本呢？

(一) 大众文本的特征

费斯克的"文本"(text),是一个符号学意义上的概念,是相当宽泛的。在他看来,任何文本都不仅是能指,"文本是意义的载体,它使能指与意义相连,而不只是给意义提供适当的所指。它们识别并限制可能发现意义的舞台"①。大众文本的一个主要特征,即闭合力与开放力之间的矛盾。前者力图关闭各种潜在的意义,提倡主流意识形态首选的意义,而后者则提供机会,使各类观众能从文本中得出不同的、适当的意义。在此意义上,费斯克提出,大众文本应当是"生产者式文本"。

在阐述何为"生产者式文本"时,费斯克分析了埃科(Umberto Eco)的"开放式"文本和罗兰·巴特(Roland Barthes)的"读者式"文本与"作者式"文本。开放式文本,不强迫读者只能根据文本本身才能进行解读,而是允许各种复杂的不同解读;读者式文本倡导单一的意义,易于解读;作者式文本则充满矛盾,不承认话语的等级结构,读者可以从文本中自己建构意义,就像参与一个无限的能指游戏。大众文本是广泛流行的,但开放式和作者式文本是典型的先锋派文本,只符合少数人的品位。先锋派的作者会追求"陌生化"的艺术效果,要求读者学会理解新的话语技能,然后以作者式的方式参与意义生产。与此不同的是,大众文本"依赖的是观看者早已掌握的话语技能,但却要求他们以对自己有利的、有产出的方式来使用它"②,它把作者式文本的开放特征与读者式文本易于理解的特征结合起来了,是"生产者式的"文本。费斯克以传统批评忽略甚至痛诋之处作为分析的出发点,探究一直被认为是"粗俗的"

---

① John Fiske, *Television Culture*, London and New York: Methuen, 1987, p.84.
② 约翰·费斯克:《电视文化》,祁阿红、张鲲译,商务印书馆,2005 年,第 135 页。

却受到大量观众欢迎的文本中存在的积极层面，他的结论是："生产者式"的大众文本，通常具备三个主要特征，即冒犯的语言、过度与戏仿、互文性。

首先，生产者式大众文本的重要特点，是反语（双关语）。不少传统批评家曾指责大众文化对语言的"误用"，费斯克却认为，冒犯性的反语是大众语言使用的典型，它不是对语言的错误使用，而是对意义的激活。反语的作用在于，当不同意义在一个词语中相互对立时，人们可以进行"不当的"解读，这带来了双重快感。第一重在于读者玩弄不同的语言用法，就像玩弄阶级与社会差异的缩影，反转了社会关系正常的强弱次序。第二重是"生产者式"的快感，人们从相互撞击的话语中找到适合自己的语意，摆脱了语法法则的规训，它所关注的是日常语言在生活中的使用，而非语言的正确性。正因如此，反语在电视、广告、流行音乐等文化中都十分普遍，它不受规训，将正式语言"口语化"，并由此冒犯着文化教养。主流意识形态下的电视文本如果要让受支配的人喜欢，就必须包含持反对意见的读者能加以激活的矛盾，提供服务于某些亚文化群体的可能性。反语提供了多种释义的可能，在对反语的"生产者式"解读中，社会差别也得以展现。

其次，生产者式文本经常是过度的，并且包含着戏仿的因素。许多批评者指斥大众文化是"粗俗的"，是因其许多内容体现出过度的渲染、夸张、煽情与滑稽的特点，表现的是世俗的低级趣味。阿多诺曾说，流行音乐就是一种典型的"鄙俗"的群众文化，"它的词汇全部是由音乐的艺术语言中未完成的部分与歪曲的部分组成的"[1]。费斯克从观看者的角度扭转了这些负面评价，称它们是"运作着的民粹主义形式"[2]。大众快感往往通过身体来运作，经由体验被表达出来，这种快感因其粗鲁不训而被视为威胁社会秩序的因素，个人身体快感成为对身体政治的威胁。上层阶级格外重视对身体的意义与行为的规训，以防大众快感获得颠覆的力量。巴赫金（Bakhtin）认为，狂欢节建

---

[1]　Theodor W. Adorno, "On the Fetish -Character in Music and the Regression of Listening," in *The Essential Frankfurt School Reader*, Andrew and Eike Gebhardt eds., New York: Urizen Books, 1978, p.290.

[2]　约翰·费斯克：《理解大众文化》，王晓珏、宋伟杰译，中央编译出版社，2001年，第72页。

构了一个"在官方世界之外的第二个世界与第二种生活"①,将一切都拉低到身体的物质性上。狂欢是游戏的夸张形式,但不同的是,游戏规则通常是对社会规则的复制,而狂欢颠倒了这些规则。体育节目《摇滚与摔跤》是电视上的身体狂欢节,那些没有参赛的摔跤手,或是摔跤手的经纪人都频繁地上台打架,台下的观众也疯狂地呐喊、挥手,甚至冲到台上,把摔跤台和观众隔离开的绳索毫无作用。"'游戏'规则在那儿,就是为了被打破,而裁判之存在,则完全是为了被遗忘。"②在狂欢中,公正的规则被颠倒了,快感来自不公平竞争,邪恶的人才能在这种富于戏剧性的斗争中获胜,而在官方体育比赛中被尊重的那些"光荣的失败者",在这里却会遭到胜利者对其身体的侮辱和贬低,这一切和官方意识形态所宣扬的规则背道而驰,却符合很多受支配者的经历。大众文本的过度渲染、夸张与戏仿冒犯了常规中隐含的统治意识形态,激活了狂欢式的快感,其中的进步潜能不断对抗着自上而下的宰制力量。

最后,费斯克指出大众文化只能在互文关系中加以研究。以电视为例,费斯克将电视文本分为三个层次:初级电视文本提供最直接的电视知识,使信号与意义相连;次级文本以各种形式来写电视,包括记者评论、明星新闻、影视杂志等;第三级文本是人们对电视的解读、谈论与闲聊。他从水平和垂直两个维度来看待这些文际关系,水平互文性指的是初级文本之间,在类别、人物或剧情上发生的联系,垂直互文性是一个初级文本和直接提到它的次级或第三级文本之间的关系。类别是最具代表性的水平互文性的形式,电视是高度"类别化"的媒体,电视剧、电视节目等所有内容几乎都属于某一种既定的类别,以便组织初级文本之间的关系,有针对性地被提供给由它构建起来的观众,也同时限制电视潜在的多义性。当次级文本和第三级文本出现时,垂直互文性便清楚地呈现出来了。报纸、杂志、广播、时尚等,都与电视有着互文关系,它们解除了隐藏在初级文本后的神秘感,从而鼓励了观看者积极

① Mikhail Bakhtin, *Rabelais and His World*, Cambridge: Massachusetts Institute of Technology Press, 1968, p.6.

② 约翰·费斯克:《理解大众文化》,王晓珏、宋伟杰译,中央编译出版社,2001年,第103页。

的"生产者式"活动,这就产生了第三次文本。不仅文本本身是多义性的,诸多互文关系还增强了潜在的多义性,不同亚文化读者可以解读出不同的意义,从而将初级文本与总体文化相连。

(二) 大众的辨识力与生产力

一个文本之所以能够被大众选择,除了文本的特征,更取决于大众的社会状况。布尔迪厄(Bourdieu)曾说,中产阶级的趣味在于"距离",而工人阶级的趣味是"参与",是大众参与文本、文本参与生活的功利性体验。在大量电视节目和广告中,常有投入巨资而收看率一败涂地的情况出现,大众对文本的辨识,绝不同于学院评价高雅文本时提倡的批判或审美辨识。对此,费斯克强调:"大众的辨识力所关注的是文本的功能性,而不是文本的特质,因为它所关注的是文本在日常生活中的使用潜力。这一筛选过程有三个主要的标准:相关性,符号生产力,消费模式的灵活性。"①

相关性不是文本自身的特点,而是由观看者生产出来的。观众"权且利用"那些他们能够创造出意义和快感的文本,文本也只有进入社会和文化的互文关系中才能被激活。澳大利亚许多孩子们能从电视剧《囚犯》中,不同程度地意识到学校和监狱之间存在一些相似之处,并得出与他们的社会体验相联系的意义,丰富了表达他们亚文化的语言。当文本为大众的意义与快感提供了空间,表达大众的社会利益,就有可能受到不同层次观众的喜欢。相反,如果文本没有为亚文化意义提供足够的生产空间,它就很难受到欢迎。中产阶级声称"美学"是中立的、客观化的、具有普适性的,然而就如布尔迪厄在《区隔》一书中所说,"艺术和文化消费天然就倾向于有意无意地实现使社会差别合法化的社会功能"②,许多马克思主义批评家已经阐明,美学是一种意识形态的话语,是资产阶级的规训系统。大众辨识力正是对这种霸权的拒

---

① 约翰·费斯克:《理解大众文化》,王晓珏、宋伟杰译,中央编译出版社,2001年,第154页。

② Pierre Bourdieu,*Distinction:A Social Critique of the Judgement of Taste*,London:Routledge and Kegan Paul,1984,p.4.

绝,它要求文本在各种社会语境中,对不同的读者具有相关性,无论读者属于多少不同的社会效忠从属关系,文本可以提供,至少有潜力提供相应的切入点。

大众的辨识力不仅在于识别和筛选电视文本与日常生活的相关性,还会将他们所选择的意义带入生活实践,加以创造性地使用。费斯克认为以往的学院理论家经常高估了文本的限制能力,低估甚至忽略了大众的生产力与创造力,他强调:我们必须将问题从人们在解读什么转移到他们如何解读。

德赛都将文本比喻为超级市场,读者在里面游荡和挑选,然后把选出的东西组合在一起。一些女观众常常在电视剧结束前就不看了,只关注她们觉得精彩的部分;孩子们因为缺少理解节目逻辑关系的能力,而只关注一些节目中奇观式的片段。人们有选择性地利用文化资源中那些符合他们利益的部分,这种未受驯化的阅读实践在大众解读和再生产的过程中十分普遍。大众生产力是以一种"拼装"的方式,将资本主义的文化产物进行再组合与再使用的过程。如麦克卢比(Angela McRobbie)所说:"新形成的意义聚合在一起就能黏合,它们就能变成坚硬的东西,然后成为人们理解自身和周围世界的术语。"① 费斯克用霍尔晚期的"接合"(articulate)理论阐述了文本在大众中运作的双重方式:"言传"有两种意义,一是说出文本中心的意义,二是形成以读者为中心的灵活的关联。文本不能建立这样的关联,只有读者可以。电视文本带来的快感来源于观看者找到文本与生活的相关点,并对这种文化资源加以创造性再生产的过程。大众并不尊崇文本,而是关注文本如何可以在社会实践中加以使用,通过持续的文化再生产,文化资源和日常生活被有机地联系起来。

最后,大众在怎样的语境中消费电视,也是我们需要关注的重点。文化工业的商品要成为大众的,不仅要能够让人们从中生产出多元意义,还必须要由媒体来传播,而这些媒体被消费的模式同样是灵活的。人们总是选择最适合自身社会文化位置与需求的消费模式,从而让媒体适应他们的日常生活。莫利发现,看电视本身是家庭性别政治的一部分,许多家庭妇女在相当

---

① 安吉拉·麦克卢比:《文化研究的用途》,李庆本译,北京大学出版社,2007 年,第 29 页。

程度上已经认同了男性主导的家庭格局,在产生冲突时不争取自己喜欢的节目,也接受男性说她们"品位低俗"的事实。而霍布森的研究却证明,那些不满意父权主宰的家庭妇女,有时会把电视作为反抗行为的一部分,表明自己有权对家庭文化做出贡献,并获得部分的控制。同样,看电视也是家庭年龄政治的一部分。电视不仅告诉孩子成人世界是怎样的,更告诉他们成人在"幕后"的行为,而这往往是家长禁止孩子去做的,孩子们观看电视的意义与快感,部分来自他们所感受到的对父母权力的藐视。决定人们如何把看电视整合入日常生活之中的,是人们在日常生活文化中的位置,而非电视决定人们的日常生活。消费模式是依据语境而定的,意味着文化工业与日常生活的协商不仅在文本层面,也在空间和机构层面运作。

费斯克"从整体性的结构和权力机制到日常生活的各种实践"①的双重焦点分析方法,鲜明地体现出 20 世纪 80 年代后伯明翰学派文化研究路径的"葛兰西转向"(the turn to Gramsci),同样的转向在凯尔纳的分析中也被称为"后现代的文化研究转向"。凯尔纳认为,这一阶段英国和北美的文化研究"越来越强调观众、消费和接受,注意力偏离了文本的生产、分配,偏离了文本在媒介工业中的产生方式"②。正因如此,费斯克的大众文化理论也受到了一些国内外学者的批评。英国大众文化理论家麦克盖根(McGuigan)在《文化民粹主义》一书中批判费斯克忽视政治经济学,高估了消费者的力量,而"陷入了与右翼政治经济并非完全不同的不加批判的民粹主义"③。国内文化研究学者赵斌在《理解大众文化》中文版导言中,称费斯克的理论表现出文化研究"越来越侧重对大众文化消费进行单一、狭窄、主观的解读"④,是一种实质上保守的修正主义。

诚然,费斯克的理论中一些把大众文化浪漫化的表述显得有些过度,说

---

① 约翰·费斯克:《解读大众文化》,杨全强译,南京大学出版社,2001 年,第 27 页。

② 道格拉斯·凯尔纳:《批评理论与文化研究:未能达成的接合》,陶东风译,载陶东风主编《文化研究精粹读本》,中国人民大学出版社,2006 年,第 141 页。

③ Jim McGuigan, *Cultural Populism*, London and New York: Routledge, 1992, p.171.

④ 约翰·费斯克:《理解大众文化》,王晓珏、宋伟杰译,中央编译出版社,2001 年,第 2 页。

服力不足,但若认为他忽视政治经济学,只关注消费而不关注生产,则是片面理解了他的大众文化理论而造成的误读。许多对费斯克的批判,没有注意到文化是在消费中由大众生产的,没有思考大众在消费实践的过程中试图表达的意义。费斯克承认整体结构的力量,意识形态分析、结构学和符号学已经充分揭示出,在父权制资本主义社会,意识形态的宰制力量在所有消费产品中都顽强而内在地发生作用,并渗透进我们日常生活的方方面面,但如果我们的注意力全部集中在这里,就会被困在悲观主义之中。费斯克进一步拉大了与悲观的精英主义间的分歧,引导人们注意到在文化工业的"结构"中,大众实际上有着不可低估的能动性。事实上,费斯克是同时聚焦"金融经济"与"文化经济"之双重流通过程的,从未忽视经济和技术的制约作用,只是"葛兰西转向"的兴趣点使他在理论层面有时会将生产与消费分开,并对消费实践中的大众快感进行更多的分析。

三、大众文化的政治实践——费斯克与伯明翰学派

揭示文化与生活实践怎样为政治干预提供手段和方法,一直以来都是文化研究的主要工作。费斯克相信一种文化实际上总是政治性的,他始终将大众文化置于权力结构之下进行分析,最终是要指出大众文化的政治潜能。一个多世纪以前,马克思号召全世界无产者联合起来,使用革命的暴力推翻资产阶级的统治,随着资本主义日益加剧的商品化,社会冲突不断扩大,各种亚文化群体构成了前所未有的社会多样性,阶级斗争和大规模革命已不再具有当初的意义。因此,费斯克主张:"我们在探究大众文化的政治时,不能把我们对政治的定义局限于直接的社会行动,因为那只不过是冰山的尖顶,坐落在更为隐形却非常真实的政治化意识之上"[①],他站在进步实践与微观政治的角度,重新讨论大众文化的政治潜能。

首先,费斯克提出,大众文化政治的理论中心,应从权力集团自上而下的

---

① 约翰·费斯克:《理解大众文化》,王晓珏、宋伟杰译,中央编译出版社,2001年,第188页。

结构过程转向大众日常生活的实践领域。法兰克福学派视大众为无辨识力、无创造力的"文化笨蛋",将大众文化看作乌合之众的文化,认为群众日常生活的快感只是发挥着资本主义社会安全阀的作用,便于宰制力量自上而下地"收编",最终在政治上得出了消极的悲观主义结论。对此,费斯克认为,他们"或许能够合理解释我们对这个体制的厌恶,但它无法提供在这个体制内部进步的希望,它所能提供的仅仅是经由激进革命改变资本主义这样一个乌托邦的信念"①。霍克海默和阿多诺在《启蒙辩证法》中证明文化工业如何使人们的意识被彻底殖民的同时,也走入了根本无从获得革命动力的困境。同样,构建日常生活的抵抗战术与战略层面的政治行动之间的关联,也是左派理论家忽视的最重要的部分之一。左派支持大众的利益,却倾向于贬低他们为之代言的大众,且不信任民粹主义,他们相信弱势群体的无权状态是社会体制造成的,所以始终致力于提出一套有关社会行动的政治纲领,但通常无法赢得大众选票。具有讽刺意味的是,右派却利用了这一悖论,通过民粹主义的修辞把自己界定为关心大众利益的,而把左派定义为反大众的。费斯克提出,左派理论家有必要将他们的政治纲领与大众日常生活重新联系起来,花更大的精力去探讨"究竟是在什么条件下,政治冰山百分之九十的浸没部分,能够冲破并耸立在社会的表层"②。

其次,费斯克提出,大众文化的政治是进步的,而非激进的。费斯克注意到这样一个事实:大众文化的政治是充满矛盾的,其中有些还可能是反动的,但它们几乎不可能是完全反动的。意识形态有时会遭遇无法无天的抵抗,这样的时刻所产生的快感与政治,言传的是大众的利益,而那些不适合对大众进行组织的企图,却可能摧毁抵抗的快感。"在任何的政治领域中,激进理论常常会与进步实践相抵牾。"③大众可以利用意识形态生产的文化资源来理解自身的社会体验,而不一定按照意识形态所设定的方式,但前提是文本本身

---

① 约翰·费斯克:《理解大众文化》,王晓珏、宋伟杰译,中央编译出版社,2001年,第130页。

② 约翰·费斯克:《理解大众文化》,王晓珏、宋伟杰译,中央编译出版社,2001年,第191页。

③ 约翰·费斯克:《理解大众文化》,王晓珏、宋伟杰译,中央编译出版社,2001年,第224页。

要与大众体验具有相关性。大众的辨识力清楚地知道物质性社会体验与文本表述的差别,当文本表述的世界与大众社会体验相抵触的时刻,社会意义将占据主导地位。假设电视剧中的女警察完全从父权统治中解放出来,这部电视剧讲述一段完全处于父权制结构之外的体验,而失去与现实中女性社会体验的关联,那么它很难被大众关注,因为这样的文本注定是"非现实的"。因此,费斯克提出了两种社会变革模式:激进模式和大众模式。激进模式以革命的形式发生在历史中的危急时刻;大众模式则是一种持续的过程,旨在提高大众自下而上的权力,维持他们的自尊与身份认同。当前的社会问题还不足以构成一个能导致资本主义覆灭的历史性危机,相比于激进模式的遥远目标,进步性的大众模式显然是更实际的。

最后,费斯克认为,大众文化的政治是微观政治而非宏观政治。传统理论注重国家、政府、利益集团等层面的宏观政治,而费斯克将视角转向了地方化、多样性的大众日常生活,抛弃单一而突出多元,这也是后现代主义微观政治的典型特征。他在讨论宏观政治与微观政治的关系问题时,提到了拉克劳(Ernesto Laclau)对资本主义社会民粹主义三种主要形式的论述。第一种形式,拉克劳称为"民主式民粹主义",这是一种多元主义的观点,社会差异被整合到体制中,支配者与被支配者最终形成一种共谋关系。费斯克认为这种形式无法解释主流意识形态为什么需要"如此孜孜不倦"地提倡其价值观,且往往只能取得短暂的胜利,相比之下他更信服和注重第二和第三种形式,即拉克劳所说的"大众式"对抗与"民粹主义式"对抗。这两种对抗都认为大众与国家之间的关系基本是敌对的,区别在于"大众式"对抗在体制当中,而"民粹主义式"对抗在社会出现危机,并使国家可能发生转型甚至革命之时。费斯克进一步说,在社会对立加剧的历史时刻,"大众式"对抗能够被转变成激进的"民粹主义"运动,大众的进步政治"即使不是民粹主义激进运动的一个必然结果,那也是它的一个必要前提"[1],其在微观层面的政治效果是把权力重新分配给被剥夺权力者。这不是仅限于想象的"白日梦",在费斯克看来,最

---

[1]　约翰·费斯克:《理解大众文化》,王晓钰、宋伟杰译,中央编译出版社,2001年,第199页。

微观的微观政治恰恰是幻想的内在世界。"内在的就是政治的"①,幻想是符号权力作用的一部分,有助于维持一种亚文化差异感,它不是对社会现实的逃避,相反,社会或集体的抵制不可能独立于内在的抵制而存在。

费斯克的大众文化理论,特别是对大众文化在微观政治领域的潜能的论述,无疑是对霍尔的继承和完善。霍尔在《文化研究:两种范式》中总结了 20 世纪 80 年代前文化研究中"结构主义"与"文化主义"两条主要思路。结构主义强调大众文化的"决定性条件",认为整体结构自上而下操纵着大众,也几乎否定了社会反抗的可能。文化主义的活力则"源自结构主义的策略性缺场和沉默"②,把大众文化看作一种自下而上兴起的、真正的工人阶级文化。霍尔通过论述表明,葛兰西的"文化领导权"(cultural hegemony)理论,可以被运用于文化研究新的尝试,并打破"结构主义"与"文化主义"的局限,从此实现了大众文化研究范式的转型。但是,霍尔对大众文化的研究理论性较弱,缺乏清晰和深入的论证,虽看到了大众的抵抗性,却没有说清抵抗何以可能、抵抗的效果是什么这一系列重要问题。费斯克延续了霍尔的关注点,他在《传播符号学理论》中强调了葛兰西对文化研究的激活作用:"葛兰西对统治结构的解析和阿尔都塞一样精辟而有说服力,但是葛兰西特别强调那些意识形态企图推翻却永远无法消灭的反抗"③,将葛兰西式的文化研究进一步深化。他不仅系统而深入地分析了生产和消费两个领域的流通过程,大众文本的特点,以及大众利用文化资源进行生产的方式,还充分吸收后现代主义思想资源,指出了大众文化在政治领域的强大潜能,完善了伯明翰学派积极能动的受众理论。

必须指出的是,费斯克分析了大众文本的潜能,却并没有说清这些潜能在何时、以何种方式加以实现。大众文本的哪种使用方式更有进步性? 如何

---

① 约翰·费斯克:《电视文化》,祁阿红、张鲲译,商务印书馆,2005 年,第 458 页。

② 斯图亚特·霍尔:《文化研究:两种范式》,孟登迎译,载罗钢、刘象愚主编《文化研究读本》,中国社会科学出版社,2001 年,第 64 页。

③ 约翰·费斯克:《传播符号学理论》,张锦华等译,台湾远流出版事业股份有限公司,1995 年,第 244 页。

使意义与快感的生产从私人领域走向社会领域？微观政治层面的潜能在什么情况下能得到激发？对于这些问题，费斯克最明确的回答也仅仅是："我们对此只能进行推断而已。"①归根结底，费斯克是一个学院理论家。"学院化"在当今西方学界已经十分普遍，美国著名的大众文化批评家马丁·杰伊曾说："几乎所有美国的马克思主义者都集中在各个大学，几乎所有的人都不参与改变社会的政治活动……可以毫不隐讳地说，我们都是'学院化的马克思主义'。"②因此，从这个角度上我们可以说费斯克与伯明翰学派有"同源异流"之关系。早期伯明翰学派理论家作为新左派的重要力量，有变革社会的动机，他们对工人阶级的文化实践进行了深入的调查、分析和反思，力图把文化与政治结合起来，证明底层民众的革命性。而费斯克虽然延续了英国文化研究的理论关注，在伯明翰学派的转向道路上起到了不容忽视的重要作用，但相比于霍加特、汤普森、霍尔等人在文化研究中表现出的力图激活社会革命潜能的现实诉求，他作为美国学院中人，其理论与现实的关系实际上并不密切。

事实上，正统的激进的伯明翰学派文化研究在霍尔之后就已经终结，包括费斯克在内的一些继承分支，从事的大多是体制化的文化研究。费斯克处在"葛兰西转向"的延长线上，其研究大众文化的目的已不再是政治动员和激进变革，而是理解和支撑学科体系，莫利也曾评价费斯克将文化研究介绍给一代美国学生是功不可没的。在推动学科体系的完整和大众文化理论的发展上，费斯克可以说是颇有建树的，但如何推进发生在社会意识层面的大众文化向行动层面转化？这对于当代文化研究学者而言，仍是一个远未探索的问题。

---

① 约翰·费斯克：《理解大众文化》，王晓珏、宋伟杰译，中央编译出版社，2001年，第222页。

② 王逢振：《今日西方文学批评理论——十四位著名批评家访谈录》，漓江出版社，1988年，第110页。

作者简介：沈立(1996——)，女，江苏淮安人。南京大学哲学系2014级本科生，现为马克思主义哲学专业2018级硕士生，指导老师为张亮教授，研究方向为传播政治经济学。

南哲感悟：在南大哲学系学习的四年，对我的人生而言是弥足珍贵的。在南哲，我得以循序渐进地了解哲学作为一门学科的脉络、作为一种世界观和方法论上的指导对生活的深刻意义。南哲的氛围是开放的，给了我自由思想的空间和自主安排的可能，从师长到同学，这里的每个人都是我前进路上最真挚的伙伴。在无数次的讨论与思考中，我也慢慢不再疑惑哲学到底能教给我们什么，因为反思的能力，永远比现成的知识更重要，哲学系教会我的，远比想象的要多。